Nelles Verlag

Foto: Steve Allen (Dreamstime)

Brasilien

Autoren:
Anton Jakob, Fernanda Cordoeiro,
Claus Jäke, Robin Daniel Frommer

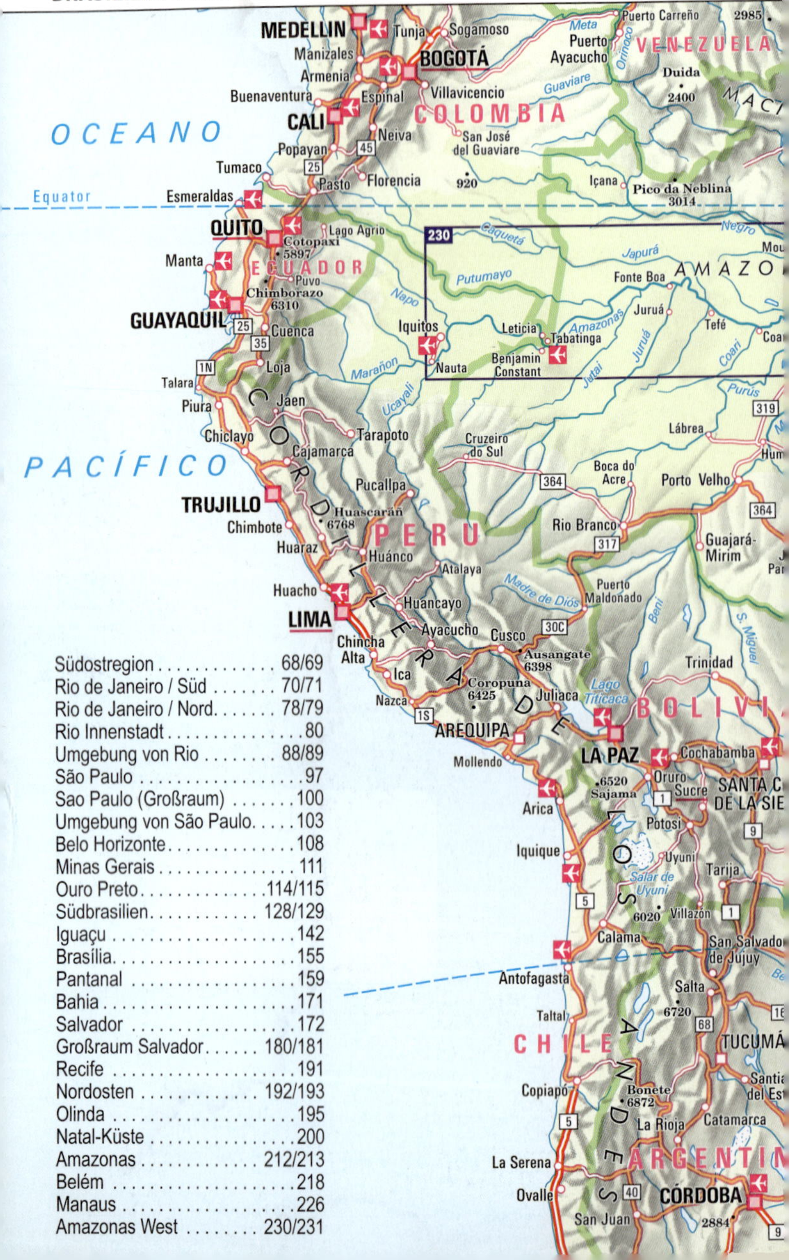

MEDELLIN
Tunja
Sogamoso
Manizales
BOGOTÁ
Armenia
Buenaventura
Espinal
Villavicencio
CALI
COLOMBIA
Neiva
San José del Guaviare
Popayan
Tumaco
Pasto
Florencia
920
OCEANO
Equator
Esmeraldas
QUITO
Lago Agrio
Cotopaxi 5897
Manta
ECUADOR
Puyo
Chimborazo 6310
GUAYAQUIL
Cuenca
Loja
Talara
Piura
Jaen
Chiclayo
Tarapoto
Cajamarca
PACÍFICO
TRUJILLO
Pucallpa
Huascarán 6768
Chimbote
Huaraz
Huánco
PERU
Atalaya
Huacho
LIMA
Huancayo
Ayacucho
Cusco
Chincha Alta
Ausangate 6398
Ica
Coropuna 6425
Nazca
AREQUIPA
Juliaca
Mollendo
Lago Titicaca
LA PAZ
Cochabamba
Arica
Oruro
Sucre
6520 Sajama
Potosi
Iquique
Uyuni
Salar de Uyuni
Tarija
6020
Villazón
Calama
San Salvador de Jujuy
Antofagasta
Salta
Taltal
6720
CHILE
TUCUMÁ
Copiapó
Bonete 6872
La Rioja
Catamarca
La Serena
ARGENTIN
Ovalle
CÓRDOBA
San Juan
2884
CORDILLERA DE LOS ANDES
Meta
Puerto Carreño
2985
Puerto Ayacucho
Orinoco
VENEZUELA
Duida 2400
Guaviare
Içana
Pico da Neblina 3014
230
Caquetá
Negro
Japurá
Putumayo
Fonte Boa
AMAZO
Napo
Juruá
Iquitos
Leticia
Tabatinga
Tefé
Amazonas
Benjamin Constant
Nauta
Marañon
Ucayali
Jutaí
Coari
Purús
319
Lábrea
Cruzeiro do Sul
Boca do Acre
Porto Velho
364
Rio Branco
317
Guajará-Mirim
Madre de Diós
Puerto Maldonado
Beni
30C
S. Miguel
Trinidad
BOLIVI
SANTA C DE LA SIE

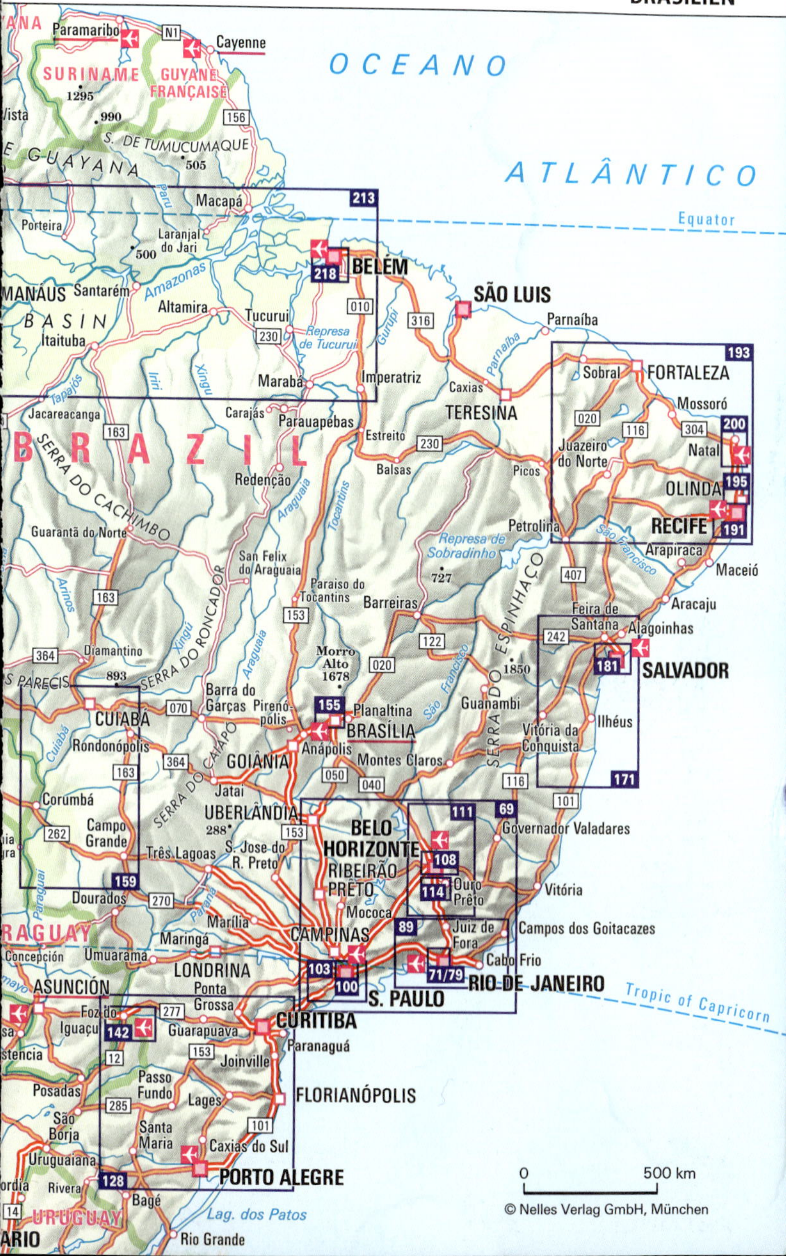
OCEANO
ATLÂNTICO
Equator
Tropic of Capricorn
SURINAME
GUYANE FRANÇAISE
Paramaribo
Cayenne
N1
1295
990
156
S. DE TUMUCUMAQUE
505
GUAYANA
Paru
Macapá
213
Porteira
Laranjal do Jari
500
Amazonas
BELÉM
218
SÃO LUIS
MANÁUS
Santarém
Altamira
Tucurui
BASIN
Itaituba
230
Represa de Tucurui
Gurupi
010
316
Parnaíba
193
Sobral
FORTALEZA
Tapajós
Iriri
Xingu
Marabá
Imperatriz
Caxias
Jacareacanga
Carajás
Parauapebas
TERESINA
Mossoró
163
BRAZIL
Estreito
230
020
116
304
200
Natal
SERRA DO CACHIMBO
Balsas
Juazeiro do Norte
Picos
Redenção
Araguaia
Tocantins
OLINDA
195
Petrolina
RECIFE
191
Guarantã do Norte
Represa de Sobradinho
São Francisco
Arapiraca
Maceió
San Felix do Araguaia
727
407
Arinos
163
Paraiso do Tocantins
SERRA DO ESPINHAÇO
Aracaju
SERRA DO RONCADOR
Barreiras
153
Feira de Santana
Alagoinhas
242
Xingú
122
Morro Alto 1678
364
Diamantino
020
181
SALVADOR
1850
S PARECIS
893
Araguaia
Barra do Garças
Pirenópolis
155
Planaltina
Guanambi
CUIABÁ
070
BRASÍLIA
Ilhéus
Vitória da Conquista
Cuiabá
Rondonópolis
364
GOIÂNIA
Anápolis
Montes Claros
SERRA DO CAIAPÓ
SERRA DO
163
050
040
116
171
Jatai
Corumbá
UBERLÂNDIA
101
111
69
288
BELO HORIZONTE
Governador Valadares
Campo Grande
262
153
S. Jose do R. Preto
108
Três Lagoas
RIBEIRÃO PRÊTO
Paraguai
159
114
Ouro Prêto
Vitória
Dourados
270
Paraná
Mococa
Marília
89
Juiz de Fora
Campos dos Goitacazes
PARAGUAY
Maringá
CAMPINAS
Concepción
Umuarama
Cabo Frio
LONDRINA
103
100
71/79
RIO DE JANEIRO
ASUNCIÓN
Ponta Grossa
S. PAULO
Foz do Iguaçu
277
142
CURITIBA
Guarapuava
Paranaguá
12
153
Joinville
Passo Fundo
Posadas
285
Lages
FLORIANÓPOLIS
São Borja
Santa Maria
101
Caxias do Sul
Uruguaiana
PORTO ALEGRE
128
Rivera
Bagé
14
URUGUAY
Lag. dos Patos
Rio Grande
0
500 km

Liebe Leserin, lieber Leser,

AKTUALITÄT wird in der Nelles-Reihe groß geschrieben. Unsere Korrespondenten dokumentieren laufend die Veränderungen der weltweiten Reiseszene, und unsere Kartografen berichtigen ständig die auf den Text abgestimmten Karten.

Wir freuen uns über jeden Korrekturhinweis! Unsere Adresse: Nelles Verlag, Machtlfinger Str. 26 Rgb., D-81379 München, Tel. +49 (0)89 3571940, Fax +49 (0)89 35719430, E-Mail: Info@Nelles.com, Internet: www.Nelles.com

LEGENDE

Top-Attraktion
- ★★ (in Karte)
- ★★ (in Text)

sehr sehenswert
- ★ (in Karte)
- ★ (in Text)

- Orientierungsnummer in Text und Karte
- Orientierungsnummer in Text und Stadtplan
- Orientierungsnummer in Text und Detailplan
- Öffentliches bzw. bedeutendes Gebäude
- Hotel / Restaurant
- Hospital / Post
- Einkaufszentrum / Markt
- Botschaft / Polizei
- Touristeninformation

- SANTOS (Ort) / Gruta do Lapão (Sehenswürdigkeit): in Karte gelb Unterlegtes wird im Text erwähnt
- Internationaler Flughafen / nationaler Flughafen
- Landepiste
- P. do Itambé 2002: Berggipfel (Höhe in Meter)
- Nationalpark
- UNESCO Welterbe
- Strand / Wasserfall
- Kirche / Friedhof
- Moschee / Buddhistischer Tempel
- Festung / Leuchtturm
- Höhle / Bergwerk
- Aussichtspunkt / Denkmal
- Busterminal / Parkplatz

- Staatsgrenze
- Verwaltungsgrenze
- Schnellstraße
- Fernverkehrsstraße (in schlechtem Zustand)
- Hauptstraße (in schlechtem Zustand)
- Nebenstraße (teilweise befestigt)
- Nebenstraße, Fahrweg
- Bahnlinie
- Fähre
- Fußgängerzone
- Carioca: U-Bahn mit Haltestelle
- 13: Entfernung in Kilometer
- 040 116: Straßennummerierung

IMPRESSUM

BRASILIEN

Druck: Bayerlein, Germany
Einband durch DBGM geschützt

- R1418 -

7 DER MITTELWESTEN

8 DER NORDOSTEN

9 DER NORDEN – AMAZONIEN

10 REISE-INFORMATIONEN

ndreas M. Gross

Karneval – der Höhepunkt des Jahres in Rio de Janeiro.

HÖHEPUNKTE

★★**Rio de Janeiro** (S. 70): Keine Frage, das „Schaufenster Südamerikas" mit Highlights wie dem Granitkegel ★★**Pão de Açúcar** (Zuckerhut) und dem ★★**Corcovado** samt Jesus-Statue gehört in die „einmal im Leben"-Kategorie. Und das ★★**Mosteiro de São Bento** (S. 81), das mit vergoldetem Schnitzwerk verzierte Barockkloster, krönt den Besuch von Rio.

★★**Paraty** (S. 88): Lange schlummerte das Kolonialstädtchen vergessen im Dornröschenschlaf – so überlebte ein sehenswertes, weil in sich geschlossenes Architekturensemble bis heute.

★★**Diamantina** (S. 110): In dem barocken Städtchen, im Norden von Minas Gerais, lässt sich die Zeit der Diamantenfunde und der kapriziösen Chica da Silva noch gut nachvollziehen.

★★**Ouro Preto** (S. 112): Die Barockstadt ist Höhepunkt jeder Spurensuche zur Frage, wie aus portugiesischen Wurzeln Brasilien entstand – UNESCO Welterbe. ★★**São Francisco de Assis da Penitência** (S. 115): Ein Meisterwerk des legendären Künstlers Aleijadinho verkörpert diese formvollendete Barockkirche in Ouro Preto .

★★**Congonhas do Campo** (S. 119): Wallfahrtskirche und Kreuzgang zählen zum Weltkulturerbe und bergen zahlreiche Kunstwerke von Aleijadinho.

★★**Tiradentes** (S. 122): Das Barockdorf wurde nie durch Bausünden entstellt und lohnt schon wegen seiner relaxten Atmosphäre einen mehrtägigen Aufenthalt, auch für Familien.

★★**Cataratas do Iguaçu** (S. 139): Die beeindruckenden Wasserfälle an der Grenze zu Argentinien und Paraguay lassen selbst die Kaskaden in Niagara „klein" aussehen. Um die Naturgewalt hautnah und mit allen Sinnen zu erfahren, sollte man sich der spektakulären ★★**Garganta do Diabo**, dem „Teufelsrachen" genannten Kernbereich der Wasserfälle von Iguaçu, per Schlauchboot nähern.

★★**Pantanal** (S. 158): Das tierreiche Sumpf- und Schwemmland im Westen Brasiliens ist *das* Highlight für alle Besucher, die sich besonders für Flora und Fauna interessieren.

★★**Salvador** (S. 173): Brasiliens erste Hauptstadt, die historische Oberstadt ★★**Cidade Alta** mit den als Weltkulturerbe geschützten Vierteln ★★**Pelourinho** und **Carmo**, wurde von allen Missionsorden mit Barockkirchen bedacht. Wer sich auf den Besuch von zwei Gotteshäusern beschränken möchte, sollte die frühere Jesuitenkirche ★★**Catedral Basílica** (S. 173) und den Klosterkomplex der Franziskaner mit der ★★**Igreja de São Francisco** (S. 174) wählen.

★★**Trancoso** (S. 187): Der von Klippen gesäumte Sandstrand bei Porto Seguro ist eine der Badebuchten an der langen Küste Brasiliens, die der Idealvorstellung von einem Traumstrand besonders nahe kommt.

★★**Capela Dourada** (S. 192): Die „vergoldete Kapelle" Recifes wird gelegentlich auch als „Sixtinische Kapelle" Pernambucos bezeichnet.

★★**Olinda** (S. 195): Die barocken Kirchen und Klöster Olindas blicken von einem Hügel zum Atlantik und nach Recife. Die Altstadt, die Ateliers der ortsansässigen Künstler und der Straßenkarneval lohnen einen Besuch.

★★**Pirata-Bar** (S. 203): Fortalezas berühmte Bar ist ein Publikumsmagnet, öffnet aber traditionell nur montags!

★★**Canoa Quebrada** (S. 203): Legendärer Strand bei Fortaleza.

★★**São Luís** (S. 204): Die mit Azulejo-Kacheln geschmückte, historische Hauptstadt Maranhãos ist ein „Muss".

★★**Alter do Chão** (S. 223): Der schönste Sandstrand des Amazonas liegt vor den Toren von Santarém.

★★**Teatro Amazonas** (S. 227): Manaus' tropisches Opernhaus verdankt sich dem Kautschukboom des 19. Jh.

Rechts: Samba in Salvador.

Foto: Robin Daniel Frommer

EINSTIMMUNG

Die Natur zeigt sich in Brasilien von ihrer verschwenderischen Seite: Sie beschert dem Land tropische Regenwälder und schier unerschöpfliche Bodenschätze, eine endlos scheinende Küste mit mehr als 2000 Badebuchten sowie riesige Savannen, markante Gebirge und spektakuläre Wasserfälle. Aufgrund dieses Reichtums an landschaftlicher Schönheit kann man die Einheimischen immer wieder sagen hören: „Deus é Brasiliero" – „Gott ist Brasilianer"!

Mittendrin und ganz im Hier und Jetzt florieren lebhafte Millionenstädte wie Porto Alegre, São Paulo, Brasília oder Manaus, und an der Küste maritime Stadtschönheiten wie Rio de Janeiro und Salvador. Rund 212 Millionen Menschen – die weltweit fünftgrößte Bevölkerung – tragen mit ihren multikulturellen, d. h. afrikanischen, europäischen, asiatischen, arabischen und indianischen Wurzeln maßgeblich zur kontrastreichen, spannenden Vielfalt ihrer Heimat bei.

Brasilien hat kontinentale Ausmaße und übertrifft flächenmäßig selbst Australien bei weitem. Hierin liegt eine Herausforderung für den Besucher: Es ist unmöglich, das ganze Land in zwei, drei Wochen flächendeckend zu bereisen; die Distanz zwischen Pantanal und Atlantikküste entspräche in Europa der Entfernung Lissabon – Moskau.

Die Devise für die erste Reise durch Brasilien kann also nur lauten: „Weniger ist mehr". Wer sich, mit Blick auf sein Zeitkontingent, über die für die eigenen Erwartungen und Bedürfnisse geeignetsten Zielgebiete vor der Abreise gut informiert und sich auf diese beschränkt, wird von dem Land und seinen gastfreundlichen, überaus herzlichen Einwohnern spontan begeistert sein, denn Brasilien lässt sich eben nicht allein mit ein paar Bildern von Karneval, Samba, Fußball, Strand und Regenwald einfangen – auch die Lebensfreude gehört dazu, und genau hierin liegt der Reiz, der in vielen Besuchern den Vorsatz keimen lässt, so bald wie möglich wiederzukommen.

35 000-10 000 v. Chr. Vorfahren der Indianer wandern vermutlich über die Beringstraße ein.
400 v.-1300 n. Chr. Auf der Marajó-Insel im Amazonasdelta existiert die hochstehende Marajoara-Kultur (Lehmhäuser, bemalte Keramik, große Grab-urnen).
11.-16. Jh. Santarém-Kultur am Rio Tapajós im Amazonasgebiet (Maisanbau, Keramik).
1494 Vertrag von Tordesilla nach Schiedsspruch von Papst Alexander VI.: Portugal erhält die Gebiete östlich, Spanien westlich des 48. Längengrads. Dadurch fällt Brasilien – offiziell noch gar nicht entdeckt – an Portugal.

Kolonialzeit 1500-1822

1500 Pedro Álvares Cabral geht bei Porto Seguro an Land.
1532 Die erste portugiesische Siedlung, São Vicente entsteht.
1549 Salvador de Bahia wird Sitz der portugiesischen Kolonialverwaltung (bis 1763). Kriege gegen die Eingeborenen und französische Rivalen, Sklavenhandel, Christliche Missionen.
1533-1700 Zuckerrohrplantagen, die afrikanische Sklaven bearbeiten, werden zum wirtschaftlichen Rückgrat der Kolonie.
1580-1640 Spanische Herrschaft.
1616 Die neue Festung Belém sichert die Amazonas-Mündung.
1624-1654 Niederländer besetzen große Teile Nordostbrasiliens; Moritz von Nassau regiert 1637-1644 Pernambuco.
1630-1694 Sklavenrepublik von Palmares
1700-1775 Gold- und Diamantenfunde in Minas Gerais, Siedlungswelle im Landesinneren.
1723 Einführung der Kaffeepflanze; Ende des 18. Jh. im Südosten Kaffeeboom.
1763 Rio de Janeiro wird Hauptstadt.
1792 wird Tiradentes, der Anführer der *Inconfidencia Mineira*, hingerichtet. Die Unabhängigkeitsbewegung ist damit gescheitert.
1808 flieht der portugiesische Königshof vor Napoleon nach Rio.
1817-1820 Erfolgreiche naturkundliche Expedition der bayer. Forscher Spix und Martius.

Kaiserreich 1822-1889

1822 Erklärung der Unabhängigkeit von Portugal durch Kaiser Dom Pedro I.
1824 Neue Verfassung. Erste deutsche Einwanderungswelle nach Südbrasilien.
1831 Dom Pedro I. dankt zugunsten seines fünfjährigen Sohnes ab.
1840-1889 Kaiser Dom Pedro II. regiert.
Um 1850 Industrialisierung im Südosten. Verbot der Sklaveneinfuhr. Eisenbahnbau.
1888 Die Aufhebung der Sklaverei führt zu Unruhen und Wirtschaftsproblemen.

Republikanische Zeit 1889-1963

1889 Sturz Kaiser Dom Pedros II. durch das Militär. Brasilien wird Republik.

Foto: Robert Harding (Silvestris Online)

Die Yanomami-Indianer leben im Regenwald Nordostbrasiliens.

1919 Der seit 1840 anhaltende Kautschuk-Boom im Amazonasgebiet mit Siedlungswelle, der Manaus zur reichen Stadt machte, endet.
1929 Weltwirtschaftskrise, der Kaffeepreis verfällt. Beginn verstärkter Industrialisierung.
1930-1945 Getúlio Vargas wird durch Putsch Präsident. 1932 Bürgerkrieg in São Paulo.
1951-1954 2. Präsidentschaft von Getúlio Vargas nach demokratischer Wahl.
1954-1960 Präsident Juscelino Kubitschek forciert die Industrialisierung.

1960 Neu errichtete Hauptstadt: Brasília.

Militärdiktatur 1964-1984

1964 Castelo Branco putscht, wird Militärpräsident.
1966 Costa e Silva wird Militärpräsident.
1969-1974 Unter Garrastazu Médici Bekämpfung der Guerilla mit drakonischen Maßnahmen.
1974-1979 General Ernesto Geisel setzt sich als Präsident gegen die konservativen Militärs durch. Langsam erfolgt die schrittweise Öffnung des Militärregimes.

Foto: Volkmar E. Janicke

Die blaue „Sklavenkirche" von Salvador de Bahia (18. Jh.).

1979 João Baptista Figueiredo wird Militärpräsident.

Demokratie ab 1985

1985 Tnacredo Neves gewinnt die Präsidenten-Wahl, stirbt aber bevor er sein Amt antreten kann. Sein Vice, José Sarney, wird Präsident der Republik.
1986 Cruzado-Plan mit kontrollierten Preisen.
1988 Neue Verfassung, ohne die erhoffte Landreform. Auch die Indianer erhalten nun Bürgerrechte.
1989 Fernando Collor de Meilo gewinnt die Präsidentschaftswahl.
1990 Der *Plano Brasil Novo* – u. a. Stabilisierung der Währung, Privatisierung der Wirtschaft – scheitert.
1992 Umschuldungsverhandlungen. UNCED (Umweltkonferenz der Vereinten Nationen) in Rio de Janeiro. Präsident Collor wird wegen Korruptionsskandalen zum Rücktritt gezwungen.
1994 Fernando H. Cardoso wird Präsident.
2000 Die Landfrage und zunehmende soziale Unruhen werden zu den dringendsten Problemen der zweiten Amtszeit Cardosos. Am 9.9. 2000 bezeichnet im Wallfahrtsort Aparecida der Erzbischof, Kardinal und Befreiungstheologe Aloisio Lorscheider die Sozialpolitik der Regierung als „antichristlich".
2001 Gefangenenaufstand in 29 Strafanstalten São Paulos mit zeitweise über 10 000 Geiseln. Am 6.8. stirbt der international bekannte brasilianische Schriftsteller Jorge Amado.
2002 Die Präsidentschaftswahlen im Oktober gewinnt der zum vierten Mal angetretene Kanditat der Arbeiterpartei, Luis Inácio da Silva, genannt Lula, im 2. Wahlgang.
2003 Lula tritt am 1.1. sein Amt an und verspricht umfangreiche Reformen, vor allem zur Bekämpfung der Armut und zur Minderung der extremen Verteilungsungerechtigkeit.
2011 Dilma Rousseff übernimmt als erste Präsidentin des größten Landes Südamerikas die Nachfolge des beliebten Lula. Baugenehmigung für den umstrittenen Belo-Monte-Staudamm bei Altamira (Pará) erteilt.
2013 Papst Franziskus besucht Rio.
2014 Die Fußball-WM wird zur nationalen Tragödie: Brasilien verliert 1:7 gegen Deutschland im Halbfinale (*mineiraço* / „Schock von Mineirão").
2015 Die zweite Präsidentschafts-Amtsperiode von Dilma Rousseff beginnt mit Demonstrationen wegen Korruption in dem staatlichen Erdölkonzern Petrobras. Die Region um São Paulo leidet zum Jahresanfang noch immer unter der seit 2014 anhaltenden Dürre, die die Trinkwasserversorgung der 11-Millionen-Stadt gefährdet.
2016 31. Olympische Sommerspiele in Rio de Janeiro; Kosten insgesamt: rund 11 Milliarden Euro. Präsidentin Rousseff wird nach unbewiesenen Korruptionsvorwürfen abgesetzt. Neuer Präsident wird ihr Vizepräsident Temer, der eine liberal-konservative Regierung bildet.
2017 Die während der Olympischen Spiele eingedämmte Kriminalität in Rios Favelas nimmt wieder stark zu. Ex-Präsident Lula wird wegen Korruption zu neuneinhalb Jahren Haft verurteilt.

Mireille Vautier

Die Brandrodung bringt Tier und Mensch in Gefahr.

DER REGENWALD

„Die Eleganz der Gräser, die eigentümlichen Schmarotzerpflanzen, das glänzende Grün der Blätter, vor allem aber der Reichtum der Vegetation erfüllten mich mit Bewunderung." Diese Zeilen schrieb Charles Darwin 1831, als er an der nordöstlichen Atlantikküste Brasiliens an Land ging. Heute jedoch sind an der 7500 km langen Küste nur noch wenige geschützte Zonen mit Regenwald bedeckt. Fallen die Stichworte „Brasilien" und „Tropischer Regenwald", ist in der Regel vom Amazonas-Gebiet im Landesinneren die Rede.

Der Begriff *Tropischer Regenwald* bezeichnet die Wälder der äquatornahen Klimazone der immer feuchten Tropen, mit ganzjährig über 18 °C mittlerer Monatstemperatur und mindestens 1800-2000 mm mittlerem Jahresniederschlag. Dieser Wald liegt meist unter 1000 m Höhe und geht dann in den kühleren, aber ebenso feuchten tropischen *Berg- oder Nebelwald* über.

Oben: Tropischer Regenwald – ein Reservoir für Heil- und Nutzpflanzen. Rechts: Prachtvolle Passionsblume.

Tropischer Regenwald bedeckt heute weltweit noch 10 Mio. km², das entspricht 7% der Festlandsfläche der Erde. Größere zusammenhängende Tropenwaldgebiete gibt es außer in Südamerika noch in Mittelamerika, Zentralafrika und Südostasien. Auf diesen 7% leben 90% aller Primaten-, 80% aller Insekten- und 60% aller Pflanzenarten!

Ein tropischer Urwald ist keineswegs eine undurchdringliche „grüne Hölle", wie manche Abenteuerfilme weismachen wollen, denn nur maximal 3% des Sonnenlichtes erreichen den Boden, was nur eine spärliche Bodenvegetation zulässt. Lediglich am Rand des Urwalds, an Flussläufen und Lichtungen lässt reichliches Sonnenlicht üppige Sträucher und Gräser gedeihen. Über Bodenvegetation, Strauchschicht und Unterholz folgt die mittlere Baumschicht, die in ihrem geschlossenen Kronendach vielen Tieren Lebensraum bietet. Über diese Schicht hinaus wachsen einzelne, durchschnittlich 40-60 m hohe Baumriesen. Diese mächtigen „Überständer" erlangen ihre Standfestigkeit durch massive Brettwurzeln, die oft in 10 m Höhe ansetzen.

Die Pflanzen des Regenwaldes

Bäume: Etwa 10 000 Baumarten gibt es in den Tropischen Regenwäldern der Erde, davon sollen rund 3000 in Amazonien heimisch sein. Bescheiden ist dagegen der Artenreichtum mitteleuropäischer Wälder mit ca. 50 heimischen Arten! Aufgrund des gleichmäßigen Klimas zeigen die Bäume keine Jahresringe, sie erreichen ein durchschnittliches Alter von 200-250 Jahren. Der Laubabwurf erfolgt bei manchen Arten über das Jahr verteilt, bei anderen bis zur Blattlosigkeit; eine genau definierbare Blütezeit gibt es nicht.

Baumwürger: Sie sind die heimtückischsten Kämpfer um das lebensspendende Licht. Der Samen der Würgefeige, die man auch Baumtöter nennt, wird von Vögeln auf Wirtsbäume getragen. Das epiphytische Pflänzchen lässt bald Luftwurzeln zu Boden, aus denen ein Geflecht armdicker Stämme entwächst. Diese umschließen den Stützbaum wie Polypenarme, um ihn zu erwürgen, indem sie sein Wachstum verhindern und durch die übergestülpte Baumkrone des Lichtes berauben.

Lianen: Die seit *Tarzan* populären Urwaldpflanzen haben eine hochspezialisierte Form des Kletterns und Schlingens vom lichtlosen Boden zum sonnigen Baumkronendach entwickelt.

Epiphyten: Mit diesem griechischen Wort sind Luftpflanzen gemeint, deren bekannteste Vertreter die rund 25 000 Orchideenarten sind. Auch die in Südamerika heimischen Bromelien gehören zu dieser Gattung, die, um näher am Licht zu sein, auf mineralhaltigen Boden verzichten können. Sie sitzen auf Ästen und sammeln über trichterartige Blätter Wasser, worin sich eine spezielle Fauna – vor allem Frösche und Insekten – angesiedelt, die durch ihre Ausscheidungen die Pflanzen düngt.

Foto: Dominique Wirz

Die Säugetiere des Regenwaldes

Viele Regenwald-Besucher sind enttäuscht, dass sie außer Mückenschwärmen und Aasgeiern kaum Getier zu Gesicht bekommen. Das hat jedoch mehrere Gründe. So sind etwa zwei Drittel der Säugetiere im Regenwald nachtaktiv, fast die Hälfte Baumbewohner und daher schwer auszumachen. Das feuchte Klima nötigt sie nicht dazu, Wasserstellen aufzusuchen, wie in den Savannen Afrikas. Die Sichtweite auf einem Regenwaldpfad ist meist viel kürzer als die Fluchtdistanz der Waldtiere. Interessant ist die Tatsache, dass ein großer Teil der Säugetierarten erst nach Bildung der Landbrücke in Mittelamerika vor 3 Mio. Jahren aus Nordamerika einwanderte, wie z. B. der Puma.

Das größte heimische Landsäugetier Südamerikas ist der Flachland-Tapir, *Tapirus terrestris*, der bis zu 150 kg schwer werden kann. Trotz seines kurzen Rüs-

Foto: Günter Ziesler (Tierbildarchiv Angermayer)

sels ist er nicht mit dem Elefant, sondern mit dem Rhinozeros verwandt und hat sich, wie die meisten Säuger Amazoniens, an ein teilweises Leben im Wasser angepasst. Er kann ebenso gut schwimmen wie der große Ameisenbär, der inklusive Schwanz bis zu 2,40 m Körperlänge erreicht. Notfalls schwimmen selbst die Faultiere, meist hängen sie jedoch fast regungslos in den Bäumen. Ihre Tarnung ist perfekt: Ihr zotteliges Fell ist bräunlich, verfärbt sich in der Regenzeit jedoch grünlich aufgrund winziger Algen, die in ihrem Fell wachsen.

Die Affen haben gegenüber ihren Verwandten in der alten Welt einen großen Vorteil entwickelt: den Greifschwanz, der ihnen die Fortbewegung in den Baumkronen des Regenwaldes erheblich erleichtert. Brüll-, Spinnen-, Kapuziner-, Nacht- und Wollaffen sind die häufigsten Arten; der Warnschrei des Brüllaffen ist noch bis in 5 km Entfernung zu hören. Auch die Ameisenbären, Wickelbären und Stachelschweine behelfen sich mit Greifschwänzen. Die kleinen Nager *agutis* und *pakas* sind beliebte Beutetiere der Raubkatzen, ebenso der scheue Sumpfhirsch. Die Wasserschweine *capivaras* werden bis zu 1,20 m lang und 70 kg schwer, sind aber keine Schweine, sondern die größten Nagetiere der Welt. Das *yapok* oder Wasser-Opposum hat Schwimmhäute an den Zehen und ist das einzige noch lebende Beuteltier der Welt, das ganz im Wasser lebt.

Oben: Wie diese kleinen Nachtaffen sind zwei Drittel der Säugetiere im Regenwald nachtaktiv. Rechts: Der Jaguar – König des Regenwaldes.

Die *manatis* (Seekühe) sind stark gefährdet; die harmlosen, bis 2 m langen, dicken Säuger wurden ihres reichlichen Öls und der Haut wegen von Indianern und Europäern gejagt. Dies könnte sich bald rächen, denn die *manatis* sind emsige Pflanzenfresser, die sowohl die wuchernden *canarana*-Gräser als auch die als Plage auftretenden Wasser-Hyazinthen mit Hilfe ihrer gespaltenen Oberlippe in sich hinein schaufeln – kostenlose Reiniger der Wasserwege, die im Amazonas-Gebiet bald fehlen könnten. Mehr Glück haben die menschenfreundlichen Delfine: Ihr Fleisch ist zwar genießbar, steht jedoch im Ruf, Männer impotent zu machen.

Die größte Raubkatze Südamerikas ist *onça pintada*, der Jaguar, ein nachtaktiver Einzelgänger, den die Pelzjäger seines gefleckten Felles wegen so stark dezimierten wie den Ozelot. *Pekaris* heißen die Wildschweine, die meist in kleinen Herden auftreten und deren Hauer selbst Raubkatzen fürchten.

Kaiman, Anakonda und Kolibri

Die größte Echse im Amazonas-Gebiet ist der Mohrenkaiman, der tagsüber kaum wahrnehmbar durch die Wasserarme gleitet und meist am Ufer jagt. *Jiboa* nennt man in Brasilien die *Boa constrictor*, die 4,5 m lang werden kann und von den Caboclos, den Nachfahren von Weißen und Indianern, zum Mäuse- und Rattenfang im Haus gehal-

Foto: Gerard Lacz (Sunset) (Silvestris Online)

ten wird. Das längste je gemessene Exemplar einer *anaconda*, der ungiftigen Riesenschlange, war 8,5 m lang! Die Riesenschlangen ersticken ihre Beutetiere und verschlingen sie im Ganzen.

Der Reichtum an Fischen im Amazonas-Becken ist kaum vorstellbar, er wird auf 2000 Arten geschätzt. Allein im Umkreis von 30 km um Manaus zählte man 700 verschiedene Fischarten, so viele wie in allen Flüssen und Seen Nordamerikas zusammen vorkommen. Die einzigen fliegenden Flussfische der Welt leben ebenfalls im Amazonas-Gebiet, es sind 9 Arten der Beilbauchfische, die mittels ihrer Brustflossen über das Wasser fliegen, um ihren Feinden zu entkommen. Das verlockende Bad in den Amazonas-Gewässern ist immer eine Frage der Nerven, obwohl ja „nur" 4 der 18 Piranha-Arten dem Menschen gefährlich werden können, und nur im Falle einer blutenden Wunde. Auch eine Begegnung mit dem Stachelrochen sollte man vermeiden, sein Schwanz kann sich wie ein Schwert ins Bein bohren.

Der *Electrophorus electricus*, der Zitteraal, faszinierte schon Alexander von Humboldt. Vier Fünftel seines Körpers bestehen aus stromerzeugendem Gewebe, mit dem der bis zu 2 m lange Fisch lebensgefährliche 600-Volt-Spannung erzeugen kann.

Ungefähr ein Viertel der 8600 bekannten Vogelarten der Welt sind im Amazonas-Gebiet zu Hause. Die Harpyien, große Adler, ernähren sich von Affen und Nagetieren, die Tukane fallen durch ihre überdimensionalen Schnäbel auf, die aber nicht so schwer sind wie sie aussehen, da sie wie Bienenwaben gebaut sind. Alleine 319 Kolibri-Arten hat man gezählt, *beija-flor*, „Blumenküsser", nennt man sie auf portugiesisch. Mit bis zu 100 Flügelschlägen pro Sekunde schaffen es diese winzigen Flugakrobaten vor den Nektar spendenden Blüten quasi in der Luft zu stehen. Dadurch haben sie einen Energiebedarf, der sie zwingt, das mehrfache ihres Körpergewichtes täglich zu verzehren, etwa eine Menge, die 140 kg Fleischkonsum eines Menschen entspräche – pro Tag wohlgemerkt! Ihr Blütenrevier von rund 2000 m^2 verteidigen die Kolibris sehr energisch; sie ernähren sich außerdem von Insekten. Unzählige Papageien-Arten, Reiher, Kormorane, Eisvögel und Enten finden einen reich gedeckten Tisch an Fischen, Früchten und vor allem Insekten.

Die Blattschneiderameisen

Diese emsigen Tierchen stellen zahlenmäßig die größte Gruppe der Millionen Arten von Insekten dar, schätzungsweise ein Drittel der gesamten tierischen Biomasse des Tropischen Regenwaldes. Auf nur 1 ha hat man bis zu 28 unterirdische Nester mit jeweils einer Million Ameisen gezählt, Büsche und Bäume können von ihnen in einer Nacht vollständig entlaubt werden. Mit ihren messerscharfen Kiefern zerschneiden Blattschneiderameisen die Blätter und schleppen Stücke, die ein Mehrfaches ihres eigenen Körpergewichtes wiegen, von den Baumkronen in den Bau hinunter. Die Ameisen fressen ihre Ernte jedoch nicht, da sich viele Wildpflanzen durch Gifte schützen. Deshalb zerlegen die Arbeiterinnen die Blätter in winzige Teile und zerkauen sie zu einem Brei, den sie danach in eine Art Beet pflanzen. Mittels eines von den Ameisen kultivierten Pilzes, *rhizotes gongylophora*, der in der Feuchtigkeit und Wärme der unterirdischen Ameisenkammern hervorragend gedeiht, schimmeln die Blätter rasch. Nährstoffreiche Knöllchen entwickeln sich, und diese bilden die Nahrungsgrundlage der Ameisen. Sind die Pilzkulturen überaltert, werden diese Kammern aufgegeben. Hier hinein wachsen Wurzeln von Bäumen und entnehmen die noch vorhandenen Nährstoffe – eine perfekte Symbiose von Ameisen und Pilzen, von der auch noch Bäume profitieren.

Rechts: Tropenholz ist begehrt. Unkontrollierter Holzeinschlag und Brandrodung bedrohen den Tropischen Regenwald.

Die Bedrohung des Regenwaldes

Anders als in europäischen Wäldern, die oft zu Forstmonokulturen degradiert sind, ist im Tropischen Regenwald die Artenvielfalt derart groß, dass auf 1 ha mehr als 500 verschiedene Baumarten zu finden sind. Die Biodiversität hängt mit den Nährstoffverhältnissen zusammen, z. B. sind grundlegende Elemente wie Phosphor und Kalium so knapp, dass davon nichts verlorengehen darf. Die Pflanzen wehren sich mittels ihrer eigenen chemischen Stoffe gegen zu starken Verlust ihrer Blattmasse durch Insekten, Vögel oder andere Pflanzenfresser. Die landwirtschaftliche Nutzung des tropischen Waldbodens ist darum so schwierig. Sobald man Monokulturen pflanzt, treten Schädlinge auf, die durch den plötzlichen Nahrungsüberfluss angelockt werden.

Eine Humusschicht existiert im Regenwald fast gar nicht, die Nährstoffe werden sozusagen „im Eilverfahren" mit Hilfe der Mykorrhiza, einem Verbund aus Wurzeln und Pilzen, unmittelbar den Bäumen zugeführt. Die ständigen Niederschläge waschen den Erdboden aus und verhindern die Humusbildung aus herabfallendem Material. Daher sind die Klar- und Schwarzwasserflüsse so nährstoffarm (s. S. 213).

Die wenigen Gebiete der Amazonas-Region, die für eine landwirtschaftliche Nutzung in Frage kommen, sind in Brasilien längst kartiert, nur richtet sich leider niemand nach diesen Bodenkarten. Die sinnlose Brandrodung, das „Kettensägen-Massaker", geht weiter. Um 1900 waren noch 12% der Landoberfläche der Erde von Tropischen Regenwäldern bedeckt, heute sind es noch 7%. Etwa 56% Anteil am noch verbliebenen Tropenwald hat Südamerika, doch jede Minute wird eine Regenwaldfläche in der Größe von etwa 4 Fußballfeldern vernichtet, Fachleute schätzen, dass täglich 50 Pflanzen- und Tierarten ausgerottet werden, viele davon noch völlig unerforscht.

Foto: Günther Schulz

Die Holzwirtschaft schädigt die Umwelt am Amazonas. Sie verursacht zudem Sekundärschäden, da landlose Bauern über die geschlagenen Schneisen in den Wald eindringen. Mit Brandrodung und Wanderfeldbau erzielen sie für einige Jahre ihr karges Auskommen, danach ist der Boden ausgelaugt. Die längst überfällige Landreform wird von der Regierung immer wieder aufgeschoben. Wo Wald verschwindet, schwemmt der Tropenregen die Bodenschicht unwiederbringlich weg, die sogar riesige Stauseen versanden lässt. Auf das ökologische Desaster folgt der ökonomische Flop.

In den letzten Jahren sind auch einige asiatische, vor allem malaysische Holzkonzerne in der Amazonasregion aktiv geworden. Wertvolles Tropenholz aus primären Regenwäldern gelangte so über den Umweg Asien und als Plantagenprodukt deklariert zu den Abnehmern in Japan, USA und Europa. Fazit: Erst wenn die Einfuhrländer gänzlich auf den Import von Tropenhölzern verzichten, hat dieser globale Etikettenschwindel ein Ende.

Ökologen und verantwortungsvolle Ökonomen sehen in der sinnvollen Nutzung der wiederverwertbaren Reichtümer der tropischen Regenwälder die einzige Chance. Sie wollen die Regierungen der betroffenen Länder davon abbringen, die Wälder nur als Holzlieferanten oder potentielle Acker- und Weideflächen zu sehen. Ein Dutzend Nahrungspflanzen sichern heute 90% der Welternährung, davon sind die Hälfte Abkömmlinge tropischer Pflanzen, wie etwa Reis oder Mais. Fachleute kalkulieren, dass man mit Arten aus den Regenwäldern die Anzahl der Nutzpflanzen verdoppeln könnte. Etwa ein Drittel aller in Medikamenten enthaltenen Wirkstoffe stammen von tropischen Heilpflanzen. Auch Duftstoffe und Essenzen für Parfüms können gewonnen werden. Eine Studie bewies, dass innerhalb von 50 Jahren dreimal mehr Geld durch natürliche Nutzung als durch Raubbau zu erzielen sei – doch welcher Geschäftsmann kalkuliert heute derart langfristig?

DIE UREINWOHNER

„Die Indios glauben, Gott schlafe, sei krank oder betrunken. Vielleicht sogar gestorben, sonst wäre ihnen derartiges Unheil nie geschehen", so beschrieb der Anthropologe Darcy Ribeiro, Ex-Erziehungsminister und ehemaliger Rektor der Universität Brasília, den Gemütszustand des letzten Häufchens der Urbevölkerung Brasiliens. Gen-Analysen bei den *Yanomami* haben ergeben, dass deren Urahnen vor Jahrtausenden über die Bering-Landbrücke aus Asien einwanderten. Als die ersten Europäer ins Land kamen, lebten Millionen Ureinwohner verschiedener Ethnien und unterschiedlicher Sprachen an den Küsten, den Flussläufen und in den riesigen Wäldern. Die europäische Kolonisation traf die vitalsten Kulturen an der Küste und im Amazonas-Becken, als diese gerade expandierten; sie wurden ausgerottet oder akkulturiert.

Heute fehlt dem indianischen Kulturareal die Mitte, denn das zentrale Amazonas-Gebiet ist vollkommen europäisiert. Wieviele Einwohner Brasiliens noch als Indianer bezeichnet werden können, wird je nach Betrachtungsweise und Interessenlage sehr unterschiedlich beurteilt. Die *Gesellschaft für bedrohte Völker* in Göttingen spricht von annähernd 220 000 Indianern, die etwa 180 verschiedene Sprachen sprechen und in 554 Gebieten in einem Areal leben, das rund 10% der Landesfläche entspricht.

Die Stellung der Ureinwohner Brasiliens in der christlichen Gesellschaft gestern und heute wird durch zwei Zitate illustriert. Im 16. Jh. äußerte sich der in São Paulo hochverehrte Jesuiten-Pater José de Anchieta über die Missionierung wie folgt: „Wenn ein Jesuit ein Indianerdorf besucht und es keine Bereitschaft zeigt, sich katechisieren zu lassen, muss man die Indianer eben mit dem Schwert und mit der Eisenrute traktieren – das ist die beste Predigt." Und 1989, fast 500 Jahre später, meinte der brasilianische Heeresminister Leonidas Pires Gonçalves, die Kultur der Indianer sei eine der niedrigsten und verdiene wenig Respekt, und die Ureinwohner sollten sich endlich in die brasilianische Mehrheitsgesellschaft integrieren. Trotz vieler Versuche gelang es jedoch nie, die Indianer von ihrer Minderwertigkeit zu überzeugen, wie Darcy Ribeiro meint: Wird ihre Lage zu aussichtslos, wählen sie lieber den Freitod. Laut einem 1996 veröffentlichten Bericht haben sich in 13 Jahren 238 *Guarani*, meist junge Menschen, das Leben genommen.

An offiziellen Lippenbekenntnissen zum Schutz der Ureinwohner fehlte es indes nie in Brasilien. Bereits 1910 gründete man den Indianerschutzdienst SPI, der 1967 wegen bewiesener Korruption von der FUNAI (Fundaçâo Nacional do Indio) abgelöst wurde. Auch diese Indianerschutzorganisation ist jedoch ein Zufluchtsort für ausrangierte Militärs und Politiker, die in klimatisierten Büros in Brasília über Schutzzonen, Versorgungsflüge und Missionstätigkeit entscheiden, ohne jemals einen echten Ureinwohner gesehen zu haben. Alleine in den 17 Jahren von 1975-1992 wechselten sich 24 Präsidenten an der Spitze der Behörde ab!

Noch fataler wird die Situation durch die Funktion der FUNAI als Vormundschaftsbehörde für die Indianer: Gemäß Verfassung besitzen diese kein Wahlrecht und nur eingeschränkte Geschäftsfähigkeit. Damit sind sie Minderjährigen unter 18 und Entmündigten gleichgestellt. Als Schutzbestimmung vor Ausbeutern und Geschäftemachern gedacht, bietet diese Einstufung korrupten Beamten ein breites Betätigungsfeld. Die Indianer können den Grund und Boden, auf dem sie oft seit Jahrhunderten siedeln, nicht veräußern,

Rechts: Maniokwurzeln – Hauptnahrungsmittel der meisten Amazonasindianer (hier: Stammesangehörige der Madiha).

Foto: Heiner Heine (Silvestris Online)

da Indianer-Territorien Bundeseigentum sind. Die Verfassung garantiert den Ureinwohnern lediglich die Nutzung der Reichtümer des Bodens, der Flüsse und Seen, die industrielle Ausbeutung der Bodenschätze ist jedoch ausdrücklich ausgenommen. Diesbezüglich steht ihnen nur die Anhörung und eine Ertragsbeteiligung zu. Gemäß Dekret haben allein die Indianer das Recht auf *garimpagem* („Goldwäscherei") in ihren Stammesgebieten. Doch gerade dies ist andauernder Konfliktstoff, da die *garimpeiros*, die weißen „Goldwäscher", illegal in Reservate eindringen, die Ureinwohner verdrängen und die Gewässer mit Quecksilber verseuchen.

Der kirchliche Missionsrat CIMI und internationale Indianerschutzorganisationen sind beispielsweise durch das Dekret „1775/96" in Alarm versetzt worden, da diese auf Druck von Großgrundbesitzern und Konzernen verabschiedete Regelung das Landrecht der Indianer in Frage stellt. Danach kann jeder, der Anspruch auf ein Gebiet der Ureinwohner anmelden will, Einspruch gegen bereits durchgeführte Grenzziehungen erheben. Die intakten brasilianischen Indianerstämme filmen heutzutage alle Verhandlungen und Übergriffe, um ihre Gebiete zu schützen. Ihr geringer Anteil an der Gesamtbevölkerung und die Tatsache, dass sie auch als Wähler nicht von Bedeutung sind – das sind die Gründe, dass die ursprüngliche Bevölkerung des „Schmelztiegels" Brasilien ohne eine Lobby in der Hauptstadt ist. Prozentual ist der Anteil der Ureinwohner in Brasilien wesentlich geringer als in den anderen Anrainerstaaten des Amazonas.

Die Tiefland-Indianer

Das Amazonasgebiet ist ideal für die Sammler- und Jägergesellschaft der Indianer, dazu kommt der Fischfang mit Harpune oder Pfeil und Bogen sowie bei vielen Stämmen der Wanderfeldbau. Letzterer erfolgt mittels Brandrodung, wobei jedoch nur kleine Felder angelegt werden und die größten Bäume mangels Motorsäge stehen bleiben.

Foto: Darell Posey (Pro Regenwald)

Nach zwei bis drei Jahren ziehen sie weiter, der Boden kann sich erholen und nach weiteren Jahren oft nochmals bebaut werden.

Hauptnahrungsmittel der meisten Amazonas-Indianer ist die zu den Wolfsmilchgewächsen zählende Maniokwurzel. Diese enthält Linamarin, das Blausäure freisetzt, deshalb kommt der rohe Genuss nicht in Frage, beim Kochen oder Rösten entweicht jedoch das Gift. Aus Maniokmehl backen sie Fladenbrote. Wichtiger Vorteil der Maniokpflanze im tropischen Klima ist, dass man jeweils nur die benötigte Menge entnehmen muss, die Wurzel also im Boden gelagert werden kann. Weitere wichtige Kulturpflanzen sind die Kochbanane, der Kürbis, Bohnen und die aus Afrika stammende Yamswurzel. Darüber hinaus werden noch Pfefferschoten, Ananas, Papayas, Tabak und Baumwolle angepflanzt sowie der für die Hautfärbung vieler Stämme wichtige Orléansstrauch, aus dem die rote *urucu*-Farbe gewonnen wird.

Oben: Indianischer Zeremonialschmuck aus Federn.
Rechts: Erste Jagdversuche eines Kulina-Jungen.

Dort, wo die Akkulturation durch Kontakt mit Weißen noch nicht zu stark ist und noch keine Gewehre im Umlauf sind, erfolgt die Jagd auf *pekaris*, Affen, Kleintiere und Vögel mit Pfeil und Bogen oder dem Blasrohr. Dieses kann bis zu 5 m lang sein und wird aus Schilf und Palmen hergestellt. Als Munition verwendet man 40-50 cm große, mit Baumwolle umwickelte Pfeile, die mit *curare* bestrichen werden. Dieses Pfeilgift wird aus der Strychnos-Liane gewonnen und wirkt durch die Alkaloide; seine Herstellung erfolgt nach unterschiedlichen und meist geheimgehaltenen Rezepten, die nicht alle Stämme beherrschen; deshalb ist *curare* ein begehrtes Handelsgut. Neben dem Fischfang mit traditionellen Schusswaffen verwenden die an den Flüssen ansässigen Indianer auch Gifte zur Betäubung der Fische, daneben Reusen und Fischzäune.

Grundlage der indianischen Gesellschaft ist die Großfamilie, die meist in einem Gemeinschaftshaus, der *maloka*, lebt, die bis zu 100 Personen Platz bieten kann. Wichtigster Einrichtungsgegenstand, der auch außerhalb der Indianergesellschaft Verbreitung fand, ist die Hängematte, *rede* auf portugiesisch. Der Abstand der die *maloka* tragenden Pfosten wird nach der Hängematte bemessen. Diese wird nicht nur als Schlaf-, sondern auch als wichtigste Sitzgelegenheit verwendet und hat gegenüber Bett oder Stuhl den wichtigen Vorteil, krabbelnden Insekten und schleichenden Reptilien keine Aufstiegshilfen zu bieten.

Obwohl die Gesellschaft patriarchalisch ausgerichtet ist, spielt Hierarchie im Alltag keine wesentliche Rolle; alle Erwachsenen sind für den wirtschaftlichen Erhalt einer Sippe mitverantwortlich. Die Männer sind für die Jagd, Feldbestellung und Kriegszug zuständig, die Frauen für die Ernte, Kinderbetreuung und Essenszubereitung. Die Initiationsriten sind sehr wichtig, jedoch

Foto: Heiner Heine (Silvestris Online)

von Stamm zu Stamm unterschiedlich. Ehepartner müssen in der Regel aus unterschiedlichen Sippen stammen – Brautraub, der zum Krieg führen kann, ist noch weit verbreitet.

Die verschiedenen Ethnien und ihre heutige Situation

Zur Zeit des Kautschuk-Booms um die Jahrhundertwende litt der Stamm der *Kuliná* besonders unter der Verfolgung durch die Gummibarone und zog sich immer weiter zurück in das Gebiet des oberen Rio Negro und nach Acre. Etwa 2500 Angehörige zählt dieser Stamm heute, der sich erfolgreich gegen Vertreibungsaktionen in jüngster Zeit wehren konnte und seit 1991 die Landvermessung zusammen mit dem Stamm der *Kaxinawá* selbst in die Hand nahm.

Durch Fernsehdokumentationen bekannt wurden die *Canela*, die 1996/97 Ziel einer Forschungsexpedition der Oldenburger Carl-von-Ossietzky-Universität waren und in Deutschland große Unterstützung erhielten. Eine ihrer besonderen Traditionen sind die „Klotzrennen“, bei denen Frauen und Männer in zwei Gruppen gegeneinander antreten und stundenlange Staffelläufe mit bis zu 150 kg schweren Holzstämmen veranstalten.

Erst 1976 stießen Geologen auf die *Zoé* im nördlichen Amazonas-Gebiet. Nachdem durch Missionstätigkeit 45 Stammesmitglieder an Grippe starben, gegen die die Zoé keine Abwehrkräfte besitzen, zählen sie heute nur noch rund 150 Mitglieder. Bei ihrer Entdeckung gingen sie noch völlig unbekleidet; Frauen und Männer tragen teilweise noch hölzerne Lippenpflöcke, die bis zu 15 cm lang und 4 cm breit sind.

Im Bundesstaat Mato Grosso do Sul siedeln die *Guarani*, die in mehrere Untergruppen aufgeteilt sind. Sie leiden in den letzten Jahren verstärkt unter dem Druck der Großgrundbesitzer, die ihre Reservatsgebiete für sich beanspruchen und von lokalen Behörden und Richtern Unterstützung erhalten. Immer wieder kommt es zu Selbstmordaktionen unter

Foto: Robert Harding (Silvestris Online)

den Guarani und der Androhung von kollektivem Selbstmord als verzweifelte Reaktion auf Vertreibung und Umsiedlungsversuche.

Nördlich von Manaus leben die *Waimiri-Atroari*, die 1968 infolge von Straßenbau und damit einhergehenden Epidemien und Übergriffen der Militärs innerhalb von nur sieben Monaten von 3000 auf 1000 Stammesmitglieder reduziert wurden. Als man im Jahr 1987 den Balbina-Stausee flutete, siedelte man die letzten 300 Waimiri-Atroari um.

Die *Parakana* siedelte man innerhalb von 20 Jahren elfmal um, letztlich in ein viel zu kleines Reservat. Nordamerikanische Missionare diverser Evangelisten-Sekten betreiben ihr bigottes Geschäft im Amazonas und studieren die seltensten Sprachen, um die „armen Wilden" in ihrem eigenen Idiom in der Bibelkunde unterweisen zu können. Die *Wai-Wai* sind eine „Entdeckung" der Missionare. Nun können sie den Brief des Apostel Paulus an die Korinther in ihrer eigenen Sprache lesen, doch wird ihnen das wirklich ihr Seelenheil bringen?

Oben: Körperbemalung spielt für die Yanomami-Frauen eine wichtige Rolle.

Die Yanomami

Die größte noch autochthone Volksgruppe des südamerikanischen Tieflandes, die *Yanomami*, besiedeln den Urwald des südlichen Venezuela und des nordöstlichen Brasilien. Auch hier sind die Angaben über die Bevölkerungszahlen sehr unterschiedlich, rund 15 000 leben in Venezuela und nur noch knapp 10 000 in Brasilien, wobei die Staatsgrenze für sie keine Rolle spielt.

Das äquatornahe Siedlungsgebiet umfasst rund 80 000 km^2 und ist größtenteils mit dichtem Urwald bedeckt, mit Ausnahme der Serra Parima, einem größeren Savannengebiet. Man hat berechnet, dass die Yanomami für ihre Art des Wanderfeldbaus eine Fläche von 64 000 ha für 80 Personen benötigen. Ihre Siedlungen, die *shabonos*, liegen weitverstreut im Wald und nicht an den Flussläufen wie bei den meisten anderen Stämmen. Etwa 250 autarke *shabonos* mit jeweils 40 bis 250 Menschen soll es geben.

Shabono bedeutet „Lichtung", und diese bildet den Dorfplatz, um den herum die *malocas* nach vorne hin offen stehen. Die Rückwände dieser Hütten sind oft Teil eines Palisadenringes, den manche Dörfer anlegen; ihre Eingänge werden nachts verschlossen. In der Hütte lodert immer ein Feuer, über dem feuchtigkeitsempfindliche Gegenstände und die Waffen hängen, damit sie im tropischen Klima funktionsfähig bleiben. Nachts dient den unbekleideten Indianern das Feuer als Kälteschutz. Fast drei Viertel ihrer Nahrung beziehen die Urwaldbewohner aus dem Anbau von mehr als vierzig verschiedenen Pflanzenarten. Während der Trockenzeit von Dezember bis März roden sie ein Stück Wald und pflanzen mit dem Grabstock die Schösslinge. Maniok und Essbananen sind für die Yanomami die wichtigsten Kulturpflanzen, danach folgen Taro, Papaya und diverse Palmenarten.

Die Frauen tragen schwere Lasten mit Hilfe eines Tragegurtes, den sie an der Stirn befestigen. Die *Yanomami* sind von sehr kleiner Statur, die Männer werden kaum größer als 160 cm. Ihr einziger „Reichtum" sind Frauen, ein erfolgreicher Jäger kann mehrere haben. Viele Männer haben gar keine, es kommt auch vor, dass sich Brüder eine Frau teilen. Die Knaben erzieht man von früher Jugend an zur Aggressivität, Frauenraub ist oft der Hauptgrund für Stammesfehden.

Für Missdeutungen anfällig ist der bei den Yanomami übliche Endokannibalismus. Nach ihrem Glauben kann die Totenseele *nobolebe* nur dann die Reise ins Jenseits antreten, wenn der Verstorbene ordnungsgemäß bestattet, sein Leichnam verbrannt und die Knochen als Pulver gemahlen mit Bananensuppe von den nächsten Angehörigen verspeist werden. Ansonsten drohen Unheil und Krankheiten von den Totengeistern, *bole*, in die sich die unerlösten Seelen verwandeln. Wie bei allen Naturvölkern spielen die Medizinmänner eine wichtige Rolle.

Eine große Gefahr droht den Yanomami durch den Reichtum, auf dem sie siedeln. Zu Beginn der 1970er Jahre begann die Ausbeutung der umfangreichen Vorkommen an Gold, Diamanten, Uran, Zinn und Titan. 1973 wurde eine 600 km lange Straße durch das Stammesgebiet gebaut. Seither kommen immer mehr illegale und teilweise auch kriminelle Goldgräberbanden in die Region, die verheerende Krankheiten wie Grippe, Masern, Malaria, Syphilis, Tuberkulose und Hepatitis B einschleppen, gegen die die größte Gruppe der brasilianischen Urbevölkerung keinerlei Abwehrkräfte besitzt. Darüber hinaus droht auch der Verlust ihrer Siedlungs-, Wald- und Jagdgebiete aufgrund des schonungslosen ökologischen Raubbaus der Goldgräber.

Für jedes Gramm Gold wird 1,5 g Quecksilber zur Bindung des Goldstaubs verwendet, was Flüsse und Fische vergiftet. Seit 1987 sind Zusammenstöße zwischen Indianern und Goldgräbern an der Tagesordnung. Höhepunkt war ein international bekannt gewordenes Massaker 1993 an Yanomami-Frauen und Kindern durch *garimpeiros* und der folgende Rachefeldzug der Krieger. Seither ist die Regierung nervös: illegale Landepisten wurden mit viel Propaganda bombardiert, einige Goldgräber vertrieben. Der Gouverneur von Roraima, dem nördlichsten Bundesstaat Brasiliens, ein ehemaliger General, ist jedoch auf Seiten der Garimpeiros. In der Hauptstadt Boa Vista leben viele Händler, Piloten, Hoteliers und Gastronomen von den Glücksrittern, und das sind eben die Steuerzahler und Wählerstimmen, auf die man Rücksicht nimmt.

Zudem sehen sich die Yanomami mit einer weiteren Bedrohung konfrontiert: Der Bundesstaat Roraima wird immer wieder von riesigen Waldbränden heimgesucht, die außer Kontrolle geratene Brandrodungen entfacht haben.

Foto: Robin Daniel Frommer

MUSIK: SAMBA, CAPOEIRA UND CANDOMBLÉ

Brasilien ohne Musik ist einfach undenkbar, in der brasilianischen Art des Lebens ist die Musik ein elementarer Bestandteil! Mehr als 60% der in den brasilianischen Medien gespielten Musik ist „MPB", *Música Popular Brasileira*, also brasilianische, populäre Musik, was nicht einfach mit Folkmusik gleichzusetzen ist.

Kaum ein Land hat ein so vielfältiges Spektrum in der Musik wie Brasilien, hat so viele verschiedene kulturelle Einflüsse in sich aufgenommen und sie so kreativ vermischt. Die Überlagerung dreier Kulturkreise – der Indianer, Afrikaner und Europäer – schaffen bis heute immer wieder musikalische Neuerungen.

Aus Europa brachten die portugiesischen Kolonialherren ihre iberische Musiktradition mit und, als einziges gesellschaftliches Vergnügen, die christlichen Feste. Die von Afrika nach Brasilien verschleppten Sklaven „durften" tanzen, und die Ureinwohner zeigten sich der Barock-Musik der Jesuiten zugetan. Das Faszinierende ist die gegenseitige Bereicherung: Choro, Chula, Frevo, Maracatu, Capoeira, Carimbo, Toada, Forro, Axé, Samba-Reggae und Samba sind einige Facetten aus dem prächtig schillernden musikalischen Kaleidoskop Brasiliens.

Es wäre zu einfach, den Klischees zu entsprechen und zu behaupten, in der Musik vergäßen die Armen für Momente ihre Probleme. Im größten Teil Brasiliens gehört Musik ganz einfach zum täglichen Leben. Das spontane Singen, Tanzen und Trommeln von Rhythmen auf irgendeinem Gegenstand und die Freude, die dabei entsteht, sind ein Teil der Mentalität. MPB ist ein Lebensgefühl, das alle sozialen Schichten eint.

Brasilien ohne Samba? Wäre denkbar, dann hieße dieser Teil der Musiktradition vielleicht Conga oder Chula.

Links: Musik und Tanz – Ausdruck der Lebensfreude besonders im Karneval.

Denn Samba ist nur eine unter vielen Bezeichnungen für ein lockeres Zusammenkommen in der Freizeit. Samba ist z. B. ein Geburtstag, an dem sich die Gemeinschaft über Tanz und Gesang, über Improvisation aller Beteiligten animiert und Neuigkeiten austauscht. Oma und Opa, zweijährige Kinder, hübsche Mädchen, der hemdsärmelige Taxifahrer, der zufällig vorbeikommt, der spontan eingeladene, etwas ungelenke Ausländer; jeder gibt seinen seinen Teil dazu. Das ist Samba!

Der erste fonografisch aufgenommene Samba wurde von mindestens vier Musikern bei ihren Treffs am Praça Once in Rio komponiert. Die Aufnahmetechnik 1917 erlaubte es allerdings nur, Gesang und Gitarre ins Wachs zu drucken, deswegen wurde *pelo telefono* („Am Telefon") ohne Perkussion aufgezeichnet. Dagegen werden heute in den Samba-Schulen bei den *samba enredos*, den vertonten Kurzgeschichten im Karneval Rios, Hunderte von Perkussions gespielt; die Gitarre geriet in den Hintergrund.

Barock-Musik im Regenwald

Auch wenn die Kultur der Ureinwohner Brasiliens erst in den letzten Jahren als solche anerkannt wird, sind doch ihre beachtliche Musikalität, der Humor, die Spontaneität in Bezug auf Tanz und Musik lebendige Zeugen in der brasilianischen Kultur. Diese fröhlichen, in der Natur integrierten Menschen waren der wohl etwas zu unvoreingenommene, zu tolerante Teil des Schmelztiegels Brasilien. Ein anderer Teil waren die christlichen Orden, allen voran die Jesuiten, die die friedliche Missionierung predigten. Als diese ab 1549 die brasilianischen Indiostämme in die Pläne ihres Gottesstaates miteinbezogen, merkten sie schnell, wie wichtig Musik, Tanz und Gesänge im Festzyklus der Indios sind und wie leicht diese Gewohnheiten zu einer relativ friedlichen Missionierung auszunützen waren. Die Indios, vertraut

Foto: Archiv für Kunst und Geschichte, Berlin

mit komplexen Ritualen, bereicherten ihr Repertoire mit den liturgischen Gesängen, die zwar rhythmisch etwas langweilig waren, aber schöne, neue Melodien brachten. Die Jesuiten sahen ihre „Schäfchen" im Gottesdienst inbrünstig singen und üben.

Es ist schwer zu beurteilen, wieviel Einfluss die Ureinwohner, deren Perkussionsinstrumente den afrikanischen sehr ähnlich sind, auf die heutige MPB hatten. In der Musik des Nordostens, den Hirtengesängen, den *xaxados,* und im *carimbo* des Nordens ist der indianische Einfluss dagegen leicht feststellbar. Sicherlich haben die beiden wichtigsten klassischen Komponisten Brasiliens, Carlos Gomes und Heitor Villa Lobos, in ihren Werken aus der indianischen Tradition geschöpft.

Boi Bumbá, ein bedeutendes Folk-Festival indianischer Prägung, findet alljährlich Ende Juni etwa 400 km östlich von Manaus im Städtchen Parintins statt. Die Ausstattung dieses Musikereignisses mitten im Amazonas-Gebiet ähnelt dem Karneval von Rio. Zwei Stiere aus Pappmaschee stehen im Mittelpunkt des mit großer Hingabe gefeierten Fests.

Oben: „Tanz der Negersklaven" – die einzige Abwechslung im harten Alltag der Schwarzen (Aquarell aus dem 17. Jh.). Rechts: Capoeira, ein alter Kampftanz angolanischer Sklaven, vorgeführt in Salvador.

Forró und Choro

Für die Portugiesen bedeuteten die christlichen Feste die einzigen kulturellen Höhepunkte. In der unendlichen Weite des Nordostens waren die Feste das wichtigste soziale Ereignis, und daher erweiterte man den katholischen Festtagskalender kurzerhand um das Volksspiel *Bumba-meu-boi*, das vor allem in São Luis, Maranhão gegangen wird. Die Europäer brachten hierzu ihre Flöten und Saiteninstrumente mit: die Mandoline, das *cavaquinho* (eine flache, viersaitige Gitarre) sowie die spanische und die siebensaitige Gitarre. Der Minnesang und die Lyrik der Troubadoure

Foto: Andreas M. Gross

iberischer Art wurden gepflegt und die Künstler – *repentistas* genannt – erzählen noch heute im Nordostens den neuesten Klatsch mit unglaublicher Improvisationsgabe und Musikalität.

Die besondere Mischung der Indios mit Portugiesen und Schwarzen in diesem trockenen Tropengebiet kreierte eine völlig eigenständige Musik. Der schottische Rundtanz der Reichen wurde zum *xote*, der Squaredance zur *quadrilha*, ein Indiotanz zum *xaxado*, und es entstand ein Tanz für alle, der *Forró*. Diese volksnahe Musik erfreut sich in ganz Brasilien großer Beliebtheit. Für den *forró* braucht man ein Akkordeon, eine Triangel und eine *zabumba*, eine zweiseitig geschlagene Trommel, und schon kann's losgehen: aus „for all" wurde forró! Die Texte sind anklagend oder schlüpfrig, und der leidenschaftliche Tanz lässt den *lambada* verblassen; virtuoser und heißer wird nirgends das Akkordeon gespielt.

Choro („Weinen") ist eine weitere brasilianische Interpretation europäischer Musik. Klassisch orientiert, existiert diese Musikrichtung schon seit 1880 und hat bis heute ihren Platz in der MPB (*Música Popular Brasileira*). Das *pandeiro*, eine Art Schellentambourin, schlägt einen sambaähnlichen Puls, über den Flöten, *cavaquinhos* und siebensaitige Gitarren virtuos komplexe Themen interpretieren.

Klassik in Brasilien

Da das brasilianische Kaiserreich erst ab 1850 für Theater- und Orchesterniveau sorgte, ist die klassische Musik in Brasilien etwas zu kurz gekommen. Doch auch in diesem Genre gibt es zwei Perlen: Carlos Gomes (1836-1896) und Heitor Villa Lobos (1887-1956). Carlos Gomes hatte großen Erfolg an der Mailänder Scala mit seiner Oper *O Guarani*. Die Indioversion von Romeo und Julia wurde mit Unterstützung Verdis ab 1870 das bekannteste Werk eines brasilianischen Komponisten. Villa Lobos hatte die Unterstützung von Arthur Rubinstein und wurde in den 1920er Jahren mit Werken wie *Bachianas Brasileiras* berühmt. In Curitiba und in Campos do Jordão bei São Paulo finden jährlich internationale Festivals klassischer Musik statt.

An der Musikakademie Salvadors unterrichtete ab 1954 der deutsche Professor Hans Joachim Köllreutther. Sein Schüler Lindemberg Cardoso schuf 1990 mit *Lidia de Oxum* die erste Oper Brasiliens mit Sklaventhematik.

Capoeira in Bahia

Der Nabel der brasilianischen Musik des 20. Jh. liegt sicherlich in Salvador da Bahia, der „schwarzen" ersten Hauptstadt Brasiliens. Wie Magie klingt der Name Bahia seit Jahrzehnten für progressive Musiker weltweit. Hier ist die Kultur wie sonst nirgends in Brasilien afrikanisch geprägt, hier suchen heute auch internationale Stars neue Einflüsse und Ideen.

Die Sklaven durften tanzen, sie übten jedoch im Rücken der Obrigkeit ihren aus Angola stammenden Kampftanz *capoeira*. Später wurde die Gefährlichkeit erkannt und die Capoeira verboten, da Entlaufene sie auch gegen Sklavenjäger anwendeten. Bis heute entwickelte sich daraus ein rhythmisches Spektakel, das jeden Touristen begeistert. Dabei wirbeln zwei muskulöse Männer durch die Luft, stoppen ihre Fußattacken knapp vor dem Kopf des Gegners, ähnlich wie beim Karate, jedoch ohne martialische Schreie, eher spielerisch. Begleitet wird das Ganze vielmehr durch immer schneller werdende Trommelschläge, die auf *atabaques*, den Schellentambourins, *pandeiro* und dem Musikbogen *berimbau* erzeugt werden. Dieses aus Angola importierte Instrument besteht aus einem gekrümmten Stock mit einem offenen Kürbis und einer Saite, die mit einem Stab rhythmisch geschlagen wird. Zu Ruhm gelangte damit einer der weltbesten Perkussionisten, Nana Vasconcelos.

Rechts: Für westliche Touristen eine Welt geheimnisvoller Exotik – Trance einer Novizin während des Candomblé.

Candomblé – Ahnenkult aus Westafrika

Gleichfalls aus Westafrika mitgebracht haben die Yorùbá und Bantu ihre Götter. In den Candomblé-Zeremonien tanzen und singen sich immer mehr Menschen in Trance. Traditionsbewusst und doch anpassungsfähig, entwickelte sich das Candomblé trotz Verbot zur vorherrschenden kulturellen und religiösen Komponente Bahias.

In Salvador stehen 180 Kolonialkirchen heute 8000 bis 10 000 Kultstätten des Candomblé gegenüber. Für die *Orixás*, die afrikanischen Gottheiten, existiert sogar ein eigener Festtagskalender; *Oxalá* ist das Haupt der Götterfamilie und zugleich der Herr des Friedens und der Schöpfung, *Yemanjá* ist die Göttin des Meeres und Mutter aller *Orixás* – die gesamte Kultur Bahias schöpft aus dieser uralten, inspirierenden Quelle!

Die wuchtigen Trommeln der Gruppe *Olodum*, der *Afoxé* (Filhos de Ghandy), die seit dem 1949 mit bis zu 5000 weißgekleideten Mitgliedern durch den Karneval ziehen, die Motive des Malers Caribé, die Romane Jorge Amados, die Poesie Dorival Caymmis – das Universum des Candomblé durchzieht alles, was Bahia so originell, kreativ und berühmt macht. Eines der schönsten Lieder über die Stadt Salvador, ja fast schon ihre Hymne, heißt: *toda cidade é de Oxum* – „die ganze Stadt gehört Oxum", der Süßwassergöttin; es stammt von Gerônimo.

Nach dem kulturellen Einschnitt durch die Diktatur ab 1964 kamen mit dem *tropicalismo* wieder Bahianer ins Rampenlicht. Gilberto Gil, Gal Costa, Caetano Veloso, dessen Schwester Maria Bethânia, Raul Seixas und Tom Xé mischten die Einflüsse des Samba mit Rock und stellten politische Texte in den Vordergrund. Gil und Veloso wurden nach ersten großen Erfolgen ins

Foto: Robin Daniel Frommer

Gefängnis gesteckt und dann ins Exil gezwungen. Nach ihrer Rückkehr um 1970 wurden die Vertreter des Tropicalismo zusammen mit Chico Buarque, Milton Nascimento und Djavan zu den interessantesten Komponisten und Interpreten qualitativ hochstehender, populärer brasilianischer Tanzmusik.

In den 1970er Jahren kam die Musik erfolgreicher Karnevalsgruppen wie *Ilê Aiyê*, *Muzenza* und vor allem *Olodum* in die Hitparaden. Die Reggae-Kultur Jamaicas feierte in Bahia fröhliche Urständ, und der Sambareggae entstand. Ähnlich wie beim Samba wird hier über Kultur versucht, Politik zu machen, und das mit erstaunlichem Erfolg. Gruppen wie *Ilê Aiyê* und *Projeto Axé* (*axé* = positive Energie) schufen soziale Infrastruktur mit Schulen, Kindergärten und Ausbildungsstätten für Straßenkinder.

Heute sind alle Bahianer – ob arm oder reich, weiß oder schwarz – stolz auf die früher bestenfalls geduldete afro-bahianische Kultur, die sogar schon zum Exportartikel geworden ist: Das Jazzfestival in Montreux hat eine Bahianacht, und beim Internationalen Tübingen-Festival „Viva Afro-Brasil" treten Jahr für Jahr brasilianische Gruppen und Stars wie Daniela Mercury, Cidade Negra, Elba Ramalho, Jorge Ben, Marisa Monte, Hermeto Pascoal, Alceu Valenca, Caetano Veloso, Gera Samba und Carlinhos Brown auf – die überwiegende Mehrzahl lebt in Salvador oder stammt aus Bahia.

Die Gruppe Olodum aus dem Pelourinho-Viertel feiert unabhängig davon Erfolge auf zahlreichen Tourneen durch Europa, und die *axé* genannte Karnevalsmusik verbreiten Gruppen wie Banda Mel und Timbalada weltweit.

Der eigentliche Karneval in Salvador – ursprünglicher als der von Rio – platzt heute aus allen Nähten. Bereits ab Oktober wird geübt, und in den Tagen vor Aschermittwoch tanzen dann bis zu zwei Millionen Menschen hinter den *trios eléctricos*, den fahrbaren Bühnen mit höllischem Soundgewitter. Die Stadt wird dann, mitten im tropischen Sommer, zu einem überschäumenden Hexenkessel.

ESSEN UND TRINKEN

Neben den hervorragenden Fruchtsäften (*sucos*) bleiben vor allem die Aperitifs von einer Brasilienreise in Erinnerung. Der bekannteste, *caipirinha*, hat mittlerweile auch die Cocktailliste in europäischen In-Kneipen erobert. Er wird aus dem Zuckerrohrschnaps *cachaça* oder *pinga*, Limetten, Eis und Zucker gemixt. Wer es etwas milder liebt, bestellt einen *caipiríssima*, bei dem der Schnaps durch Rum ersetzt wird. Für Wodka-Fans gibt es *caipirosca* mit Wodka als Basis. Mit *cachaça* mixt man auch die *batidas*, leckere Fruchtsaftcocktails mit Hochprozentigem. Es verlocken *batida de côco* mit Kokosmilch, *batida de maracujá* mit Passionsfrucht, *batida de limão* mit Zitronensaft und weitere Variationen – so viele wie es Früchte gibt!

Da die Brasilianer wie die meisten Südländer wenig frühstücken, essen sie gerne zwischendurch diverse Kleinigkeiten zum unverzichtbaren *cafezinho*, dem kleinen Kaffee, den es überall zu amtlich festgesetzten Preisen gibt. In den *padarias* („Bäckereien") erhält man die beliebten *salgadinhos*, salzige Häppchen wie *pão de queijo* – wörtlich „Käsebrot", aber eigentlich eine gebackene Pastete aus Maniokmehl mit Frischkäse. Auch die *coxinhas*, Kartoffelteig mit Hühnerfleisch, und die *empadinhas*, Pasteten mit Fleisch- oder Krabbenfüllung, sind überall zu haben.

In den brasilianischen Städten findet man an vielen Straßenecken Bars oder *lanchonetes*. Beide sind eine Art Schnellimbiss, die neben Säften, Kaffee und Bier auch kleine Gerichte anbieten. Neben Hamburgern und Hot Dogs (*cachorro quente*) – auch warme Sandwiches wie *misto quente*, Käse und Schinken. Dasselbe mit Tomaten heißt *bauru*, und mit Spiegelei und Kopfsalat *americano*. Eine sympathische Einrichtung ist *prato feito* (*PF*) ein überall erhältliches Fertiggericht, das aus Rindfleisch, schwarzen Bohnen, Reis, Pommes frites und Salat besteht und sehr preisgünstig ist.

Die Pizzerias haben Brasilien ebenfalls erreicht, besonders in São Paulo und im Süden sind sie sehr verbreitet. In Restaurants geht es dagegen etwas formeller zu, man erhält meist ein (extra berechnetes) Gedeck mit Brot, Butter, Oliven, Rohkost etc. Ausländer sind meist überrascht über die riesigen Portionen, die serviert werden.

Eine Alternative zu Schnellimbiss und Völlerei sind die in den letzten Jahren aufgekommenen Selbstbedienungs-Restaurants, in denen man nach Gewicht bezahlt. Egal ob Salat, Fleisch oder Gemüse, alles kostet den gleichen Preis, der zwischen 1 und 2 US$ pro 100 g schwankt – hier gilt es, auf die schweren Kartoffeln zu verzichten!

Für Freunde üppiger Fleischkost wird der Besuch einer *churrascaria* zum unvergesslichen Gourmet-Erlebnis. Am beliebtesten bei den Einheimischen sind die *rodizios*, bei denen Heerscharen von Kellnern mit langen Fleischspießen und Servierwagen solange an den Tisch kommen, bis man kurz vorm Platzen abwinkt. Da der Preis für Fleisch, Beilagen, Salat und Nachtisch einheitlich ist, fällt das Aufhören umso schwerer.

Außer *coração de galinha* (Hühnerherzen) und *frango* (gegrilltes Huhn) bekommt man nur Rindfleisch, das teilweise gesalzen gegrillt wird. Als ersten Gang bringt der Kellner die *calabresa* genannte fette Wurst, von der man nicht zu viel essen sollte, sonst bleibt kein Appetit für die besten Fleischstücke – der Wirt freut sich! Es folgen *picanha* (die Hinterlende), *contra-filé* (mittleres Rückenstück), *filé-mignon* und *alcatra* (Schwanzstück). Eine Spezialität ist *cupim*, das Buckelfleisch der Zebu-Rinder. An Beilagen gibt es Käsebällchen aus Maniokmehl, *aipim frito* (frittierte Maniokwurzel) und gebackene Kochbananen.

Rechts: Gegrilltes Fleisch bis zum Abwinken gibt es im ganzen Land in den Churrascarias.

Foto: Andreas M. Gross

Als Nationalgericht Brasiliens gilt die *feijoada,* die vor allem samstags zu Mittag gegessen wird. Die umfangreichen Zutaten bestehen aus den brasilianischen Grundnahrungsmitteln Reis und Bohnen, dazu kommt Rindfleisch, Schweinelende, -zunge, -füße, -ohren und -schwänzchen, die *linguiça* genannte Kochwurst, Speck und *carne seca* (Dörrfleisch). Das Fleisch soll über Nacht in einer Beize liegen, die schwarzen Bohnen müssen stundenlang kochen, damit die Brühe sämig wird. Dazu serviert man *couve mineira* (eine Art Grünkohl), *farofa* (Maniokmehl), Orangenschalen und eine scharfe Sauce, die *molho carioca*.

Sonntags kocht man im Süden gerne einen *cozido*, eine Art Eintopf aus verschiedenen Fleischsorten und ca. 20 Gemüsesorten wie Bohnen, Kichererbsen, Kartoffeln, *xuxú* (eine kleine Kürbisart), das Ganze traditionell über dem Holzfeuer zubereitet. In Minas Gerais heißt die nahrhafte regionale Spezialität *tutu de feijão*; sie besteht aus einem Brei von schwarzen Bohnen, Grünkohl, Kochwurst (*linguiça*), Spiegelei, Reis und Schweinegrieben.

In ganz Brasilien bekommt man *canja*, eine schmackhafte Hühnersuppe mit Reis, Tomaten und Zwiebeln.

Bahias afrikanisch geprägte Küche

Die wichtigste und zugleich interessanteste Regionalküche ist die exotische Küche Bahias. Für die meisten ihrer Spezialitäten ist das rotbraune Palmöl *óleo de dendê* unverzichtbar. Gäste, die einen sensiblen Magen haben, sollten sich diesem schwer verdaulichen Öl nur mit Bedacht nähern oder lieber in eine Churrascaria einkehren.

Andere typisch bahianische Zutaten sind: Kokosmilch, frischer Koriander, getrocknete Krabben, Erdnussbutter, verschiedene Kräuter und der höllisch scharfe *malagueta*-Pfeffer.

In ganz Brasilien, vor allem aber in Salvador bieten die weiß gekleideten *baianas* (stolze, dunkelhäutige Köchinnen) auf der Straße ihre köstlichen Spezialitäten an: *acarajé*, frittierte Bällchen aus getrockneten Bohnen und Krabben; *abará*, der gleiche Teig, aber in Bananenblätter gewickelt und gekocht. Weitere Spezialitäten Bahias sind *vatapá*, Huhn oder Fisch mit Krabben, Kokosmilch, Palmöl, Brot, Nüssen, Pfeffer und anderen Gewürzen, dazu wird *caruru* gereicht, Okraschoten mit getrockneten Krabben und Cashew-Nüssen in Palmöl gekocht.

Eine *moqueca* ist eine Art Brühe, in der Fisch oder Meeresfrüchte gekocht werden; sie besteht aus Kokosmilch und *dendê*-Öl, Zwiebeln, Knoblauch, Paprika, Tomaten, Koriander und Lorbeerblättern; *moqueca de peixe* (mit Fisch), *de camarão* (mit Krabben), *de siri* (mit Krebsen), *de sururu* (mit Muscheln), *de polvo* (mit Tintenfisch). *Camarão à baiana* heißt ein köstliches Gericht aus gedünsteten Shrimps mit Tomatenpüree, Zwiebeln, *dendê*-Öl, Kokosmilch, Zitronensaft, Kräutern und Gewürzen, mit Reis serviert.

Ximxim de galinha ist in Palmöl, Erdnüssen und getrockneten Krabben geschmortes Huhn. Neben Reis sind verschiedene Arten von Maniok die beliebtesten Beilagen, z. B. *pirão*, ein Brei aus Maniokmehl mit Gewürzen und Fleisch- oder Fischsud. Auch die Süßkartoffel (*batata doce*) sollte man probieren, sowie die im Nordosten und Norden häufig verwendete Kochbanane, *banana da terra. Ensopado de peixe* ist eine Fischsuppe mit Kokosmilch, *caldo de sururu* eine Muschelsuppe.

Amazonische Genüsse

Im Amazonas-Gebiet ist die Küche von den Indianern stark beeinflusst und wird von Süßwasserfischen, Maniok und Bananen bestimmt. Die heute auch in Afrika zu den Grundnahrungsmitteln zählende Maniokwurzel stammt ursprünglich aus Brasilien und wächst bis zu 30 cm Größe unter einem bis zu 3 m hohen Strauch. Man muss nur ein Stück Stängel in den Boden stecken, und die Pflanze beginnt zu wachsen. Die Wurzelschale enthält Linamarin, ein der Blausäure verwandtes Gift, das jedoch durch Wässern und Kochen entzogen wird.

Als Festmahl gilt im Norden *pato no tucupi*, Ente in *tucupi*-Sud. *Tucupi* stellt man aus dem Saft der geriebenen Maniokwurzel her. *Jambu* ist ein Gemüse, aus dem eine säuerliche Suppe zubereitet wird, *tacacá* ein pikanter Eintopf aus Pfefferschoten.

Auch Schildkröten werden angeboten, obwohl deren Fang längst verboten ist. Nicht versäumen sollte man den Genuss der Amazonas-Fische, die aufgrund von Transportproblemen – es fehlt an Kühlschiffen – im Süden Brasiliens auf der Speisekarte fehlen. *Dourado* und *filhote* sind Dornwelse mit sehr schmackhaftem Fleisch. *Tucunaré, tambaqui* und *pacu* sind große Fische mit fast grätenlosem Fleisch; der gewaltigste ist der *pirarucú*, der 2 m Länge und über 200 kg Gewicht erreichen kann. *Piranhas*, deren Fleisch zwar schmackhaft, aber wenig ergiebig ist, werden von den Einheimischen gerne geräuchert verzehrt. *Peixada* ist ein Fischgericht mit Kokosmilch.

Brigadeiros und Carambolas

Den Süßspeisen in Brasilien mangelt es bestimmt nicht an Zucker, je süßer desto besser, lautet die Devise. Lecker schmecken *brigadeiros*, Schokoladebällchen, und *cocadas* – Süßspeisen aus Kokos. Ein typischer Nachtisch in ganz Brasilien ist *goiabada com queijo* (Guavenmarmelade mit frischem Käse), auch „Romeo und Julia“ genannt, weil sie so unzertrennlich sind.

Exotisch schmecken die Kuchen aus Maniokmehl (*bolo de mandioca*) oder Maismehl (*bolo de milho*). Wahre Kalorienbomben sind *quindim* (eine Creme

Rechts: Mit Stolz bieten die weiß gekleideten Köchinnen in Salvador ihre frisch zubereiteten, appetitlichen Gerichte an.

Foto: Robin Daniel Frommer

aus Kokosnuss mit Ei), *doce de leite* (Creme Karamell) oder *pudim de leite* (ein Pudding aus Kondensmilch mit Karamellsirup).

Aus den unzähligen tropischen Früchten wird auch leckeres, manchmal sehr süßes Speiseeis hergestellt, *sorvete.* Alleine an Bananen gibt es neben der Kochbanane noch vier Sorten auf den Märkten: *banana de água*, die der in Europa bekannten Exportbanane entspricht; die Silberbanane, *banana-prata*; die Goldbanane, *banana-ouro* mit ganz kleinen, sehr schmackhaften Früchten; und die Apfelbanane, *banana maça*, die tatsächlich einen leichten Apfelgeschmack aufweist. In Südbrasilien pflanzen die Nachfahren europäischer Einwanderer vor allem Früchte wie Äpfel, Birnen, Trauben und Erdbeeren, Honig- und Wassermelonen. In Minas Gerais genießt man im Frühsommer die *jabuticaba*, eine Kirschenart. Fast überall findet man Papayas (*mamão*), Ananas (*abacaxi*) und Mangos (*manga*). Im Norden und Nordosten gibt es exotische Früchte wie *carambola* (Sternfrucht), *jaca* (Jackfrucht), *graviola* (Sauersack), eine bis zu 3 kg schwere Annonenart.

Guaraná wurde in den letzten Jahren aufgrund seiner aufputschenden Wirkung ein Modegetränk in europäischen Discos; in Brasilien gibt es die koffeinhaltige Frucht der Kletterpflanze *Paullinia cupana* als Erfrischungsgetränk (*refrigerante*) sowie als Pulver oder Tabletten mit angeblich aphrodisierender Wirkung. Aus Zuckerrohr gewinnt man in Brasilien Rum, Schnaps, Zucker und Treibstoff; Kinder mögen besonders den frischgepressten Saft *caldo de cana.*

Aus Rio Grande do Sul kommt nicht nur der beliebte *mate*-Tee, sondern auch brasilianischer Wein, nicht weltberühmt, aber durchaus trinkbar. Vor allem die Rotweine von *Forestier* und *Chandon* verdienen einen Versuch. Die international bekannteren Weine aus Argentinien und Chile sind in guten Restaurants und Hotels meist vorrätig und kaum teurer als die einheimischen. Bier heißt *cerveja*, vom Fass nennt man es *chopp* – und das wird in Brasilien eiskalt serviert!

Foto: Mireille Vautier

GESCHICHTE UND KULTUR

Am 22. April 1500 erreichte eine portugiesische Flotte unter Pedro Álvares Cabral mit 1000 Mann Besatzung die brasilianische Küste bei Porto Seguro. Cabral war auf einer Handelsfahrt nach Indien von Vasco da Gama instruiert worden, sich auf der Höhe von Guinea möglichst weit von der afrikanischen Küste zu entfernen. Von Meeresströmungen abgetrieben, entdeckte Cabral – nach den Spaniern Vincente Yanez Pinzon und Diego de Lepe – Brasilien. An Bord war auch der Regierungsbeamte Pero Vaz de Caminha, dem das erste schriftliche Dokument brasilianischer Geschichte zu verdanken ist. Am 1. Mai 1500 berichtet er an seinen König Dom Manuel I. nicht nur über die „Entdeckung", sondern auch über das Land und seine Bewohner:

...Sie besitzen nichts Eisernes und schneiden Holz und Stämme mit keilförmigen, in Holzstiele geklemmten Steinen, die so gut verschnürt sind, dass sie halten. ... Sie pflanzen nicht und ziehen auch kein Vieh auf. Es gibt hier weder Rinder noch Ziegen, noch Schafe, noch Hühner oder irgendein an das Zusammenleben mit dem Menschen gewöhntes Tier. Sie leben von jenen Maniokknollen, von denen es hier viele gibt und von den Samen und den Früchten, die Erde und Bäume von selbst spenden. Dabei sind sie viel stärker und wohlernährter als wir, trotz Weizen und Gemüse. ... Diese Menschen erscheinen mir von einer solchen Unberührtheit, dass sie, wenn wir ihre und sie unsere Sprache verstünden, bald Christen würden..."

Dieser Brief von Caminha sowie andere unvoreingenommene Quellen blieben damals leider unveröffentlicht. Das Bild des Europäers von Brasilien wurde deshalb durch Amerigo Vespucci und Hans Staden geprägt. Vespucci, der 1501 im portugiesischen Auftrag nach Südamerika gesegelt war, schrieb an Lorenzo di Medici in Florenz:

„Dieses Land ist von ganz nackten Menschen, Männern sowie Frauen, bewohnt. ... Sie haben weder Gesetz noch irgendeinen Glauben; sie leben gemäß der Natur und kennen nicht die Unsterblichkeit der Seele. Sie haben nichts, was ihnen gehört, alles ist Gemeineigentum. Sie haben keine Grenzen zwischen Provinzen und Königreichen, sie haben keine Könige und sind niemandem untertan. Was mich am meisten im Hinblick auf diese Kriege und ihre Grausamkeit erstaunt hat, war, dass ich von ihnen nicht erfahren konnte, warum sie gegeneinander Krieg führen. ... Wenn wir sie gebeten haben, uns die Ursache zu erklären, dann haben sie uns nur auf einen Tatbestand verweisen können, der in einer fernen Vergangenheit seinen Ursprung hat: sie wollten also den Tod ihrer Vorfahren rächen. Das ist eine bestialische Sache; einer von ihnen hat mir sogar gestanden, 200 Menschen gegessen zu haben."

Kulturen unbekannter Herkunft

Wer diese Eingeborenen waren, die die Europäer „Indianer" nannten, ist nur teilweise erforscht. Man nimmt an: Jäger aus Asien folgten ihrem Wild vor ca. 35 000 Jahren über die zugefrorene Bering-Straße auf den (nord-) amerikanischen Kontinent. Schon vor 12 000 Jahren soll das gesamte brasilianische Territorium besiedelt gewesen sein. Die Schätzungen über die Bevölkerungszahl bei Ankunft der Europäer gehen sehr weit auseinander. Die meisten Forscher sprechen von zwei bis drei Millionen Indigenen, ungleichmäßig verteilt: Küste und Flussläufe waren dichter, das Hinterland dünner besiedelt, ähnlich der heutigen Besiedlungsstruktur.

Die Bewohner teilten sich überwiegend in vier Sprachfamilien: *Tupí-Gua-*

Links: Ein Amazonas-Indianer mit festlicher Körperbemalung.

rani, *Gê*, *Aruák* und *Karíb*; sie pflegten animistische Religionen. Einige Stämme lebten als Sammler und Jäger, andere betrieben die Landwirtschaft in Form von Rodungsfeldbau und pflanzten Bohnen, Maniok, Kürbis, Süßkartoffeln und Mais. Sie kannten die Keramik, aber weder Eisen noch eine Schrift. Teilweise waren sie kriegerisch und aus kultischen Gründen auch gelegentlich Kannibalen.

An der gesamten brasilianischen Küste hat man präkolumbische *sambaquis* gefunden, Fundstellen, deren Merkmal eine Anhäufung von Muschelschalen ist. Aufsehen erregte die Entdeckung einer *sambaqui* in Salinas bei Belém: Der brasilianische Forscher Mário Simões datierte die dort gefundene Keramik auf 5500 v. Chr.! Dieser Fund gab den Vertretern der These Auftrieb, im Amazonas-Gebiet hätte es eine eigene „Hochkultur" gegeben, die nicht von Einwanderern aus Asien abstammt. Eine Untersuchung hat ergeben, dass eine Siedlung der Marajoara-Kultur auf der riesigen Marajó-Insel im Amazonas-Delta rund 1700 Jahre ohne Unterbrechung bestanden hatte, von 400 v. bis 1300 n. Chr. Im nordöstlichen Teil der Insel, rund um den Lago Arari, konnten etwa 400 Erdhügel, *tesos*, nachgewiesen werden, die zum Schutz vor dem Amazonas-Hochwasser künstlich angelegt worden waren und auf denen die Bewohner Häuser aus luftgetrocknetem Lehm (*adobe*) errichteten.

Unterstützt wird die These der kontinuierlichen Besiedlung durch Funde reich bemalter Keramik. Herausragend sind dabei die bis zu 100 cm hohen Begräbnisurnen, in denen die Oberschicht der *Marajoara* auf speziellen Friedhöfen bestattet wurde. Anna Roosevelt, eine nordamerikanische Archäologin, kalkuliert, dass etwa 10 000 Menschen in einer Siedlungsgruppe lebten, für die ganze Insel geht sie von rund 100 000 Bewohnern aus. Die *Santarém*-Kultur, die der Stadt am Amazonas ihren Namen lieh, bestand am Rio Tapajós vom 11.-16. Jh. Die Siedler lebten vom Maisanbau und stellten Keramiken her.

Rechts: Keramik der Marajoara-Kultur im Museu Forte do Castelo, Belém.

Päpstlicher Schiedsspruch

Die ersten Kontakte mit den europäischen Invasoren waren friedlich und bis 1532 unproblematisch. Das Interesse Portugals – die Kontrolle des profitablen Welt-Gewürzhandels – richtete sich primär nach Indien, Südostasien und Fernost; die neue Entdeckung galt vorerst nur als Zwischenstation. Den ursprünglichen Landesnamen *Terra de Vera Cruz* löste bald die heutige Bezeichnung „Brasilien" ab, nach dem Brasilholz (*pau brasil*), das hier wuchs und dessen rote Farbe an die Feuerglut (*brasa*) erinnert. Dieses Holz gewann rasch als Färbemittel in der Textilmanufaktur große Bedeutung. Für die Beschaffung waren die wenigen europäischen Händler jedoch auf die Hilfe der Einheimischen angewiesen. Die Indianer tauschten das Holz sowie Papageien und Affen gegen billige europäische Manufakturwaren. Es gab zunächst kaum Handelsstützpunkte. Die Beziehungen beschränkten sich auf den Warentausch und die Versklavung indianischer Gefangener.

Diese Phase dauerte nicht lange, bereits 1502 schloss die portugiesische Krone einen Vertrag mit dem reichen Händler Fernão de Loronha ab. Er bekam die Insel *São João* (heute Fernando de Noronha) als Lehen sowie Handelsprivilegien und verpflichtete sich im Gegenzug, 300 Meilen Küste jährlich zu erkunden und auf der Insel eine Festung zu bauen. Langsam begann die portugiesische Landbesitznahme und auch der Widerstand der Eingeborenen.

Portugal war nicht die einzige europäische Macht mit Kolonialinteressen. Die Franzosen weigerten sich, den 1494 geschlossenen *Vertrag von Tordesillas* anzuerkennen, der gemäß dem

Foto: Günter Heil

Schiedsspruch von Papst Alexander VI. die neue Welt zwischen den katholischen Ländern Spanien und Portugal aufteilte – damals war Brasilien noch gar nicht entdeckt. Die Demarkationslinie verlief auf dem 48. Grad westlicher Länge; das bedeutete – wie man nach 1500 herausfand – zwischen der Amazonas-Mündung und der Capitania São Vicente (im Süden des heutigen Bundesstaates São Paulo). Alle Gebiete westlich dieser willkürlichen Linie sprach man Spanien, alle östlich gelegenen Portugal zu.

Dessen ungeachtet suchten auch französische Korsaren und Händler die Küste Brasiliens heim. Auf die Proteste Portugals antwortete der französische König Franz I., ihm sei „Adams Testament", nach dem die Welt durch die Könige von Spanien und Portugal geteilt werden solle, nicht bekannt. Der portugiesische König João III. entsandte mehrere Militärexpeditionen, und 1532 gründete Martim Afonso de Sousa mit seiner Unterstützung die erste Siedlung, São Vicente.

Die Capitanias

Die Epoche der Capitanias gilt als Wendepunkt in der Kolonialpolitik Portugals gegenüber Brasilien, als der Beginn der Besiedlung und Schaffung einer kolonialen Verwaltung durch die Eroberer. 1533 baute man zur Steigerung der Zuckerproduktion die erste Zuckermühle in São Vicente, im darauffolgenden Jahr führte der portugiesische König das System der *capitanias* ein. Damit teilte man das neu gewonnene Land in zwölf parallel verlaufende Streifen, von der Küste landeinwärts, die den Lehnsträgern (*capitão donatário*) direkt zugeteilt wurden. Die Capitanias waren erblich, unveräußerlich und unteilbar. Bei ihrer Vergabe übertrug der König dem Belehnten die Gerichtsbarkeit sowie die militärische und politische Gewalt. Der *donatário* unterstand direkt dem König und genoss das Privileg der Immunität, unterlag jedoch starker Kontrolle durch königliche Beamte. Durch den *donatário* erfolgte die Verteilung des Siedlungslandes, die Ansiedlungen ließ er durch die Kolonisten befestigen. Sie betrieben außerhalb des Schutzwalles zwei Formen der Landwirtschaft: Rodungsfeldbau mit dem Anbau von Bohnen, Reis, Maniok und Mais sowie die *fazenda*, die Bestellung großer Ländereien für den Anbau von Zuckerrohr, Baumwolle und Tabak.

Das System der Capitanias hatte sich auf den atlantischen Inseln Madeira und Azoren gut bewährt, da diese im Unterschied zu Brasilien vor der Entdeckung unbewohnt waren. Die Reaktion der Ureinwohner Brasiliens auf die Landnahme durch die Europäer, auf Fronarbeit und Versklavung war die Flucht ins Hinterland. Es gab Kämpfe und Arbeitsverweigerung, zum Teil passten sich die Indianer aber auch an und schlossen Bündnisse, mal mit den Portugiesen, mal mit den Franzosen. 20 Jahre nach der Einführung der kolonialen Verwaltungen waren nur zwei der Capitanias, die von São Vicente und Pernambuco – dank ihrer effizienten Zuckerrohranpflanzung – erfolgreich. Alle übrigen scheiterten, was zu einer erneuten Änderung der Kolonialpolitik führte. Das System wurde zwar bis in die Mitte des 18. Jh. beibehalten, die Rechte der Capitanias jedoch stark beschnitten und die Kolonie ab 1549 zentral regiert. Die Krone kaufte die von den Tupi-Indianern überfallene Capitania Bahia zurück und ernannte Tomé de Sousa, der bereits Erfahrung in Afrika und Indien gesammelt hatte, zum ersten Generalgouverneur Brasiliens. Er gründete die Stadt Salvador da Bahia, die dann bis 1763 der Sitz der portugiesischen Verwaltung blieb.

Konkurrierende Kolonialmächte

Die Grundzüge der Kolonialpolitik bis in die Mitte des 17. Jh. waren: Kampf gegen aufständische Indianer; Verteidigung gegen Franzosen und Holländer; Bekämpfung des unkontrollierten Handels mit dem knapper werdenden Brasilholz; weitere Besiedlung und Missionierung der Ureinwohner.

Rechts: Eine Siedlung der holländischen Westindischen Handelskompanie in Brasilien (Aquarell, 17. Jh.).

Der Zuckerrohranbau warf große Gewinne ab. Er weckte noch stärker als der Abbau des Brasilholzes wirtschaftliche Interessen anderer europäischer Nationen. Seit Beginn des 16. Jh. hatten die Franzosen versucht, an der brasilianischen Küste Fuß zu fassen. 1555 besetzte der Malteserritter Nicolas de Villegaignon, der im Dienst des französischen Königs Heinrich II. stand, mit hugenottischen Siedlern die Bucht von Guanabara (beim späteren Rio de Janeiro). Auch die 1559 gestarteten Angriffe des mit Flotten aus Lissabon gestärkten portugiesischen Generalgouverneurs Mem de Sá hinderten die Franzosen nicht daran, *France Antarctique* zu gründen. Erst 1565 konnte Estácio de Sa die Franzosen vertreiben, um dann auf der Festlandsseite der Guanabara-Bucht Rio de Janeiro zu gründen, das allerdings erst im 18. Jh. zur Hauptstadt Brasiliens werden sollte.

Die völkerrechtliche Legalisierung ihrer Kolonisierung leiteten Portugiesen wie Spanier von der *auctoritate apostolica* des Vatikans ab, wonach die Verbreitung des christlichen Glaubens unter den „Heiden" der Zweck war, der die Mittel heiligte. Krone und Kolonialverwaltung finanzierten die Kirche in Brasilien und überließen dieser neben dem Missionieren auch das Zivilisieren: die kulturelle Entwicklung der riesigen Kolonie. Bis 1549 gab es nur einige Franziskaner-Missionare. 1551 wurde in Salvador der erste Bischofssitz eingerichtet und 1554 das erste JesuitenKolleg in São Paulo gegründet.

Die Dezimierung der Indianer durch Mord, Krieg und Seuchen und der gleichzeitig forcierte Anbau von Zuckerrohr für den europäischen Markt verursachten einen Arbeitskräftemangel, der ab 1574 durch die Einfuhr von afrikanischen Sklaven beendet wurde.

In Folge einer Krise der herrschen-

Foto: Archiv für Kunst und Geschichte, Berlin

den Dynastie in Portugal übernahm 1580 Philipp II. von Spanien die Macht im portugiesischen Mutterland. Die Herrschaft eines gemeinsamen Königs von Spanien und Portugal dauerte bis 1640. Theoretisch durfte Portugal eine selbständige Politik betreiben, an der Kolonialverwaltung änderte sich nicht viel; doch wurden alle portugiesischen Kolonien (somit auch Brasilien) spanischer Kronbesitz. In dieser Zeit entwickelte sich das Land immer mehr zu einer Provinz Spaniens und wurde in dessen außenpolitische Probleme verwickelt. So verlor Portugal 1588 viele seiner Schiffe im Seefeldzug der „unbesiegbaren" spanischen Armada gegen England und wurde in seinem gesamten Kolonialreich von den Feinden Spaniens – England, Frankreich und Holland – angegriffen. Dies hatte schwerwiegende Folgen für die Entwicklung Brasiliens. So durfte Lissabon, zuvor einer der wichtigsten Häfen Europas, von den feindlichen Schiffen nicht mehr angelaufen werden, was den Absatz brasilianischer Waren erschwerte. Auch der atlantische Sklavenhandel war betroffen; Engländer, Franzosen und Holländer traten als Konkurrenten in den lukrativen Dreieckshandel ein.

Die Hafenstädte Brasiliens wurden von Piraten geplündert, ohne dass das geschwächte Land zur Verteidigung in der Lage gewesen wäre: Salvador griffen die Engländer zwar 1587 erfolglos an, plünderten jedoch einige Jahre später Santos und Recife. 1612 gründeten die Franzosen die Stadt Saint Louis in Maranhão, drei Jahre später eroberten die Portugiesen die Stadt und tauften sie in São Luís um. In rascher Folge bauten die Portugiesen weitere Festungen wie Fortaleza und Belém (1616), wobei Belém auch spanischen Interessen diente, da es die Amazonas-Mündung, einen möglichen Zugang zum spanischen Goldland Peru, kontrollierte.

Die holländische Invasion

1621 endete ein zwölfjähriger Waffenstillstand zwischen Spanien und Holland, das sich nun anschickte, die spanisch-portugiesische Doppelmonarchie als führende See- und Handelsmacht Europas abzulösen. Die kriegerischen Auseinandersetzungen sparten die portugiesischen Kolonien in Übersee nicht aus. Mit der Gründung der „Niederländisch-Westindischen Kompanie" 1621 strebten die Holländer die Vormacht in ganz Amerika und entlang der westafrikanischen Küste an. Die Mittel für die atlantischen Raubzüge der Westindischen Kompanie erbeutete ihr Admiral Pieter Heyn auf hoher See: 1628 fiel ihm vor Kuba der unermessliche Silberschatz der spanisch-mexikanischen Flotte in die Hände. Die Holländer verfügten nun über genügend Geld für großangelegte Eroberungen in Brasilien. Es war kein Zufall, dass die Wahl auf Pernambuco, die damals reichste Capitania Brasiliens, fiel, denn sie bot auch den Seglern nach Ostindien einen bequemen Ankerplatz. Schon 1630 wurde zunächst Olinda, dann Recife nach kurzen Gefechten erobert. Nach und nach dehnten die Holländer ihre Herrschaft entlang der Küsten des brasilianischen Nordostens aus. Im Hinterland Pernambucos hielt sich jedoch der brasilianisch-portugiesische Widerstand, bis Graf Moritz von Nassau-Siegen den Oberbefehl über die Kolonie von „Neu-Holland" erhielt und 1637 in Recife eintraf.

Der bereits im Dreißigjährigen Krieg kampferprobte deutsche Graf dehnte den niederländischen Einflussbereich nicht nur vom Rio São Francisco bis nach Fortaleza aus, sondern ließ außerdem mehrere Stützpunkte an der westafrikanischen Küste erobern, um die südamerikanische Enklave mit afrikanischen Sklaven versorgen zu können. Nur die Eroberung der brasilianischen Hauptstadt Salvador da Bahia im Jahr 1638 misslang ihm, wie schon 14 Jahre zuvor seinen Vorgängern.

Staatsmännische Weitsicht bewies Moritz von Nassau durch weise Verständigungspolitik, durch Förderung von Kunst und Wissenschaft sowie durch religiöse Toleranz. Während seiner Regierungszeit im calvinistisch-protestantischen Neu-Holland konnten sowohl portugiesische Juden, als auch brasilianische Katholiken zur Ansiedelung in Recife ermutigt werden. Je augenfälliger der deutsche Graf seine Macht vergrößerte, umso mehr misstrauten ihm die „Krämerseelen" in den niederländischen Kontoren der Westindischen Kompanie – zumal aus ihrer Sicht die Investitionen in Brasilien nie genug Gewinn abwarfen. Von Nassau trat schließlich 1644, zermürbt von den ständigen Auseinandersetzungen mit den Holländern, zurück. Keiner seiner Nachfolger besaß auch nur annähernd sein diplomatisches Geschick und seine staatsmännische Größe, und so gärten schon bald zahlreiche Konflikte zwischen den verschiedenen Konfessionen und Nationalitäten.

Die Brasilianer zeigten keinerlei Neigung, den ausschließlich auf schnellen Gewinn bedachten Nachfolgern von Nassaus mit gleicher Verehrung und ähnlichem Gehorsam zu begegnen. Aus einzelnen Scharmützeln entwickelte sich schließlich ein breiter Volksaufstand gegen die holländischen Besatzer, die rasch zurückgedrängt wurden. Offiziell missbilligte Portugal – seit 1640 wieder von Spanien unabhängig und in Europa auf das Wohlwollen der Niederlande angewiesen – die Revolte, insgeheim unterstützte es sie. Ab 1645 wurde Recife vom Land her belagert, aber die Holländer hielten ein militärisches „Patt", und führten von See mehrfach Verstärkung in die eingeschlossene Stadt.

1648 und im darauffolgenden Jahr kam es bei der Hügelkette der Guararapes südlich von Recife zu zwei Entscheidungsschlachten, bei denen die Holländer vernichtend geschlagen wurden. 1652 gab die Kriegserklärung Englands an Holland den Ausschlag. Für

Rechts: Die exotische Tierwelt faszinierte die Europäer; diese Papageienart war sowohl in Teilen Afrikas als auch in Brasilien verbreitet (Aquarell, 19. Jh.)

Foto: Archiv für Kunst und Geschichte, Berlin

jede weitere Besetzung Pernambucos fehlten die Mittel, bereits für Brasilien bewilligte Geschwader, alle verfügbaren Streitkräfte wurden nun zum Schutz der ans Mutterland Portugal angrenzenden Gewässer benötigt. Am 26. Januar 1654 kapitulierte Recife, nach wenigen Monaten hatten alle Holländer die Küsten Brasiliens verlassen, und die Macht der Westindischen Kompanie war in Brasilien für immer gebrochen. Im Frieden von Haag erkannten die Niederlande die portugiesischen Eroberungen in Brasilien an, Portugal verpflichtete sich für die folgenden 16 Jahre zur Zahlung einer Entschädigung „in barem Gelde, Salz, Zucker und Tabak" an die Westindische Kompanie. Portugal hatte seinen Besitz Brasilien behauptet, ernsthaft wurde seine Herrschaft nie mehr von einer anderen europäischen Kolonialmacht gefährdet.

Kleinere Konflikte mit Frankreich und Spanien dauerten jedoch bis ins 18. Jh. an. Französische Korsare versuchten, sichere Stützpunkte an den Küsten von Maranhão und Rio de Janeiro zu errichten. Die Atlantikinsel Fernando de Noronha, 360 km nordöstlich von Natal gelegen, wurde in Besitz genommen, Rio de Janeiro von Piraten unter Dugnay-Trouin besetzt. Für die Befreiung Rios zahlte Brasilien eine horrende Lösegeldsumme. Erst mit dem Beistand Englands, inzwischen wichtigste Seemacht, gelang es, die Franzosen von der brasilianischen Küste fernzuhalten und sie auch von Fernando de Noronha zu vertreiben.

Die Sklavenrepublik

9,6 Mio. Westafrikaner gelangten nach dem heutigen Stand der Forschung als Sklaven auf die Plantagen der Neuen Welt. Mit 3,6 Mio. Schwarzafrikanern erhielt Brasilien den Löwenanteil – siebenmal mehr als die Südstaaten Nordamerikas. Im Rahmen des atlantischen Sklavenhandels konnten skrupellose Menschenhändler unermessliche Gewinne machen, da sie ihre menschliche Fracht bei untereinander verfeindeten westafrikanischen Stämmen, wie

Foto: Archiv für Kunst und Geschichte, Berlin

den Yorùbá, Wolof und Bantu, entweder für billige europäische Manufakturwaren oder – später – für minderwertigen brasilianischen Tabak eintauschten.

Die ohnehin harten Lebensbedingungen auf den brasilianischen Plantagen waren für die aus ihren Familienclans gerissenen und zwangschristianisierten Sklaven häufig gerade deshalb unerträglich, da argwöhnische Aufseher hinter jeder afrikanischen Tradition Rebellion vermuteten und diese mit drakonischen Strafen zu unterbinden suchten. Ihre afrikanischen Götter tarnten die Sklaven deshalb mit katholischen Heiligen, heimlich entwickelten sie aus Stammestänzen die von den Weißen gefürchtete waffenlose Kampftechnik *capoeira*.

Im Verlauf des 17. Jh. gelang immer mehr Sklaven die Flucht. Sie siedelten sich in schwer zugänglichen Fluchtburgen an. In diesen *quilombos* organisierten sie ihr Zusammenleben von Anfang an im Einklang mit afrikanischen Glaubensvorstellungen und tradierten Wertvorstellungen. Oft verhalfen sie Leidensgefährten zur Flucht, plünderten und brandschatzen die Anwesen ihrer früheren Peiniger oder raubten Frauen.

Weil die Arbeitskräfte auf den *fazendas* bald knapp wurden, sandte die Kolonialverwaltung Expeditionen zur gewaltsamen Rückholung der Sklaven aus. Die spärlich bewaffneten Flüchtlinge konnten meist nur wenig Widerstand leisten. Dennoch behauptete sich der größte und berühmteste *quilombo*, der von Palmares, der Gebiete der heutigen Bundesstaaten Pernambuco und Alagoas umfasste, von 1630-1694. Er war von 40 entflohenen Sklaven auf der Hochebene von Garanhun, nördlich von Bahia, gegründet worden. Ende des 17. Jh. lebten etwa 30 000 Afrikaner in einem ca. 27 000 m^2 großen „Staat", der mit Palisaden und Gräben geschützt war und über 40 Militäraktionen der Kolonialmacht widerstand. Schließlich übergab der Gouverneur dem berüchtigten *bandeirante* Domingo Jorge Velho den Oberbefehl über eine 10 000 Mann starke Truppe zur endgültigen Ausmerzung dieses „Schandmals" der Kolonie. Mit unvorstellbarer Grausamkeit vernichteten die Angreifer nach 22 Tagen Belagerung die Hauptstadt der Sklavenrepublik, Macaco, und richteten unter den Bewohnern ein fürchterliches Blutbad an; viele wählten den Freitod. Zumbi, der letzte Heerführer von Palmares, wurde 1695 von einem Verräter erstochen. Sein Todestag, der 20. November, wird seither von Afro-Brasilianern als „Tag des schwarzen Bewusstseins" begangen.

Oben: Wegen der steigenden Nachfrage in Europa investierte man in den Tabakanbau. Rechts: Die mühselige Edelsteingewinnung kostete unzählige Sklaven das Leben.

Die Bandeirantes

Die Hauptstützen der brasilianischen Wirtschaft, Zucker- und Sklavenhandel, durchliefen eine Krise, wodurch der Druck auf die Urbevölkerung wuchs.

Gleichzeitig entstanden zwei bedeutende Bewegungen zur Erschließung des Landesinneren: die der Jesuiten aus der Stadt Sao Paulo (*paulistas*) und die der Bewohner der Gegend um São Paulo (*bandeirantes*), die miteinander in Konflikt gerieten. *Bandeiras*, militärisch organisierte Expeditionen unter einer Fahne, der *bandeira*, und mit akkulturierten Indianern oder *caboclos* – Mischlingen – als Führern, drangen in das noch weitgehend unbekannte Landesinnere vor. *Bandeirantes*, wie man die gerne als Helden verklärten, oft skrupellosen Abenteurer nannte, die an diesen Unternehmungen teilnahmen, waren auf der Suche nach neuen Reichtümern und Arbeitskräften für ihre Plantagen. Sie schreckten bei ihren Raubzügen auch nicht vor den Jesuiten-Missionen zurück, konnten sie doch dort der unbewaffneten Missionsschützlinge leicht habhaft werden.

Die Bandeirantes dehnten die Grenzen Brasiliens weiter aus: Nach Süden kamen sie bis zum Rio de la Plata, nach Westen bis zu den Flüssen Paraná und Paraguai, und nach Norden bis über den Amazonas hinaus. In monatelangen Zügen entwerteten sie so den Vertrag von Tordesillas zu einem Fetzen Papier. Nach 1640 war Spanien durch andere Konflikte zu geschwächt, um militärischen Widerstand gegen die Verletzung der päpstlichen Trennungslinie zu leisten. Diplomatisch blieb dies jedoch ein Streitpunkt bis 1752, als Spanien die neuen Grenzen und damit das heutige Staatsgebiet Brasiliens durch den Madrider Vertrag anerkannte. Portugal machte dafür Konzessionen in Afrika und verzichtete auch auf die *Colónia do Sacramento*, das heutige Uruguay.

Schon Ende des 16. Jh. waren die Bandeirantes keine losstürmenden Freibeuter zur Eroberung des Hinterlandes mehr, sondern Truppen im Dienst des Königs, die den ersehnten Reichtum finden sollten. Erst im späten 17. Jh. hatten sie Erfolg bei ihrer Suche nach Bodenschätzen; große Mengen an Gold und Diamanten wurden zunächst in Minas Gerais, später auch in Goiás, Mato Grosso und Bahia gefunden. Ein wahrer Goldrausch setzte ein, Glücksritter aus ganz Brasilien und Portugal strömten in die Minengebiete, und mit ihnen die Sklaven; bald mussten Bestimmungen betreffend der Zuwanderung und Jahresquoten für Sklaven erlassen werden.

Foto: Archiv für Kunst und Geschichte, Berlin

Es kam zu schweren Auseinandersetzungen unter den Goldgräbern, wobei die *paulistas* versuchten, ihre Vorrechte gegenüber den Neuankömmlingen, besonders den Portugiesen, zu verteidigen. Die Krone griff schließlich ein: Sie übernahm die direkte Verwaltung der neu gegründeten Capitanias von Minas, Goiás und Mato Grosso und unterstellte Handel und Produktion des Goldes ihrer eigenen Kontrolle. Das gesamte Gold musste fortan in der königlichen Gießerei abgeliefert werden, wo es gewogen und eingeschmolzen wurde, um danach als Barren verkauft zu werden. Ein Fünftel des Erlöses, den *quinto*, erhielt die Krone. Trotz scharfer Kontrollen und drakonischer Strafmaßnahmen florierte

Foto: Archiv für Kunst und Geschichte, Berlin

der Gold- und Diamantenschmuggel. Für die Sklaven war dies die beste Möglichkeit, sich die Freiheit zu erkaufen.

Brasilien unter den Braganças

Unter der Bragança-Dynastie (1640-1853) etablierte sich eine neue, von den Jesuiten geprägte politische Ideologie; Nationalinteresse und Allgemeinwohl galten als politische Gebote. Obwohl Portugal eine absolutistische Monarchie war, unterstand die persönliche Macht des Königs dem Allgemeinwohl, das Öffentliche Recht in Politik, Handel und Alltag kam vor dem Privatrecht. Brasilien war nach den Verlusten in Afrika und Fernost zur Hauptkolonie Portugals geworden und erhielt einen Überseerat als oberste Instanz der Kolonialverwaltung. Dieser Rat befasste sich mit den Militäreinrichtungen, dem Steuerrecht, Besiedelung, Gesundheit, Bildung und den Indianer- und Sklavenrechten. Gegen die weitere Verbreitung der Tabak- und Zuckerrohrmonokultur verordnete er den Anbau von Mais, Maniok und Bohnen, förderte die Einwanderung portugiesischer Kleinbauern und unterstützte die Viehzucht im Hinterland. Das Ziel war, Brasilien vom Selbstversorger zum Lebensmittellieferanten für das Mutterland, die anderen Kolonien und die portugiesische Flotte zu machen. Der Export erfolgte nur auf eigenen Schiffen, Handelskompanien nach dem Vorbild Hollands wurden gegründet; viele neue Bestimmungen verärgerten die Kolonisten. Vor allem die Gesetze zum Schutz der Indianer und Sklaven, das Monopol der Handelskompanien und die erhöhten Abgaben ans Mutterland missfielen den Gutsbesitzern und den Eliten in der Kolonie. Die Gesetze wurden fernab einer Kontrolle zwar meist einfach ignoriert, der Widerstand gegen die portugiesische Verwaltung wuchs jedoch ständig.

Oben: Ende des 18. Jahrhunderts begann die Erforschung des Amazonasgebietes durch erste Expeditionen.

Der Bergbau war der Auslöser von großen Veränderungen; die Bevölkerung wuchs durch Einwanderung aus Portugal und Rassenmischung stark an. Erstmals konzentrierte sich die Besiedlung nun nicht mehr nur auf die Küste. Mit der Erschließung des Hinterlandes ging der Bau von Straßen einher. Andere Wirtschaftszweige wie die Lebensmittelproduktion, Viehzucht und Handwerk erlebten einen Aufschwung. Durch die wirtschaftliche Dynamik in Minas Gerais gelang die Integration der verstreuten Siedlungsinseln in Brasilien. Das ökonomische und politische Schwergewicht verlagerte sich von Nordosten nach Südosten und führte 1763 zur Verlegung der Landeshauptstadt nach Rio de Janeiro.

Das 18. Jh. wurde in Brasilien durch zunehmende Macht und absolutistische Ideen des portugiesischen Bragança-Königshauses geprägt, besonders ab 1750 unter dem aufgeklärten, aber despotischen Marquês de Pombal als Premierminister. Er versuchte, durch straffere Verwaltung der Kolonie und Förderung der Manufaktur in Portugal, die wirtschaftlichen Interessen seines Landes zu stärken. Pombal förderte nicht nur die Einwanderung im Süden, in Rio Grande do Sul, sondern legte nun auch besonderes Augenmerk auf das Amazonas-Gebiet.

Nach dem Verlust ihrer südostasiatischen Gewürzinseln an die Holländer versuchte die portugiesische Krone, Pfeffer, Gewürznelken und Zimt am Amazonas anzubauen, was jedoch misslang. Nur Kakao konnte in Plantagen erfolgreich gezogen und kommerzialisiert werden. Die erste wissenschaftliche Expedition 1783-1792 unter dem Naturwissenschaftler Alexander Rodrigues Ferreira hatte die Aufgabe, Fauna und Flora Amazoniens und deren wirtschaftliche Verwertbarkeit zu erforschen. Erneut wurde die Urbevölkerung weiter nach Westen gedrängt, und wieder war man auf ihre Kenntnis des Urwalds angewiesen.

1755 verbot man die Versklavung von Indianern; die Eheschließung zwischen Weißen und Indianerinnen wurde gefördert. Jeder neue Kontakt mit den Weißen setzte die Indianer jedoch Seuchen und Krankheiten aus, gegen die sie keine Abwehrkräfte besaßen; dadurch und durch die trotz Verbots anhaltende Verfolgung wurden sie weiter dezimiert. Weil er einen „Staat im Staat" befürchtete, vertrieb Pombal 1759 die Jesuiten aus Brasilien und damit auch die einzigen Beschützer der Indianer.

Die Unabhängigkeitsbewegung

Die Vertreibung der Jesuiten hatte katastrophale Auswirkungen auf das Bildungswesen: Die Eliten mussten ihre Kinder nach Europa, meist nach Coimbra im portugiesischen Mutterland oder nach Frankreich schicken. Auf diese Weise kamen nun die Ideen der Aufklärung und der Französischen Revolution nach Brasilien. Die Unabhängigkeit Amerikas fand ebenfalls großes Echo. Die zunehmende Unzufriedenheit mit den verhassten Königsbeamten und den das Monopol besitzenden Handelskompanien waren ein idealer Nährboden für die Unabhängigkeitsbewegung. Sie ging von den Intellektuellen und der Oberschicht aus, fand jedoch bald im Volk Zustimmung. Zunehmender Steuerdruck und Willkür der Kolonialverwaltung waren der Zünder am Pulverfass. Auch als die Goldproduktion drastisch sank, verlangte die Krone die 20%-ige Abgabe (*quinto*), und die Schulden des Landes wuchsen. Mehrmals waren in Minas Gerais, Bahia und Pernambuco einzelne Aufstände gegen die Fiskalbeamten aufgeflackert, aber mit Gewalt niedergeschlagen worden.

Der erste Versuch, die Unabhängigkeit von Portugal zu erlangen, ging als *Inconfidência Mineira* („Verschwörung von Minas"), in die Geschichte ein. Anführer war José da Silva Xavier, nach seinem Beruf *tiradentes* („Zahnzieher") genannt. Der Aufstand begann in Ouro Preto 1789, und die Beteiligten bildeten einen Querschnitt durch alle

Bevölkerungsschichten: Beamte, Offiziere, Geistliche, Richter und einfache Bürger riefen zum Widerstand gegen die ausbeuterische Kolonialmacht auf. Die Aufständischen wurden jedoch verraten und verhaftet und nach einem langen Prozess 1792 verurteilt. Nur da Silva wurde in Rio de Janeiro hingerichtet; sein Kopf wurde in Ouro Preto ausgestellt und der „Zahnzieher“ so zum Märtyrer gemacht. Die meisten anderen Beteiligten schickte man in die Verbannung, einige sprach man frei. 1798 revoltierten Handwerker, Soldaten, Mulatten, Muslime, Sklaven und Freimaurer in Bahia. Sie waren antiklerikal, wollten die Sklaverei abschaffen, die Republik ausrufen und einen liberalen Handel einführen. Auch diese Verschwörung wurde verraten, ihre Anführer hingerichtet.

Die brodelnde Unabhängigkeitsbewegung erhielt durch die europäischen Ereignisse einen starken Dämpfer. Im Rahmen der Allianzpolitik mit England weigerte sich Portugal, die Kontinentalsperre Napoleons gegen England mitzutragen, worauf die napoleonischen Truppen Portugal besetzten. Mit Unterstützung der Engländer gelang es dem portugiesischen Hof unter João VI. im Januar 1808, nach Rio zu flüchten. Praktisch ab diesem Zeitpunkt (offiziell erst ab 1815) war Brasilien keine Kolonie mehr: Das Mutterland wurde nun von Rio aus regiert. Da die geisteskranke Königin Maria I. regierungsunfähig war, übernahm ihr Sohn, Kronprinz João VI., die Amtsgeschäfte. Feldmarschall Wellington gelang zwar mit englisch-portugiesischen Truppen 1810 die Vertreibung Napoleons aus Portugal, doch der Prinzregent dachte nicht an eine Rückkehr. Statt dessen gründete er 1815 das „Vereinigte Königreich von Portugal, Brasilien und Algarve“ mit der Hauptstadt Rio de Janeiro, womit er die Kolonie dem Mutterland gleichsetzen wollte. Nach dem Tod seiner Mutter wurde er 1818 zum König gekrönt.

Eine seiner ersten Maßnahmen war die Öffnung aller Häfen, so dass Brasilien nicht mehr nur über Lissabon, sondern auch direkt Handelsverkehr betreiben konnte. João VI. gründete die erste Universität des Landes in Salvador, eine Militärakademie, eine Kunstakademie, eine Bibliothek, eine Druckerei und die erste Zeitung im Land. Er förderte die Naturwissenschaften und die Manufakturen und ließ europäische Wissenschaftler, Ingenieure und Künstler nach Brasilien kommen; Rio de Janeiro entwickelte sich in kurzer Zeit zu einer Metropole. Portugal, von englischen Militärs regiert, wurde zur Kolonie degradiert, was die Portugiesen auf Dauer nicht hinnehmen konnten. Eine Revolution zwang den König 1821 zurückzukehren, Kronprinz Dom Pedro blieb als Regent in Brasilien. Das portugiesische Parlament drängte – vergeblich – auch auf die Rückkehr des Kronprinzen und die Rückstufung Brasiliens auf den Kolonialstatus.

In dieser bewegten Zeit unternahmen die bayerischen Wissenschaftler Johann Baptist von Spix (Zoologe) und Carl Friedrich Philipp von Martius (Botaniker) die bedeutendste Forschungsreise Brasiliens: von 1817-1820 studierten sie intensiv Amazonien und die dort lebenden Indianerstämme und begründeten eine der herausragendsten ethnografischen Sammlungen außerhalb Brasiliens (heute in München und Wien).

Die Unabhängigkeit Brasiliens

Brasilien war nun in Gegner und Befürworter einer Loslösung von Portugal gespalten. Bahia und Pará hielten Portugal die Treue, Pernambuco und Ceará befürworteten die Unabhängigkeit und die Ausrufung der Republik. Der mächtige Südosten votierte für eine gemäßigte Lösung: ein unabhängiges Kaiserreich Brasilien. Ein Jahr lang tobten Auf-

Rechts: Pedro I., Kaiser von Brasilien (Lithografie, 1832).

Foto: Archiv für Kunst und Geschichte, Berlin

stände, eine Zersplitterung des Landes konnte aber vermieden werden. Dem Rat seiner Frau Leopoldine von Habsburg folgend, erklärte der Prinzregent am 7. September 1822 in São Paulo mit dem „Schrei von Ipiranga" – „Unabhängigkeit oder Tod" – die Unabhängigkeit Brasiliens. An seinem Geburtstag, dem 12. Oktober 1822, wurde er als Pedro I. zum Kaiser von Brasilien proklamiert und im gleichen Jahr in einer prunkvollen Zeremonie gekrönt. Pedro I. verfolgte eine absolutistische Politik, löste die verfassungsgebende Versammlung auf, die ihn kontrollierte, und setzte 1824 eine Verfassung durch, die ihm große Befugnisse gab. Parlament und Senat hatten kaum Einfluss, die Zahl der wahlberechtigten Bürger blieb sehr gering, da das Wahlrecht vom Einkommen abhing (1872 durften nur etwa 13% der freien Bürger wählen).

Außenpolitisch war der Kaiser erfolgreich, die USA erkannten Brasilien 1824 an, durch einen Friedensvertrag folgte das ehemalige Mutterland ein Jahr darauf. Dieser Vertrag kostete Pedro I. jedoch viele Sympathien, da er Portugal beschlagnahmtes Eigentum zurückgab und Entschädigung zahlte. Auch der dreijährige Krieg mit Argentinien im Süden um die Provinz Cisplatina am Rio de la Plata, der 1828 nach großen Verlusten mit der Entstehung Uruguays endete, diskreditierte den Kaiser. Besonders angekreidet wurde ihm die Geringschätzung seiner Gattin Leopoldine, der Tochter Franz' I. von Österreich, die mit 29 Jahren 1826 unter großer Anteilnahme der Brasilianer verstarb. Im gleichen Jahr starb auch João VI. in Portugal; Pedro I. verstand sich als Nachfolger und erließ sogar ein neues Grundgesetz für Portugal. Am 7. April 1831 dankte er zugunsten seines fünfjährigen Sohnes Pedro d'Al-Cântara ab und ging ins Mutterland, wo er drei Jahre später starb.

Die Regentschaft

Zehn Jahre lang, bis zur Krönung des minderjährigen Thronfolgers, regierte zunächst ein dreiköpfiger Regentschaftsrat und ab 1834 der Aristokrat

Araújo Lima. Es entstand ein Machtvakuum, das zu diversen Volksaufständen im äußersten Süden und Nordosten des Reichs führte. Den Kaffeebaronen gelang es, durch politische Bündnisse mit den Latifundisten anderer Provinzen die alte Sozialordnung auf Basis von Großgrundbesitz und Sklaverei aufrecht zu erhalten.

Schon vor seiner Volljährigkeit wurde der 15-jährige Prinz 1841 zum Kaiser Pedro II. gekrönt. Gegen die separatistischen Aufstände ließ er mit Waffengewalt vorgehen. 1849 gelang es seinen Truppen, den letzten Unruheherd in Pernambuco zu befrieden.

Der junge Kaiser unterschied sich deutlich von seinem Vater. Er hatte, wie seine früh verstorbene Mutter, durch eine habsburgerische Erziehung die Liebe zu Wissenschaften und Künsten erhalten. Er sprach alte und moderne Sprachen, seine Ehe mit Teresa Cristina von Sizilien galt als vorbildlich. Seine politische Einstellung war demokratischer als die seiner Mitarbeiter. Die ersten Eisenbahn-, Straßenbahn- und Telegrafenlinien wurden eröffnet, 1872 die erste Volkszählung des Landes durchgeführt und ein Unterwasserkabel nach Europa verlegt.

Der argentinische Diktator Juan Manuel de Rosas zwang Brasilien erneut einen Krieg um Uruguay auf, den der General Caxias unter Mitwirkung der deutschen Legion 1852 für Brasilien gewann. Die Südgrenzen blieben unruhig, in Paraguay machte sich ein übermütiger Diktator, Solano López, daran, mit 100 000 von Franzosen ausgebildeten Männern ein Großreich zu errichten; dies führte zum blutigsten Konflikt des südamerikanischen Subkontinents, der fünf Jahre andauerte (1865-1870). Paraguay verlor den Krieg und die Hälfte seiner Bevölkerung, 1872 wurde der Friedensvertrag unterzeichnet.

Rechts: Die Nachfahren der eingeschleppten Sklaven bilden einen großen Bevölkerungsanteil, stehen allerdings oft auf der unteren Stufe der sozialen Leiter.

Unter dem Druck Englands verfügte Brasilien 1850 das Verbot der Sklaveneinfuhr, ab 1871 galten neugeborene Kinder von Sklaven als frei. Von 1885 an waren alle Sklaven über 60 Jahre frei, zuvor hatte bereits Pedro II. allen Sklaven auf seinen Privatgütern die Freiheit gegeben. Laut Volkszählung waren damals etwa 30% aller Brasilianer Sklaven! Am 13. Mai 1888 schließlich erließ Isabel, die bigotte Tochter Pedros II., die *Lei Aurea* („Goldene Gesetze"), die die vollständige Abschaffung der Sklaverei in Brasilien verfügte. Zur Behebung des entstehenden Arbeitskräftemangels erließ die Regierung die *Lei das Terras*, das „Landgesetz", wonach der Landbesitz registriert werden musste; das übrige Land stand als öffentlicher Boden zum Erwerb frei. Bald begann die massive Einwanderung aus Europa, wo infolge der Industrialisierung und politischer Krisen Arbeitskräfte im Überschuss vorhanden waren.

Die Abschaffung der Sklaverei brachte die Großgrundbesitzer gegen die Monarchie auf, dazu gesellten sich die Absolventen der Militärakademien, die sich wirtschaftlich und politisch benachteiligt sahen. Die Republikaner bekamen großen Zulauf, der sich noch dadurch verstärkte, dass dem Kaiser ein männlicher Thronfolger fehlte und die herrschenden Machteliten die klerikal gesinnte Prinzessin Isabel keinesfalls auf dem Thron sehen wollten. Im November 1889 erklärte Marschall Deodoro da Fonseca das Kabinett für abgesetzt und bildete eine provisorische Regierung. Der Kaiser wollte ein Blutvergießen vermeiden, er dankte widerstandslos ab und ging mit seiner Familie ins Exil nach Paris, wo er zwei Jahre später starb.

Die Republikaner hatten sich gegen die Monarchie erhoben, die in Südamerika keine Wurzeln besaß, nicht aber gegen die Person Pedros II., dessen Verdienste noch heute gewürdigt werden. Ihm verdankt Brasilien die Sicherung des Riesenreichs gegen separatistische

Foto: Dr. Roger Franz (Silvestris Online)

Bewegungen und Gebietsansprüche von außen, den Ursprung seines Nationalbewusstseins, den Ausbau des Verkehrswesens und den Beginn der Industrialisierung.

Die „alte Republik“

Die konstituierende Versammlung billigte 1891 ein neues Grundgesetz und ernannte Marschall Deodoro da Fonseca zum ersten Präsidenten der Republik, die man später die „alte“ nannte. Brasilien wurde ein Bundesstaat nach dem Muster der USA, die Verfassungen der USA und Frankreichs waren Vorbilder. Die legislative Gewalt lag bei zwei Kammern, dem Abgeordnetenhaus und dem Senat, in den jeder Bundesstaat drei Senatoren entsandte. Der Präsident erhielt große Vollmachten und wurde in direkter Wahl für vier Jahre gewählt. Die autoritäre Gesellschaft Brasiliens lebte jedoch ungeachtet des modernen Verfassungstextes fort. Fonseca löste wegen zunehmender Unstimmigkeiten das Parlament auf und übergab sein Amt noch 1891 seinem Vize, Marschall Floriano Peixoto, der einige Aufstände niederschlug und als „eiserner Marschall“ in die Geschichte einging. Sein Nachfolger, Prudente de Morais (1894-1898), war der erste nicht aus dem Militär kommende Präsident Brasiliens und machte sich als „Friedensstifter“, *o Pacificador*, einen Namen. Besonders der Kampf gegen die *canudos*, religiöse Fanatiker in Bahia, die erst nach vier Expeditionen 1897 besiegt werden konnten, blieb in Erinnerung. Der Schriftsteller Euclides da Cunha widmete sein Werk *Os Sertões* (1902) diesen Ereignissen.

Der Föderalismus wurde bald zur Bedrohung der ersten Republik, da die Oligarchien ihre Macht in den einzelnen Bundesstaaten uneingeschränkt und kaum von der Zentralgewalt behindert ausübten. Wichtige Posten in der Verwaltung besetzten sie mit Familienmitgliedern oder Vertrauensleuten. Diese bis heute v. a. im unterentwickelten Nordosten übliche Vetternwirtschaft heißt in Brasilien *coronelismo* (*coronel* wird der Landadel oder Großgrundbe-

Foto: Robin Daniel Frommer

sitzer ehrfürchtig genannt). Als Gegenleistung für Treue und Gehorsam unterstützt der *coronel* seine Anhänger und Untertanen materiell und sozial. Eine Art Privatmiliz, die *jagunços,* räumt unliebsame Widersacher gewaltsam aus dem Weg.

Im Staat São Paulo sorgte die Überproduktion von Kaffee für eine Wirtschaftskrise, die die Zentralregierung durch eine Preisintervention auffing, was jedoch zu einer steigenden Auslandsverschuldung führte. Zur Absicherung eines dieser großen Auslandskredite übernahm die Firma *Rothschild & Sons* die Kontrolle der wichtigsten Exporthäfen des Landes. Bis zum Ersten Weltkrieg investierten vor allem englische Firmen in Brasilien, danach wurden jedoch amerikanische Investoren führend.

Die Landesgrenzen verschoben sich 1903 nochmals zugunsten Brasiliens, nach dem Sieg über Bolivien im Konflikt um das Gebiet Acre sowie durch die diplomatischen Erfolge des Baron Rio Branco im Streit mit Britisch-Guyana und kleinerer Zwistigkeiten mit Peru und Kolumbien. Die Bevölkerung wuchs in knapp fünf Jahrzehnten um das Dreifache und betrug 1920 etwa 30 Mio., davon waren fast 3 Mio. Einwanderer aus Europa. Mit der zunehmenden Industrialisierung bildete sich in den Städten ein Proletariat, das in Fabriken arbeitete, die ihre eigenen Arbeitsgesetze entwickelt hatten: niedrige Löhne, bis zu 14 Stunden tägliche Arbeitszeit, hoher Anteil an noch schlechter bezahlten Frauen und Kindern. Die 1893 gegründete Arbeiterpartei konnte 1907 immerhin 2000 Arbeiter für einen Generalstreik zur Einführung des Achtstundentages mobilisieren. Die Polizei antwortete mit Repression; sechs Monate später erging ein Gesetz, nach dem Ausländer, die gegen die öffentliche Ruhe verstießen, des Landes verwiesen werden konnten.

1922 war das Gedenkjahr zur 100-jährigen Unabhängigkeit, die mit einer Kunstwoche und einer Industrie-

Oben: Kinder in Treze Tílias; Einwandererfamilien pflegen bis heute ihre europäischen Traditionen.

ausstellung in Rio begangen wurde. Im gleichen Jahr erfolgte die Gründung der kommunistischen Partei Brasiliens (PCB), an deren Spitze sich bald der ehemalige Offizier Luís Carlos Prestes stellte, der durch den Marsch von Süd nach Nord, der *Coluna Prestes*, Aufsehen erregte. 1500 Menschen zogen durchs Land, um für eine Landreform zu demonstrieren. In São Paulo bekämpfte die „Leutnantsbewegung" *Tenentismo* die Oligarchie und fand großes Echo in breiten Schichten der Gesellschaft.

Vargas, der „neue Staat" und der Populismus

Die Weltwirtschaftskrise ließ auch Brasilien nicht unverschont, der Kaffeepreis fiel in zwei Jahren von 22,5 Cents auf 8 Cents je Pfund. 1930 war Brasilien, dessen Ausfuhr zu zwei Dritteln aus Kaffee bestand, bankrott. Eine angeblich gefälschte Wahl gab das Signal für einen Putsch, der von großen Teilen des Heeres unterstützt wurde und Getúlio Vargas zum vorläufigen Präsidenten kürte. Seine Amtszeit dauerte zunächst bis 1945, ab 1934 als gewählter, ab 1937 als außerordentlicher Präsident; seine Kritiker bezeichneten ihn als Diktator.

Vargas war nationalistisch eingestellt, Antikommunist und völlig unabhängig von den mächtigen Kaffeebaronen São Paulos. Ziel seiner Politik war der Zentralismus, ein starker Staat als Motor der Wirtschafts- und Sozialpolitik. Er setzte vorwiegend Mitglieder der Leutnantsbewegung als Statthalter in den einzelnen Bundesstaaten ein und ließ die wichtigsten Wirtschaftszweige sowie staatliche Firmen, wie z. B. das Zucker- und Alkoholinstitut, überwachen.

Mehrere Aufstände verschiedener Lager – der Oligarchien, der Kommunisten und der Faschisten – ließ Vargas niederschlagen. Sie gaben ihm den Vorwand, die politischen Parteien und das Parlament aufzulösen. Er formte den „neuen Staat", *Estado Novo*, der stark vom italienischen Faschismus beeinflusst war. Alles musste dem nationalen Interesse untergeordnet werden. Mit Hilfe der Armee wurde jeder Widerstand unterdrückt, die Presse zensiert. Die Bundesstaaten verloren viel von ihrer Autonomie, die Kontrolle der Finanzen und Investitionen übernahm der Staat. Die Metallurgie sowie das Energie- und Transportwesen bildeten das Schwergewicht der staatlichen Investitionen; die Privatindustrie wurde durch Protektionismus gefördert.

Das 1931 gegründete Arbeitsministerium schuf erstmals ein soziales Arbeitsrecht, in dem Mindestlohn und bezahlter Urlaub garantiert wurden. Dank einer sozialen Gesetzgebung hatte Vargas das Volk hinter sich: Der achtstündige Arbeitstag, Kündigungsschutz und feste Preise für die Grundnahrungsmittel erhöhten den Lebensstandard der Arbeiter. Das soziale Netz hatte zwar noch sehr weite Maschen, und viele Arbeitgeber umgingen die Gesetze, ohne vom trägen Arbeitsgericht belangt zu werden, aber dennoch bedeuteten die neuen Regelungen einen enormen Fortschritt.

Neben der als Devisenquelle unentbehrlichen, exportorientierten Landwirtschaft wurde auch die Lebensmittelproduktion für den internen Markt stärker gefördert. Kleinbauern erhielten Zugang zu Ackerland und produzierten billige, z. T. subventionierte Grundnahrungsmittel wie Reis, Bohnen und Mais für den heimischen Markt.

Im Zweiten Weltkrieg verhielt sich Brasilien zunächst neutral, ließ jedoch als Reaktion auf die beabsichtigte Expansionspolitik Hitlers in Amazonien alle deutschen Schulen in Südbrasilien schließen. 1942 trat Brasilien auf massiven Druck der USA in den Krieg gegen Deutschland und Italien ein und nahm neben Mexiko als einziges lateinamerikanisches Land aktiv daran teil, indem es 1944 rund 25 000 Soldaten nach Italien entsandte. Die Küstenstadt Natal und die Atlantikinsel Fernando de Noronha wurden den USA als Stützpunkte überlassen. Brasilien war auf der Seite der Sieger, Getúlio Vargas wurde jedoch zum Verlierer, da die weltweite Demokratisierung auch Brasilien erfasste. Die Armee zwang ihn zum Rücktritt, und die folgenden Wahlen gewann der Ex-Kriegsminister General Eurico Gaspar Dutra.

Vargas blieb als Abgeordneter in der Nähe der Macht und wurde 1950 nochmals Kandidat für die Präsidentschaftswahlen, die er aufgrund seiner ungebrochen Popularität auch gewann. Sofort setzte er sein Industrialisierungsprogramm mit der Gründung der staatlichen Erdölfirma *Petrobrás* und der E-Werke *Electrobrás* fort. Spätere Stimmen behaupteten, Vargas habe in seiner letzten Amtsperiode die Grundlagen für die Politik seiner Nachfolger geschaffen. Sein Ende war melodramatisch: Nach einem missglückten Attentatsversuch auf einen seiner schärfsten Widersacher, den Journalisten Carlos Lacerda, durch Mitglieder der Leibwache des Präsidenten, beging Vargas – von Presse und Militärs angefeindet – 1954 Selbstmord.

Getúlio Vargas war tot, aber nicht der *Getulismus*, wie seine Politik genannt wurde, die dann die späteren Präsidenten Quadros und Goulart teilweise fortführten.

Juscelino Kubitschek – der Schöpfer Brasílias

Nach dem Tod von Vargas übernahm Vizepräsident J. Café Filho das Amt. Bei den Neuwahlen im Oktober 1955 einigten sich die Parteien auf den ehemaligen Gouverneur von Minas Gerais, Juscelino Kubitschek als Kandidat. Der rechte Flügel des Militärs, der auch für den Sturz Vargas' verantwortlich war, versuchte den Amtsantritt des „kommunistischen" Kubitschek zu verhindern, wurde aber durch einen Gegenstaatsstreich durch General Teixeira Lott gestoppt.

Kubitschek ließ seinen Fünfjahresplan, *Plano de Metas*, erstellen, mit dem Hauptziel der Modernisierung der Wirtschaft. Private und ausländische Investoren wurden ermuntert, in den Ausbau der Schwer- und Lebensmittelindustrie sowie in den Transport- und Energiesektor zu investieren. Unter dem Motto „50 Jahre Fortschritt in 5 Jahren" förderte man vor allem das Industriedreieck São Paulo – Rio – Belo Horizonte und den Ausbau der Infrastruktur im Landesinneren, leider auf Kosten des Nordostens. Für diese benachteiligte Region schuf man als Ausgleich eine eigene Entwicklungsbehörde, SUDENE. Lieblingsprojekt war ein Vorhaben aus der Kolonialzeit, die Verlegung der Hauptstadt ins geografische Zentrum des Riesenlandes. In nur vier Jahren errichtete man auf dem Hochplateau Goiás, rund 1000 km von den Küstenmetropolen entfernt, Brasília, den neuen futuristischen Regierungssitz.

Die Politik Juscelino Kubitscheks veränderte das Bild Brasiliens nachhaltig, und dies während einer Amtsperiode von nur fünf Jahren. Die Weichen in Richtung einer modernen Industriegesellschaft waren gestellt; als Hypotheken blieben hohe Auslandsverschuldung, steigende Inflation und eine immense Kluft zwischen Produktion und Löhnen und die daraus resultierende Verelendung breiter Bevölkerungsschichten. Die folgenschwere Rezession von 1960-1962 verstärkte die sozialen Probleme derart, dass sich Unruhen immer mehr ausbreiteten. Die Militärs sahen sich wieder einmal veranlasst einzugreifen.

Die Militärdiktatur

Den Anstoß für den Putsch gab der Sozialreformer João Goulart, der als Vizepräsident das Amt des zurückgetretenen Jânio Quadros übernahm. Goulart war ein einflussreicher Vieh-

Rechts: Juscelino Kubitschek, Gründer der futuristischen Hauptstadt Brasília, blickt auf sein Lebenswerk.

Foto: Volkmar E. Janicke

züchter und persönlicher Freund von Getúlio Vargas; bis 1954 war er Arbeitsminister in seinem Parlament. Bei den Wahlen 1962 erzielten die Linken bedeutende Gewinne, was die USA zutiefst beunruhigte. Großindustrielle und antikommunistische, militärische Führer planten mit Unterstützung der CIA einen Staatsstreich. Die beabsichtigte Legalisierung der KP, der Eintritt Brasiliens in die Gruppe der blockfreien Staaten und der am 15. März 1964 im Parlament eingebrachte Gesetzentwurf zur Agrarreform waren Gründe genug für die Hardliner unter den Militärs. Im Namen „Gottes und des Vaterlandes" nahm das Unheil seinen Lauf, als am 31. März der Bundesstaat Minas Gerais das *Pronunciamento* erklärte und sich von der Bundesregierung lossagte. Die reichen Nachbarstaaten im Süden São Paulo und Rio Grande do Sul folgten unverzüglich diesem Schritt.

Goulart ging ins Exil nach Uruguay, Brasilien wurde in den nächsten 20 Jahren von fünf Generälen im permanenten Ausnahmezustand regiert. Die alten Parteien wurden aufgelöst und zwei neue gegründet, die Regierungspartei *ARENA (Ala Renovadora Nacional)* und die als Feigenblatt dienende Oppositionspartei *MDB (Movimento Democratico Brasileiro)*. Die Doktrin der „nationalen Sicherheit" rechtfertigte politische Willkür: Säuberungsaktionen gegen Gewerkschaften, Linksparteien, Universitäten und Presse waren an der Tagesordnung. 1968 reagierten die Militärs auf Demonstrationen für die Wiederherstellung der Demokratie auf ihre Art: Sie ergänzten die Verfassung um die *Akte Nr. 5*, wodurch man die Parlamentarier in unbeschränkten Urlaub schickte und der Staatschef ermächtigt wurde, durch Dekrete zu regieren – eine in Lateinamerika beliebte Art, das Parlament zu umgehen.

Gegen die Repression formierte sich Widerstand. Die europäischen Revolten beeinflussten auch die brasilianischen Studenten. Im Untergrund bildeten sich Guerillagruppen. 1970 entführten diese den deutschen Botschafter von Holleben zur Freipressung von Gesinnungsgenossen aus den Gefängnissen. Unter General Médici (1969-74), erreichte die Diktatur ihre grausamste Phase. Der Terror, der von der politischen Polizei und den Todesschwadronen ausging, löste im In- und Ausland Proteste aus und isolierte Brasilien international. Ab 1978 unter dem deutschstämmigen Präsidenten Ernesto Geisel und später in der Ära Figueiredo (1979-1985) waren erste Anzeichen einer Redemokratisierung und weniger Repressionen zu spüren.

1984, im letzten Jahr der Diktatur, begann die Arbeiterpartei eine Kampagne mit der Forderung nach direkten Wahlen, *diretas já*, die im Januar 1984 während der Sommerferien das ganze Land ergriff. Selbst an den Stränden steckten sich Frauen Protestknöpfe an die Bikinis, und der Karneval von Rio wurde erstmals seit Jahrzehnten mit politischen Themen angereichert: Mit lächerlichen Figuren, die auf die Regimeführer zielten, hatten die Sambagruppen großen Erfolg.

Die Menschen erfuhren jedoch abermals eine Enttäuschung: Das Parlament entschied sich im April 1984 für einen typisch brasilianischen „Kuhhandel" und für den Altpolitiker Tancredo Neves als ersten demokratischen Präsidenten nach zwei Jahrzehnten Militärdiktatur, allerdings ohne direkte Wahlen. Wesentlicher Teil dieses Machtwechsels war der Verzicht der neuen politischen Führung auf jede Form der Wiedergutmachung. Die Militärs sollten weder für die eklatante Verletzung der Menschenrechte noch für Korruption oder Finanzskandale zur Verantwortung gezogen werden.

Der von den meisten Brasilianern lang ersehnte Übergang zur Demokratie wurde von Tragik überschattet. Am Vorabend der Amtsübergabe erkrankte der designierte Präsident schwer und starb Wochen darauf, ohne sein Amt antreten zu können. Nun übernahm der nicht gewählte Interimspräsident José Sarney das Amt bis zur ersten wirklich demokratischen Präsidentenwahl seit 29 Jahren, am 15. November 1989. Bereits 1988 war eine neue demokratische Verfassung im Parlament verabschiedet worden, und im März 1990 trat der mit viel Vorschusslorbeeren gefeierte Collor de Mello, der sich erst im zweiten Wahlgang gegen den Arbeiterführer Lula durchsetzten konnte, sein Amt an. Mit 40 Jahren war er der jüngste Präsident des Landes. Er konnte jedoch keine volle Amtszeit regieren, denn nach zwei Jahren jagte ihn das Parlament wegen massiver Korruption und Verwicklung in Drogengeschäfte aus dem Amt.

Rechts: Drei Generationen beim Erinnerungsfoto in der Wallfahrtskirche des Ortes Bom Jesus da Lapa im Staat Bahia.

Seine Nachfolger Itamar Franco und (seit 1995) Henríque Cardoso bemühten sich um eine Versöhnung innerhalb der brasilianischen Gesellschaft. Besonders die Bekämpfung der Inflation, den Abbau der Auslandsschulden und eine seit Jahrzehnten überfällige Landreform waren die wichtigsten Ziele der Regierungszeit Cardosos.

Die Präsidentschaftswahlen 2002 gewann mit Luis Inácio da Silva, genannt Lula, erstmals seit 40 Jahren wieder ein Kandidat der Linken. Der ehemalige Metallarbeiter und Gewerkschaftsführer aus São Paulo besaß das Vertrauen der unterprivilegierten Massen, die etwa zwei Drittel der Brasilianer bilden. Die Finanzmärkte reagierten bei seinem Amtsantritt am 1.1.2003 gelassen, trotz seines erdrutschartigen Wahlsiegs. 2006 benötigte Lula einen zweiten Wahlgang für die Wiederwahl. Zu den Neuwahlen Ende 2010 durfte der sehr populäre Präsident gemäß Verfassung nicht mehr antreten. Die ehemalige Kabinettschefin Lulas, die Ökonomin Dilma Rousseff – einst bewaffnetes Mitglied der marxistischen Stadtguerilla, die gegen die Militärdiktatur kämpfte – gewann die Wahlen und regierte anfangs mit „eisernem Besen". Innerhalb von 100 Tagen entließ sie fünf Minister, vier davon wegen Korruption. 2016 wurde sie nach

Foto: Mireille Vautier

unbewiesenen Korruptionsvorwürfen selbst ihres Amtes enthoben; Nachfolger wurde ihr liberal-konservativer Stellvertreter Temer.

Ex-Präsident Lula wurde 2017 zu 9,5 Jahren Gefängnis verurteilt, da er sich vom Baukonzern Odebrecht eine Wohnung mit Atlantikblick bauen ließ und dem Konzern dafür Aufträge des Staatsunternehmens Petrobras zuspielte.

LANDESKUNDE

Brasilien ist nach Fläche und Einwohnern das fünftgrößte Land der Welt, größer als die übrigen Länder Südamerikas zusammen, etwa so groß wie Europa, mehr als 92-mal so groß wie das ehemalige Mutterland Portugal. Die Ost-West-Ausdehnung entspricht der Entfernung von Lissabon nach Moskau; die Südspitze des Landes, auf 33° südlicher Breite an der Grenze zu Uruguay, ist von der Nordspitze (auf 5° nördlicher Breite an der Grenze zu Venezuela) so weit entfernt wie Lissabon vom Nordkap. 7400 km Atlantikküste bilden die natürliche Grenze vom Nordosten bis in den Südosten.

Etwa 212 Mio. Einwohner bevölkern 8 511 996 km^2 Landesfläche, das ergibt gut 22 Einwohner je km^2, womit Brasilien zu den Staaten mit der geringsten Bevölkerungsdichte gehört. Dies wird sich trotz des hohen Bevölkerungswachstums von 1,5% jährlich nicht so schnell ändern. Die Bevölkerung ist jedoch sehr ungleich verteilt: Im Süden und Südosten leben rund 60% der Einwohner, im Mittelwesten nur etwa 5%. Die Bevölkerung setzt sich aus den verschiedensten Ethnien zusammen: 53% Weiße (davon 3% deutscher Herkunft), 38% Mulatten und Mestizen, 6% Schwarze und 2% Sonstige, zu denen mehr als 1 Mio. Japaner und annähernd 300 000 indianische Ureinwohner zählen. Die Landessprache ist Portugiesisch ohne Dialekte, jedoch mit brasilianischen Besonderheiten; daneben gibt es rund 180 Idiome der Indianer. 85% der Brasilianer sind zwar Katholiken, jedoch sind viele zugleich Anhänger afrobrasilianischer Kulte wie zum Beispiel Can-

Foto: Mireille Vautier

dombl\u00e9 oder Umbanda.

Die *República Federativa do Brasil*, so der offizielle Staatsname, ist in 26 Bundesstaaten und den Bundesdistrikt Brasília unterteilt. Das Parlament setzt sich aus dem Abgeordnetenhaus (mit 513 für vier Jahre gewählten Mandatsträgern) und dem Senat (mit 81 – drei pro Bundesstaat – für acht Jahre gewählten Senatoren) zusammen. Brasilien ist eine Präsidialrepublik, die dem auf vier Jahre direkt gewählten Präsidenten große Vollmachten einräumt. Wahlrecht besteht ab 16, Wahlpflicht von 18-69 Jahren.

Geografisch kann man drei Großräume unterscheiden: im Norden das weithin unerforschte Bergland von Guyana mit dem höchsten Berg Brasiliens, dem Pico da Neblina, der mit 3014 m höher als die höchsten Gipfel der deutschen Alpen ist. Südlich davon folgt das Amazonas-Tiefbecken, das mehr als ein Drittel der Landesfläche und das größte zusammenhängende tropische Waldgebiet der Erde, sowie ein Fünftel der Süßwasservorräte unseres Planeten umfasst. Der größte Teil Brasiliens ist von Hochebenen mit bis an die Küste reichenden Mittelgebirgen bedeckt; so reicht das Küstengebirge, die Serra do Mar, von Salvador da Bahia bis Porto Alegre. Dennoch liegen nur 3% des Landes höher als 900 m.

Oben: Verheerende Dürre sucht immer wieder den Sertão im Nordosten heim. Rechts: Großprojekte wie dieser Staudamm am São Francisco-Fluss brachten Brasilien an die neunte Stelle der Industrieländer.

Politisch und historisch wird das Land in fünf Regionen unterteilt; dieser Aufteilung folgt auch der Reiseteil dieses Buches im Wesentlichen. Der europäisch geprägte *Süden* umfasst die Bundesstaaten Rio Grande do Sul, Santa Catarina und Paraná. Er gilt als relativ wohlhabend und bietet ein touristisches Highlight mit seinen spektakulären Wasserfällen (Cataratas do Iguaçu).

Der flächenmäßig kleine *Südosten* ist ein Spiegelbild der Kontraste des Kontinents Brasilien: die reichste Region mit dem höchsten Pro-Kopf-Einkommen,

Foto: Mireille Vautier

den größten *favelas* und der schlimmsten Kriminalität. São Paulo, Rio de Janeiro und Minas Gerais bilden das „Dreieck der Superlative"; der kleine Bundesstaat Espirito Santo zählt ebenfalls zur Südostregion.

Der *Mittelwesten* ist mit Ausnahme des Bundesdistrikts Brasília sehr dünn besiedelt, was wohl auch mit der Tatsache zusammen hängt, dass diese Region als einzige keinen Meereszugang besitzt. Stattdessen durchqueren mehrere Flusssysteme die „großen Wälder" Mato Grosso und Mato Grosso do Sul und bieten riesigen Rinderherden Weideland und unzähligen Vogelschwärmen, Millionen Kaimanen und vielen Säugetierarten Nahrung und Zuflucht. Dazu zählt noch die Hochebene von Goiás, die seit der Kolonialzeit Ziel von Edelsteinsuchern ist.

Der *Nordosten* Brasiliens bildet eine „Beule" im Kontinent Richtung Europa. Hier landeten auch die ersten Europäer, die ersten größeren Siedlungen errichtete man hier, und später liefen die Sklavenschiffe mit ihrer bemitleidenswürdigen Fracht in die Häfen ein. Die Region umfasst neun Bundesstaaten von Bahia bis Maranhão; sie ist reich und fruchtbar an der Küste, aber trocken und unbarmherzig im Inneren, wo der Sertão oft jahrelang keinen Regentropfen abbekommt. Tausende Kilometer Strand, exklusive Badeorte und koloniale Pracht stehen im Gegensatz zu Armut und Elend. In dieser Region – besonders in Bahia – trifft man auf mehr afrikanische Elemente als im restlichen Südamerika, auf mehr Exotik, Lebenskunst- und Freude, Musikalität und Spiritualität als in den anderen Teilen Brasiliens.

Der *Norden* ist mit rund 3,5 Mio. km^2 die größte Region und umfasst sieben Bundesstaaten: das kleine Tocantins im Süden; Pará mit der Kolonialpracht von Belém; Amapa an der Grenze zu Französisch-Guyana; Roraima an der Grenze zu Guyana und Venezuela, wo im Grenzgebiet die Yanomami leben; im Westen das einst zu Bolivien gehörende Acre; sowie Rondônia, das in Europa vor allem wegen rücksichtsloser Rodungen bekannt wurde. Flächengrößter Staat

Foto: Volkmar E. Janicke

Brasiliens ist Amazonas mit der Hauptstadt Manaus am Rio Negro.

Brasilien – Land der Zukunft?

Mit diesem Titel gab in Anlehnung an Stefan Zweig der Anthropologe und frühere brasilianische Minister Darcy Ribeiro 1995 ein entwicklungspolitisches Buch heraus. Hat dieses riesige Land Zukunft im Zeitalter der Globalisierung der Märkte? Gemessen am Bruttosozialprodukt gewiss, denn da rangiert Brasilien an neunter Stelle – noch vor Spanien. Auf den internationalen Märkten tritt es vor allem als Rüstungsexporteur und Flugzeugbauer auf, wobei sich die Exportstruktur zugunsten von Fertigwaren verändert hat. Bereits Mitte der 1990er Jahre wurden fünfmal so viele Industriegüter exportiert wie noch 1965.

Brasilien zählt zu den sogenannten „BRIC“-Staaten mit hohem Grad an Industrialisierung und breitem Angebot an Gütern. Doch maximal ein Drittel der Gesamtbevölkerung nimmt am Wirtschaftskreislauf aktiv teil, viel zu viele Brasilianer leben am Rand des Existenzminimums.

Der ehemalige brasilianische Staatspräsident Fernando Henríque Cardoso nannte in einem Beitrag zu dem erwähnten Buch einige Gründe für dieses Missverhältnis: 1960 verfügten 10% der Wohlhabendsten über 35% des Nationaleinkommens, dreißig Jahre später bereits über 48%. Die forcierte Entwicklung des Landes hat eine weitverzweigte Infrastruktur im Transportwesen, der Energieversorgung, Kommunikation und Industrie hervorgebracht, dabei jedoch vor allem die südlichen Regionen bevorzugt. Nur 40% der brasilianischen Industriearbeiter besitzen eine abgeschlossene Grundschulausbildung; 30% müssen als Analphabeten betrachtet werden, und weitere 30% können schriftliche Arbeitsanweisungen nicht umsetzen.Aufgrund der bestehenden

Oben: Hütten in Manaus – „Wohnungen“ für entwurzelte Landbewohner. Rechts: Keine Zukunft für die Kinder der Favelas?

gesellschaftlichen Ordnung werden die vorhandenen Reichtümer unzureichend genutzt und extrem ungerecht verteilt.

Bei der Produktion von Zucker und Kaffee ist Brasilien weltweit die Nr. 1, bei Sojabohnen an zweiter, bei Kakao an fünfter Stelle. Die Ausfuhr von Sojabohnen als Futtermittel in die Industrieländer hat große Flächen in Südbrasilien in Monokulturen verwandelt, damit für ein ökologisches Ungleichgewicht gesorgt und die Lebensgrundlage von Kleinbauern zerstört. Als ökologisch und ökonomisch verhängnisvoll erwies sich der Anbau von Zuckerrohr im Nordosten für die Treibstoffproduktion. Aus Rücksicht auf wirtschaftliche Interessen der internationalen Autokonzerne entschied die Politik in den 1960er Jahren gegen die Schiene und für die Straße – mit den heute allseits zu beobachtenden Verkehrsproblemen und den damit einhergehenden Umweltschäden.

Soziologen kritisieren die brasilianische Elite, die unproduktiv lebt, geerbte Besitztümer verwaltet und ihr Geld arbeiten lässt, was die Spekulation besonders in Inflationszeiten weiter anheizt. Auch viele akademische Berufe sind wenig auf die Bedürfnisse des Landes abgestimmt: In der Schönheitschirurgie sind brasilianische Ärzte weltweit führend, die Masse der Bevölkerung leidet jedoch an der miserablen ärztlichen Versorgung; gut ausgebildete Ingenieure orientieren sich an westlicher Technologie – die Dorfsanierung oder Abwasserreinigung wird dagegen den Kirchen oder Entwicklungshilfeprojekten überlassen. Zurecht beklagte die nationale Bischofskonferenz den ethischen Verfall und die Krise der Werte: „Das Recht des Stärkeren wird zum weitverbreiteten Lebensprinzip. ... Die Ellenbogengesellschaft kennt keine moralischen Grenzen." Dennoch gelang es den beiden letzten Regierungen, eine Million Familien aus der Armut in den Mittelstand zu bringen.

Foto: Renata Holzbachová

Die Misere der Kinder

7 Mio. Straßenkinder, 3 Mio. arbeitende Kinder, 2 Mio. Prostituierte unter 15 Jahren – das sind nicht nur Schlagzeilen aus der Boulevardpresse, sondern belegte Zahlen. Kinder von Armen müssen zum Familienunterhalt beitragen, falls sie sich nicht lieber auf der Straße als Selbstversorger durchschlagen wollen. So verwundert es nicht, dass nur etwa 20% der Schulpflichtigen (alle von 7-14 Jahre) acht Schuljahre absolvieren. Schwarze Kinder besuchen im Schnitt nur 3,3 Jahre eine Schule. Präsident Lula (2002-10) wollte die sozialen Ursachen von Kinderprostitution, Verwahrlosung und Elend bekämpfen. Sein Programm „Fome Zero" (Null Hunger) fasste der Sozialist so zusammen: „Wenn am Ende meiner Amtszeit jeder Brasilianer drei Mahlzeiten am Tag essen kann, dann habe ich die Mission meines Lebens erfüllt". Lulas Nachfolgerin Dilma Rousseff wurden ihre schwache Sozialpolitik und viel zu hohe WM-2014-Investitionen vorgeworfen.

ur de Mesquita Bar (iStockphoto)

Rio de Janeiro – Der riesige Christus auf dem Corcovado wacht über die Cariocas; mit Blick über Botafogo auf den Zuckerhut.

Foto: FernandoQuevedo (iStockphoto)

RIO DE JANEIRO
Samba und Fussball

REGIÃO SUDESTE – DIE SÜDOSTREGION

Es ist kein Zufall, dass der Reiseteil dieses Buches mit den drei bevölkerungsreichsten Bundesstaaten **Rio de Janeiro**, **São Paulo** und **Minas Gerais** beginnt, denn auf dem Reiseprogramm der meisten Brasilienurlauber steht zumindest einer dieser *estados*. Zusammen mit dem Bundesstaat Espírito Santo bilden sie die *Região Sudeste*, die wirtschaftlich leistungsstarke **Südostregion** ist einer der fünf geografischen Großräume des Landes.

Kegelförmige Granitgipfel, die Brandung des Atlantiks, herrliche Sandstrände und tropische Vegetation bis ins Stadtzentrum hinein – **Rio** ist die mit Abstand schönste Metropole Brasiliens. Neben der fotogenen Schokoladenseite gibt es in der Hafenstadt auch ausgedehnte Industriegebiete; dennoch hat ihr **São Paulo** wirtschaftlich längst den Rang abgelaufen. Ein brasilianisches Sprichwort besagt: „Das Geld wird in São Paulo verdient, in Rio verjubelt oder in Belo Horizonte gespart". **Belo Horizonte**, die Provinzhauptstadt von Minas Gerais, wurde erst vor über 110 Jahren auf dem Reißbrett entworfen.

Links: Sambaschule in Rios Sambadrom.

Sie wird von der historisch und kunstgeschichtlich herausragenden Bergregion Brasiliens umgeben. Solche Gegensätze sind nicht nur im Südosten anzutreffen, sondern machen ganz Brasilien zu einem Land voller Kontraste.

Das „Dreieck der Superlative" ergibt sich aus den für brasilianische Verhältnisse geringen Entfernungen, welche die drei größten Städte des Landes voneinander trennen: Von Rio nach São Paulo sind es „nur" 430 km, nach Belo Horizonte 440 km, von São Paulo nach Belo Horizonte 590 km, also etwa 40 Flugminuten oder sechs Autobusstunden. Dazu zum Vergleich: von Rio nach Recife sind es 2340 km, ca. 35-40 Busstunden!

Der Bundesstaat Rio hat mit mehr als 364 Einwohnern pro km^2 die größte Bevölkerungsdichte Brasiliens, São Paulo liegt mit 166 und Minas Gerais mit 34 ebenfalls deutlich über dem Landesdurchschnitt von nur 22 Einwohnern pro km^2. Brasilien, das fünftgrößte Land der Erde nach Fläche und Bevölkerung, ist statistisch zugleich eines der am dünnsten besiedelten.

Die Anziehungskraft der Megastädte auf die Landbevölkerung ist enorm, denn hier konzentriert sich die wirtschaftliche und finanzielle Macht der brasilianischen Nation. Bodenschätze, Industrie und Landwirtschaft spielen eine wichtige Rolle, wie auch der

» Karte S. 68-69, Info S. 86-87

Dienstleistungssektor und der Fremdenverkehr. In der rund 1000 km entfernten Hauptstadt Brasília steht zwar der Präsidentenpalast, und dort tagt auch das Parlament; wichtige Entscheidungen der Finanz- und Geschäftswelt werden jedoch meist in São Paulo, Rio oder Belo Horizonte getroffen, wo noch bis Mitte des 20. Jh. die herrschende Oberschicht den Präsidenten des Landes nach dem System *café com leite* („Kaffee mit Milch") auswählten: Abwechselnd wurde der Staatschef von der Kaffeeregion São Paulo und dem Milchlieferanten Minas Gerais gestellt.

Die drei beschriebenen Bundesstaaten sind jedoch nicht nur Finanz- und Wirtschaftszentren, sondern außerdem Hochburgen des Sports: Ihre Hauptstädte besitzen die besten Teams und die größten Stadien der durch und durch fußballverrückten Nation.

Rio de Janeiro nennt das riesige Stadion Maracanã und die weit über Brasilien hinaus bekannten Fußballvereine Botafogo, Flamengo, Fluminense und Vasco sein Eigen.

Brasiliens drittgrößte Fußballarena ist Belo Horizontes Estádio Mineirão (offizieller Name: Estádio Governador Magalhães Pinto). Das 1965 errichtete Stadion hat wegen der Fußballweltmeisterschaft 2014 eine reduzierte Kapazität von 66 805 Plätzen bekommen. Die Clubs Cruzeiro EC, Atlético Mineiro und América Mineiro genießen im Mineirão Heimrecht.

São Paulo besitzt mit der neu erbauten Arena Corinthians (65 807 Plätze) das viertgrößte Stadion Brasiliens.

Zur Weltmeisterschaft 2014 hat sich Brasília, mit der Vergrößerung des Estádio Mané Garrincha auf 70 042 Plätze, in die Phalanx der großen südostbrasilianischen Arenen geschoben. Da es in Brasília aber keine „großen" Fußballclubs gibt, absolvieren hier Mannschaften aus Rio, São Paulo und Santos „Pflichtspiele". Dessen ungeachtet fand das Finale der WM 2014 in Rio de Janeiro statt.

» Karte S. 68-69, Info S. 86-87

Diamantina
Coluna
Itambacuri
Santo Hipólito
Morro da Garça
Corinto
Santa Maria do Suaçuí
Rep. Três Marias
Ferry
Morada Nova de Minas
Presidente Juscelino
Gouvea
Serro
Materlândia
Felixlândia
Curvelo
Peçanha
Guanhães
Frei Inocêncio
S. DO ESPINHAÇO
S. NEGRA
GERAIS
Abaeté
Pompeu
Cordisburgo
Santana de Pirapama
Conceição do Mato Dentro
Senhora do Porto
Virginópolis
Sardoá
GOVERNADOR VALADARES
Baguari
Dores do Indaiá
Martinho Campos
Lagoa do Jacaré
SETE LAGOAS
Açucena
Ferros
Galiléia
Papagaios
Almeida
P. N. da Serra do Cipó
CORONEL FABRICIANO
Conselheiro Pena
Bom Despacho
Pitangui
Pedro Leopoldo
ITABIRA
Ipaba
Tarumirim
Esmeraldas
Vespasiano
Inhapim
Nova Serrana
CONTAGEM
STA. LUZIA
Timóteo
Vargem Alegre
Pará de Minas
BETIM
SABARÁ
João Monlevade
Ipanema
DIVINÓPOLIS
N. Lima
Santa Bárbara
Bom Jesus do Galho
Caratinga
Mutum
Itaúna
IBIRITÉ
BELO HORIZONTE
Formiga
Cláudio
Brumadinho
Ouro Prêto
Barra Longa
Rio Casca
Raul Soares
Simonésia
Chalé
Itaguara
Piedade dos Gerais
Ibatiba
Itapecerica
Congonhas
Mariana
Ponte Nova
Manhuaçu
Iúna
Oliveira
Ouro Branco
P. N. do Caparaó
ESPÍRITO SANTO
Cristais
Passa Tempo
CONSELHEIRO LAFAIETE
Porto Firme
Espera Feliz
Campo Belo
S. DAS VERTENTES
Araponga
Alegre
Castelo
Bom Sucesso
Carandaí
Senador Firmino
Viçosa
Carangola
Nepomuceno
Tiradentes
Alto Rio Doce
Miradouro
CACHOEIRO DE ITAPEMIRIM
Lavras
Eugenópolis
Três Pontas
SÃO JOÃO DEL REI
BARBACENA
UBÁ
Itutinga
Santos Dumont
Cataguases
MURIAÉ
Bom Jesus do Itabapoana
VARGINHA
Ibertioga
ITAPERUNA
Três Corações
Minduri
Bias Fortes
Miracema
São João Nepomuceno
Leopoldina
RIO DE JANEIRO
São Francisco de Itabapoana
Andrelândia
Cruzília
JUIZ DE FORA
Volta Grande
Caxambu
Aiuruoca
Lima Duarte
Itaocara
São João da Barra
S. DE MANTIQUEIRA
CAMPOS DOS GOITACAZES
Rio Preto
Belmiro Braga
Além Paraíba
Carmo
Cristina
P. N. de Itatiaia
Três Rios
Cantagalo
Conceição de Macabu
Tocos
Farol de São Tomé
Conservatória
Valença
Bom Jardim
Quissamã
Cruzeiro
Itatiaia
RESENDE
VOLTA REDONDA
TERESÓPOLIS
NOVA FRIBURGO
P. N. da Restinga de Jurubatiba
Cabiúnas
BARRA MANSA
Paracambi
PETRÓPOLIS
MACAÉ
Tinguá
Cunha
Queimados
MAGÉ
Casimiro de Abreu
Rio das Ostras
ARATINGUETÁ
NOVA IGUAÇU
BELFORD ROXO
Rio Bonito
Itaguaí
ITABORAÍ
São Pedro da Aldeia
P. N. da Serra da Bocaina
ANGRA DOS REIS
COPACABANA
NITERÓI
CABO FRIO
Saquarema
Copacabana
Arraial do Cabo
Parati
RIO DE JANEIRO
SERRA DO MAR
Ubatuba
OCEANO
ATLÂNTICO
ILHABELA (ILHA DE SÃO SEBASTIÃO)
N
SÜDOSTREGION
0 50 100 km
© Nelles Verlag GmbH, München

★★RIO DE JANEIRO

Am besten offenbart sich der Zauber des grandiosen **★★Rio de Janeiro ❶** auf einem der beiden berühmten Aussichtspunkte – dem Zuckerhut oder dem *Corcovado*, dem „Buckligen", der seit 1931 die bekannte Christusstatue trägt. Diese beiden markanten Berggipfel sind von der Natur geschaffene Logenplätze, von denen sich das faszinierende Zusammenspiel zwischen dem anbrandenden Atlantik, den malerischen Buchten und Seen, den steilen Felsblöcken und des von üppigem Regenwald eingerahmten Häusermeers der pulsierenden Millionenstadt am besten verfolgen lässt. *Deus é Brasileiro*, „Gott ist Brasilianer", sagt eine Redewendung – und hier hat der Vielzitierte wirklich alle Register gezogen: Der Blick schweift über die vorgelagerten Inseln und das Türkisblau des Ozeans, über die dramatisch aufragenden Felskegel, die weite Bucht von Guanabara, die Nachbarstadt Niterói und die weit dahinter wie Finger zum Himmel zeigenden Zinnen der Bergkette *Serra dos Orgãos* („Orgelgebirge").

Nahe dem südlichen Wendekreis fuhr am 1. Januar 1502 eine portugiesische Expedition unter André Gonçalves in die Guanabara-Bucht ein. Der Kapitän hielt diese fälschlicherweise für eine Flussmündung und benannte seinen Ankerplatz nach dem Datum: „Rio de Janeiro", das bedeutet „Januarfluss". Erst 1565 kam es zur offiziellen portugiesischen Stadtgründung – nachdem die Franzosen, die sich zwischenzeitlich hier festgesetzt hatten, vertrieben worden waren. Bald florierte dank importierter schwarzer Sklaven im Hinterland der Zuckerrohranbau; Rios Naturhafen prosperierte durch Zuckerexport und, als im 18. Jh. in Minas Gerais das Goldfieber ausbrach, von der Ausfuhr des begehrten Edelmetalls. 1763 erlangte Rio den Hauptstadtstatus (den es bis 1960 innehatte), und von 1808-1821 war es sogar Königsresidenz des ge-

 » Karte S. 68-69, Info S. 86-87

RIO DE JANEIRO-SÜD
1 - 16
0 0,5 1 km
© Nelles Verlag GmbH, München
Baía de Guanabara
OCEANO ATLÂNTICO
Marina da Glória
Glória
Mama Ruisa
Palácio São Joaquim
Igr. N. S. do Outeiro da Glória
Santa Teresa (MGallery)
Bondinho
Largo do Guimarães
GLÓRIA
CATUMBI
Túnel Santa Bárbara
Palácio do Catete
Museu do Folclore
Catete
Morro Nova Cintra • 267
CATETE
Praia do Flamengo
Largo do Machado
Parque Guinle
Teatro Cacilda Becker
Morro São Judas Tadeu • 246
Praia do Flamengo
Av. Infante Dom Henrique
Parque do Flamengo
Túnel da Rua Alice
Laranjeiras
Rua Pinheiro Machado
FLAMENGO
Largo do Boticário
Rua Alice
Rua das
Palácio Guanabara
Flamengo
Rua Velho
R. Cosme
Linha 1 e 2
Morro da Viuva
Morro Cara de Cão 72
Museu de Arte Naif
Museu Carmen Miranda
Praia Dentro
Est. de Ferro Corcovado
LARAN-JEIRAS
Praia da Urca
Praia de Fora
Mirante Dona Marta 363
Botafogo Praia Shopping
Praia do Botafogo
Enseada de Botafogo
URCA
Casa de Rui Barbosa
Av. das Nações Unidas
Pão de Açúcar (Sugar Loaf Mountain) (396)
São Clemente
Botafogo
Morro do Pasmado
Iate Clube de Rio de Janeiro
Av. Portugal
Aéreo
Museu do Indio
da Pátria
Av. Pasteur
Morro da Urca 230
Humaitá
Túnel do Pasmado
BOTAFOGO
Caminho
Voluntários
Universidade Federal de R. de Janeiro
Instituto Benjamin Constant
Praia Vermelha
Baretto
Gen. Polidoro
Praça General Tibúrcio
Mena
Museu do Teatro
Av. L. Sodré
Shopp. Rio Sul
Visc. de Silva
Cemitério São João Batista
Morro da Babilônia 235
Forte Duque de Caxias
Túnel Novo
Linha 1
Morro de São João • 240
Morro da Saudade
Túnel Velho
LEME
ILHA DE COTUNDUBA
Av. Pr. Isabel
Atlântica
Morro do • Leme 114
Cardeal Arcoverde
Best Rio
Riotur
Av.
Windsor Atlântica
H. Siqueira Campos
Ribeiro
Praia do Leme
Ponta do Leme
Av. Figueiredo de Magalhães
Santa Clara
Belmond Copacabana Palace
Morro dos Cabritos • 385
Túnel Major R.Vaz
Arena Copacabana
COPACABANA
Windsor Palace
Parque da Catacumba
Praia de Copacabana
Cantagalo
Av. Barata
de Copacabana
Atlântica
Av. H. Dodsworth
Pestana Rio Atlântica
Avenida
Rio Othon Palace
202
Morro do Cantagalo
Túnel Pref. Sá F. Alvim
Avenida N. S.
ARPOADOR
Ipanema
Sofitel Copacabana
Forte de Copacabana (Museu Histórico)
Praça Gen. Osório
Fasano Rio
de J.
Francisco Otaviano
Mercure Arpoador
Ipanema/ General Osório
P. Garota de Ipanema
Praia do Diabo
Praia do Arpoador
Ponta do Arpoador

Foto: Yuri de Mesquita Bar (iStockphoto)

samten portugiesischen Reichs.

Über 6 Millionen „Cariocas" – so nennt man die Bürger Rios – leben heute auf knapp 1200 km^2 im Stadtgebiet, knapp 12 Millionen sind es im Großraum Rio. Der höchste Berg in der Stadt, der **Pico da Tijuca**, erreicht 1022 m; charakteristisch sind jedoch die *morros*, große, höckerartige Felsen.

Rios Strände

Verlässt man die Aussichtspunkte und begibt sich in den Süden der Stadt, kann man darüber staunen, wie sportversessen Rios Einwohner trotz der heißen Sonne sind. Scharen von Joggern, Skatern und Bikern tummeln sich an der Uferpromenade; an den Trimmgeräten der Strände stählen Hunderte einheimischer Machos ihre Körper. Sehen und Gesehen werden ist Trumpf. Auf den Flaniermeilen der Stadt scheint Fitness allererste Bürgerpflicht zu sein.

Oben: Der 4 km lange „Traumstrand" von Copacabana.

Nur ein paar Schritte weiter ziehen geschmeidige Grazien in knappsten Bikinis die Blicke auf sich – sie verwandeln den Strand mit spielerischer Leichtigkeit in einen Laufsteg der Eitelkeiten. Etliche Strandbars, kaum größer als ein Kiosk, locken mit flotten Samba-Rhythmen, unentwegte Getränkeverkäufer preisen lauthals ihre eisgekühlten Erfrischungen an. Wenige Meter hinter den Stränden wird Markt abgehalten. Morgens werden (an bestimmten Wochentagen) süße Tropenfrüchte und Gemüse angeboten, abends Kunsthandwerk, Schmuck, Souvenirs und Kleidung.

Rios Strände sind nicht Bestandteil, sondern der Mittelpunkt des alltäglichen Lebens. Alle *praias* zusammen sind 80 km lang – eine gigantische Bühne des Körperkults, ein bunter Basar, Treffpunkt, Wohnzimmer, lebhafte Stammkneipe und nach Einbruch der Dunkelheit eine von gleißendem Flutlicht erhellte Volley- und Fußballarena.

Verfolgt man dieses bunte Treiben heute, so scheint schwer vorstellbar, dass Rio bis gegen Ende des 19. Jh. eine

» Stadtplan S. 70-71, Info S. 86-87

eher geschäftsmäßige Beziehung zum Meer unterhielt und sich das Strandleben ausschließlich an den heute zum Baden ungeeigneten Sandstränden der Guanabara-Bucht abspielte. Damals war Rudern der beliebteste Sport hier; Rios renommierteste Fußballclubs gingen aus diesen Rudervereinen hervor und wurden nach Stadtvierteln benannt, die unmittelbar ans Meer grenzen: **Botafogo** und **Flamengo**.

★Copacabana

Von der **★Praia de Copacabana** ① – dem Inbegriff südamerikanischer Stadtstrände – nahmen die **Cariocas**, die Einwohner Rios, erst Notiz, als der beschwerliche Weg über den Felsriegel zwischen den heutigen Stadtteilen Botafogo und **Copacabana** durch einen Tunnel überflüssig wurde und der prachtvolle Strand mit der Straßenbahn bequem erreichbar war. 1923 entstand an der Avenida Atlântica mit dem **Copacabana Palace** ② das lange Zeit führende Luxushotel Südamerikas.

Entlang der sanft geschwungenen, halbmondförmigen Bucht errichteten nun gleichermaßen Adelige und Neureiche ihre Villen im Art-déco-Stil, die Copacabana wurde zum mondänen Seebad, und die Bodenspekulation trieb die Grundstückspreise in schwindelerregende Höhen. Schon in den 1940er Jahren türmten sich zehnstöckige, teils auch noch höhere Gebäude entlang des berühmten Strands zwischen **Leme** im Nordosten und der Küstenbatterie **Forte de Copacabana** im Süden, vor der heute die Lebensretter (*Salvavidas*) vom *Posten 6* über Badende wachen.

Aber erst die 1950er Jahre begründeten den „Mythos Copacabana“: Aufmüpfiger Rock'n Roll und Brillantine waren in Rio groß in Mode. Scharen jugendlicher Rebellen in Lederjacken eiferten ihren Leinwandidolen nach. Auf der Avenida Atlântica kreuzten getunte Sportwagen und ganze Geschwader chromblitzender Motorroller – Aufbruchsstimmung allenthalben. Die „Copa“ wurde zu einem ganz besonderen Ort: Sie versprach klassenloses Zusammenleben, wilde, ungezähmte Individualität und Nacht für Nacht neue Vergnügungen. In den „wilden Fünfzigern“ wurde ein einziger Stadtteil mit seinem Prachtstrand zum Inbegriff einer aufregenden neuen Zeit. Leben an der Copacabana: das bedeutete, weder Verpflichtungen noch Einschränkungen zu kennen. Alles war erlaubt, Fantasie und Kreativität wurden beflügelt: mit der *Bossa Nova* trug ein neuer Rhythmus den Glanz Rios und den Ruhm der Copa in alle Welt. Die Avenida Atlântica wurde in dieser Phase sogar zur bevorzugten Adresse der politischen Elite.

Aber als die Retortenhauptstadt Brasília 1960 Rio de Janeiro als Regierungssitz ablöste und vier Jahre später das Militär putschte, verflog die Partystimmung an der Copacabana: Aus war der Traum vom politischen Freiraum. Apathie beherrschte das Viertel, allenfalls vergleichbar mit der alljährlich nach dem Karneval einsetzenden Katerstimmung. Viele Beamte wurden – oft unter Protest – nach Brasília versetzt, die Wohlhabenden zogen weg, Intellektuelle mussten ins Exil; sogar die Bossa-Nova-Welle wechselte nach Ipanema!

Bis heute geblieben sind mehr als 600 000 Einwohner, welche die Copacabana zum dichtestbesiedelten Stadtteil Brasiliens machen. Die „Copa“ ist heute ein Viertel der Mittelschicht, und viele Menschen, die hier leben und arbeiten, stammen ursprünglich aus dem Nordosten Brasiliens, dem dürregeplagten Armenhaus der Nation. Das Rückgrat der Gastronomie Rios stellen kleinwüchsige, bisweilen untersetzte Kellner und Köche aus Ceará. Eine Plage sind an der Copa Banden junger Räuber und Trickdiebe – zum Strand sollte man nie mehr als Badehose und Handtuch mitnehmen!

Zugegeben, der große Glanz der Copacabana ist lange dahin, Genuss als einziger Lebenszweck für die meisten

» Stadtplan S. 70-71, Info S. 86-87

Foto: Johannes Frangenberg

Bewohner eher passé. Für Zuwanderer vom Land und für Touristen ist die Anziehungskraft des Viertels jedoch ungebrochen: Zwei Drittel der Hotelbetten Rios konzentrieren sich entlang dieses nur vier Kilometer langen Strandabschnitts. Kaum eine Brasilienreise spart Rio, spart die Copacabana aus.

Über die **Metro-Station Cardeal Arcoverde** ③ (Rua Barata Ribeiro / Rua Rudolfo Dantas) oder die ebenfalls barrierefrei gestalteten Nachbarhaltestellen **Siquiera Campos** (Ecke Rua Tonelero) und **Cantagalo** ist das bei Touristen besonders beliebte Viertel mit dem U-Bahn-Netz ganz Rio de Janeiros verbunden. Es ist einfach, von hier ins Zentrum, beispielsweise zu den Haltestellen Cinelândia, Carioca (für Rollstuhlfahrer geeignet) oder Uruguaiana, zu gelangen – preiswert und wegen der hohen Polizeipräsenz recht sicher ist Rios Metro sogar während des Karnevals.

Oben: Fußball, Beach-Volley, Surfen und Selbstdarstellung sind die beliebtesten Sportarten an Rios Stränden. Rechts: Drachenflieger gleiten vom Gávea-Gipfel hinab zur Praia Pepino.

Nur wenige *Cariocas* und noch weniger Touristen wissen, woher der Name des bekanntesten Strandes Südamerikas eigentlich stammt. 1746 ließ ein Bischof aus Dank für die Rettung aus Seenot eine Kirche für die Jungfrau von Copacabana erbauen, die mittlerweile der Festung weichen musste. Diese Marienstatue hatten Pilger im 17. Jh. vom Titicacasee in Bolivien aus dem Ort Copacabana mitgebracht – somit steht ein Wort aus der Indiosprache *Aymara,* die im fernen Hochland Boliviens gesprochen wird, für einen weltweit berühmten Strand.

★Ipanema und ★Leblon

Auf der **Praça General Osório** ④ (Metro-Linie 1) in **Ipanema** findet jeden Sonntag zwischen 9 und 19 Uhr die **Feira Hippie** (oder „Hippy Fair") statt, ein Relikt aus der Flower-Power-Zeit. Heutzutage trifft man hier keine Hippies mehr an, dafür Kunsthandwerker, Maler, Bildhauer und Ramschhändler. Als

» Stadtplan S. 70-71, Info S. 86-87

Foto: Andreas M. Gross

Kunden kommen Touristen, keineswegs nur ausländische, sondern auch viele Brasilianer aus den südlichen Bundesstaaten, denn Rio ist für *paulistas* und *gaúchos* immer eine Reise wert.

Weltbekannt wurde Ipanema durch den berühmten Bossa Nova *The Girl from Ipanema* des 1995 verstorbenen Komponisten Antonio Carlos Jobim. Auch am **★Strand von Ipanema** ⑤ zeigen die Männer Muskeln, und die winzigen Tangas der Girls stellen mehr zur Schau, als sie verbergen. Dennoch ist man hier mehr „unter sich", in einer „besseren" Gesellschaftsschicht. Die Cliquen- und Grüppchenbildung ist ziemlich ausgeprägt; Studenten strömen zum vielbesuchten **Posto 9**, Homosexuelle treffen sich lieber am **Posto 8**.

Die Grenze zwischen Ipanema und Leblon bildet ein **Kanal**, der die Verbindung zwischen der **★Lagoa Rodrigo de Freitas** ⑥ – einer Lagune, in der Rios Ruderer trainieren und die auch bei Ruderwettbewerben genutzt wird – und dem Atlantik herstellt.

Der Stadtteil **★Leblon** mit der **Praia do Leblon** ⑦ ist noch exklusiver, kleiner und feiner als Ipanema. Hier lebt Rios größte und aktivste Ausländergemeinde, gibt es Spitzenrestaurants und teure Modeboutiquen.

Entlang beider Strände werden sonntags die Fahrspuren in mindestens einer Richtung für Autos gesperrt und Radlern, Spaziergängern, Inline-Skatern und Joggern überlassen.

Vidigal und São Conrado

Die kleine **Praia do Vidigal** ⑧ an der Avenida Niemeyer wird fast ausschließlich von Gästen des **Sheraton** genutzt, da dieses Hotel einen direkten Zugang dazu besitzt. Als einziges Luxushotel Rios kann es daher als Strandhotel gelten. Dabei ist Vidigal gar kein Privatstrand, denn dies ist laut der brasilianischen Verfassung verboten.

Der Zwillingsfels **Dois Irmãos** und Rios größtes Elendsviertel, die **Favela Rocinha** (80 000 Einw., sicherheitshalber nur im Rahmen einer Führung besichtigen – siehe Favela-Tour, Info S.

Foto: Andreas M. Gross

87) liegen zwischen der Praia do Vidigal und dem Stadtteil São Conrado mit der **Praia Pepino**. Dieser weite Strand südwestlich von Leblon ist nicht überfüllt, man fühlt sich relativ sicher und kann eine echte Attraktion vom Badetuch aus verfolgen: Die **Drachenflieger**, die vom 828 m hohen **Gávea-Gipfel** auf diesen Strand hinuntergleiten. Wer sich traut, darf im Tandem mitfliegen; z.B. mit dem deutsch sprechenden Konrad Heilmann (www.riodrachenfliegen.de). Nicht weit vom Meer liegt einer der schönsten Golfplätze der Welt, der **Gávea-Golfclub**.

Barra da Tijuca

Im Südwesten wächst Rio rasant: Die Oberschicht hat die alten Stadtgrenzen hinter sich gelassen und an der **Barra da Tijuca**, dem mit 18 km längsten Strand Rios (**Praia da Barra**, 10 km westlich von Leblon), teure Appartementanlagen (*condomínios*) bezogen. Einkaufszentren, Kinos und Restaurants sowie das inzwischen brachliegende Olympiagelände bilden die Umgebung.

Oben: Im Jardim Botânico. Rechts: Die Fahrt auf den Zuckerhut in den verglasten Gondeln der Seilbahn hält fantastische Ausblicke bereit.

Recreio dos Bandeirantes, ★Prainha und ★Grumari

Der Strand von Barra geht Richtung Westen über in die zwei Kilometer lange, an Wochentagen ruhige **Praia Recreio dos Bandeirantes**. Die mit Abstand schönsten Badebuchten Rios, **★Prainha** und **★Grumari**, schließen sich im Südwesten an. Sie sind teils von tropischer Vegetation umgeben und wegen ihres starken Wellengangs besonders bei **Surfern** beliebt. Lohn der mehr als einstündigen Anfahrt (z. B. per Mietwagen) ist kristallklares, azurblaues Wasser und sauberer, heller Sand in einem von grünen Hügeln eingerahmten Naturschutzgebiet.

Mit einem Mietwagen ausgestattet, empfiehlt sich auch der Besuch des **★Museu do Pontal**. Das Volkskunstmuseum zeigt 5000 interessante, teils witzige Exponate aus Nordostbrasilien. Es liegt zwischen dem Strand Recreio dos Bandeirantes und dem Naturschutzgebiet **Serra de Grumari**.

Sehenswürdigkeiten der südlichen Stadtteile

★★Jardim Botânico

„Hier ist alles, was der Urwald enthält, ohne seine Schrecken, seine Endlosigkeit, seine Unwegsamkeit, seine Gefahr." So beschrieb schon Stefan Zweig im Jahr 1941 den **★★Botanischen Garten** ⑨, der auf 141 ha mit über 7000 Pflanzenarten aufwartet und bereits 1808 vom Prinzregenten João gegründet wurde. Beim Durchschreiten der Allee der gut 30 m hohen **Königspalmen** spürt man die Faszination, die von der üppigen tropischen Pflanzenwelt ausgeht. Wer nicht den Amazonas bereisen

» Stadtplan S. 70-71, Info S. 86-87

Foto: Volkmar E. Janicke

will, kann hier bequem die **Vitória Régia** bewundern, die exotische Seerose mit ihrem bis zu zwei Meter großen Durchmesser. Auch einige Exemplare des einst zur Farbgewinnung verwendeten Baums **Pau Brasil**, der dem Land den Namen gab, wachsen im Park, außerdem Gewürznelken, Bambus, Kaiserpalmen und andere Pflanzen. Nicht erwarten sollte man einen farbstrotzend bunten Garten, da außer Orchideen und Bromelien hier nur wenige Tropenpflanzen farbenprächtig blühen.

★★Corcovado und Christusstatue

Die Fahrt auf den ★★**Corcovado** ⑩ ist ein Muss für jeden Rio-Besucher. Die beste Sicht hat man meist in den Morgenstunden, wegen seiner Höhe von 709 m und der Lage mitten im Tijuca-Wald bilden sich rund um den Hügel oft Wolken. Ist der Corcovado völlig frei: nichts wie rauf; ist der Christus in Wolken gehüllt: besser abwarten!

Nach fünfjähriger Bauzeit wurde das 38 m hohe Stahlbeton-Monument **Cristo Redentor** (Christus der Erlöser) 1931 eingeweiht und zum Wahrzeichen der Stadt. Der Abstand zwischen den Händen beträgt 28 m, das Gesamtgewicht 1145 t. Im Sockel ist eine Kapelle, in der sonntags um 11.30 Uhr die Messe gelesen wird. Sogar Papst Johannes Paul II. mühte sich bei seinem Besuch 1991 die 220 Stufen herauf. Heute geht es mit Aufzug und Rolltreppe bequemer. Von oben öffnet sich die Aussicht auf die Guanabara-Bucht mit dem Zuckerhut, die Innenstadt, das Maracanã-Stadion, die Lagoa Rodrigo de Freitas und die bekanntesten Viertel und Stadtstrände.

Die 3,8 km lange Fahrt mit der Schweizer **Zahnradbahn** (Betriebszeit 8.30 bis 18.30 Uhr) ist ein Erlebnis, auch für Naturfreunde: entlang der Strecke wuchert sekundärer Regenwald, dazwischen wachsen Kaffee- und Bananensträucher, Zitrusfrüchte und Orchideen.

Wer mit Auto oder Taxi unterwegs ist, kann auf dem Rückweg über die Estrada do Redentor durch den **Parque Nacional da Tijuca** ⑪ fahren, den weltgrößten Wald innerhalb einer Großstadt.

» Stadtplan S. 70-71, Info S. 86-87

Die 3200 Hektar große grüne Lunge der Stadt verdanken die Cariocas noch Kaiser Dom Pedro II., der im 19. Jh. die Aufforstung einer Kaffeeplantage veranlasste.

Etwa 200 m nördlich der Talstation der Corcovado-Bahn, an der leicht ansteigenden Durchgangsstraße Rua Cosme Velho, befindet sich der **Largo do Boticário** ⑫, ein Kleinod im Kolonialstil, obwohl erst 1879 errichtet. Liebevoll restaurierte Gebäude gruppieren sich um einen kleinen, mit Kopfsteinpflaster bedeckten Platz, dem Fächerpalmen und Bambus Schatten spenden.

Östlich des Corcovado im Stadtteil Botafogo beherbergt das **Museo do Indio** ⑬ eine sehr gute Ausstellung über das Leben brasilianischer Ureinwohner.

★★Pão de Açúcar – Der Zuckerhut

An der **Praça General Tibúrcio** ⑭ im beschaulichen Stadtteil **Urca** befindet sich die Talstation der **Gondelbahn** auf den **★★Zuckerhut** ⑮. Sein Name stammt vielleicht von dem indianischen *paudaçuqua* („spitzer Berg"), woraus die portugiesischen Kolonialherren vermutlich *pão de açúcar* („Zuckerbrot") machten – ebenfalls eine passende Bezeichnung für die Form dieses weltberühmten Granitkegels.

Bereits im Jahr 1817 bezwang eine Engländerin den Zuckerhut. Seit 1912 transportiert eine Seilbahn die Besucher auf den 396 m hohen Gipfel des schroffen Bergs. 60 Jahre später wurde die Bahn modernisiert. Ihre rundum verglasten Gondeln, die 2009 erneuert wurden, kamen in dem legendären James-Bond-Film *Goldfinger* sogar zu Filmruhm. Die Seilbahn befördert pro Fahrt bis zu 65 Personen zum Gipfel hinauf, mit Umsteigen auf dem 230 m hohen **Morro da Urca** (Betriebszeit: 8-21 Uhr, Ticketschalter nur bis 19.50 Uhr).

Die Fahrt dauert 10 Minuten und eröffnet traumhafte Ausblicke: Oben angelangt, bieten die gesamte Guanabara-Bucht, der Hafen, die City, die Strände und der Corcovado ein bezauberndes Panorama. Romantikern ist die Fahrt auf den Zuckerhut gegen Abend zu empfehlen – unten das Lichtermeer der Metropole, oben der südliche Sternenhimmel. Vorsicht ist bei der Rückfahrt an der Talstation geboten: Alle hier wartenden Taxifahrer verlangen überhöhte Preise – besser man trifft eine feste Verabredung mit einem Fahrer, wobei die Hotelrezeption helfen kann.

Praia Vermelha und Baía de Guanabara

Von der **Praça General Tibúrcio** gelangt man auch zur **Praia Vermelha** ⑯, dem „roten" Strand an der hier begin-

» Stadtplan S. 70-71, Info S. 86-87

nenden **Guanabara-Bucht**. Wie an den anderen Badestränden rund um den Zuckerhut – **Praia de Fora**, **Urca** und **Praia de Dentro** – ist hier zwar die Brandung schwach, aber die Wasserqualität oft zu schlecht für ein ungetrübtes Badevergnügen.

Die Innenstadt Rios

Obwohl von vielen Urlaubern kaum beachtet, verdient das weitläufige Zentrum Rios einen Besuch. Sowohl aus historischer wie auch architektonischer Sicht ist die City trotz der entwicklungsbedingten und politisch gewollten Zerstörungen im 19. und 20. Jh. hochinteressant. Die Altstadt wird von den Stadtteilen Centro und Lapa gebildet und erstreckt sich zwischen dem Kloster São Bento und der modernen kegelförmigen Catedral Metropolitano. Das historische Zentrum Rios wurde restauriert und Straßen und Plätze mit neuem Pflaster versehen.

Die **City** ist mit der Metro zu erreichen. Aussteigen muss man nach acht Stationen (ab Siqueira Campos, Copacabana) an der Haltestelle **Carioca**. Aus dem Untergrund aufgetaucht, findet man sich auf dem sehr belebten **Largo da Carioca** ⑰ wieder und geht zunächst am besten über die Treppe zum **Morro Santo Antônio** ⑱ hinauf.

Vom Vorplatz des Franziskaner-Klosters ★**Santo Antônio** gewinnt man ei-

nen ersten Eindruck vom Leben in der City und von den stilistischen Gegensätzen in der Architektur. Die beiden Kirchen des Ordens sind Orte der Ruhe und Besinnung inmitten des Großstadttrubels. In der Krypta des größeren Gotteshauses, **Santo Antônio**, liegen zwei Kinder der vom Volk geliebten Habsburger Kaisergattin Leopoldine begraben, die aus Österreich stammte und 1826 im Alter von nur 29 Jahren verstarb. Kunsthistorisch bedeutender ist die kleine, aus dem 18. Jh. stammende und frisch restaurierte **Igreja da Ordem Terceira de São Francisco da Penitência** direkt daneben (Eintrittsgebühr). Die

Rechts: Das Franziskaner-Kloster Santo Antônio liegt mitten im Trubel der Stadt.

teils vergoldeten Holzarbeiten der portugiesischen Meister Manuel und Xavier de Brito sowie die Deckenmalerei von Caetano da Costa Coelho gehören zu den schönsten Beispielen des Spätbarocks in Brasilien.

Überquert man den Largo da Carioca, gelangt man Richtung Norden in die Rua Gonçalves Dias, in der sich einige schöne Kolonialgebäude befinden, darunter die **★Confeitaria Colombo** ⑲ (Nr. 32-36). Vorbild dieses Jugendstil-Cafés war die berühmte (1988 leider abgebrannte) *Pastelería Ferrari* in Lissabon. Hier kann man Kuchen, Eis oder Tagesgerichte vom Buffet in gediegener Atmosphäre genießen, ohne dabei viele Touristen zu treffen. Vielmehr verkehren hier die Angestellten aus den umliegenden Büros sowie elegante Damen und Herren der Gesellschaft, meist älteren Jahrgangs, die lang vergangenen Zeiten nachzutrauern scheinen.

Nun muss man sich zwischen „Sahara" und „Wall Street" entscheiden: Mit dem Wüstennamen bezeichnen die Cariocas die angrenzenden Straßen von der **Rua Ouvidor** bis zur **Avenida Presidente Vargas**, weil hier Araber und deren Nachfahren mit allen erdenklichen Waren handeln, in den Geschäften sowie auf den Gehsteigen. Die **Avenida Rio Branco** wird bisweilen mit dem New Yorker Börsenviertel verglichen, weil sich hier die meisten Banken und Wechselstuben Rios befinden. An der ursprünglich den Pariser Boulevards nachempfundenen Straße kann man von Montag bis Samstag Großstadt pur erleben; Autos, Busse, Mopeds und Fußgänger ringen ums Durchkommen. In dieser Straße finden während Rios berühmtem **Karneval** die Umzüge der weniger bekannten Sambaschulen statt, die man noch gratis beobachten darf.

An der Kreuzung der Avenidas Branco und Vargas, zwei Hauptverkehrsadern, steht in Richtung Hafen eine der größten Kirchen Rios, die **Nossa Senhora da Candelária** ⑳. Heutzutage, im Schatten der Hochhäuser und von tosendem Verkehr umgeben, wirkt sie jedoch fast unscheinbar. Riesige Gemälde im Inneren illustrieren die Legende, wonach das Aufflackern einer Kerze ein Schiff aus schwerer Seenot rettete. Daraufhin wollten die Seeleute der heiligen Jungfrau eine Kirche errichten, mit deren Bau man bereits 1775 begann; die gewaltige Kuppel wurde jedoch erst 1898 eingeweiht.

Richtung Norden gelangt man über die **Rua 1° de Março** zum **★★Mosteiro de São Bento** ㉑ auf dem gleichnamigen Morro. Das Benediktiner-Kloster ist heute ein Jungeninternat mit Eliteschule. Es gilt als bedeutendster Sakralbau Rios; im 16. Jh. gegründet, stammt die Bausubstanz v. a. aus dem 17. Jh. Die ba-

Foto: Sigrun Lenk

rocke Kirche ist mit dunklem Palisanderholz und Blattgold reich ausgestattet, auch die Chorgemälde von Frei Ricardo do Pilar sind sehenswert.

Die 2010 begonnene Aufwertung des alten **Hafens** an der **Pier Mauá** zu einem Kreuzfahrtterminal wurde zu den Olympischen Spielen 2016 abgeschlossen. Aus der Industriebrache entstand der **Porto Maravilha** („Wunderbarer Hafen"). Die Highlights des Viertels sind seither das **Museo de Arte do Rio** und das von Star-Architekt Calatrava auf der Pier entworfene **Museu do Amanhã** („Museum der Zukunft"), nahe dem Kloster São Bento; Fassade und Dach des Calatrava-Gebäudes bestehen aus beweglichen, an Insektenflügel erinnernde Teilen, die Fotovoltaik-Zellen nach dem Stand der Sonne ausrichten.

Über die Rua 1° de Março, deren Name an die Stadtgründung am 1. März 1565 erinnert, gelangt man ins Zentrum zurück.

Das **★Centro Cultural do Banco do Brasil** ㉒ zählt zu den besten Kulturzentren des Landes. In dem Gebäude aus dem Jahr 1906, in dem die Bank nur noch einen Seitenflügel nutzt, gibt es wechselnde Ausstellungen, Theaterperformances und eine ständige Münzausstellung. Gleich dahinter, in der Rua Visconde de Itaborai, steht das **Kulturzentrum der Post** ㉓, ebenfalls mit Theater und Ausstellungen und der Philatelie-Abteilung der Hauptpost.

In der Rua 1° de Março befinden sich noch weitere Kirchen, darunter die ehemalige Kathedrale **Igreja da Ordem Terceira do Carmo** ㉔ aus dem 18. Jh. Diese diente im 19. Jh. auch als Hofkirche, wegen ihrer Nähe zum schräg gegenüber liegenden ehemaligen Palast. Der **Paço Imperial** ㉕ von 1735, auf den Stadtplänen meist als *Palácio dos Vice-Reis* bezeichnet, ist nach umfangreicher Restaurierung ein weiteres kulturelles Zentrum im historischen Stadtkern. Hier, am **Praça 15 de Novembro**, spielte sich im 18. und 19. Jh. das höfische Leben ab, war das Machtzentrum der Stadt. Ab 1743 residierten im Paço die von Portugal entsandten Gouverneure, und, nachdem 1763 die Hauptstadt Brasiliens von Salvador nach Rio verlegt wurde, sieben portugiesische Vizekönige. 1808, nach der Flucht vor Napoleon, verlegte König João VI. von Portugal seinen Hofstaat hierher. Sein Sohn Pedro erklärte am 7. September 1822 die Unabhängigkeit Brasiliens und krönte sich selbst zum Kaiser, wodurch die Residenz zum *Paço Imperial*, zum „Kaiserpalast", wurde. Bis 1815 arbeitete in einem Flügel die **Münzprägeanstal**t; die Maschinen können ebenso wie die kaiserlichen Räume besichtigt werden. Ansonsten dient der Palast heute als *Centro Cultural*. Im Innenhof gibt es eine **Cafeteria**, wo man sich bei einem *cafezinho* (schwarzer Kaffee mit viel Rohrzucker) vom Trubel der Stadt erholen kann.

Rechts: Das ehemalige Aqueduto da Carioca dient der nostalgischen Tram „Bondiaho" heute als Brücke, dahinter, links, die moderne Kathedrale im Stil des Brutalismus.

Gegenüber, an der Rua da Assembléia, steht ein palastähnliches Parlamentsgebäude, die **Assembléia Legislativa** ㉖. In der neo-klassizistischen Deputiertenkammer wurde vor seiner Hinrichtung (1792) der wichtigste Freiheitsheld Brasiliens, Tiradentes, festgehalten, der in Minas Gerais zum Sturz des portugiesischen Vizekönigs aufgerufen hatte.

Die Praça 15 de Novembro ist der Zugang zu den **Anlegestellen der Niterói-Fähren** ㉗, von denen man ein kurioses Beispiel der Bautätigkeit aus der Zeit kurz vor dem Ende der Monarchie erblickt: den „Märchenpalast" im neugotischen Stil von 1880 auf der **★Ilha Fiscal** ㉘. Dort fand neun Jahre später das letzte Fest der brasilianischen Monarchie vor ihrem Sturz statt. Fast surreal erscheint das hellblaue Gebäude inmitten der Hafenanlagen. Seit 1999 steht die Ilha Fiscal Besuchern offen; Führungen beginnen an den Kais des **Espaço Cultural da Marinha** ㉙, Av. Alfred Agache. Schiffe der brasilianischen Marine bringen Besucher in 15 Minuten zu dem kleinen Inselchen in der Guanabara-Bucht (Do-So 13, 14.30 und 16 Uhr).

Folgt man der Av. Erasmo Braga zur Av. Presidente Antônio Carlos, passiert man Ministerien und gelangt zur Kirche **Santa Luzia** ㉚. Dieses zweitürmige Kirchlein sticht mit seiner blauen Fassade zwischen grauen Kolossen heraus.

Hinter der Kirche erhebt sich der **Kulturpalast** ㉛, ein Werk Oscar Niemeyers von 1943, mit einer Azulejo-Fassade von Paulo Rossi. Im Inneren stehen interessante Skulpturen.

Über die Rua Pedro Lessa kommt man zur **Praça Floriana** ㉜. Diese Gegend ist auch als **Cinelândia** bekannt (so heißt die Metro-Station); früher gab es hier viele Kinos, heute mehr Bars und Straßencafés. Direkt an der Praça Floriana stehen das Rathaus und die **Biblioteca Nacional** ㉝. Sie wurde 1810 gegründet und besitzt heute zwei Millionen Bücher und Handschriften, darunter wertvolle Erstausgaben.

 » Stadtplan S. 80, Info S. 86-87

Foto: Donatas Dabravolskas (Shutterstock)

Der Grundstock der Sammlungen des **Museu Nacional de Belas Artes** ㉞ stammt von König João, der die Kunstschätze aus Portugal mitbrachte. Werke europäischer Maler des 17. und 18. Jh. sowie brasilianische Maler des 19. Jh. zählen zu den wertvollen Exponaten.

Das **Teatro Municipal** ㉟ wurde nach dem Vorbild der Pariser Oper erbaut und 1909 eröffnet, ein Opern- und Konzerthaus mit 1700 Plätzen, oft geben internationale Ensembles Gastspiele. Zum hundertjährigen Jubiläum wurde das Haus aufwändig restauriert, auch das **Café do Opera**, ein Restaurant im assyrischen Stil.

Vor dem Rathaus kann man in die U-Bahn einsteigen (Cinelândia) oder die Avenida Treze de Maio bis zur breiten Avenida Republica do Chile gehen, um zum Ausgangspunkt des Rundgangs zu gelangen, dem **Largo da Carioca**.

Folgt man von der Bibliothek ein Stück der Rua Senador Dantas und hält sich dann in Richtung des markanten Sichtbetongebäudes der **Petrobrás** im Stil des Brutalismus von 1967, so erreicht man in der Rua Professor Lélio Gama die **Estação de Bondes** ㊱, die Abfahrtstation der nostalgischen **Straßenbahn** nach Santa Teresa, deren Gleise derzeit erneuert werden. Ihre historische Tram nennen die Cariocas ★**Bondinho de Santa Teresa**; für Touristen empfiehlt sich, sobald die Wiedereröffnung erfolgt ist, die Strecke nach **Dois Irmãos**. Die Gleise verlaufen über das 270 m lange, 64 m hohe **Aqueduto da Carioca** ㊲ (Arcos da Lapa), über das zur Kolonialzeit Trinkwasser ins Zentrum floss. **Lapa**, der angrenzende frühere Bohemien-Stadtteil, ist dank Sanierung wieder zum bevorzugten Viertel für Musik und Tanz geworden, mit Nachtclubs und Bars wie **Carioca da Gema** (Rua Mem de Sá 79), **Clube dos Democráticos** (Rua do Riachuelo 91) oder **Rio Scenarium** (Rua do Lavradio 20).

Gegenüber der Haltestelle an der Av. República do Chile ragt die modernistische **Catedral Metropolitano** ㊳ auf, dem Schutzheiligen Rios *São Sebastião* geweiht. Architekt der 1976 eröffneten, konischen, 80 m hohen Sichtbeton-

» Stadtplan S. 80, Info S. 86-87

Foto: Johannes Frangenberg

kirche im Brutalismus-Stil war Edgar Fonseca. Ihn inspirierten Maya-Pyramiden und Apollo-Raketen. Beim Besuch des Papstes 1991 füllte sich das 106 m breite Gotteshaus mit 20 000 Gläubigen. Im Inneren beeindrucken die 64 m hohen ★**Glas-in-Beton-Fenster**, die in vier Farbtönen die Kirchengeschichte erzählen: gegenüber dem Portal in grün die Einheit der Kirche, über dem Eingang in blau die Menschenrassen, rechts in rot die Evangelisten und links in gelb die Apostel. Vor der Kirche erinnert eine Statue an den Besuch von **Papst Johannes Paul II.** Das Untergeschoss beherbergt das **Museum für sakrale Kunst** mit Skulpturen, Gemälden und den königlichen Taufbecken.

★Santa Teresa und Gloria

★**Santa Teresa** ㊴ ist ein nostalgisches Viertel mit steil ansteigenden Straßen und alten Villen, wo einst Kaffeebarone residierten und heute viele Künstler leben. Das nette Gartencafé **Cafecito** ist ein guter Platz, um die Szene zu beobachten; es liegt etwas erhöht an der lebhaften **Rua Paschoal Carlos Magno** (Nr. 121), nicht weit vom **Largo Guimaraes**, dem Zentrum Santa Teresas. Empfehlenswert ist ein Besuch des **Kunstmuseums ★Chácara do Céu**; es birgt Werke moderner Maler wie Picasso, Dali und Monet; und vom Garten dieses modernistischen Landsitzes von 1954 genießt man eine schöne **Aussicht** auf Rio.

Im Stadtteil **Glória** verdient eine Kirche schon wegen ihrer fotogenen Lage Beachtung: ★**Nossa Senhora da Glória do Outeiro** ㊵ auf dem **Morro da Glória**. Die im 18. Jh. im doppelten Oktogonal errichtete Barockkirche ist weithin sichtbar. Einen Besuch lohnt auch das kleine angrenzende **Museum für sakrale Kunst**.

Sambodrómo / Cidade do Samba

Westlich des Stadtzentrums kann das **Sambódromo** ㊶, der Tempel der Karneval- und Sambafreunde, auch außerhalb der Karnevalszeit besichtigt werden. Dann benötigt man allerdings sehr viel Fantasie, um sich diese „größte Show der Welt" vorstellen zu können. Man fährt mit der U-Bahn bis zur Station Praça Onze, geht dann stadteinwärts zurück einige Hundert Meter bis zur **Avenida Marquês de Sapucai**, die in den tollen Tagen als Tribünenstraße dient, und steht vor einer riesigen **Grundschule** mit 200 Klassen und 15 000 Schülern.

Oscar Niemeyers 1984 fertiggestellter Gebäudekomplex ist der Hauptschauplatz von Rios karnevalistischer Prachtentfaltung. Für die Parade der zwölf besten ★**Sambaschulen**, die (je sechs) am Faschingssonntag und Rosenmontag nachts an den 60 000 Zuschauern vorbeiziehen, werden die Klassenzimmer zu sündteuren Logen.

Oben: Samba-Schönheit mit Fantasiekopfschmuck. Rechts: Das Fußballstadion Maracanã ist eines der größten der Welt.

» Stadtplan S. 78-79, Info S. 86-87

Foto: Martin Wendler (Silvestris Online)

Höchstens 80 Minuten darf jede Schule mit ihren etwa 3500 Tänzerinnen und Tänzern sowie 500 Trommlern für die 700 Meter nutzen. Fantasiereich wie die Namen der Sambaschulen – *Beija-Flor* („Kolibri") oder *Imperatriz Leopoldinense* („Kaiserin Leopoldine") – sind auch ihre Songs, die oft zu Hits werden. Am folgenden Samstag präsentieren die sechs bestplatzierten Sambaschulen eine Siegerparade, zu günstigeren Eintrittspreisen.

Noch preiswerter zu bestaunen ist die Parade der weniger berühmten Gruppen am Faschingssamstag und Faschingsdienstag.

1500 m nördlich, in der **Cidade do Samba** ㊷, zeigen ganzjährig die wichtigsten Sambaschulen wie *Beija-Flor*, die Seriensieger der Parade, in Hallen rund um einen Platz ihre Arbeit an Kostümen und Wagen (vorübergehend geschlossen). Donnerstags ab 20 Uhr findet eine **Show** mit Umzug, Feuerwerk und Dinner-Buffet statt. Die „Samba-Stadt" liegt im Stadtteil Gamboa am Hafen (Rivadávia Correa 60).

★Maracanã-Stadion

Zur Fußball-WM 1950 entstand das **★Maracanã-Stadion**, 1966 umbenannt in **Estádio Jornalista Mário Filho** ㊸ nach einem beliebten Sportreporter – das damals größte Stadion der Welt für 200 000 Zuschauer. Es sollte mit dem WM-Titel für Brasilien gekrönt werden, doch der kleine Nachbar Uruguay fügte dem Favoriten eine 1:2 Final-Niederlage zu und den fußballverrückten Brasilianern eine Demütigung. Nach Umbauten für das WM-Finale 2014 und die Olympischen Spiele 2016 finden „nur" noch 76 525 Zuschauer Platz.

Ilha de Paquetá

Die nur 1 km² große **Paquetá-Insel** ㊹ in der Guanabarabucht ist mit Fähren von der Praça 15 de Novembro zu erreichen (Abfahrt alle 2-3 Std. zwischen 5 und 23 Uhr). Pferdefuhrwerke und Fahrräder bestreiten den Straßenverkehr auf der Insel, die nostalgische Kolonialarchitektur lädt zu Spaziergängen ein.

» Stadtplan S. 78-79, Info S. 86-87

Rio De Janeiro (☎ 021)

TurisRio, Rua México 125, 6. Stock, Tel. 2299-4348, www.turisrio.rj.gov.br, ist für den Staat Rio zuständig; **Riotur**, Praça Pio X 119, 9. Stock, www.rio.rj.gov.br/riotur und https://visit.rio, für die Stadt Rio de Janeiro. Riotur, Tel. 2088-0061, unterhält im Stadtteil Copacabana, an der Av. Princesa Isabel 183, ein günstig gelegenes Infozentrum, Tel. 2541-7522.

Ein Erlebnis ist der Besuch einer Churrascaria mit Grill-Spezialitäten.

CHURRASCARIAS: **Marius Degustare**, berühmt und teuer, Leme, Av. Atlântica 290, Tel. 2275-0652, www.marius.com.br. **Fogo do Chão**, teuer, tägl. 12-23.30 Uhr, Nestor Moreira, Botafogo, Tel. 2542-1545, https://fogodechao.com/location/rio-de-janeiro.

BRASILIANISCH: **Casa da Feijoada**, hier die berühmte brasilianische Spezialität *Feijoada* (s. S. 35) probieren, Ipanema, Rua Prudente de Moraes 10, Tel. 2247-2776.

FISCH: **Terzetto**, exzellente mediterrane Küche, Mo-Fr 18-1, Sa-So 12-1 Uhr, Ipanema, Rua Jangadeiros 28, Praça General Osório, Tel. 2521-9610. **Shirley**, winziges und teures spanisches Fischlokal mit Warteschlange ab 20 Uhr, tägl. 11-1 Uhr, Leme, Rua Gustavo Sampaio 610, Tel. 2275-1398.

INTERNATIONAL: **Olympe**, französische Küche vom Feinsten, für viele Cariocas die Nr. 1 der Stadt, Mo-Sa 19.30-0.30 Uhr, Fr auch 12-16 Uhr, Jardim Botânico, Rua Custódio Serrão 62, Tel. 2537-8582, http://olympe.com.br. **Da Brambini**, lombardischer Küchenchef, tägl. 12-1 Uhr, Leme, Av. Atlântica 514b, Tel. 2275-4346.

EIS: **Mil Frutas**, 100 Sorten, lecker, aber sehr teuer, tägl. 10-24 Uhr, Rua Garcia d´Avila 134, Ipanema, Tel. 2521-1384.

MUSEEN: **Museu Nacional**, über eine Million Ausstellungsstücke aus Archäologie, Ethnologie, Zoologie und Botanik, Di-So 10-16 Uhr, in der Quinta da Boa Vista. **Museu Histórico Nacional**, Münzen- und Waffensammlung, sakrale Kunst, ständige Ausstellungen über die Kolonial- und die Kaiserzeit, Di-Fr 10-17.30, Sa, So u. Feiertag 14-18 Uhr, Praça Marechal Âncora, U-Bahn Cinelândia. **Museu da República** (Palácio do Catete), Residenz des Präsidenten bis 1960, interessantes Gebäude im Kolonialstil, Di-Fr 12-17, Sa/So 14-18 Uhr, Rua do Catete 153, U-Bahn Catete. **Museu Nacional de Belas Artes**, Di-Fr 10-18, Sa/So 12-17 Uhr, U-Bahn Cinelândia, Av. Rio Branco 190. **Museu de Arte Moderna**, Di-Fr 12-17, Sa, So 12-19 Uhr, Av. Infante D. Henrique 85 (Flamengo-Park), U-Bahn Cinelândia. **Museu do Indio**, Völkerkunde der Ureinwohner, Kunsthandwerkverkauf, Di-Fr 9-17.30, Sa, So u. Feiertag 13-17 Uhr, Rua das Palmeiras 55, U-Bahn Botafogo. **Museu Chácara do Céu**, Landsitz mit herrlichem Blick, Kunstsammlung mit einigen Picassos, Mi-Mo 12-17 Uhr, mittwochs gratis, Rua Murtinho Nobre 93, Santa Teresa. **Museu do Carnaval**, Di-Fr 10-17 Uhr, Sambódromo, Rua Frei Caneca. **Casa do Pontal**, Di-So 9-17 Uhr, Estrada do Pontal 3295.

SEHENSWÜRDIGKEITEN: **Pão de Açúcar**, Seilbahn tägl. 8-21 Uhr, Tickets nur bis 19:50 Uhr! alle 20 Min., bei großem Andrang öfter, Kapazität: 65 Pers., Praça General Tibúrcio. **Corcovado**, tägl. 9-19 Uhr per Auto und 8.30-19 Uhr mit der Bahn, Fahrtdauer ca. 20 Min., alle 20-30 Min: Rua Cosme Velho 513, Busse 180, 422, 581, www.corcovado.com.br. **Jardim Botânico** (Botanischer Garten), tägl. 8-17 Uhr, Eingang in der Rua Jardim Botânico 920 (Fußgänger) und 1008 (Fahrzeuge), Bus 583. **Paço Imperial**, Di-So 12-18.30 Uhr, Praça 15 de Novembro, U-Bahn Carioca und div. Busse. **Quinta da Boa Vista**, großer Park der kaiserlichen Residenz, Seen, Grotten, Picknick-Gelände, Zoo, Fauna-Museum, tägl. 7-18 Uhr, U-Bahn-Station São Cristóvão. **Nossa Senhora da Glória do Oteiro**, Mo-Fr 9-12, 13-17 Uhr, Sa, So 9-12 Uhr.. **Mosteiro de São Bento**, Führung Mo-Sa 9-16 Uhr, So um 10 Uhr Messe mit gregorianischem Chor, Rua D. Gerardo 68 (Aufzug bei Hausnr. 40). **Museo de Arte do Rio „Mar“**, zeitgenössische Kunst auf vier Etagen in zwei völlig unterschiedlichen Gebäuden, tägl. geöffnet, Di Eintritt frei, Praça Mauá 5, Tel. 3031-2741, www.museudeartedorio.org.br. **Hubschrauber-Rundflüge**: Vom Morro da Urca (Zuckerhut-Mittelstation) oder von der Lagoa Rodrigo de Freitas; rund um den Corcovado pro Person ab ca. 80 US$, Helisight, 9-18 Uhr, Tel. 2511-2141 und 2259-6996, ww.helisight.com.br.

Der **Clube dos Democráticos** besteht seit 1867 und wurde vom studentischen Publikum wieder entdeckt, Mi-Sa ab 18 Uhr, Lapa,

Rua do Riachuelo 91, Tel. 2252-4611. **Casa da Mãe Joana**, Samba und Chorinho, legendärer Musikpub im Szene-Stadtteil Lapa, Mi, Fr ab 19, Sa ab 21 Uhr, Lapa, Av. Gomes Freire 547, Tel. 2224-4071. **Carioca da Gema**, Samba, Choro und Bossa Nova – live: Mo-Do ab 21, Fr ab 19 und Sa ab 21 Uhr, Lapa, Rua Mem de Sá 79, Tel. 2221-0043, http://barcariocadagema.com.br. **Rio Scenarium**, etwas teuer, aber exzellente Musiker, Deko und Sound, Lapa, Di ab 20, Mi-Fr ab 19, Sa ab 19.30 Uhr, Rua do Lavradio 20, Tel. 3147-9000 und 3147-9001, www.rioscenarium.com.br. **Choro da Feira**, Tanzfläche und Live-Musik unter freiem Himmel, kein Eintritt, nur Sa 13-18 Uhr, Laranjeiras, Rua General Glicério.

FLUGHÄFEN: **Aeroporto Internacional Tom Jobim do Galeão**; Ilha do Governador, Av. 20 de Janeiro, 20 km außerhalb des Zentrums, Tel. 3004-6050, www.riogaleao.com, **Aeroporto Nacional Santos Dumont**, Praça Senador Salgado Filho, Tel. 3814-7070, www.aeroportosantosdumont.net.
METRÔ (U-Bahn): Dank der Stationen *Cardeal Arcoverde, Siquiera Campos* und *Cantagalo*, im Herzen des Stadtteils Copacabana, und *General Osorio* in Ipanema, erreichen Touristen Rios Zentrum (Haltestelle *Carioca*) rasch und sicher. Mo-Sa 5-24, So u. Fei 7-23 Uhr, (Einzelfahrt nur ca. 1,30 $. www.metro rio.com.br, Tel. 0800-595-1111 (auch Fundbüro).
STADTBUSSE: **Busbahnhof:** Estacão Rodoviária Mariano Procópio, Praça Mauá (im Zentrum). Leider gibt es Taschendiebe und sogar Raubüberfälle in den öffentlichen Bussen; besser die sichere U-Bahn oder Taxis benutzen!
Für Unerschrockene: Nehmen Sie den **Bus Nr. 175** oder **177** an der Avenida Atlantica in Richtung Ipanema, setzen Sie sich auf die linke Seite. Die Fahrt führt vorbei an den südlichen Stränden bis nach Barra da Tijuca. Keine Wertsachen, keine Kamera mitnehmen!
FAVELA-TOUR: **Marcelo Armstrong** führt Besucher mehrsprachig (engl., span., ital.) seit 1992 durch die **Rocinha** und die kleinere **Vila Canoas**. 3-stündige Tour mit Kleinbus tägl. 9 u. 14 Uhr, Tel. 3322-2727, 99989-0074 www.favelatour.com.br, info@favelatour.com.br.
FLUGHAFENBUS: **Real Auto Ônibus**, pendelt zwischen Stadtflughafen Santos Dumont u. international Airport Tom Jobim do Galeão.
FERNBUSSE: Rodoviário Novo Rio, Tel. 3213-1800, Av. Francisco Bicalho. Von hier aus fahren Busse in alle Richtungen; nach Petrópolis und Teresópolis vom Terminal Meneses Cortes an der Av. Erasmo Braga. www.novorio.com.br.
TAXIS: Taxis sind gelb mit blauen Streifen; das Taxameter muss eingeschaltet werden, auch wenn man den Preis vorher vereinbart hat. Nachts und sonntags höherer Tarif. Am Flughafen und vor Hotels stehen klimatisierte Limousinen, die zu festen, höheren Tarifen fahren. Die sicherste Variante ist u. a. für die Fahrt zum Flughafen empfehlenswert: **Transcootour**, grüne Funktaxis, 24 Std., Tel. 2590-2220 und 2590-2300, www.transcootour.com.br
MIETWAGEN: **Avis**, Tel. 0800-725-2847, **Hertz**, Tel. 0800-701-7300, **Unidas**, Tel. 3353-0609.
FÄHRE: Nehmen Sie die **Fähre** (Balsa) vom Praca XV nach Niteroi und zurück. Schöner Blick auf die Skyline von Rio u. Niteroi, die Brücke und das Ex-Immigrationsgebäude.
BOOTE / JACHTEN: **Sailing in Rio**, Tel. 99222-2026, www.sailing-in-rio.com. **Bootsausflüge** in der **Guanabara-Bucht** beginnen an der Marina da Glória.

Post: Rua 1° de Março 64, Centro, Tel. 2219-5315; Av. Nossa Senhora de Copacabana, Copacabana.

POLIZEI: **Rio Tourist Police** (DEAT), Leblon, Av. Afrânio de Melo Franco 159, Tel. 2332-2924, Notruf 190.

Ambulanz (Samu), Notruf 192. **Feuerwehr** (Bombeiros), Notruf 193.

Rios Stadtteil **Ipanema** ist die bevorzugte Shopping-Adresse, entlang der **Rua Visconde de Pirajá** konzentrieren sich viele Boutiquen. In **Barra da Tijuca**, weit westlich des Stadtkerns, stehen die größten Malls.

UMGEBUNG VON RIO

★Costa Verde

Die **★Costa Verde**, die südwestliche Küste Rios, ist mit ihrer üppigen Vegetation, bizarren Bergen und herrlichen Stränden bei Cariocas und Touristen beliebt. Entlang der „grünen Küste“ verläuft die BR 101, **Estrada Rio-Santos**, landschaftlich eine Traumstraße – der schönste Weg von Rio nach São Paulo.

Von der Küste bieten sich zahlreiche Möglichkeiten, zu den vorgelagerten Inselchen überzusetzen. Man erreicht die Costa Verde von Rio, indem man auf der Avenida das Américas über Barra da Tijuca zur Baía de Sepetiba fährt. Über Santa Cruz und Itaguaí kommt man nach **Itacuruçá ❷**, einem kleinen, malerischen Fischerort, von dem Segelboote zu den Inseln in der Sepetiba-Bucht ablegen. Die private **Ilha São Bernardo** wird über Rio-Sightseeing angeboten und ist ein lohnender Abstecher für Urlauber, die in Rio wohnen. Auf den größeren Inseln **Ilha de Itacuruçá** und **Jaguanum** gibt es einige kleine Hotels. Am 29. Juni, zu Peter und Paul, findet vor Itacuruçá eine sehenswerte Schiffsprozession statt.

Vom ca. 116 km von Rio entfernten **Mangaratiba ❸** legen die Boote zur **★Ilha Grande** ab, einem Naturreservat mit interessanter Fauna und herrlichen Stränden. Die nächsten 60 km Küstenstraße bieten faszinierende Ausblicke auf Bucht und Inseln. Sandstrände und Fischlokale laden zum Verweilen ein.

Angra dos Reis ❹ ist zwar mehr wegen seiner Atomreaktoren – den einzigen Brasiliens – bekannt, zieht dessen ungeachtet wegen seiner attraktiven Strände in Dutzenden von Buchten und auf 370 Inseln viele Badeurlauber an. Die „Königsbucht“ genannte Stadt ist mit 170 000 Einwohnern die größte an der Grünen Küste. Golfspielen beim *Hotel do Frade*, Harpunenfischen und Hochseeangeln gehören hier zu den beliebtesten Freizeitbeschäftigungen.

★★Paraty

Die Straße 101 führt um die Baía da Ilha Grande herum bis zur **★Paraty-Bucht**, mit vielen schönen **Stränden** und kleinen **Ausflugsinseln**.

Im Städtchen **★★Paraty ❺**, der „Perle aus der Kolonialzeit“, lebten einst die *Guaiana*-Indios, die den ersten europäischen Seefahrern Brasilholz und Gewürze zum Tausch anboten. Bedeutung erhielt der Ort als Goldexporthafen für die Funde aus Minas Gerais im 18. Jh., später wurde auch Kaffee aus dem Vale do Paraíba verschifft. Nach der Unabhängigkeit blieb das Gold im Land, und der Hafen erwies sich für größere Schiffe als zu flach. Paraty wurde vergessen

» Karte S. 88-89, Info S. 93

– ein Glück für den Tourismus: Der autofreie koloniale Stadtkern blieb seit dem 18. Jh. nahezu unverändert und steht schon seit 1966 unter Denkmalschutz.

Ein Spaziergang durch die malerischen gepflasterten Gässchen mit Blick auf die idyllische Bucht und die dichtbewaldete **Serra do Mar**, das bis zu 1600 m aufsteigende Gebirge, kommt fast einer Zeitreise gleich. Viele Eckpfeiler der zweistöckigen Gebäude sind reich verziert, Fenster und Türen bemalt. Einen Besuch lohnt das kleine ★**Sakralkunstmuseum** in der Kirche **Santa Rita** (1722). Letztere war für Afrobrasilianer tabu, weshalb die Schwarzen drei Jahre später „ihre" Pfarrkirche **Nossa Senhora do Rosário dos Homens Pretos** bauten. Unvollendet blieb das große Gotteshaus ★**Nossa Senhora dos Remédios** von 1787 an der Praça da Matriz.

In der Nähe lockt die reizvolle Bucht von ★**Mirim** mit sauberem Wasser und intakter Natur; 25 km südlich der Badeort **Trindade** mit attraktiven, von Felsen gesäumten **Sandbuchten**.

Niterói

Auf der Rio gegenüberliegenden Seite der Guanabara-Bucht sieht man die Stadt **Niterói** ❻, bis 1975 Hauptstadt des Bundesstaates Rio de Janeiro. Danach fusionierte dieser mit dem Staat Guanabara, und Rio wurde die gemeinsame Hauptstadt. 487 500 Men-

Foto: Volkmar E. Janicke

schen leben in der 1573 als *São Lorenzo* gegründeten Stadt, die per Fähre oder über die 1964 konstruierte, gigantische Brücke **Ponte Presidente Costa e Silva** erreichbar ist. Sie ist 15,5 km lang und überspannt die Bucht in bis zu 60 m Höhe, da unter ihr Fracht- und Kreuzfahrtschiffe durch müssen. Mit der Fähre gelangt man in 30 Min. von Zentrum zu Zentrum; an der **Praça Quinze** legt zwischen 6 und 23 Uhr alle 15 Min. ein Schiff und ein Luftkissenboot ab. Die Überfahrt bietet ungewöhnliche Blickwinkel auf die Skyline von Rio und auf Niteróis spektakuläres, UFO-ähnliches **★Museu de Arte Comtemporânea** von O. Niemeyer (1907-2012), das wechselnde moderne Kunstausstellungen zeigt. In der Nähe liegt Niteróis Hauptstrand **Icarai**. Vom Hafen kann man den Bus nach **Itaipu** nehmen, einen breiten, bei Surfern beliebten Sandstrand.

Oben: Die Serra do Mar, grüne Kulisse für Paraty, die „Perle der Kolonialzeit". Rechts: Dieser futuristische Bau von Oscar Niemeyer in Niterói beherbergt das Museum für zeitgenössische Kunst.

Petrópolis

70 km von Rio entfernt ist **Petrópolis** ❼, 1825 von deutschsprachigen Einwanderern gegründet und im 19. Jh. Kaiserresidenz, ein beliebter Bergort in 840 m Höhe mit 300 000 Einwohnern.

8 km vor Petrópolis steht das riesige **Palácio Quitandinha**, das 1944 als Luxushotel mit Spielkasino eröffnete, aber ab 1946 wegen des Glücksspielverbots eine Finanzkrise durchlitt. Schließlich wurden die 400 Zimmer als Apartments verkauft. Sein Äußeres mutet nordfranzösisch an. Am – wie Brasilien geformten – See gibt es eine Churrascaria.

In Petrópolis ließ sich 1843 Kaiser Pedro II. aufgrund des im Vergleich zu Rio um 6 °C kühleren Klimas seinen Sommersitz erbauen – von in Deutschland angeworbenen Handwerkern. Dem Kaiser verdankt die Stadt auch ihren Namen. Im **★Palácio Imperial** („Sommerpalast") befindet sich heute das **Museu Imperial**. In Pantoffeln gleitet man über edles Parkett und bewundert die noblen Gewänder und die **Kronjuwelen**.

» Karte S. 88-89, Info S. 93

Foto: Eduardo Azeredo (Fotolia)

Gegenüber, in der Av. Sete de Setembro, steht das königliche **Gästehaus**, in dem noch die Nachkommen der Monarchie, die *Braganças* residieren.

Die neugotische, 1884 begonnene Kathedrale **São Pedro de Alcântara** ist die kaiserliche Grabkirche; hier stehen die **Marmorsarkophage** der Kaiserfamilie. Dort beginnt die kurze, charmante, gepflasterte ★**Avenida Koeler**. 1884 galt der als kaiserliche Redoute verwendete **Palácio de Cristal**, eine aus Frankreich eingeführte Eisen- und Glaskonstruktion an der Praça da Confluência, als hochmodern. Unweit davon, in der Rua do Encanto, steht die **Casa de Santos Dumont**, das heute als Museum dienende Haus des brasilianischen Flugpioniers.

Das Museum **Casa Stefan Zweig** erinnert an den 1942 im Exil, nach der Flucht vor den Nazis, in Petrópolis mit seiner Frau aus dem Leben geschiedenen pazifistischen österreichischen Schriftsteller Stefan Zweig, der hier seine Werke *Schachnovelle* und *Brasilien – Ein Land der Zukunft* überarbeitet hat.

Teresópolis

Malerisch auf 900 m Höhe am Fuß der Serra dos Orgãos, der „Orgelberge", liegt in 91 km Entfernung von Rio **Teresópolis** ❽. Der Ort ist nach Kaiserin Teresa Cristina benannt, wurde aber erst zwei Jahre nach ihrer Abreise ins Exil gegründet. Teresópolis ist ein idealer Ausgangspunkt für Touren in den 1939 gegründeten **Parque Nacional da Serra dos Orgãos**. Schon von Rio aus erkennt man den **Dedo de Deus** („Gottesfinger"), eine Felsspitze auf 1692 m Höhe, und den mit 2263 m höchsten Gipfel, **Pedra do Sino** („Glockenstein"). 6 km westlich der Stadt, an der Straße nach Petrópolis, rauscht der Wasserfall **Cascata do Imbuí**.

Nova Friburgo

145 km nordöstlich von Rio erfreut sich **Nova Friburgo** ❾ eines recht milden Klimas auf 850 m Höhe. Die heute annähernd 185 000 Einwohner zählende Stadt erhielt diesen Namen, da sie

» Karte S. 88-89, Info S. 93

Foto: Volkmar E. Janicke

1819 von Schweizer Einwanderern aus Fribourg gegründet wurde. 6 km vom Stadtzentrum erreicht man den 2310 m hohen **Pico da Caledônia**, den Drachenflieger gern als Startplatz nutzen.

Strände östlich von Rio

Über Niterói gelangt man ins „Seengebiet", eine Reihe von Lagunen mit traumhaften Stränden und beliebten Ferienorten. 60 km östlich von Rio bei **Maricá** ⑩ empfiehlt sich der Strand **Ponte Negra**. 40 km weiter, in **Saquarema** ⑪, erblickt man ein häufig gemaltes Motiv, eine kleine Kirche auf einem Hügel. Surfer schätzen diesen Strand wegen seiner starken Brandung.

Nahe der Öffnung der Lagune zum Atlantik liegt **Cabo Frio** ⑫, mit rd. 200 000 Einwohnern größter Ort des Lagunengebietes. Hier wird Salz aus Salinen gewonnen. Besucher kommen wegen des weißen Strandes in die bereits 1615 von Jesuiten gegründete Stadt. Das sehr gut erhaltene **Forte São Mateus**, 1616 erbaut, sowie die einst Seeleuten zur Orientierung dienende Kapelle **Nossa Senhora da Guia** verdienen Beachtung. 6 km südlich kann man auf die „weiße Dame" klettern, die Riesendüne **A Dama Branca**.

★**Arraial do Cabo** ⑬ kann als einer der wenigen Geheimtipps in der Umgebung Rios gelten. An der Spitze des Frio-Kaps bietet es kleine Hotels und herrliche Badestrände mit ruhigem, klarem Wasser und für Surfer ideale Buchten mit hohen Wellen. Arraial ist auch ein Dorado für Taucher und Gourmets, die fangfrischen Fisch lieben. Auf der vorgelagerten **Ilha do Cabo Frio** lohnt ein Besuch der Unterwassergrotte **Gruta Azul** mit hellblauem Wasser. Bootsausflüge führen auch zu kleineren Inseln zum Baden und Angeln.

Von hier sind es knapp 40 km bis ★**Armacão dos Búzios** ⑭, meist einfach *Búzios* genannt. Im frühen 16. Jh. entdeckten die portugiesischen Kolonialisten Búzios für sich – wie auch die gesamte Atlantikküste Brasiliens; für den internationalen Jetset und den nachfolgenden Tourismus besorgte dies Brigitte Bardot, die hier in den 1960er Jahren zweimal Urlaub machte. In der Hochsaison wächst die Bevölkerung des 30 000-Einwohner-Städtchens auf das Fünffache an. Dennoch hat sich der Ort dank strenger Bauvorschriften seinen Charme bewahrt, er wird bei argentinischen und europäischen Touristen als Badeort immer beliebter.

Die stadtnahen Strände sind zu Fuß zu erreichen, die entfernteren wie Tartaruga, Brava oder Forno sind noch schöner; sie sind per Fahrrad, Mietauto, Strandbuggy oder Boot erreichbar. In den Einkaufsstraßen wie der **Rua das Pedras** kann man sein Geld in relativ hochpreisigen Boutiquen, Restaurants, Crêperien und Bars loswerden.

Oben: In der Kathedrale von Petropólis sind Pedro II. und Teresa Maria Cristina von Neapel-Sizilien bestattet.

» Karte S. 88-89, Info S. 93

Angra dos Reis (☎ 024)

Cheiro Verde, Meeresfrüchte, tägl. 11.30-24 Uhr, Rua. Cel. Carvalho 450, Tel. 3365-0677.
Ananás, zeitgenössische brasilianische Küche. tägl. 18-24 Uhr, Estrada Municipal 200, Pirata's Mall, Tel. 3371-2899.

Paraty (☎ 024)

Secretaria de Turismo, Rua do Comércio. 9-16 Uhr, Tel. 3371-1897, www.paraty.com.br.

***FISCH:* Banana da Terra**, erste Adresse für Fisch und Meeresfrüchte, teuer, tägl. geöffnet, Rua Dr. Samuel Costa 198, Centro Histórico, Tel. 3371-1725, www.restaurantebananadaterra.com.br.
Merlin o Mago, Fisch und Meeresfrüchte werden in der einsehbaren Küche zu asiatisch-französisch-brasilianisch inspirierten Gerichten kombiniert, klein und stimmungsvoll, gehobenes Niveau. 19-24 Uhr, Mi geschl., Centro Histórico, Rua do Comércio 376, Tel. 3371-2157.
Arpoador. Spezialität ist *Moqueca*, 12-23.30 Uhr, abends Live-Musik, Centro Histórico, Rua da Matriz 6, Tel. 3371-3202.
***ITALIENISCH:* Spaguetto**, Fisch und Spaghetti-Gerichte, abends Pizza aus dem Holzofen, Di-Sa 12.30-24 Uhr, Centro Histórico, Rua Marechal Santos Dias 27, Tel. 3371-2947. **Punto Divino**, Pizza und Nudelgerichte, Rua Marechal Deodoro 129, Centro Histórico, Tel. 3371-1348.

Niterói (☎ 021)

***ITALIENISCH:* Da Carmine**, Traditionsrestaurant der Brüder Carmine und Bruno Marasco, vielfach ausgezeichnet, Rua Mariz e Barros 305, Icaraí, Tel. 3617-6109, www.dacarmine.com.br.
***RODÍZIO:* Verdanna Grill**, traditioneller Spießbraten in Meernähe, tgl. 11-24 Uhr, Av. Quintino Bocaiúva 603, Praia de Charitas, www.verdanagrill.com.br.

Museu de Arte Contemporânea, Di-So 11-18 Uhr, Mirante de Boa Viagem.

Petrópolis (☎ 024)

Petrotur, Av. Koeller 255, Centro, Tel. 2237-3321.

Imperatriz Leopoldina, das Hotel-Restaurant kombiniert nationale und internationale Gerichte in fantasievoller Art, tägl. 12-24 Uhr, Zentrum, Av. Koeller 376, Tel. 2103-3000.
Trutas do Rocio, schönes Ambiente in einem Park mit eigener Fischzucht, Forellengerichte aller Art sind die Hausspezialität, Sa, So 12.30-16.30 Uhr, unbedingt reservieren, Estrada da Vargem Grande 6333, Rocio, Tel. 2291-5623.

Palácio Imperial, Di-So 11-17.30 Uhr, Rua da Imperatriz 220, Tel. 2230-0300.
Casa de Santos Dumont, Di-So 9.30-17.30 Uhr, Rua do Encanto 22, Tel. 2247-5222.

BUSBAHNHOF: Rua Dr. Porciúncula 75, Tel. 2249-9858.

Teresópolis (☎ 021)

Divisão de Turismo, Praça Olímpica, Tel. 2742-3352 u. 2644-4182, www.visitteresopolis.com.br.

Cremerie Genève, französische Küche, in einem Park gelegen, Fr/Sa 12-22 Uhr, So 12-18 Uhr, unbedingt reservieren, RJ-130 in Richtung Nova Friburgo, Km 16, Venda Nova, Tel. 3643-6391, www.restaurantecremerie.com.br.

BUSBAHNHOF: Rua 1° de Maio 100, Tel. 2743-1742.

Armação dos Búzios (☎ 022)

Pórtico de Búzios, Tel. 0800-24-9999.

Satyricon, italienisches Fischlokal, Rua José Bento Ribeiro Dantas 500, Tel. 2623-2691, www.satyricon.com.br. **Chez Michou**, Kult-Crêperie, Rua das Pedras 90, Centro, Tel. 2623-2169, www.chezmichou.com.br.

BUSBAHNHOF: Estrada da Usina Velha, Tel. 2623-2050.

Foto: Volkmar E. Janicke

SÃO PAULO
Multikulturelles Wirtschaftswunder

SÃO PAULO
SANTOS
EMBU

SÃO PAULO

São Paulo ❶ (12 Mio. Einwohner auf 1500 km²) gilt als der „Motor Brasiliens". Hier schlägt der Puls der Wirtschaft und der Börse, die Einkommen sind doppelt so hoch wie im Landesdurchschnitt. Im Großraum *Grande São Paulo* (8000 km²), dem größten Ballungsgebiet Südamerikas leben 19 Millionen Menschen, ca. 10 % der Einwohner Brasiliens.

Die Megastadt ist ein typisches Produkt der rasanten Entwicklung des 20. Jh. und doch ist sie schon über 400 Jahre alt. Portugals König João III. wollte es den Spaniern gleichtun und endlich mehr aus seiner riesigen Kolonie herausholen als nur Holz und tropische Früchte. Deshalb sandte er im Jahr 1530 Martim Afonso de Sousa auf neue Entdeckungen in Richtung Südwest. Dieser gründete 1532 auf der Insel São Vicente die Ansiedlung gleichen Namens und elf Jahre danach die Stadt Santos mit dem bis heute größten Export-Hafen des Landes.

Katholische Missionare – allen voran die Jesuiten – wollten Seelen für die Kirche sammeln und zogen deshalb weiter ins Landesinnere. Am 25. Januar, am Tag der Bekehrung des hl. Paulus, gründeten Manuel da Nóbrega und José de Anchieta 1554 die Jesuitensiedlung São Paulo. An dieser historischen Stelle steht heute ein Museum, die *Casa Anchieta*.

Links: Das runde São-Paulo-Hilton-Hotel ist eines der Wahrzeichen der größten Metropole Südamerikas.

Auf 750 m Meereshöhe, 50 km Luftlinie von der Küste entfernt, liegt São Paulo genau auf dem Wendekreis des Steinbocks. Das Küstengebirge *Serra do Mar* trennt die Stadt vom Atlantik und erreicht zwischen São Paulo und Santos Höhen von 1000 bis 1400 m.

Heute ist São Paulo der wichtigste Industriestandort Lateinamerikas, bereits der Erste Weltkrieg leitete die Expansion der Stadt ein. Der Autoboom in den 1950er und 1960er Jahren machte São Paulo zum „Detroit Südamerikas", fast alle in Brasilien produzierenden Autofirmen sind hier ansässig.

Neben der dominierenden Autoindustrie haben sich im Staat São Paulo mittlerweile fast drei Viertel der High-Tech-Branche Brasiliens (Lasertechnik, Informatik, Optik, Feinchemie) angesiedelt, und die Hälfte aller Computer des Landes ist hier im Einsatz. 77 % der Exportgüter werden in São Paulo gefertigt und über den größten Exporthafen, Santos, oder den größten Flughafen des Landes, Guarulhos, verfrachtet.

42 % der industriellen Produktion Brasiliens und 21 % des Bundeshaushalts kommen aus dem Staat São Paulo,

» Karte S. 103, Info S. 104-105

Foto: Robin Daniel Frommer

der von Brasília im Zuge eines Länderfinanzausgleichs nur magere 1 % wieder zurückerhält. Die Umgebung ist wasserreich und fruchtbar und bot schon im 19. Jh. ideale Bedingungen für den plantagemäßigen Kaffeeanbau.

Das multikulturelle São Paulo – 6 Mio. sind italienischer, 3 Mio. portugiesischer Abstammung – könnte man als „größte deutsche Industriestadt außerhalb der Bundesrepublik" bezeichnen, denn 1000 Betriebe, in denen rund 230 000 Beschäftigte arbeiten, sind deutsch-brasilianische Joint Ventures, darunter VW und Mercedes. São Paulos japanische Kolonie ist die größte Ansiedlung von Japanern außerhalb Nippons, zudem leben hier viele spanischstämmige. Alle zwei Minuten wird ein Kind geboren, und jedes Jahr wandern Zehntausende Menschen aus ganz Brasilien zu; der Bundesstaat São Paulo ist mit rund 41 Mio. Einwohnern der bevölkerungsreichste des Landes. Hier gibt es die meisten Millionäre, doch während manche Superreiche in Luxusappartements mit 1500 m^2 residieren, hausen 10% der Bevölkerung in *favelas*, Elendsvierteln.

Oben: Die große Kolonie der Japaner in São Paulo feiert ihre Feste mit brasilianischer Ausgelassenheit.

Im fast 8000 km^2 großen Häusermeer existieren 13 000 Restaurants der verschiedensten Küchen – darunter allein 6000 Pizzerien –, 236 Kinos, 72 Theater, 49 Museen, 78 Bibliotheken und 2 Opern. 15 000 Linienbusse quälen sich durch das Verkehrsgewühl, das 30% aller in Brasilien zugelassenen Autos hier verursachen. Mehr als ein Drittel der in Brasilien registrierten Hubschrauber knattern über São Paulo hinweg – sie ermöglichen es Geschäftsleuten, ihre Termine trotz Stau einzuhalten und direkt auf einem Hochhausdach zu landen. Nur New York und Tokio können in Sachen Hubschrauber-Dichte mit São Paulo konkurrieren.

Fremden fällt es schwer, sich in dieser Stadt zurechtzufinden, es fehlen markante Orientierungspunkte. Oder liegt es an „der Gleichgültigkeit der Erinne-

» Stadtplan S. 97, Info S. 104-105

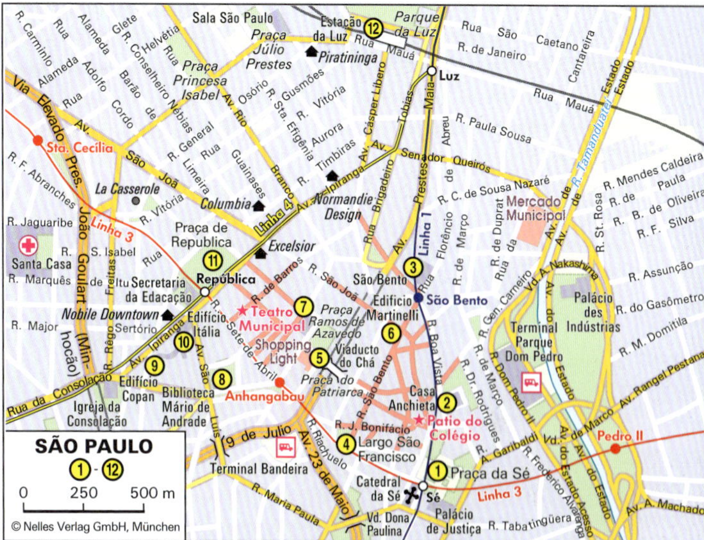

rung und allem Endgültigen gegenüber, die so charakteristisch ist für die *paulistanos*" (die Einwohner der Stadt São Paulo), wie einer der ihren, der 1936 geborene Schriftsteller Ignácio de Loyola Brandão, schrieb?

Ein Stadtzentrum ist nur schwer zu erkennen, im Allgemeinen bezeichnet man damit die Gegend zwischen den zentralen Plätzen **Praça da Sé** ① und **Praça da República**. Zumindest für den Nahverkehr ist der Platz der Kathedrale (Metropolitana) ein zentraler Punkt, denn hier kreuzen sich mehrere U-Bahn-Linien (Station *Sé*). An dem immer sehr belebten Platz befinden sich auch der **Justizpalast** sowie viele **Skulpturen** brasilianischer Bildhauer. Die **Kathedrale** ist neugotisch, allerdings mit Kuppel – ein Stilbruch, der hier niemanden zu stören scheint. Sie wurde zur 400-Jahr-Feier der Stadtgründung im Jahr 1954 geweiht.

Nördlich der Praça da Sé erreicht man über die Rua Boa Vista die **Casa Anchieta** ② auf dem ★**Patio do Colégio**, ein ehemaliges Jesuiten-Kolleg. Von dem Bau von 1554 sind allerdings nur noch eine Lehmwand und Türen erhalten. Das rekonstruierte Kloster dient heute als **Museum**.

Weiter nördlich steht **São Bento** ③, das Benediktiner-Kloster. 1650 gegründet, wurde es im Jahr 1912 durch ein neoromanisches Gebäude ersetzt.

Interessanter ist es, sich von der nordwestlichen Ecke der Praça da Sé nach Westen zum **Largo São Francisco** ④ mit dem Franziskaner-Kloster und der Kirche der Laienbruderschaft des Ordens **São Francisco da Penitência** zu begeben. Die Franziskanerkirche ist die kunsthistorisch bemerkenswerteste Kirche São Paulos: Die unüblich vom Schiff abgesetzte Kuppel bewirkt, dass der vergoldete Hauptaltar im Querschiff steht. Am neuen Hochaltar sieht man Skulpturen von Manuel de Oliveira (18. Jh.) mit eigenwilliger Ikonografie: Christus erscheint Franziskus als Seraphim.

Über die in **Rua São Bento**, vorbei an der Praça do Patriarca, erreicht man das **Viaduto do Chá** ⑤, das „Tee-Viadukt". Die 1889 erbaute Trasse zur

» Stadtplan S. 97, Info S. 104-105

Foto: Robin Daniel Frommer

Altstadt (heute eine Fußgängerbrücke) überspannt das Tal des Anhangabaú-Flusses. Der fließt ab hier unterirdisch, überdeckt von einer Straße.

An der Kreuzung der Straßen São Bento und São João steht der erste Wolkenkratzer Südamerikas, das **Martinelli-Gebäude** ⑥. 1929 fertiggestellt, beherbergt es heute das sehenswerte **Stadtmuseum** zur Stadtgeschichte.

In westlicher Richtung ist es nicht weit zur Praça Ramos de Azevedo mit dem **★Theatro Municipal** ⑦. Der Bau des Stadttheaters wurde stark von der Pariser Oper inspiriert und zeigt den für São Paulo typischen eklektischen Mischstil der Jahre 1903-1911.

Südwestlich davon, auf der Praça Dom José Gaspar, findet man die **Biblioteca Mário de Andrade** ⑧, die größte Sammlung von Büchern und wertvollen Dokumenten der Stadt.

Oben: Brunnen auf der Praça Ramos de Azevedo beim Theatro Municipal. Rechts: Aus dem Häusermeer São Paulos sticht das geschwungene Copan-Gebäude heraus.

Praça da República

Von hier geht man am besten auf der Rua da Consolaçao bis zur **Avenida Ipiranga**, die in nordöstlicher Richtung auf die Praça da República trifft und mit ihren futuristischen Wolkenkratzern das 21. Jh. symbolisiert. Rechts steht das riesige **Edifício Copan** ⑨, ein geschwungenes Wohn- und Bürogebäude – fast eine Stadt in der Stadt – nach Plänen von Oscar Niemeyer. Schräg gegenüber ragt das **São Paulo Hilton** auf, ein runder Hotelturm, ebenfalls ein ungewöhnliches Hochhaus. Das 164 m hohe **Edifício Itália** ⑩ bietet vom Dach (mit Restaurant und Bar) eine herrliche **Aussicht**.

Ein paar Schritte weiter erreicht man die **Praça da República** ⑪, den interessantesten Platz der Stadt, insbesondere an Wochenenden: Samstags ist *Praça Doce*, Süßigkeiten-Markt. Dort gibt es hausgemachte Spezialitäten aller Art – nicht nur süße – und oft auch Live-Musik. Sonntags findet ein **Kunsthandwerkermarkt** statt sowie reger Tausch-

» Stadtplan S. 97, Info S. 104-105

Foto: Ricardo Kötter

handel mit Münzen und Briefmarken. Ein Teich und viele Bäume erinnern daran, dass hier im 19. Jh. noch ein Rastplatz war.

Estação da Luz

Im Stadtteil Bom Retiro, im Norden des Zentrums, lohnt sich ein Blick auf die Eisenkonstruktion des Bahnhofs **Estação da Luz** ⑫. Er wurde um 1900 komplett aus Glasgow eingeführt, das schön restaurierte Gebäude zählt zu den ältesten Bauten der Stadt. Bereits 1867 fuhr der *Trem da Serra* mit Kaffeesäcken von **Jundiai** im Hochland zum Hafen nach **Santos** (s. S. 103), in die von Pater Anchieta noch „Schlund der Hölle" genannte sumpfige Tiefebene. Heute ist die Gleisstrecke eher touristisch interessant. Vom Estação da Luz startende Touristenzüge fahren meist nur noch nach Jundiai, oder bis **Paranapiacaba** (s. S. 102), wo im Küstengebirge auf der Passhöhe das **Eisenbahnmuseum** mit historischer Seilbahntechnik und Dampfloks lockt.

Museu de Arte Sacra de São Paulo

Das **Museu de Arte Sacra de São Paulo** ⑬ birgt sakrale Objekte aufgelassener Kirchen, Hausaltäre und *paulistinhas* genannte Heiligenfiguren. (Nördlich des Stadtzentrums, Igreja da Luz, Av. Tiradentes 676.)

★★Museu de Arte de São Paulo

Das meist nur kurz **MASP** genannte **★★Museu de Arte de São Paulo** ⑭ gilt als das bedeutendste Kunstmuseum in ganz Lateinamerika. Gegründet im Jahr 1947 vom Zeitungsverleger Francisco de Asis Chateaubriand, bekam es 1968 in einem markanten Gebäude an der Avenida Paulista einen würdigen Rahmen für die riesige Sammlung von Werken berühmter Künstler wie Picasso (*Porträt der Suzanne Bloch*), Portinari (*Kaffeearbeiter*), Tizian, Goya, van Gogh (*Schuljunge*), Rubens, Velázquez, Degas (*Tänzerin*), Monet, Cézanne, Gauguin und Renoir. (Südwestlich des Zentrums, Av. Paulista 1578, Metro Trianon-MASP.)

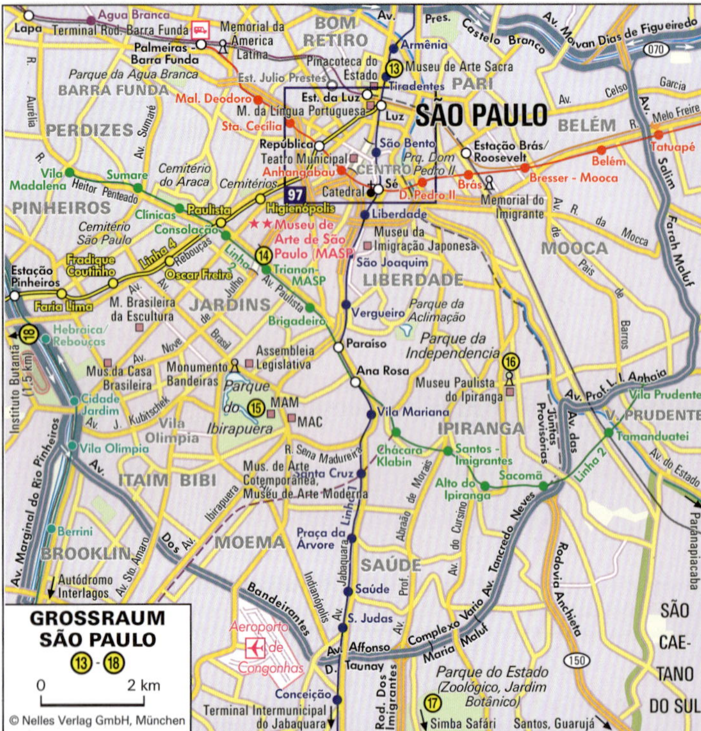

Parque do Ibirapuera

Der **Parque do Ibirapuera** ⑮, ein riesiger Park im Südwesten der Stadt mit See, Planetarium und Openair-Bühne, lohnt einen Besuch, wenn man sich länger in São Paulo aufhält. Gestaltet wurde er von Oskar Niemeyer und dem berühmten, innovativen Landschaftsarchitekten Roberto Burle Marx, der weltweit tätig war.

Am Nordrand befindet sich die **Assembleia Legislativa**, das Landesparlament São Paulos

Am Beginn der Avenida Pedro Alvares Cabral steht ein riesiges Denkmal für die Pioniere der Kolonisierung des Hinterlandes, die *bandeirantes* („Fahnenträger"), das **Monumento das Bandeiras** von Victor Brecheret.

Der Park bietet zwei bemerkenswerte Museen:

Das **Museu de Arte Moderna** (MAM) bietet wechselnde Ausstellungen moderner brasilianischer Kunst.

Die Moderne ist im **Museu de Arte Contemporânea** (MAC) am Ostrand des Parks vertreten. Hier sind neben Arbeiten einheimischer Maler und Bildhauer wie Anita Malfati und Di Cavalcanti Werke von Henry Moore, Max Ernst, Wassily Kandinsky und Picasso ausgestellt (Parque do Ibirapuera, Pavilhão da Bienal; Archiv des Museums in der Cidade Universitária, Rua da Reitoria 160).

Rechts: Ein Tapir fühlt sich auch im Wasser wohl.

Parque da Independência

Foto: Felix Nollmann

Früher wurde der **Parque da Independência** ⑯ im Südosten des Stadtzentrums nach dem Stadtteil, in dem er liegt, *Parque do Ipiranga* genannt. Er ist vor allem wegen des **Museu Paulista** (siehe unten) und des **Monumento da Independência** interessant. Zur 100-Jahr-Feier der Unabhängigkeit Brasiliens 1922 schuf Ettore Ximenez das 1600 m² große Monument mit 131 **Bronzefiguren** an der Stelle, an der der spätere Kaiser Pedro I. die Loslösung von Portugal verkündet hatte. Unter dem Unabhängigkeitsdenkmal kann man in der **Capela Imperial** die Gräber Pedros I., und seiner Gemahlin Leopoldine besuchen. Nebenan steht die **Casa do Grito** („Haus des Schreis"), in der Regent Pedro I. nächtigte, bevor er mit dem Leitwort: „Unabhängigkeit oder Tod" die politische Selbständigkeit Brasiliens ausrief.

Museu Paulista

Das **Museu Paulista** (Museu do Ipiranga) steht auf historischem Boden auf dem Ipiranga-Hügel im Parque da Independência. Neben den historischen und naturwissenschaftlichen Sammlungen sind vor allem die ethnologischen Abteilungen attraktiv für ausländische Besucher. Funde präkolumbischer Kulturen, aber auch Gebrauchsgegenstände heute noch existierender Stämme sind hier zu sehen.

Parque do Estado und Zoos

Der **Parque do Estado** ⑰ im Süden vereint drei interessante Sehenswürdigkeiten. In dem über 100 Jahre alten **Jardim Botânico** sind vor allem die Orchideenhalle und die von majestätischen Palmen gesäumte Allee besonders sehenswert.

In der Nähe des **Jardim Zoológico**, der heute zu den größten und modernsten Zoos der Welt zählt, kann man im **Zôo Safari** in Freigehegen gehaltene Löwen, Elefanten, Bären, Kamele, Affen, Strauße, Giraffen, Tiger und mehr als 30 andere Tierarten auf einer 4 km langen Strecke vom Auto aus beobachten. Wer nicht mit dem eigenen Wagen in diesen Safaripark fahren möchte, kann in den Vans des Zoos Platz nehmen.

Instituto Butantã

Weltbekannt ist das **Instituto Butantã** ⑱ der Universität, das Seruminstitut mit der größten **Schlangenfarm** der Welt. Im ehemaligen Herrenhaus einer Plantage wurde das Institut 1899 zur Pestforschung eingerichtet. Auf der Farm werden heute Tausende von giftigen Schlangen, Spinnen und Skorpionen gehalten und bei Bedarf gemolken, um aus dem Gift lebensrettendes Serum herzustellen. Dieser Giftabnahme darf man zwar nicht beiwohnen, die Tiere sind jedoch in ihren Terrarien und Gruben zu besichtigen. (Av. Vital Brasil 1500, westl. d. Zentrums, Cidade Universitária).

» Stadtplan S. 100, Info S. 104-105

Foto: Ricardo Kötter

UMGEBUNG VON SÃO PAULO

Embu das Artes

27 km westlich von São Paulo, an der Fernstraße *Régis Bittencourt*, liegt **Embu das Artes** ❷ mit seinen Werkstätten und Galerien für **Kunsthandwerk**, Fabriken für Kolonialmöbel und Antiquitätenläden. An Wochenenden und Feiertagen kommen gut situierte Paulistas, um auf dem **Kunstmarkt** auf der **Praça 21 de Abril** Hochwertiges für ihre Appartements oder Lederwaren und Textilien auf dem Markt **Feira de Artesanato** einzukaufen.

Von der Gründung Embus als *Aldeia Jesuitica* im 17. Jh. zeugt die restaurierte Kirche **Nossa Senhora do Rosário do Embu** auf dem Largo dos Jesuítas. Sehenswert sind ihre barocken Altäre, die Holzkanzel sowie die Kassettendecke in der Sakristei und auch das angegliederte **Museum** für sakrale Kunst.

Oben: Schlangenmelken im Instituto Butantã in Sâo Paulo.

Paranapiacaba

Ab 1867 wurde Kaffee mit der SPR (*São Paulo Railway*) vom Hochland São Paulos über die berühmte Steilstrecke bei Paranapiacaba zum Hafen von Santos (s. u.) befördert. Nicht nur das Baumaterial des Bahnhofs **Estação da Luz** in São Paulos Stadtteil Bom Retiro wurde um 1900 aus Glasgow importiert, die ganze Bahnstrecke wurde mit britischem Kapital und Know-how durch das Küstengebirge **Serra do Mar** trassiert. In **Paranapiacaba** ❸, wo einst die Züge die Steigung nur mit Hilfe zusätzlicher Seile und Ketten überwinden konnten, lebt diese Pionierzeit fort: Ein an „Big Ben“ erinnernder **Uhrturm** überragt den oft in Nebel gehüllten, britisch anmutenden Ort. Heute fahren von São Paulos Estação da Luz noch **Touristenzüge** nach Rio Grande da Serra und weiter zum 11 km entfernten Paranapiacaba mit dem **Museu Funicular**, das an die Dampfschienenseilbahn erinnert, die 773 m Höhendifferenz auf 8 km bewältigen musste.

» Karte S. 103, Info S. 104-105

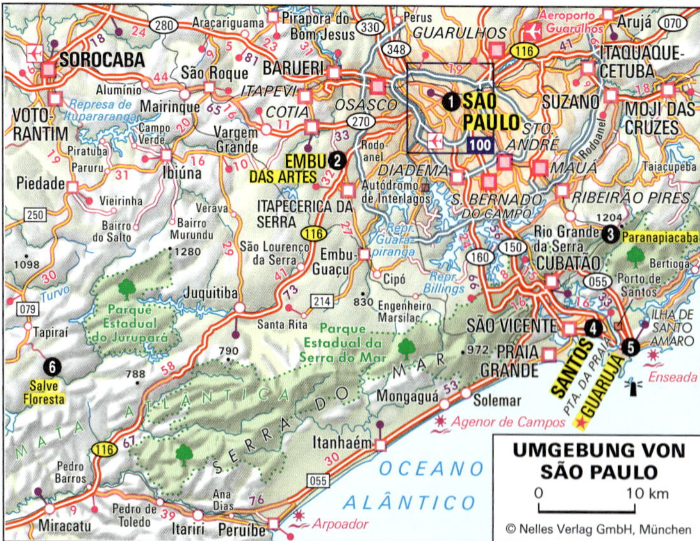

Santos / ★Guaruja

Derzeit ca. 433 000 Einwohner zählt **Santos ❹**, die Stadt mit dem größten Hafen des Landes und insgesamt 12 km langen Kais. 72 km von São Paulo entfernt, liegt sie auf der Insel **São Vicente**, mit deren Hauptstadt São Vicente (ca. 314 000 Einwohner) sie zusammengewachsen ist. Von São Paulo erreicht man Santos über die *Rodovia Anchieta* (SP 150) oder die ältere, interessantere *Estrada Velha do Mar.* 7 km lang sind die Strände der Stadt entlang der Avenidas Presidente Wilson und Bartolomeu de Gusmão. Letztere endet im Stadtteil Ponta da Praia, wo man vom **Ponte dos Práticos** Bootsrundfahrten durch die Bucht **Baía de Santos** unternehmen kann. Über die Rua XV de Novembro erreicht man die **Rampa do Mercado**, wo in Halle Nr. 15 die **Casa do Café** lockt, in der sich die verschiedensten Kaffeesorten vergleichen und auch käuflich erwerben lassen. In Santos' Zentrum zirkulieren restaurierte **Straßenbahnen**.

Von Santos setzt eine Fähre zur **Ilha Santo Amaro** über, auf der sich der beliebteste Badeort der Paulistas befindet: ★**Guarujá ❺**. 19 Strände locken in seiner Umgebung, dazu die Inseln **Pombeva** und **Cabras**. Bei Wassersportlern besonders beliebt sind **Enseada** und **Tombo**; ruhigeres Gewässer verspricht der Strand **Guaiúba**.

Salve Floresta

Die „Regenwaldakademie" **Salve Floresta ❻** (150 km südwestl. v. São Paulo, 14 km v. Tapirai) liegt 900 m ü. M. in einem 5000 ha großen privaten Naturpark. Hier in der **Mata Atlântica**, dem brasilianischen Küstenregenwald, gibt es rund 650 Baumsorten und 300 Kolibri-Arten. Die Mata Atlântica ist u. a. durch landwirtschaftliche Nutzung auf einen Rest von 4% ihrer einstigen Ausdehnung geschrumpft. Besonders für Natur- und Wanderfreunde lohnt ein Aufenthalt in dem vogelreichen Primärwald, in dem es u. a. Wildkatzen (z. B. Ozelote), Affen und Schlangen gibt (beste Reisezeit: März bis Oktober).

» Karte S. 103, Info S. 104-105

São Paulo (☎ 011)

DEATUR *(Delegacia Especializada de Atendimiento ao Turista)* Rua da Cantareiro 390, Centro, Tel. 3257-4475. Außerdem Info-Posten an den Flughäfen Congonhas, Cumbica und Vivacopos.

CHURRASCARIAS: **Rodeio**, tägl. 11.30-15.30 u. 18.30-1 Uhr, Cerqueira César, R. Haddock Lobo 1498, Tel. 3474-1333.
Bassi, ausgewähltes Rind- und Lammfleisch, tägl. 12-23 Uhr, Bela Vista, R. 13 de Maio 334, Tel. 3288-7045, www.templodacarne.com.br.
Montana Grill, preiswert, 11.30-16 u. 17-24 Uhr, Av. Juscelino Kubitschek 816, Itaim Bibi, Tel. 3078-0999, www.montanagrill.com.br.
JAPANISCH: **Koyama**, Top-Qualität, aus Japan importierte Zutaten, So geschlossen, Bela Vista, Rua 13 de Maio 1050, Tel. 5581-5887.
ITALIENISCH: **Fasano**, eines der besten Restaurants der Stadt, teuer, Cerqueira César, Rua Vitório Fasano 88, Tel. 3062-4000.
Terraço Itália, im 41. Stock des Edifício Itália, herrliche Aussicht, Av. Ipiranga 344, Tel. 2189-2929, www.terracoitalia.com.br.
FRANZÖSISCH: **La Casserole**, gediegene Atmosphäre, holzgetäfelt, Mo. geschl., Zentrum, Largo do Arouche 346, Tel. 3321-2899. **L'Amitié**, tgl. geöffnet, Rua Manuel Guedes 233, Itaim Bibi, Tel. 3078-5919.
PORTUGIESISCH: **Portucale**, Di-Sa 12-15 und 19-23, So 12-17 Uhr, Vila Olímpia, R. Nova Cidade 418, Tel. 3845-8929.
SPANISCH: **Don Curro**, durch Fenster kann man den Köchen bei der Zubereitung der Spezialitäten aus Meeresfrüchten zuschauen, Mo geschl., Rua Oscar Freire 439, Jarelins, Tel. 3060-8533, www.doncurro.com.br.
FISCH: **Amadeus**, bekannt für frischeste Ware, Austern, Krabben etc., tgl. 12-15 u. 18-24 Uhr, Cerqueira César, R. Haddock Lobo 807, Tel. 3061-2859, www.restauranteamadeus.com.br.
VEGETARISCH: **Moinho de Pedra**, Mo-Sa 12-15.30 Uhr, Rua Francisco de Morais 227, Chácara Santo Antônio, Tel. 5181-0581, http://moihodepedrarestaurante.com.br.

Casa de Anchieta, Di-So 9-17 Uhr, Patio do Colégio 2.
Museu de Arte Sacra, Di-So 11-19 Uhr, in der Igreja da Luz, Av. Tiradentes 676.
Igreja da Ordem Terceira de São Francisco, Mo-Fr 7.30-17.30 Uhr, Largo de São Francisco 173.
Basílica de São Bento, gregorianische Gesänge: Mo-Fr 7, Sa 6, So 10 Uhr, Largo de São Bento.
Edifício Martinelli, Av. São João 35.
Casa do Grito und **Capela Imperial**, Di-Sa 10-17, So 9-17 Uhr, Parque da Independência.
Museu de Arte de São Paulo, (MASP), Di-So 11-18 Uhr, Av. Paulista 1758.
Museu de Arte Contemporânea (MAC), Mo-Fr 10-19, Sa 10-14 Uhr, Parque do Ibirapuera, Pavilhao da Bienal.
Museu de Arte Moderna, Di-So 12-18, Do 12-22 Uhr, Parque do Ibiraquera.
Museu Paulista (do Ipiranga), täg. 9-16.45 Uhr, Parque da Independência.
Museu do Futebol, Tempel der fußballverrückten Brasilianer, Besuch lohnt auch für ausländische Fans, hier spürt man die Seele der grüngelben *Selecção,* Team des fünffachen Weltmeisters hautnah, Di-So 9-16 Uhr, Estádio do Pacaembu, Praça Charles Miller.
Instituto Butantã, Di-So 8-17 Uhr, Av. Vital Brasil 1500, www.butantan.gov.br.
Die Empfangshalle des 1926-38 erbauten **Bahnhofs Júlio Prestes** in Luz wurde umgestaltet zum großen Konzertsaal **Sala São Paulo**, hier spielt unter anderem das renommierte Sinfonieorchesters OSESP des Staats São Paulo. Auch Ausstellungen und Modeschauen.

REGENWALDAKADEMIE: **Salve Floresta e.V.**, Zentnerstr. 19, 80798 München, Tel. 089-1232677, Fax 089-181315; csoares@t-online.de, www.salvefloresta.de. Anreise über São Paulo, dann 2,5 Stunden per Bus. Der Aufenthalt im Atlantischen Regenwald kann in jedem guten Reisebüro gebucht werden.

FLUGHÄFEN: **Aeroporto Internacional Guarulhos**, Tel. 6445-2945, 28 km außerhalb des Zentrums.
Aeroporto Nacional de Congonhas, Av. Washington Luís, Tel. 5090-9000.
FERNBUSSE: *Estação Rodoviária do Jabaquara,* U-Bahn-Station *Jabaquara,* Rua dos Jequitibás: nach Santos und den Badeorten. *Terminal Rodoviária do Tietê,* U-Bahn-Station *Tietê,* Av. Cruzeiro do Sul, Tel.

3235-0322: nach allen wichtigen Orten im Land und in die Nachbarstaaten.
U-BAHN: ***Metrô***, Central de Informações, 7-19 Uhr, Tel. 0800-770-7722. Linien: Blau/*Azul:* Nord-Süd, Tucuruvi-Jabaquara; Rot/*Vermelha:* Ost-West, Itaquera-Barra Funda; Grün/*Verde:* Ipiranga-V. Madahua.
TAXIS: **Alotáxi**: Tel. 3326-0505, www.alotaxi.com.br. **Ligue-Táxi**: Tel. 2101-3030 und 3873-3030, www.liguetaxi.com.br.
MIETWAGEN: **Avis**: Tel. 2155-2847, www.avis.com.br. **Budget**: Tel. 2117-2000, www.budget.com.br. **Localiza**: Tel. 0800-979-2020, www.localiza.com.
STADTRUNDFAHRT: So 9 und 15 Uhr, Dauer: 3 Stunden, ab Praça da República.
HELIKOPTER: **Helijet**, Tel. 3542-3905, **Líder**, Tel. 6445-3414 u. 5090-4000.

Hauptpost: Praça do Correio (Ecke Av. São João).

Clínica Albert Einstein, Morumbi, Av. Albert Einstein 627, Tel. 2151-1233, www.einstein.br.
Sírio Libanes, Itaim Bibo, Tel. 3394-0200, www.hospitalsiriolibanes.org.br.

São Paulos Einkaufsstraße mit der größten Auswahl ist die **Rua Oscar Freire**.
Außerdem lockt das Warenangebot riesiger Shopping-Malls, etwa im **Morumbi** (im Stadtteil Morumbi), **Paulista** (Paraíso) oder **Eldorado** (Pinheiros).

Santos (☎ 013)

DiskTour, Praia do Gonzaga, Tel. 0800-17-3887, www.turismosantos.com.br.

ITALIENISCH: **Cantina Di Lucca**, tägl. 12-15 u. 18-24 Uhr, Rua Dr. Tolentino Figueiras 80, Gonzaga, Tel. 3284-0444, http://cantinadilucca.com.br.
PORTUGIESISCH: **Último Gole**, tägl. 11-1 Uhr, Rua Carlos Afonseca 214, Gonzaga, Tel. 3284-0508, www.ultimogole.com.br.
FISCH: **Mar del Plata**, Praia Ponta da Praia, Av. Alameda Saldanha da Gama 137-139, Tel. 3261-4253, tägl. 11-4 Uhr, http://restaurantemardelplata.com.br.
Unbedingt einmal in einem der Fischlokale an der **Küstenstraße Presidente Wilson** *Frutas do Mar* probieren!
CHURRASCARIA: **Tertúlia**, tägl. 11.30-15 u. 19-24 Uhr, Praia Ponta da Praia, Av. Bartolomeu de Gusmão 187, Tel. 3261-1641, www.churrascaria-tertulia.com.br.

Aquário Municípal (städtisches Aquarium), ca. 150 Spezies werden in Aquarien mit Salz- oder Süßwasser gezeigt, Mo geschl., Ponta da Praia, Av. Bartolomeu de Gusmão, Tel. 3236-9996.

Bonde (Straßenbahn): Die historische Tram von Anfang des 20. Jh. fährt alle 30 Min. die 15-minütige Strecke durch das historische Zentrum der Stadt, Schaffner und Fahrer sind ehrenamtliche Pensionäre und Rentner, Praça Mauá, Di-So 11-17 Uhr.

BAHNHOF: Largo M. de Monte Alegre.
FERNBUSSE: Praça dos Andradas 45, Tel. 3219-2194. ***FÄHREN:*** nach **Guarujá**: Praça da República, 6-23.50 Uhr; von Dersa nach Praia Ponta da Praia, Tel. 3358-2741.

Embu das Artes (☎ 011)

Emporio Sao Pedro, italienisch, brasilianisch, mediterran; gute Ente, Risotto, Pasta, Salate und leckere Desserts; Viela das Lavadeiras, 28 e 75, Casa 42, Tel. 551147812797.
Buenos Aires, gute Empanadas, Di-So 12-18 Uhr, Fr/Sa bis 23 Uhr, R. da Matriz 62, Tel. 4557-0623, www.buenosaireslatinoamerica.com.br.
Restaurante Westfalen, Churrascaria, Buffet und Bier, nur Mittagstisch, Rod. Regis Bittencourt (BR116), Tel. 4704-6233 und 4778-1368.

Museu de Arte Sacra dos Jesuítas, in der 1690 erbauten Kirche Nossa Senhora do Rosário do Embu, Di-So 9-17 Uhr, Largo dos Jesuítas 67, Tel. 4704-2654.

Foto: Volkmar E. Janicke

MINAS GERAIS
Bodenschätze und Barock

BELO HORIZONTE
SABARÁ / SERRA DO CIPÓ
DIAMANTINA
OURO PRETO / MARIANA
CONGONHAS DO CAMPO
SÃO JOÃO DEL REI
TIRADENTES

MINAS GERAIS

Der fünftgrößte Bundesstaat Brasiliens ist etwas größer als Frankreich und mit mehr als 21 Millionen Einwohnern relativ dicht besiedelt. „Überall Minen" lautet frei übersetzt *Minas Gerais* – was auf die Bedeutung der Gold-, Diamanten- und Smaragdfunde in diesem Bundesstaat hinweist. Im 17. und 18. Jh. wurden in dem gebirgigen Land unermessliche Reichtümer gescheffelt, mit denen man auch Kunst und Kultur förderte; der brasilianische Barock hatte hier seine hervorragenden Meister. Daneben bilden Automobil- und Schwerindustrie sowie Landwirtschaft die ökonomischen Pfeiler dieses Bundesstaates mit dem urbanen Zentrum Belo Horizonte.

Die *mineiros*, die Bewohner dieses reichen Landes, sind anders als *cariocas*, *paulistas* oder *bahianos*. Sie gelten als zurückhaltend, misstrauisch, wortkarg und sparsam, aber auch als fleißig und traditionsbewusst. Viele bedeutende Persönlichkeiten Brasiliens stammen aus Minas Gerais – Staatspräsidenten, Künstler und der berühmte Architekt Oscar Niemeyer.

Links: Die Specksteinhändler vor dem Aleijadinho-Meisterwerk São Francisco in Ouro Preto warten auf Kunden.

Belo Horizonte

Belo Horizonte ❶, die Stadt, die einen „Schönen Horizont" verspricht – der Name stammt von dem 1320 m hohen Berg am Stadtrand – wäre ohne die Barockstädtchen im Hinterland von Minas nur für Geschäftsreisende interessant, die hier zu Fiat, Mannesmann oder anderen Industriegiganten wollen. Ob die Anreise per Flugzeug, Auto oder Bus erfolgt, um Belo Horizonte kommen Minas-Besucher kaum herum. Man sollte der Besichtigung dieser im 1897 auf dem Reißbrett entstandenen Stadt ruhig ein wenig Zeit widmen. Die moderne Metropole in 800 m Höhe war ursprünglich nur für 200 000 Menschen konzipiert und löste Ouro Preto als Hauptstadt von Minas wegen der besseren Verkehrswege ab. Heute leben über 2,5 Millionen *mineiros* in „B. H." (sprich „be-agah"), viele davon Fans der Fußballclubs *Atletico* oder *Cruzeiro* und erfreut davon, dass ihre Stadt als eine Spielstätte für die Weltmeisterschaft 2014 ausgewählt wurde.

Die Sehenswürdigkeiten im **Stadtzentrum** kann man leicht zu Fuß besichtigen. Bester Ausgangspunkt ist der „Platz der Freiheit", **Praça da Liberdade**. Hier steht der Regierungspalast, **Palácio do Governo**, und die Stadtbibliothek, **Biblioteca Pública**. Auf dem Platz trifft sich jung und alt, besonders

» Karte S. 111, Stadtplan S. 108, Info S. 122-123

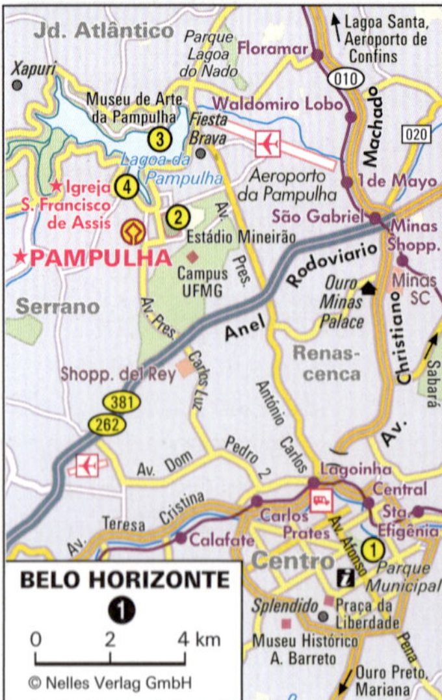

viel Trubel ist an den Markttagen. Freitags ist Blumenmarkt, samstags Antiquitäten- und sonntags Kunsthandwerkermarkt; zudem kann man Imbisse der regionalen Küche probieren.

Richtung Norden kommt man auf dem Weg durch die Av. João Pinheiro am **Museu Mineiro** vorbei, der Pinakothek von Minas im ehemaligen Senatsgebäude, mit Werken des berühmtesten Barockmalers Brasiliens, Manuel da Costa Athayde. Der Rundgang endet unweit davon an der Kreuzung der Avenidas Álvares Cabral und Afonso Pena, am **Parque Municipal** ① (nur tagsüber geöffnet). Hier findet man die Hauptpost, Hotels und im Park den Kunstpalast **Palácio das Artes.** Er beherbergt das Zentrum für Kunsthandwerk, ein Theater und eine Kunstgalerie.

10 km nördlich des Zentrums liegt der moderne Stadtteil **★Pampulha**, den Oscar Niemeyer 1940 unter dem damaligen Bürgermeister Juscelino Kubitschek entworfen hat. Seit 2016 zählt der Stadtteil zum UNESCO-Weltkulturerbe

In Pampulha befinden sich das **Estádio Mineirão** ②, die heute mit 66 805 Plätzen drittgrößte Fußballarena Brasiliens sowie der kleine Flughafen Pampulha und ein großer künstlicher **See** mit 18 km Uferlänge. An diesem Gewässer erbaute Niemeyer ein Spielkasino, das heute als Kunstmuseum **Museu de Arte** ③ genützt wird, sowie die im Jahr 1943 vollendete Kirche **★São Francisco de Assis** ④. Dieser revolutionäre Bau wurde zwar als ein modernes Kunstwerk gefeiert, aber die damals noch sehr konservative Amtskirche Brasiliens weigerte sich lange Zeit, die sakrale Weihe zu vollziehen. Die parabolische Wölbung der Wände und Decke, der freistehende Glockenturm und besonders die blauen Fliesen (*azulejos*) an der Chorseite, die das Leben von Franz von Assisi zeigen und von Candido Portinari stammen, machen das Gotteshaus zu einem architektonischen Kleinod, das mittlerweile auch die katholischen Bischöfe zu schätzen gelernt haben.

Rechts: Eines der gelungensten Werke Oscar Niemeyers – die Franziskaner-Kirche von Pampulha in Belo Horizonte, vollendet im Jahr 1943.

Sabará

25 km östlich von Belo Horizonte auf 720 m Höhe gelegen, ist die ca. 135 000 Einwohner zählende Stadt **Sabará** ❷ als Einstieg in die Barock-Welt von Minas Gerais ideal. Denn an der Praça Getúlio Vargas steht eine der ältesten Barock-Kirchen des Minengebietes, **Nossa Senhora da Conceição** aus dem Jahr 1701. Die dreischiffige Kirche mit einer herrlichen Kassettendecke zeigt einige der orientalischen Motive, die den brasilianischen Barock dank Einflüssen aus den ehemaligen asiatischen Kolonien Portugals bereicherten.

In mehrerer Hinsicht außergewöhnlich ist die am Largo do Ó stehende Kapelle **★Nossa Senhora do Ó**, erbaut um 1717. Der Name umschreibt diskret die Schwangerschaft der Muttergottes,

 » Stadtplan S. 108, Karte S. 111, Info S. 122-123

Foto: Rudolf Bauer (Silvestris Online)

die man nicht respektlos direkt benennen wollte. Das bestaunenswerte Innere des äußerlich eher schlichten Sakralbaus zeigt beispielhaft den Beginn des Barocks in Minas: prächtig gearbeitetes Schnitzwerk am Chor und, an der Stirnseite, rote, blaue und goldene Motive aus China, wo in jener Zeit portugiesische Jesuiten als Missionare wirkten.

In Sabará wirkte einst auch Aleijadinho, der Meister des Minas-Barocks, der im 18. Jahrhundert den Umbau und insbesondere die Schauseite der Kirche **Nossa Senhora do Carmo** – geweiht der Hl. Maria vom Berg Karmel – entscheidend mitgestaltet hat.

Wer nachmittags in Sabará weilt, kann das **Museu do Ouro**, das Goldmuseum besichtigen. Es befindet sich an der Rua da Intendência in der **Casa da Intendência**, der ehemaligen Kontrollbehörde für Gold- und Diamantenfunde, und informiert über Goldgewinnung. Hier ist eine Mine im Modell aufgebaut: Waagen, Truhen und Goldschmuck sind zu sehen, sowie eine Prägepresse von 1670.

Parque Nacional da Serra do Cipó

Die attraktivste Route nach Norden führt über die Bundesstraße MG 010. Zunächst gelangt man nach **Lagoa Santa ❸**, das für seine prähistorischen Funde bekannt ist, zu sehen im **Centro de Arqueologia Annette Laming Emperaire**. Noch interessanter sind die Tropfsteinformationen der **Gruta da Lapinha ❹**, 13 km nördlich von Lagoa Santa (Di-So 9-16 Uhr). Hier sind Stalagmiten und Stalagtiten auf einem 511 m langen Rundgang bis in 40 m Tiefe zu sehen. Entstanden ist die Kalksteinformation vor etwa 600 Mio. Jahren, als dieses Gebiet, der *Rio das Velhas-Bassain*, noch Meeresgrund war. Das nahegelegene **Museu Arqueológico e de Mineralogia de Lagoa Santa** stellt u. a. Fossilien prähistorischer Tiere aus.

100 km nördlich von Belo Horizonte erreicht man den, seit 1984 bestehenden, 33 800 ha großen Nationalpark **★Serra do Cipó ❺** in der Serra do Espinhaço. Gras- und Strauchflächen,

» Karte S. 111, Info S. 122-123

die *campos de altitude* (Hochebenen) genannt werden, bilden die vorherrschende Vegetation. Hier gibt es viele Tierarten, die nur hier zu finden sind, wie z. B. den Kapuzenkolibri. Neben Vogelarten wie dem Feldspecht sind auch seltene Säugetiere wie Ozelote, Ameisenbären und Sumpfhirsche zu entdecken. Aber auch die Kakteen, Bromelien und Orchideen erfreuen den Naturliebhaber, ebenso die Canyons und Wasserfälle.

Die Anreise zum Nationalpark erfolgt über die MG 010; am *Hotel Veraneio* biegt man rechts ab und gelangt über eine Erdstraße nach 3 km zum Parkeingang. Ein Teil des Parks ist noch in Privatbesitz und wird beweidet, deshalb unbedingt alle Tore schließen!

Weiter auf der MG 010 nach Norden gelangt man über Conceição do Mato Dentro nach **Serro** ❻ (255 km nördlich von Belo Horizonte). Berühmt wurde das 21 000 Seelen-Städtchen als Geburtsort von Chica da Silva (s. u.). Im Zentrum sind noch Kolonialbauten erhalten, ein kleiner Spaziergang zur Auflockerung der Reise lohnt sich.

★★Diamantina

285 km nordöstlich von Belo Horizonte, auf 1113 m Meereshöhe erreicht man die 48 000 Einwohner zählende Stadt **★★Diamantina** ❼, deren Name schon nach Reichtum klingt und die immer für Legenden gesorgt hat. Geburtsort des späteren Präsidenten Juscelino Kubitschek, Wirkungsstätte der berühmtesten Sklavin Brasiliens, Chica da Silva, und Fundort glitzernder Steine, die nicht nur Frauenherzen höher schlagen lassen. Im Jahr 1713 kamen die ersten Schatzsucher, um nach Gold zu schürfen. Die stattdessen entdeckten Edelsteine waren ebenfalls willkommen und dem Königshaus so wertvoll, dass man den kleinen Ort unter direkte Verwaltung stellte und ohne königliche Genehmigung der Zugang unmöglich war. Fast einhundert Jahre blieb Diamantina vom restlichen Brasilien isoliert und entwickelte sich zu einem prächtigen Barock-Städtchen, das seinen besonderen Reiz bewahrt hat und als UNESCO-Weltkulturerbe geadelt wurde.

Zwei der Verwalter von Königs Gnaden sicherten sich durch ihr ausschweifendes Leben einen Platz in der Geschichte: Felisberto Caldeira Brant, der seinen Reichtum schneller verlor, als er ihn gewann, und João Fernandes de Oliveira, der die schöne Mulattin Chica da Silva zur „Königin von Diamantina" machte. Er baute für sie ein Schloss und eine Kirche, und da sie Sehnsucht nach dem fernen Meer hatte, ließ er den Rio Tijuco zu einem See aufstauen und ihr ein Segelschiff bauen, auf dem rauschende Feste gefeiert wurden.

Einen Rundgang durch die Stadt beginnt man am besten an der offenen Markthalle **★Mercado dos Tropeiros** an der Praça Barão Guaicui, ehemals Sammelpunkt der Tragtierkarawanen. Richtung Südwesten geht man an der im 20. Jh. erbauten, wenig interessanten Kathedrale vorbei zum ehemaligen Wohnhaus von Pater Rolim, einem der Aufständischen um den „Tiradentes". Hier befindet sich das **Museu do Diamante**, das eine Sammlung sakraler und weltlicher Kunstwerke aus dem 17. und 18. Jh. sowie Dokumente über die Arbeit der Diamantensucher und die Peinigungsarten für Sklaven sowie chinesische und englische Möbel zeigt.

Ein paar Schritte weiter an der Praça Juscelino Kubitschek, steht der prächtige frühere Justizpalast **Casa do Antigo Forum** aus dem 18. Jh. Schräg gegenüber erhebt sich in barocker Pracht die Franziskaner-Kirche **★São Francisco de Assis** von 1766, mit einem mit Blattgold verkleideten Hauptaltar (keine Besichtigung). Von hier führt die Rua São Francisco zur **Casa de Juscelino Kubitschek**, dem Wohnhaus des späteren Präsidenten.

Von der Kathedrale Richtung Südosten, durch die Rua do Carmo, gelangt man zur schönsten Kirche des Ortes,

 » Karte S. 111, Info S. 122-123

5 Minas Gerais

Foto: Volkmar E. Janicke

Nossa Senhora do Carmo (Di-Sa 8-12 u. 14-18 Uhr). Dieses Gotteshaus wurde von João Fernandes de Oliveira, dem Gönner Chica da Silvas, in Auftrag gegeben. Bezüglich des Standorts gab es Ärger mit der Kirche, die dagegen protestierte, dass der Kirchturm an der Hinterseite des Gotteshauses stehen sollte. Dies war jedoch Chicas ausdrücklicher Wunsch, da sie morgens durch das Glockengeläut nicht gestört werden wollte. Neben der vergoldeten Orgel ist vor allem das Deckengemälde von José Soares de Araújo beachtenswert, das in düsteren Farben die Himmelfahrt des Elias darstellt. Über die Rua do Contrato erreicht man die Praça Lobo Mesquita, hier steht das ehemalige **Wohnhaus** von Chica da Silva. Das imposante Gebäude aus dem 18. Jh. mit einer *trelicas*, einer holzvergitterten Terrasse, lädt zur Besichtigung ein.

Oben: Blick auf die harmonisch in die Landschaft eingebettete Kolonialstadt Ouro Preto. Rechts: Christus-Skulptur von Aleijadinho („Golgatha", in Congonhas).

★★Ouro Preto

Das schwarze Gold

Unter den vielen kolonialen Perlen in Minas Gerais gilt **★★Ouro Preto** ❽ (74 000 Einwohner) als Höhepunkt. 96 km südöstlich von Belo Horizonte, fast 1200 m über dem Meeresspiegel gelegen, ist es auf kurvenreicher Straße in etwa 2 Stunden zu erreichen. Bereits vom Busbahnhof oberhalb der Stadt bietet sich ein erster Eindruck von der Pracht dar, die Ouro Preto offenbart. Wer diesen Reichtum erkunden will, sollte mindestens drei Tage für die Stadtbesichtigung einplanen. Während einer Tagestour von der Hauptstadt aus wird man das besondere Flair des Barock-Städtchens, das zum UNESCO-Weltkulturerbe gehört, auch nicht annähernd erfahren können.

1711 als Vila Rica („Reiche Stadt") gegründet, löste die Stadt schon zehn Jahre später Mariana als Hauptstadt der Region ab. Mitte des 18. Jh. lebten bereits 300 000 Menschen in 15 Städten

» Karte S. 111, Info S. 122-123

in der Minenregion um „Vila Rica", in der die reichen Bodenschätze auch der Kultur und Architektur zu einer Blüte verhalfen. In dem Ort begann man ab 1720 mit einer regelrechten Stadtplanung, ein Novum im Brasilien der Kolonialzeit. Erst ab 1823 nannte man ihn dann *Ouro Preto*, da die reichen Goldfunde im schwarzen, eisenoxydhaltigen Gestein gemacht wurden.

Vor allem ein Mann prägte Ouro Preto und andere Orte der Region mit seinen berühmten, unvergleichlichen Skulpturen: Antônio Francisco Lisboa, **Aleijadinho** genannt, das „Krüppelchen". Der 1730 geborene Lisboa litt ab seinem 47. Lebensjahr an einer Krankheit – Lepra oder Syphilis – durch die er Finger und Zehen verlor. Von seinem Vater, dem Architekten Manuel Francisco de Costa Lisboa, wurde er in Architektur unterwiesen, ab 1750 besuchte er eine Kunsthandwerksschule und lernte dort Bildhauerei, Schreinerei, Zeichnen und Schnitzen. Einer seiner wichtigsten Lehrer in der Bildhauerkunst war der in Lissabon ausgebildete João Gomez Bautista.

An der von seinem Vater erbauten Kirche Nossa Senhora do Carmo (s. S. 116) beteiligte Aleijadinho sich mit zwei Seitenkapellen und begann 1766 mit einem seiner Hauptwerke, der Fassade zur Franziskaner-Kirche São Francisco. 1777 erkrankte Aleijadinho und musste sich zur Arbeit tragen lassen. Später ließ er sich Hammer und Meißel an die Armstümpfe binden und verdeckte sein entstelltes Gesicht stets hinter einem Tuch. Nach seinem Meisterwerk, den zwölf Propheten und den 64 Skulpturen in *Congonhas do Campo* (s. S. 119), die er 1805 vollendete, nahm er keine größeren Aufträge mehr an. Seinen Propheten verlieh er Gesichtszüge, die die Apokalypse, das Ende der Goldfunde in Minas Gerais, zu ahnen scheinen – oder schlicht den nahenden Tod ihres immer stärker behinderten Schöpfers reflektieren.

Wie dem auch sei, verbrieft ist jedenfalls, dass Aleijadinho bis zum Jahr 1812 vollständig erblindete. Völlig verarmt und mittellos verstarb der begnadete Bildhauer aus Minas Gerais nur zwei Jahre später – im Haus seiner verheirateten Tochter, die sich selbstlos seiner angenommen hatte.

Foto: Mireille Vautier

★Praça Tiradentes

Verlässt man den **Busbahnhof** ① Richtung Süden, gelangt man nach wenigen Metern zur ersten der dreizehn Barockkirchen der Stadt, **São Francisco de Paula** ②. Von hier bietet sich ein wunderbarer Rundblick über die auf grünen Hügeln erbaute Stadt, die seit dem 19. Jh. kaum Veränderungen erfahren hat. Über die Hauptstraße gelangt man, vorbei an der Kirche Nossa Senhora das Mercês, in zehn Minuten auf den zentralen Hauptplatz, die Praça Tiradentes.

Oberhalb des Tiradentes-Platzes erhebt sich der monumentale frühere **Gouverneurspalast**, in dem die Fakultät für Bergbau der Universität mit dem

interessanten **Museu de Ciência e Técnica** ③ untergebracht ist. Darin sind u. a. das **Modell einer Mine** sowie Exponate zur Geschichte des Bergbaus in der Region zu sehen. Lohnend ist aber vor allem die **Mineraliensammlung**. In übersichtlichen Vitrinen bekommt man hier einen Überblick über den Edelstein-Reichtum der Minas-Region und sieht auch besonders schöne Funde aus ganz Brasilien.

Von der Brüstung des blumengeschmückten **Palastvorgartens** kann man das lebhafte Treiben auf dem Hauptplatz verfolgen, denn zum Glück ist die Stadt selbst nicht zum Museum geworden.

Beliebter Treffpunkt für die Jugend der Stadt und Sammelplatz für Reisegruppen auf der **★Praça Tiradentes** ④ ist die **Statue von José Joaquim da Silva Xavier**, der nach seinem Broterwerb den Beinamen *Tiradentes* („Zahnzieher") erhielt. Hier versammelte er seine Anhänger, die *inconfidentes* („jene, die nicht vertrauen") und forderte zum Bruch mit der portugiesischen Krone auf. Denn die beanspruchte den *quinto*, den fünften Teil der Goldfunde, für sich und zog, wenn der zuvor festgesetzte Betrag nicht zusammenkam, die Bevölkerung zur *derrama* (Umlage) heran. Der Name des Platzes und die Statue erinnern an Tiradentes als Anführer des Aufstandes – am 21. April 1792 wurde er in Rio hingerichtet. Seine Statue blickt auf den zweigeschossigen ehemaligen **Stadtpalast**, den Zwangsarbeiter um 1800 errichten mussten; heute beherbergt er das **Museu da Inconfidência** ⑤, in dem Dokumente über den gescheiterten Aufstand, Kolonialmöbel und Skulpturen von Aleijadinho ausgestellt sind.

★★Barock-Kirche São Francisco – ein Meisterwerk Aleijadinhos

Die beiden steilen Straßen östlich der Tiradentes-Statue führen zum **Largo São Francisco** ⑥ (s. Bild S. 106), auf dem Specksteinhändler auf kauffreudige Touristen warten. Hier steht eine der eindrucksvollsten Barock-Kirchen

 » Stadtplan S. 114-115, Info S. 122-123

Lateinamerikas. 1765 beschloss der Laienorden der Franziskaner den Bau des Gotteshauses, die Weihe erfolgte 1810, und 1820 erfuhr die Kirche ihre Vollendung. Ihr vollständiger Name lautet **★★Igreja da Ordem Terceira de São Francisco de Assis da Penitência**; sie wird vor allem ihrer perfekten Harmonie wegen als Meisterwerk Aleijadinhos gerühmt und steht den spätbarocken Werken der Brüder Asam oder Balthasar Neumanns in Nichts nach. Zunächst fallen die hervorgewölbte Fassade und die in den Baukörper der Kirche zurückversetzten Türme ins Auge, danach richtet sich der Blick auf zwei außergewöhnliche **Sopraporten** oberhalb des Portals. Im oberen empfängt Franz von Assisi die fünf Wundmale Christi, darunter ist die gekrönte Jungfrau Maria mit überreichem Schmuck zu sehen.

Der Innenraum wartet mit weiteren Kunstwerken Aleijadinhos auf: Den **Hauptaltar** aus Zedernholz krönt die heilige Dreifaltigkeit mit der Jungfrau Maria; im Zentrum des Altars steht der hl. Franz von Assisi, dem die Kirche geweiht ist. Sehenswert sind auch die Kanzeln (in portugiesischen Kirchen finden sich fast immer zwei) und der *Lavabo* (Waschbecken) in der Sakristei. Das perspektivische **Deckengemälde** im Hauptschiff, das Maria als zimtfarbene Mulattin von Engeln umgeben zeigt, ist ein Werk von Manuel da Costa Athayde.

Östlich der Praça Tiradentes

Richtung Nordosten gelangt man bergab durch malerische Gassen zur Pfarrkirche der Stadt, **★Nossa Senhora da Conceição** ⑦. Sie wurde von Manuel Francisco de Costa Lisboa, Aleijadinhos Vater, geplant und von Antônio Dias 1727 bis 1760 erbaut. Hier befinden sich die Grabstätten Aleijadinhos und seines Vaters sowie das **Museu do Aleijadinho** mit sakralen Kunstwerken, Kolonialmöbeln und Werken des „Krüppelchens".

Auf dem Weg den Hügel hinunter sollte man die aus dem 18. Jh. stammende **Ponte de Marilia** ⑧, eine Steinbrücke mit Sitzbänken und prächtigem Brunnen beachten.

Hier beginnt ein Pilgerweg, der jedoch nicht nur wegen des hochgelegenen Ziels, der Kirche **Santa Efigênia** ⑨, lohnend ist. Abseits der Besucherströme schaut man in Küchen und Wohnzimmer, in winzige Läden und Bars, tröstet sich damit, dass auch die Einheimischen den steilen Berg hinauf schnaufen müssen. Der Panoramablick vom Vorplatz der Kirche auf die Stadt ist dann in angenehmer Weise „atemberaubend". Die Kirche selbst wurde für und von Leibeigenen erbaut, die finanziellen Mittel sollen von Chico Rei stammen, einem versklavten afrikanischen Fürsten, der durch den Fund einer Goldmine frei kam und von Stammesangehörigen als König verehrt wurde. Sie entstand in relativ kurzer Zeit von 1733-1745 unter der Federführung von Francisco Xavier de Brito, dem Lehrmeister von Aleijadinhos Vater. Die Balustrade und der Sakristeischrank sind aus dunk-

lem Palisanderholz. Die Gemälde im Hauptchor zeigen chinesischen Einfluss aus der portugiesischen Kolonie Macao.

Westlich der Praça Tiradentes

Direkt hinter dem Museu da Inconfidência (in der Rua do Carmo) erhebt sich die prunkvolle ★**Nossa Senhora do Carmo** ⑩, die Kirche des Karmeliter-Ordens, die – zeitgleich mit der Franziskaner-Kirche – von Manuel Francisco de Costa Lisboa begonnen und von Aleijadinho, seinem Sohn, vollendet wurde.

Gleich nebenan befindet sich das **Museu do Oratório,** das eine außergewöhnliche Sammlung von Reisealtären in den merkwürdigsten Formen und Größen zeigt.

Nicht versäumen sollte man einen Blick in das älteste Theater Südamerikas, das **Teatro Municipal** ⑪, das im Jahr 1769 als *Casa da Ópera* eröffnet wurde und somit ein weiterer Beweis für den einstigen Reichtum der „Vila Rica" ist. Es steht nordwestlich neben der Karmeliter-Kirche und kann besichtigt werden, gelegentlich finden auch Konzert- und Theateraufführungen statt.

Über eine Treppe gelangt man auf die belebteste Straße Ouro Pretos, die ★**Rua Conde de Bobadela** mit ihren Geschäften und Restaurants, Bars und Musiklokalen, in denen sich die Studenten der örtlichen Uni abends vergnügen. Diese geht man abwärts bis zum Ende, wendet sich dann rechts und erreicht die belebte **Praça Reinaldo Alves de Brito** ⑫. Vor dem prachtvollen Brunnen **Chafariz dos Contos** von 1760, der noch heute Wasser spendet und ebenfalls ein Werk Aleijadinhos ist, findet vormittags ein kleiner Gemüsemarkt statt.

An der Ecke befindet sich die **Casa dos Contos**, ein repräsentativer Bau, in dem die Goldfunde gewogen und eingeschmolzen wurden – heute dient er als Museum.

Oben: An vielen Straßenecken verkaufen Bäuerinnen ihr Gemüse. Rechts: Schweißtreibende Aufstiege bleiben dem kunstinteressierten Besucher Ouro Pretos nicht erspart.

» Stadtplan S. 114-115, Info S. 122-123

Foto: Volkmar E. Janicke

Die Madonna auf dem Pfeiler

Weiter westlich geht es wieder steil bergab zum letzten der bedeutenden Sakralbauten der Stadt: Zunächst über die Rua São José und anschließend weiter durch die Rua Rondolfo Bretos gelangt man zur 1733 fertiggestellten Kirche **Nossa Senhora do Pilar** ⑬. In dem zehneckigen, einschiffigen Innenraum des von außen eher schlichten Gotteshauses überrascht die üppige barocke Pracht, angereichert mit Drachenköpfen und pausbäckigen Putten.

Von der auf einem Pfeiler im Hauptaltar stehenden Madonna rührt der Kirchenbeiname *do Pilar*. Den Innenraum gestaltete der Onkel Aleijadinhos, die Chorkapelle schuf um 1747 Francisco Xavier de Brito. Die Emporen über den Seitenaltären sowie die gewölbte Kassettendecke verleihen der Kirche eine vollendete Harmonie. Chinesische Einflüsse der Innenraumgestaltung verweisen auf die koloniale Macht des kleinen Portugals auch in Asien. Die verschwenderische Ausstattung des Sakralbaus ist dadurch erklärlich, dass Gold, das den Kirchen gespendet wurde, nicht für den *quinto*, die Zwangsabgabe an die Krone, berechnet wurde. Lieber verwendeten die Brasilianer das Gold in den Kirchen am Ort, statt es an das ungeliebte Königshaus im fernen Lissabon abzugeben.

Ein weniger steiler Rückweg zum Tiradentes-Platz führt durch die Rua Antônio de Albuquerque und über den **Largo do Rosário**, den die Pfarrkirche **★Nossa Senhora do Rosário dos Pretos** ⑭ beherrscht, die Rosenkranzkirche aus dem Jahr 1785 mit ihrem einzigartigen Grundriss aus zwei Ellipsen.

An der nördlichen Ecke dieses Platzes befindet sich eines der besten Hotel von Ouro Preto, das aufwändig renovierte Hotel **Solar Nossa Senhora do Rosário** ⑮. Das Gebäude aus dem 18. Jh. ist in seiner Substanz (einschließlich einer stillgelegten Goldmine!) erhalten und bietet 46 liebevoll eingerichtete Zimmer der Luxus-Kategorie sowie einen Pool im tropischen Garten und ein gutes Restaurant.

» Stadtplan S. 114-115, Info S. 122-123

Foto: Volkmar E. Janicke

★Mariana

Die erste Hauptstadt von Minas Gerais, **★Mariana ❾**, nur 12 km östlich von Ouro Preto, wird von den meisten durch Minas Reisenden „rechts liegengelassen", obwohl auch hier die reichen Goldvorkommen kunsthistorische Pracht förderten. Den Namen erhielt der Ort zu Ehren von Maria Anna von Österreich, der Gattin des Königs Dom João V. Ein halber Besichtigungstag kann in der provinziellen Ruhe des rund 58 000 Einwohner zählenden Städtchens angenehm gestaltet werden.

Vom Busbahnhof an der Praça J. Kubitschek folgt man den Schildern *Centro da Cidade* bis zum Hauptplatz **Praça Cláudio Manoel** und beginnt den Besuch der Stadt mit der Kathedrale, der **Basílica da Sé**, deren Pracht von der einstigen Bedeutung des Ortes als erstem Bischofssitz des Bundesstaates kündet. Die Sé wurde von 1711-1760 von Manuel Francisco de Costa Lisboa erbaut, ihre Fassade ist ein Werk von Aleijadinho. Die Holzkuppeln, die den Chor überspannen, stammen von einem unbekannten Künstler, das Gemälde *Taufe Christi* von Athayde. An Freitagen um 11 Uhr und an Sonntagen um 12 Uhr ertönt die mit chinesischen Ornamenten geschmückte deutsche Orgel aus dem Jahr 1701.

Oben: Der barocke Hauptaltar der São Francisco-Kirche in Mariana. Rechts: Die Basilika Bom Jesus de Matosinhos in Congonhas do Campo.

Links neben der Kathedrale befindet sich ein Haus mit reich geschmückter Fassade, Fensterbekrönungen und Kapitellen: die **Casa Capitular** von 1771, die heute als **Museu Arquidiocesano** (Erzbischöfliches Museum) genützt wird. Sakrale Kunst des 18. und 19. Jh. sowie Werke von Aleijadinho und Athayde sind hier zu sehen.

Durch die Rua São Francisco, am ehemaligen Gouverneurspalast, der **Casa do Conde de Assumar** von 1715 vorbei, gelangt man zu einem herrlichen Gebäudeensemble an der **Praça João Pinheiro**. Die **Casa de Câmara e Cadeia**, der heutige Amtssitz der Prä-

» Karte S. 111, Info S. 122-123

Foto: Bernd Helms

fektur, wurde 1768 als Verwaltungs- und Gefängnisgebäude erbaut. Sie ist eines der interessantesten Gebäude dieser Art in Brasilien und stark von nordportugiesischen Vorbildern beeinflusst, was besonders an der Freitreppe ersichtlich wird.

Die beiden Kirchen der Laienbruderschaften der Franziskaner und Karmeliter, **★São Francisco de Assis** und **★Nossa Senhora do Carmo**, stehen sich wie architektonische Zwillinge gegenüber. Der Bau der Franziskanerkirche wurde 1763 begonnen, die Arbeiten an der Karmeliter-Kirche 20 Jahre später. Das Sopraporte über dem Portal von São Francisco stammt von Aleijadinho. Die Türme der beiden einschiffigen Gotteshäuser sind durch Pilasterjoche markiert, die erst über dem Hauptgesims hervortreten. An ihren Türmen kann man die beiden Kirchen am besten unterscheiden: die der Franziskanerkirche sind breit und rechteckig, während die der Karmeliter-Kirche rund sind.

4 km von Mariana in Richtung Ouro Preto liegt die 1985 aufgelassene Goldmine **★Mina de Passagem**, die zur 1819 von dem deutschen Geologen Baron von Eschwege gegründeten Mineralogischen Gesellschaft von Passagem gehörte. Bei einer Führung sind natürliche Seen und Stollen in 120 m Tiefe zu sehen.

★★Congonhas do Campo

Das Städtchen **★★Congonhas do Campo ⑩**, 83 km südlich von Belo Horizonte, ist zu Recht stolz auf seine Barock-Basilika, die zum UNESCO-Welterbe zählt. Kein Kunstfreund sollte dieses Meisterwerk des Aleijadinho unbeachtet lassen!

Den Besuch von Congonhas mit Ouro Preto in einer Tagestour zu verbinden ist nicht ratsam, denn der Tag wird dann sehr anstrengend und man übersieht vieles. Wer mit dem Auto aus dem 350 km entfernten Rio anreist, kann einen Abstecher von der BR 040 machen.

Der Name des Ortes stammt von der hier häufigen Pflanze *Luxemburgia*

Foto: Mireille Vautier

Oben: Die 12 Propheten Aleijadinhos begrüßen die Pilger in Congonhas. Rechts: Tiradentes – Pferdekutschen befördern Besucher zur Pfarrkirche Santo Antônio.

polyandra, die volkstümlich Congonhas do Campo heißt. Von weitem sieht man schon die Wallfahrtskirche **Senhor Bom Jesus de Matosinhos**, zu der die Via Sacra, der von Aleijadinho gestaltete Kreuzweg, hinaufführt.

Der ★Kreuzweg des „Krüppelchens"

Ab 1797 arbeiteten der schwer kranke, bereits sehr entstellte Aleijadinho und seine Gehilfen mit enormer Energie an den 64 Figuren aus Zedernholz, die in den sechs Kapellen der **Via Sacra** stehen. Man kann heute leider nur durch Holzgatter ins Innere der **★Kreuzwegkapellen** blicken, erkennt aber dennoch die künstlerische Vollendung in den Gesichtern des vergeistigten Jesus, der Apostel, der derb und überzeichnet dargestellten Soldaten. Die sehr lebhafte Bemalung der Figuren erfolgte u. a. durch Francisco Xavier Carneiro. Beim Abendmahl, der Folterung und der Kreuzigung vollendete der langjährige künstlerische Weggefährte Aleijadinhos, Manuel da Costa Athayde, das Werk des Meisters durch seine kongeniale Farbgebung. Am Fuß des steilen Maranhão-Hügels beginnend, passiert man beim Aufstieg zur Basilika das letzte Abendmahl, die Szene am Ölberg, die Gefangennahme, Verspottung und Dornenkrönung, die Kreuztragung und, in der sechsten Kapelle, die Kreuzigung.

Ist man atemlos und voller Eindrücke an der **Treppe** zur Basilika angelangt, wird man von den Skulpturen von Jesaja und Jeremias empfangen. Sie gehören zu den **★Zwölf Propheten** aus Seifenstein, den letzten Meisterwerken Aleijadinhos, die dieser mit seinen Mitarbeitern von 1800 bis 1805 schuf. Sein Gehilfe Maurício wurde von einer der Statuen erschlagen, doch Aleijadinho arbeitete wie besessen weiter, auf ein Holzgerüst geschnallt, Hammer und Meißel auf seinen Armstümpfen befestigt. Den unterschiedlich großen Figuren werden alttestamentarische Züge zugeschrieben, es scheint, als würde sich in den erhabenen Gesichtern der Propheten ihre Seele widerspiegeln. Nach Jesaia und Jeremias kommen Baruch und Ezechiel, am Treppenende folgen Daniel und Hosea, auf der Terrasse links Jonas, Obadja und Amos und rechts Joel, Habakuk und Nahum. Der Geist des Barock-Zeitalters manifestiert sich hier, in der Einheit von Kirche, Vorplatz mit Propheten und dem Kreuzweg, in vollendeter Weise.

Die **★Basilika Senhor Bom Jesus de Matosinhos** verdankt ihre Entstehung einem Gelübde des aus dem portugiesischen Braga stammenden Feliciano Mendes. Dieser war schwer erkrankt und schrieb seine Heilung dem Jesus von Matosinhos zu, weshalb er gelobte, ihm eine Wallfahrtskirche zu widmen. Jahrelang sammelte er Geld, bis er im Jahr 1758 dann endlich mit dem Bau der Kirche beginnen konnte. Bereits nach

» Karte S. 111, Info S. 122-123

Foto: David Davis (Fotolia)

drei Jahren wurde sie fertiggestellt, und seither zieht sie am 14. September, dem Jahrestag des Wundertätigen, Pilger aus ganz Brasilien an, vor allem Kranke. Das ganze Jahr über kommen Kunstpilger hierher, um die letzte große Arbeit des „Krüppelchens" zu bewundern.

★São João del Rei

200 km südlich von Belo Horizonte liegt die südlichste Barockstadt Minas Gerais': **★São João del Rei** ⓫ (88 500 Einw.). *Bandeirantes* aus São Paulo entdeckten hier zu Beginn des 18. Jh. reiche Goldvorkommen und gründeten die erste Siedlung. Berühmtester Sohn der Stadt ist Tancredo Neves, der 1984 nach 18 Jahren Militärregierung zum ersten demokratischen Präsidenten Brasiliens gewählt wurde. Ihm hat man ein **Denkmal** nahe der historischen **Ponte do Rosário** errichtet. Drei historische Steinbrücken führen über den Córrego do Lenheiro, den Bach, der die Stadt teilt. Allerdings hat die Industrialisierung das Stadtbild sehr verändert.

Am interessantesten ist die Kirche **★São Francisco de Assis** an der Praça Frei Orlando, die nach Plänen von Aleijadinho aus dem Jahr 1774 erbaut wurde. Die konvexe Form der einschiffigen Kirche und die runden, in die Fassade integrierten Türme ergeben ein markantes Bild. Das üppig geschmückte Portal mit der krönenden Marienfigur, Voluten und Putten aus Seifenstein ist eine weitere Meisterleistung des Künstlers.

Beachtenswert sind in São João auch einige Profanbauten, vor allem die stattlichen Patrizierhäuser der reichen Familien. In der Nähe der Franziskaner-Kirche steht das Haus eines Barons aus dem 19. Jh., **Solar do Barão de São João del Rei** (Rua José Maria Xavier 174). Auch das Herrenhaus **Solar da Baronesa de Itaverava** und den monumentalen **Brunnen** aus dem 19. Jh. am **Largo do Carmo** (nahe der Karmeliter-Kirche) sollte man sich ansehen.

Zwischen São João del Rei und Tiradentes pendelt am Wochenende der historische Dampfzug **Bitolinha**. Abfahrt: Freitag, Samstag und Sonntag um 10 und 15 Uhr.

★★Tiradentes

Nur 14 km von São João del Rei klappern **Pferdekutschen**, die man am **Largo das Forras** besteigen kann, durch das hübsche, schön gelegene Barockstädtchen **★★Tiradentes ⓬**. Als Filmkulisse bekannt aus brasilianischen Fernsehserien, wird der nostalgische Ort, in dem viel historische Bausubstanz erhalten ist, v. a. an Wochenenden gern besucht. In den malerischen alten Gassen haben sich Schmuckhändler, Souvenirshops und Restaurants eingenistet

Die Kleinstadt Tiradentes gab sich erst nach der Unabhängigkeit 1889 diesen Namen, zu Ehren des „Zahnziehers" (*tiradentes*) und Freiheitskämpfers José Joaquim da Silva Xavier. Die Geschichte des von ihm angeführten Aufstandes ist im **Museu Padre Toledo** dokumentiert, im ehemaligen Wohnhaus des Priesters Toledo, einem der Mitverschwörer von 1788. Nebenan steht ein schönes Kolonialhaus aus dem 18. Jahrhundert, das heute als **Casa da Cultura** dient.

Geht man weiter die **Rua Padre Toledo** entlang, erreicht man die Pfarrkirche **★★Santo Antônio** von 1710; die Vergoldung an ihren sieben Altären zählt zu den reichsten Brasiliens. Über 200 Jahre alt ist die spätbarocke Orgel. An der Verschönerung der Fassade wirkte dann später, um 1810, der berühmte Barockbildhauer Aleijadinho mit.

Drei Blocks nördlich der Kirche erreicht man den dreifachen Brunnen **Chafariz de São José** von 1749, ausgestattet mit einem Wasserspender für Trinkwasser, Waschstelle und Pferdetränke, gekrönt von der Skulptur des heiligen Josef von Botas.

Wer ganz hinauf steigt bis zur Barockkirche **Sao Francisco de Paula**, genießt dort eine schöne Aussicht.

Als Unterkunft empfiehlt sich das stilvolle, liebevoll restaurierte Kolonialhaus **Solar da Ponte**.

Belo Horizonte (☎ 031)

Belotur, Rua da Bahia 888, Tel. 3277-9701, www.belohorizonte.mg.gov.br.
Infozentren „CAT" an der Av. Augusto de Lima 744. an der Av. Afonso Pena 1055 und auf der Praça Rio Branco 110.

CHURRASCARIA: **Fiesta Brava**, Mi-Fr 11.30-15 und 18.30-24, Sa 12-24 Uhr, So-Di nur mittags, Pampulha, Av. Sta. Rosa 538, Tel. 3441-7152.
ITALIENISCH: **Splendido**, angenehmes Ambiente, sehr gute mediterrane Küche, Mo-Sa 12-15 u. 19-1 Uhr, So 12-17 Uhr, Savassi, R. Levindo Lopes 251, Tel. 3227-6446.
REGIONAL: **Xapuri**, exzell Regionalküche, Lamm, Bohnen, Maniok und Nachtischbuffet, Di-Do 11-23, Fr, Sa 11-2, So 11-18 Uhr, Pampulha, Rua Mandacaru 260, Tel. 3496-6198, www.restaurantexapuri.com.br.

Museu Mineiro, Di-Fr 10-17, Sa/So 10-16, Funcionários, Av. João Pinheiro 342, Tel. 3271-1354. **Museu de Arte da Pampulha**, Di-So 9-21 Uhr, Av. Otacílio Negro de Lima 16585, Tel. 3443-4533.

BUSBAHNHOF: Praça Rio Branco 100, Tel. 3271-3000. **Metrô**: Tel. 3250-3901 und 3248-7300.

Correios, Rua Jacuí 1221, Tel. 3003-0100.

Diamantina (☎ 038)

Grupiara, regionale Küche, R. Campos Carvalho 12, 11-23.20 Uhr, Tel. 3531-3887 und 3353-1388.
Apocalipse, nur Mittagstisch, preiswert, Praça Barão de Guaicui 78, Tel. 3531-3242.

Museu do Diamante, Di-Fr 12-17.30, So 9-12 Uhr, R. Direita 14. **Casa de Juscelino Kubitschek**, Di-Sa 9-17, So 9-14 Uhr, R. São Francisco 241. **Casa de Chica da Silva**, Praça Lobo Mesquita 266. **Nossa Senhora do Carmo**, Di-Sa 8-12, 14-18 Uhr.

» Karte S. 111, Info S. 122-123

BUSBAHNHOF: Estação Rodoviária, Largo Dom João, Tel. 3531-1176.

Ouro Preto (☎ 031)

Busbahnhof, Rua Padre Rolim 661, Tel. 3559-3252.

Casa do Ouvidor, gute regionale Küche, Uhr, nahe Hauptplatz in Kolonialhaus, R. Conde de Bobadela 42, Tel. 3551-2141. **Le Coq d'Or**, französ. Restaurant im Hotel Solar Nossa Senhora do Rosário, tägl. 12-15/19-23 Uhr, Tel. 3551-3477. **Hannah Asian Sushi Bar**, japan. Gerichte, Mo-Sa 19-24 Uhr, Rua Getúlio Vargas 241, Tel. 3551-7128, www.opassopizzajazz.com/hannah.

Museumszug „Trem da Vale" nach Mariana, aktuell mit Diesellok bespannt, Fr-So 10 u. 16 Uhr, Pça. Cesário Alvim, Tel. 3551-7705, www.vale.com/tremdavale.

Museu de Ciência e Técnica, Di-So 12-17 Uhr, Praça Tiradentes 20. **Museu da Inconfidência**, Di-So 12-17.30 Uhr, Praça Tiradentes 139. **Museu do Aleijadinho**, Di-Sa 9-11.45, 13.30-17 Uhr, So 12-17 Uhr, R. Bernardo de Vasconcelos. **Museu do Oratório**, tägl. 9.30-17.30 Uhr, Igreja N.S. do Carmo. **Teatro Municipal**, tägl. 12-18 Uhr, R. Brig. Mosqueira. **Casa dos Contos**, Di-Sa 12.30-17, So 9-15 Uhr, Rua So José 12. ***KIRCHEN***: **São Francisco de Assis**, Di-So 8.30-11.45 und 13.30-17 Uhr. **N.S. da Conceição**, Di-Sa 8.30-11.45 und 13.30-17, So 12-17 Uhr. **Santa Efigênia**, Di-So 8.30-16.30 Uhr. **N.S. do Carmo**, Di-So 9.30-11 und 13-16.45 Uhr. **N.S. do Pilar**, Di-So 9-10.45 u. 12-16.45 Uhr.

BUSBAHNHOF: Rua Pres. Rolim 661, Tel. 3559-3252.

Mariana (☎ 031)

Museu Arquidiocesano, Di-Fr 9-12, 14-17, Sa/So 9-14 Uhr, R. Frei Durão 49, Tel. 3557-2516. **Mina de Ouro da Passagem** (Bergwerk), Führungen: Mo-Sa 9-17, So 9-17.30 Uhr, Tel. 3557-5000. **Trem da Vale,** 18 km lange Museumsbahn nach Ouro Preto, Abfahrt Fr-So 9 und 14 Uhr am renovierten Bahnhofsgebäude, Tel. 3557-3844.

São João del Rei (☎ 032)

CAT, im Busbahnhof „Rodariaria", Tel. 3372-7388, Mi-Sa 9-17 Uhr.

Quinto do Ouro, regionale Spezialitäten, tägl. 11-23 Uhr, Praça Severiano de Rezende 4, Tel. 3371-7577. **Cantina do Ítalo**, italienische Küche, Mi-Mo 11-24 Uhr, R. Min. Gabriel Passos 315, Tel. 3371-8239.

Igreja São Francisco de Assis, tägl. 8-17.30 Uhr. So 9 Uhr Barockmesse, Praça Frei Orlando, Tel. 3372-3110.

BUSBAHNHOF: Rua Coronel Antônio Maria Claret da Silva, Fábricas, Tel. 3373-4700.

Tiradentes (☎ 032)

REGIONALE KÜCHE: **Estalagem do Sabor**, Mo-So 11-17 Uhr, Rua Min. Gabriel Passos 280, Tel. 3355-1144. **Viradas do Largo**, Landesküche mit Zutaten aus eig. Garten, tgl. 11.30-22 Uhr, an den Wochenenden reservieren, Cascalho, Rua do Moinho 11, Tel. 3355-1111.

Museu Casa Padre Toledo, Di-Fr 9-11.30, 13-16.40 Uhr; Sa/So 9-16.40 Uhr, R. Toledo 190. **Kirche Santo Antônio**, 9-17 Uhr.

DAMPFZUG: „Bitolinha" da FCA, Abfahrt in São João, Fr-So 10 u. 15 Uhr, Tel. 3371-2888.

Sabará (☎ 031)

Museu do Ouro, Di-So 12-17 Uhr, R. da Intendência.
Nossa Senhora da Conceição, Mo-Fr 9-17, Sa/So 9-12 u. 14-17 Uhr.
Nossa Senhora do Ó, Mo-Fr 8-17, Sa/So 9-12 Uhr. **Nossa Senhora do Carmo**, Di-Sa 9-11, 13-17, So 13-17 Uhr.

Parque Nacional da Serra do Cipó (☎ 031)

Nationalparkbüro, Tel. 3718-7151, www.serradocipo.com, **Ibama**, Belo Horizonte, Tel. 3555-6100, www.ibama.gov.br.

avid Lyons

Die Iguaçu-Wasserfälle stehen auf der Liste des UNESCO-Weltnaturerbes.

Foto: Carlos Renato Fernandes

DER SÜDEN
Oktoberfest der Gaúchos

RIO GRANDE DO SUL
SANTA CATARINA
PARANÁ
CATARATAS DO IGUAÇU

DIE SÜDREGION

Die Südregion Brasiliens wird von den Staaten **Rio Grande do Sul**, **Santa Catarina** und **Paraná** gebildet. Hier, zwischen dem 23. und 33. südlichen Breitengrad, sind die vier Jahreszeiten deutlich ausgeprägt, und in manchen Wintern fällt sogar etwas Schnee. Vor diesem Hintergrund ist es verständlich, dass sich in diesem Klima europäische Einwanderer – vor allem aus Deutschland, Österreich und Italien – wohl fühlten. Mit großem Fleiß und Durchhaltevermögen machten sie die Südregion zur Kornkammer und zum größten Weinbaugebiet Brasiliens.

Die ersten in Hamburg angeworbenen deutschen Siedler wurden bei Ihrer Ankunft in Rio sogar vom Kaiserpaar begrüßt; sie gründeten nördlich von Porto Alegre am 24. Juli 1824 die erste deutsche Siedlung im Süden Brasiliens: São Leopoldo. Mit der Anwerbung gelang es dem brasilianischen Kaiser den Süden zu besiedeln und die Grenzen zu den Nachbarn Argentinien und Paraguay zu sichern (Uruguay wurde erst 1828 unabhängig). Die mitteleuropäischen Siedler kamen aus der Landwirtschaft oder waren Handwerker. Statt Plantagen und Sklaverei erhielt Südbrasilien durch sie von Anfang an kleinbäuerliche Strukturen; Großgrundbesitz und Sklaverei gab es nicht. In Rio Grande do Sul ist heute ein Drittel der Bevölkerung deutschstämmig, in Santa Catarina rund 15 Prozent.

Links: Mit dem Serra Verde Express durch den Atlantischen Regenwald.

RIO GRANDE DO SUL

Rio Grande do Sul, der größte der drei südlichen Bundesstaaten, ist zugleich einer der wohlhabendsten in Brasilien. Stolz auf ihre Tradition als Viehzüchter nennen sich die Bewohner *gaúchos* und gelten in Brasilien als die wahren „Machos". Rio Grande do Sul stellte bereits fünf der Präsidenten des Landes, wovon sich allerdings drei als Militärdiktatoren, darunter der Sohn deutscher Eltern Ernesto Geisel (1974-79), nicht gerade rühmlich hervortaten.

Durch den Anbau von Getreide wurde Rio Grande do Sul für Brasiliens Norden unersetzlich; auch Maniok, Tabak und v. a. Wein gedeihen hier vorzüglich. 80% der brasilianischen Kohlevorkommen befinden sich im südlichsten Bundesstaat, der fast 10% des Brutto-Inlandsprodukts erwirtschaftet. Die 2008 von GOL Linhas Aéreas übernommene Fluglinie VARIG (*Viacão Aérea Riograndense*), wurde 1927 in Porto Alegre, der Hauptstadt von Rio Grande do Sals, u. a. von deutschen Piloten gegründet.

» Karte S. 128-129, Info S. 144-147

Repr. de Itaipú
CD. DEL ESTE
Céu Azul
Medianeira
Catanduvas
SA. DAS ARARAS
Guaraniaçu
Nova Laranjeiras
Santa Maria do Oeste
Goioxim
Turvo
Guairacá
Ivaí
Prudentópolis
Palmeirinha
Dam
FOZ DO IGUAÇU
★★P. N. do Iguaçu
Capitão Leónidas
Quedas do Iguaçu
Laranjeiras do Sul
Cantagalo
SA. DA ESPERANÇA
GUARAPUAVA
Irati
Puerto Iguazú
★★Cataratas do Iguaçu
Capanema
Rio Iguaçu
Dois Vizinhos
Rep. de Salto Santiago
Paz
Rio Jordão
Entre Rios
Pinhão
Inácio Martins
Emb. Urugua-í
Ampére
São João
Mangueirinha
P A R A N Á
Esperanza
San Antonio
do Sudoeste
Francisco Beltrão
Coronel Vivida
Rep. de Foz do Areia
Mallet
Maria Magdalena
Barracão
Pato Branco
Cruz Machado
União da Vitória
Pozo Azul
Campo Erê
São Lourenço do Oeste
Clevelândia
Bituruna
Eldorado
ARGENTINA
SA. DA FARTURA
Porto União
Irineópolis
Guaraciaba
São Domingos
Palmas
General Canreiro
Rio Timbó
MISIONES
São Miguel d'Oeste
Maravilha
Bom Jesus
SA. DO ESPIGÃO
Caçador
Xanxerê
San Vicente
Xaxim
Irani
Água Doce
★Treze Tílias
Fraiburgo
Lebon Régis
El Soberbio
Itapiranga
Mondaí
São Carlos
CHAPECÓ
Videira
R. Uruguay
Tenente Portela
Vicente Dutra
Planalto
Herval d'Oeste
Três Passos
Seberi
Frederico Westphalen
Nonoai
Concórdia
Curitibanos
Tucunduva
SA. ALTO URUGUAI
Trinade do Sul
Aratiba
Marcelino Ramos
Capinzal
Campos Novos
C A
Três de Maio
Constantina
Campinas do Sul
Erechim
Barracão
Aurea
Santa Rosa
Ronda Alta
Bar. do Passo Fundo
Correia Pinto
Giruá
Palmeira das Missões
Sarandi
Getúlio Vargas
B R A Z I L
Chapada
Ipiranga do Sul
Sananduva
Pinhal da Serra
Campo Belo do Sul
LAGES
Santo Ângelo
Ajuricaba
Panambi
Carazinho
Coxilha
Tapejara
Ijuí
Sta. Bárbara do Sul
PASSO FUNDO
Lagoa Vermelha
Ibiraiaras
Alto da Serra
Jóia
Cruz Alta
Tapera
Marau
Casca
Rio Pelotas
Vacaria
Ibirubá
Coimbra
RÍO GRANDE
Espumoso
Soledade
Bom Jesus
Nova Prata
Buriti
Arvorezinha
Repr. de Passo Real
S. DE SÃO XAVIER
Tupanciretã
Veranópolis
CAXIAS DO SUL
São Marcos
Alziro Ramos
Júlio de Castilhos
Salto de Jacuí
Barro Cassal
Anta Gorda
SERRA GAÚCHA
Jari
DO SUL
Bento Gonçalves
P. N. da Serra Ger
Quevedos
Val de Serra
Limeira
Cambará do Sul
Toropi
São Pedro do Sul
Nova Palma
Sobradinho
Tamandua
Farroupilha
Parque do Caracol
Gramado
Canela
P. N. de Aparados da Serra
Agudo
Candelario
Venâncio Aires
Lajeado
NOVO HAMBURGO
Sapiranga
SANTA MARIA
Terra de Areia
Taquara
Formigueiro
Três Vendas
SANTA CRUZ DO SUL
Montenegro
SÃO LEOPOLDO
Triunfo
GRAVATAÍ
Osório
Lajeado Grande
São Sepé
Cachoeira do Sul
Rio Pardo
Ferry
CANOAS
Charqueadas
VIAMÃO
Tramand
Pântano Grande
Butiá
Guaíba
PORTO ALEGRE
Capivari
Cidr
Encruzilhada do Sul
Barão do Triunfo
Barra do Ribeiro
Lagoa dos Patos
Quintã
SÜD-BRASILIEN
0 50 100 km
© Nelles Verlag GmbH, München

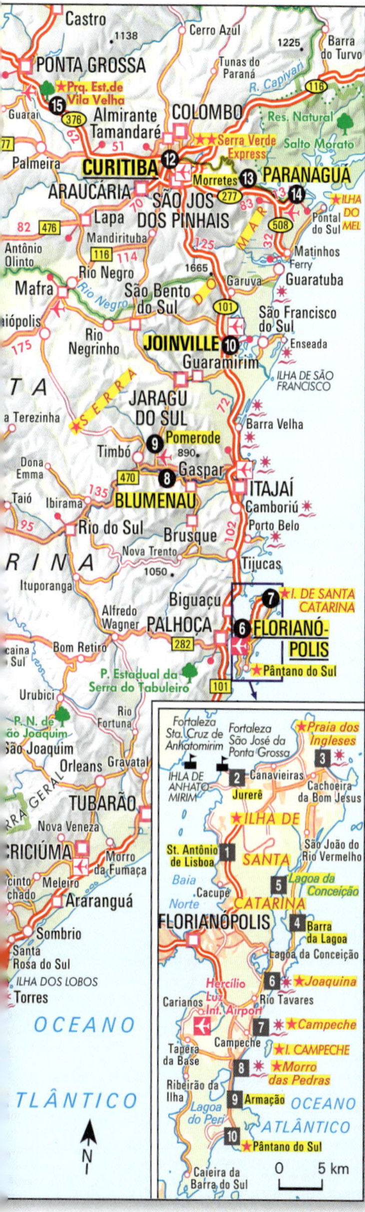

Porto Alegre

Porto Alegre ❶ (1,46 Mio. Einwohner), der „fröhliche Hafen" ist meist der Ausgangspunkt für einen Besuch im Süden Brasiliens; es bestehen gute Flug- und Busverbindungen nach Rio und São Paulo sowie in die Hauptstädte der Nachbarländer. Porto Alegre ist der größte Binnenhafen des Landes, hat aber in den letzten Jahren an Bedeutung verloren. Die Stadt wurde 1732 von portugiesischen Einwanderern am Ostufer des Rio Guaíba gegründet und ist über die fast 10 000 km² große „Enten-Lagune", die **Lagoa dos Patos**, mit dem Atlantik verbunden. Die Hauptstadt Brasília ist mit 2100 km mehr als doppelt so weit entfernt wie Montevideo (880 km) oder Buenos Aires (1060 km), die Metropolen der spanischsprachigen Nachbarländer. Die Stadt hat heute knapp 1,5 Mio. Einwohner und ist von moderner Architektur geprägt. In der gepflegten Fußball-Arena *Beira-Rio* des lokalen Clubs *Gremio* wurden 2014 einige Spiele der Weltmeisterschaft ausgetragen.

Das historische Zentrum von Porto Alegre gruppiert sich um die auf einem Hügel gelegene **Praça Marechal Deodoro**. Die überdimensionale Kuppel der im Neorenaissance-Stil erbauten, erst 1986 fertig gestellten **Kathedrale** dominiert den ruhig gelegenen Platz. Daneben steht der **Palácio Piratini**. Dieser Palast der regionalen Regierung ist ein architektonisches Rokoko-Imitat aus dem Jahr 1921 mit sehenswerten Wandmalereien des Italieners Aldo Locatelli zur Geschichte Südbrasiliens. Am unteren Ende des Platzes steht das kunsthistorisch interessanteste Gebäude: das 1858 in barockem Stil errichtete **★Theatro São Pedro**. Treibende Kraft hinter der aufwändigen Restaurierung Ende des 20. Jh. war die deutsch-jüdische Immigrantin Eva Sopher.

Lebhaftes Markttreiben bietet der **Mercado Público** auf der Praça XV de Novembro. Der Bau ist eine Kopie des in Europa berühmten Mercado da Figueira

Foto: Robin Daniel Frommer

in Lissabon und täglich außer sonntags geöffnet.

São Leopoldo

34 km nördlich von Porto Alegre liegt die 1824 von deutschen Bauern, Handwerkern, zwei Ärzten, einem Apotheker, einem evangelischen Pastor und deren Familien gegründete Stadt **São Leopoldo ❷**. In der **Casa do Imigrante**, die heute als Museum zu besichtigen ist, fanden 1824 die ersten deutschen Siedler Aufnahme. Im Museum **Visconde de São Leopoldo** ist die Geschichte der Gründerzeit dokumentiert. Für Eisenbahnfreunde ein Muss ist der Besuch des **Museu do Trem**, das Eisenbahnmuseum mit historischen Zügen im ehemaligen, von Engländern erbauten Bahnhofsgebäude aus dem Jahr 1875.

Oben: Beim Rodeio Crioulo zeigen die Gaúchos, dass sie perfekt mit Rindern und Pferden umgehen können. Rechts: Der Canyon Itaimbezinho im Nationalpark Aparados da Serra.

Serra Gaúcha

Im Gegensatz zur *Pampa* genannten Grasebene im Süden des Bundesstaates ist die **Serra Gaúcha** im Norden von Porto Alegre ein größtenteils bewaldetes Hochplateau. Sie bildet einen Teil des südbrasilianischen Schildes, das aus zwei Schichten besteht. Die untere aus Sedimentgestein ist etwa 250 Mio. Jahre, das darüber liegende, aus Lavaströmen entstandene Basaltgestein rund 150 Mio. Jahre alt.

132 km nordöstlich von Porto Alegre, inmitten bewaldeter Berglandschaft, liegt der Ort **Gramado ❸**. Er ist in Brasilien vor allem wegen seines alljährlich im August stattfindenden Filmfestivals bekannt. Eine regionale Spezialität ist der so genannte *Café Colonial* – ein Brunch mit hausgemachter Wurst, Marmelade, Waffeln, Schokolade, Kuchen und Käse.

Canela ❹, der bekannteste Ort in der Serra Gaúcha, befindet sich 8 km nordöstlich auf 830 m Höhe. Hier sinkt die Temperatur im Winter manchmal

» Karte S. 128-129, Info S. 144-147

Foto: David Lyons

unter 0 °C, und jeder Schneefall ist immer eine große Attraktion für Brasilianer. 3 km nordwestlich, unweit der Ortschaft Nova Petrópolis, steht die 42 m hohe und 2,7 m dicke **Pinheiro multisecular**, eine auf mindestens 500 Jahre geschätzte Araukarie. Diese Nadelbaumart war bis in die 1960er Jahre wichtigster Holzlieferant Brasiliens – bis es den Amazonaswäldern „an die Rinde" ging. Weitere stattliche Exemplare dieser selten gewordenen Baumart gibt es in dem 9 km entfernten Erholungsgebiet **Parque Caracol** zu bestaunen. Mit Spazierwegen durch den Araukarienwald, Picknickplätzen und dem 131 m hohen Wasserfall ★**Cachoeira do Caracol** ist es ein reizvolles Ziel für einen Tagesausflug.

Nationalpark Aparados da Serra

Ausgangspunkt für einen Besuch des **Nationalparks Aparados da Serra** ❺ ist der Ort **Cambará do Sul**. Der Park stellt die größte Naturattraktion im südlichsten Bundesstaat dar, ist mit öffentlichen Verkehrsmitteln jedoch nicht erreichbar und nur durch Pisten erschlossen. Vielleicht sind gerade dies die Gründe für den Erhalt des Araukarienwaldes und der Fauna (Tapir, Ozelot, Rotwild u. a.) in dem 1959 gegründeten, 12 000 ha großen Park.

Der Name des Parks rührt von den schroff abfallenden Felswänden, deren spektakulärste Erscheinungsformen im ★**Canyon Itaimbezinho** (nur Mi-Sa 9-17 Uhr, Besucherzahl wird limitiert)zu sehen sind, einem bis zu 720 m tiefen und 7 km langen Riss im Basaltplateau mit spektakulären Wasserfällen.

Der **Parque Nacional da Serra Geral** ist die Erweiterung des Nationalparks Aparados da Serra in nordöstlicher Richtung. Auch hier sind gewaltige Schluchten zu besichtigen. Der ★**Cânion da Fortaleza** zum Beispiel ist auf einer Länge von etwa 7 km bis zu 990 m tief eingeschnitten und rund 150 Millionen Jahre alt. Nicht minder sehenswert sind die benachbarten Cânions **Malacara** und **Churriado**.

Foto: Robin Daniel Frommer

SANTA CATARINA

Santa Catarina ist einer der kleinsten Bundesstaaten Brasiliens, aber flächenmäßig immer noch größer als Portugal und hat 5,87 Millionen Einwohner. Santa Catarina ist berühmt für deutsche Fachwerkhäuser und sein Oktoberfest, aber auch bekannt für schöne Strände und seine florierende Textilindustrie.

Florianópolis

Einwanderer von den Azoren gründeten 1748 auf vertraut anmutendem Gelände, der **Insel Santa Catarina**, die Siedlung *Nossa Senhora do Desterro*, die 1823 Hauptstadt der Provinz wurde. Zu Ehren des Marschalls Floriano Peixoto wurde die heutige Hauptstadt des Bundesstaates 1895 in **Florianópolis** ❻ (kurz: „Floripa") umbenannt. Eine halbe Million Menschen lebt an den Ufern der **Bucht**, verteilt auf Insel und Festland. Die 42 **Strände** ziehen von Dezember bis Februar Scharen von Besuchern an, die Insel ist nach Rio das beliebteste Ferienziel der Brasilianer und Argentinier. Die dem Kontinent zugewandten Strände an den Buchten Bahía Sul und Bahía Norte sollte man der starken Verschmutzung wegen allerdings besser meiden.

Oben: Die Strände von Santa Catarina begeistern auch Nachwuchssurfer. Rechts: Ein aus Pommern stammender Dorfschmied mit Frau in Pomerode.

Die **Praça 15 de Novembro** ist der Kern des historischen Zentrums von Florianópolis. Einen Besuch lohnt der ehemalige Regierungspalast **Palácio Cruz e Sousa**, der als historisches Museum dient und 2009 restauriert wurde. Zwei Häuserblöcke Richtung Westen, in der Rua Deodoro, steht die barocke Franziskaner-Kirche **São Francisco da Ordem Terceira**, die vor allem der Gemälde von Victor Mereilles wegen zu den Attraktionen der Stadt zählt.

Zwei Häuserblocks südlich erreicht man den belebten **Mercado Público**, eine Markthalle von 1898, heute ein beliebter Treffpunkt mit Kunsthandwerksbuden, Imbissständen und Kneipen.

» Karte S. 128-129, Info S. 144-147

Foto: Robin Daniel Frommer

★Ilha de Santa Catarina

Die 54 km lange Insel **★Ilha de Santa Catarina** ❼ lässt sich am besten auf einer Rundfahrt per Mietwagen erkunden. Richtung Norden kommt man nach 17 km in den historischen Ort **Santo Antônio de Lisboa** 1 mit der 1750 erbauten Kirche **Nossa Senhora das Necessidades**. Von hier bietet sich ein herrlicher Blick auf Bucht und Festland.

Weiter nördlich, am Strand von **Jurerê** 2, befindet sich eine der vielen Festungsruinen, die **Fortaleza São José da Ponta Grossa**, von der zwei kleine Inseln zu sehen sind. Auf der linken, der **Ilha de Anhatomirim**, kann man die Festung **Forte Sta. Cruz de Anhatomirim** besichtigen. Man muss dazu mit einem Schoner übersetzen, der im benachbarten **Canasvieiras**, dem ältesten Badeort der Insel, ablegt.

Einer der bei Surfern beliebten Atlantik-Strände der Insel, die sich alle durch kräftigen Wellengang und sauberes Wasser auszeichnen, folgt weiter nordöstlich: der „Strand der Engländer", **★Praia dos Ingleses** 3. Von hier sind es 20 km nach Süden bis **Barra da Lagoa** 4 an der östlichen Spitze der Insel.

Von hier bietet sich ein Abstecher landeinwärts an: zur **Lagoa da Conceição** 5, einer großen salzigen Lagune zwischen dem die Insel durchziehenden Gebirge und der Küste (15 km östlich von Florianópolis). Rund um das unter Naturschutz stehende Gewässer kann man eine schöne Dünenwanderung unternehmen und Boote mieten.

Weiter südlich lockt der Strand **★Joaquina** 6, ein Paradies für Surfer aus aller Welt. Auch der 14 km lange weiße Sandstrand **★Campeche** 7, wo sich einst der dichtende Postflieger Saint-Exupéry erholte, sowie **★Morro das Pedras** 8 bei Armação sind bei Surfern beliebt. Von **Armação** 9 legen Boote zur vorgelagerten Badeinsel **★Ilha Campeche** ab. Etwas landeinwärts liegt das ökologische Reservat **Lagoa do Peri**, ein Süßwassersee. Noch angenehm ruhig ist der kleine Fischer- und Strandort **★Pantano do Sul** 10 im Südosten.

Blumenau

In **Blumenau** ❽ findet nicht nur das größte **Oktoberfest** südlich von München statt. Mit 600 000 bierdurstigen Besuchern (Beginn am ersten Donnerstag im Oktober, Dauer: 18 Tage); Blumenau ist auch der Inbegriff der deutschen Besiedlung Brasiliens, mit Fachwerkhäusern und Schwarzwälder Kirschtorte. Im Jahr 1850 überquerte der niedersächsische Apotheker Hermann Blumenau mit Gleichgesinnten auf einem Floß den Rio Itajaí und gründete im Auftrag der „Gesellschaft zum Schutz deutscher Auswanderer" die wenig später nach ihm benannte Stadt. Heute sind annähernd 30 % der 329 000 Einwohner deutscher Abstammung.

Man kann außer auf dem Oktoberfest deutsche Lebensart auch während der **Semana de Blumenau** Anfang September erleben und, das ganze Jahr über, beispielsweise im *Gasthaus Frohsinn*, das deutsche Spezialitäten bietet. Die Geschichte der Kolonisation ist im **Museu da Familia Colonial** dokumentiert. Es befindet sich im Wohnhaus des 1899 verstorbenen Stadtgründers.

Oben: Blumenau ist für seine Fachwerkhäuser und sein Oktoberfest berühmt. Rechts: Holzschnitzer in „Dreizehnlinden".

Pomerode

Während in Blumenau die Mehrheit portugiesisch spricht, sind die älteren Einwohner von **Pomerode** ❾ noch zweisprachig: Hier hört man außerdem auch Hunsrücker Dialekt oder Pommersches Deutsch. 30 km nordwestlich von Blumenau gründeten Einwanderer aus Pommern das heute 25 000 Einwohner zählende Städtchen, das mit seinen gut erhaltenen **Fachwerkhäusern** und dem relativen Wohlstand seiner Bürger den Brasilianern als „typisch" deutsch gilt. Eine Übernachtung in der schmucken *Pension Schroeder* wird diesen Eindruck vielleicht bestätigen. Das Museum **Casa do Imigrante Carl Weege**, 4 km südlich der Stadt, erinnert an das Pionierleben der ersten Siedler.

» Plan S. 129, Karte S. 128-129, Info S. 144-147

Foto: Robin Daniel Frommer

Joinville

Die im Norden Santa Catarinas gelegene Industriestadt **Joinville** ⑩ ist unter Brasilienreisenden noch kaum bekannt, obwohl es im historischen Stadtkern viele gut erhaltene **Fachwerkbauten** aus dem 19. Jh. zu besichtigen gibt. Die Großstadt wurde 1851 vom Fürsten von Joinville nach seiner Hochzeit mit der Schwester des Kaisers Dom Pedro II. gegründet und von Einwanderern aus Deutschland, der Schweiz und Norwegen besiedelt. Interessantes aus dieser Zeit zeigt das Einwanderermuseum, das **Museu Nacional da Imigração**, das im **Palácio dos Principes de Joinville** untergebracht ist, einem Palast aus der Kaiserzeit. Joinville zählt heute mehr als 547 000 Einwohner und übertrifft damit selbst Santa Catarinas Provinzhauptstadt Florianópolis.

In der zweiten Julihälfte wird Joinville im Rahmen des elftägigen **Festival International da Dança** alljährlich für zehn Tage zum Mekka von bis zu 4000 Tänzerinnen und Tänzern; dann richtet die Stadt im Kongresszentrum „Centreventos" das größte Tanzfestival Lateinamerikas aus und empfängt ca. 50 000 Besucher aus aller Welt. Es gibt Wettbewerbe in acht Kategorien, vom klassischen Ballett bis zum Folkloretanz. Im Kongresszentrum und auf den öffentlichen Plätzen der Stadt finden zeitgleich Veranstaltungen statt.

Die Vorgeschichte dieses Teils Brasiliens wird hervorragend im **Museu Arqueológico do Sambaqui** dokumentiert, in dem archäologische Funde ausgestellt sind. Die Küste lässt sich beschaulich per Boot (ab Bairro Espinheiros) erkunden, im Rahmen eines Tagesausflugs zur **Ilha do Mel**, der **Ilha de São Francisco** oder anderen Inseln mit herrlichen Stränden.

★Treze Tílias

★Treze Tílias ⑪ (**Dreizehnlinden**) wurde 1933 vom ehemaligen österreichischen Agrarminister Andreas Thaler gegründet und v. a. von Tiroler und Vorarlberger Bauern besiedelt. Mit seinen

Bauernhöfen und der **Molkerei Tirol** wirkt der fast 5000 Einwohner zählende Ort wie ein großes Alpendorf. Hier, auf 800 m Höhe im Mittelgebirge der **Serra do Espigão**, gibt es im Winter sogar manchmal Schnee. Die **Holzschnitzereien** der Einwohner sind landesweit begehrt. Auch die hausgemachte Schokolade, *chocolate caseiro*, und die Produkte der italienischen Kolonie wie Wein und Käse sind sehr gefragt.

Das Fest, mit dem der österreichischen Einwanderung gedacht wird, die **Festa da Imigração Austríaca**, findet alljährlich in der ersten Oktoberhälfte statt. Österreichische Küche kann man im **Hotel Tirol** oder im **Kandlerhof** genießen.

PARANÁ

Im Staat Paraná leben auf einer Fläche von knapp 2 Mio. km^2 knapp 11,1 Mio. Menschen, meist Nachfahren europäischer Einwanderer. Der größte Teil des Bundesstaates liegt auf einer Höhe von 600 bis 800 m und garantiert somit ein mildes, nicht allzu heißes Klima und ideale Anbaubedingungen für Kaffee, Matetee und Soja. Der zu Paraná gehörende Küstenabschnitt ist nur 100 km lang, doch er bietet auf den der Bucht von Paranaguá vorgelagerten Inseln wunderschöne Strände.

Curitiba

Curitiba ⓬, die 1,8 Mio. Einwohner zählende Hauptstadt Paranás, ist für die meisten Besucher nur ein Etappenziel auf dem Weg zu den Wasserfällen von Iguaçu im Landesinneren. Eigentlich schade, denn die auf über 900 m gelegene Metropole mit dem Beinamen „Hauptstadt der Ökologie" verdient durchaus zwei bis drei Besuchstage. Deutsche, Italiener, Polen und Ukrainer prägen die Stadt, die seit der Ernennung zur Hauptstadt Paranás 1853 einen stetigen Aufschwung nimmt. Den Öko-Titel verdiente sich Curitiba in der Amtszeit des populären Ex-Bürgermeisters Jaime Lerner, der es schaffte, die Stadt vor Müll- und Verkehrschaos zu bewahren und statistisch pro Einwohner mehr Parks und Seen anlegen ließ als sonstwo in Brasilien. Die Kriminalitätsrate liegt weit unter Landesdurchschnitt, das Kulturangebot ist groß bei erschwinglichen Eintrittspreisen; der Nahverkehr ist vorbildlich organisiert.

Rechts: Die „Hauptstadt der Ökologie", Curitiba, mit beispielhaftem Busservice.

Einen Überblick über die vielen Parks und modernen Bauten bekommt man vom Fernsehturm, dem **Torre Mercês**, der sich 110 m hoch über die Stadt erhebt. Mit dem Bus kommt man ins autofreie Zentrum, dessen Besichtigung man am besten in der ausgedehnten Fußgängerzone, der **Rua das Flores** („Blumenstraße"), beginnt.

Zwischen den zwei großen Plätzen Praça Santos Andrade und Praça Osório befinden sich Geschäfte, Cafés, die Post und Banken sowie das wichtigste Museum Curitibas, das **Museu Paranaense** im ehemaligen Präfekturgebäude, einem Jugendstil-Palast von 1916. Das im 19. Jh. gegründete historische Museum gehört zu den bedeutendsten seiner Art in Brasilien und lohnt v. a. wegen seiner umfangreichen Bestände zur Kultur der einst hier heimischen Indianerstämme einen Besuch.

Die **Kathedrale** an der Praça Tiradentes wurde im 19. Jh. im neugotischen Stil erbaut. Nördlich davon gelangt man zum **Largo da Ordem** mit seinem herrlichen Barockgebäudeensemble aus dem 18. Jh; besonders beachten sollte man die **Casa Romário Martins** (Nr. 30) und die beiden Kirchen **São Francisco de Chagas** (Kirche des Laienordens der Franziskaner) und **Nossa Senhora do Rosário** (Kirche der Rosenkranz-Jungfrau), die wichtigsten Sakralbauten der Stadt.

Zwei Blocks nordöstlich des Ordem-Platzes gelangt man zum **Solar do Barão**, einem renovierten Herrenhaus,

» Karte S. 128-129, Info S. 144-147

Foto: Volkmar E. Janicke

das als Kulturzentrum dient. Von hier sind es nur wenige Meter nach Osten bis zum **Passeio Público**, einem 7 ha großen Park mit Zoo, Seen und schattigen Alleen. Im Stadion *Baixada* fanden 2014 Spiele der Fußball-WM statt.

Erst 2003 wurde ein Projekt von Oscar Niemeyer am nördlichen Stadtrand eröffnet, ein futuristisches Museum in Form eines Auges. Das **Museu Oscar Niemeyer** zeigt neben Modellen der bekanntesten Arbeiten des berühmten Architekten auch Skulpturen zeitgenössischer Bildhauer und Wechselausstellungen. Ebenfalls im Norden des Stadtzentrums, im Stadtteil Pilarzinho, lohnt ein Besuch der einzigartigen Eisenkonstruktion der **★Ópera de Arame** („Drahtoper").

Für Eisenbahnfans gibt es in Curitiba eine besondere Attraktion: die Fahrt im konventionellen Vorortzug oder im modernen (klimatisierten) Triebwagen *Litorina* in Richtung Küste nach Morretes (s. u.). Diese landschaftlich eindrucksvolle Fahrt sollte man sich nicht entgehen lassen. Beide Züge fahren um 8 Uhr bzw. 9 Uhr früh am Bahnhof von Curitiba ab. 1885 wurde die insgesamt 110 km lange Schmalspurstrecke als damals bedeutendste Verbindung zwischen der Hauptstadt Paranás und dem lebenswichtigen Hafen Paranaguá fertiggestellt. Heute gilt die Bahnfahrt mit dem **★★Serra Verde Express** von Curitiba nach Morretes vor allem als touristische Attraktion, da die Strecke durch das von intaktem Atlantischem Regenwald bedeckte Küstengebirge **★Serra do Mar** führt. Die Fahrt geht durch 13 Tunnels, über 67 Brücken, vorbei an zahlreichen Wasserfällen und bietet immer wieder herrliche Ausblicke.

Auf der Schnellstraße BR 277 beträgt die Entfernung nur 90 km, aber auch hier gibt es immer wieder tolle Aussichtspunkte. Spannender und kurviger ist die denkmalgeschützte Küstenstraße **★Via Graciosa**, die 1873 anstelle eine alten Maultierpfads angelegt wurde. Um auf diese Straße zu gelangen, verlässt man Curitiba auf der BR 116 Richtung São Paulo und zweigt nach 36 km auf die PR 410 Richtung Süden ab.

» **Karte S. 128-129, Info S. 144-147**

Foto: Robin Daniel Frommer

Morretes

Viele Pensionäre leben in der ruhigen, von Bananenplantagen und Bergwald umgebenen Kleinstadt **Morretes** ⓭. Hier sollte man einmal den typischen *Barreado*-Eintopf probieren, für dessen Zubereitung die mit Rindfleisch gefüllten erhitzten Tongefäße mehrere Stunden eingegraben werden, wodurch das Fleisch besonders zart wird.

An den Wochenenden und während der Ferien brechen Wanderer von hier zu Trekkingtouren zum 1547 m hohen **Pico do Murumbi** auf. Der **Rio Nhundiaquara** bei Ponta de Cima lockt Wildwassersportler nach Morretes. Populär ist *Bóia-Cross*, eine Sportart, die in Brasilien immer mehr Anhänger findet. Ursprünglich stürzte man sich auf zusammengeschnürten LKW-Schläuchen in die Fluten, inzwischen gibt es weiterentwickeltes Material, u. a. unweit Morretes im Ort **Porto de Cima**.

Oben: Das historische Zentrum von Curitiba. Rechts: Eigenartige Felsen in Vila Velha.

Paranaguá

Paranaguá ⓮ wurde 1648, 50 Jahre vor Curitiba, gegründet und zählt heute etwa 140 000 Einwohner. Die Jesuiten begannen im 18. Jh. mit dem Bau eines Kollegs, das sie jedoch nicht fertigstellen konnten, weil sie aus dem Land vertrieben wurden. Heute beherbergt es ein sehenswertes Museum, das **Museu de Arqueologia e Etnologia**, mit Fundstücken aus der Umgebung und Objekten der Volkskunst. Die interessantesten Kolonialbauten stehen entlang der **Rua da Praia**, u. a. das Rathaus, der **Palácio Visconde de Nácar** (1856). Die barocke Kathedrale im Zentrum, **Nossa Senhora do Rosário**, zeugt von der einstigen Bedeutung der Hafenstadt.

Ein Naturparadies ist die vorgelagerte ★**Ilha do Mel** („Honiginsel"), die man von Paranaguá aus in zweistündiger Bootsfahrt und von **Pontal do Sul** (48 km östlich von Paranaguá) in einer halben Stunde erreicht. Neben einer denkmalgeschützten Festung (18. Jh.), dem **Forte Barra**, und dem 60 m hohen

» Karte S. 128-129, Info S. 144-147

Foto: Detlev Kirst

Leuchtturm (19. Jh.), sind vor allem die fast unberührten Strände Attraktion für Besucher. Eine Übernachtung sollte man frühzeitig buchen, denn in den vier durch Wege miteinander verbundenen Dörfern (Nova Brasilía, Praia das Encantadas, Praia da Fortaleza und Farol) gibt es nur wenige Fremdenzimmer.

★Vila Velha

Ein beliebtes Ausflugsziel sind die bizarren, teilweise an Tiere oder Kelche erinnernden Felsformationen von **★Vila Velha** ⓯, 95 km nordwestlich von Curitiba. Zu diesem Staatspark gehören außerdem drei bis zu 100 m tiefe wassergefüllte Dolinen, die **Caldeirões do Inferno**; eine davon lässt sich sogar per **Fahrstuhl** erkunden.

★★Cataratas do Iguaçu

Wasserfälle und Nationalpark

Einst wachte der Schlangengott M'Boi über die Caingangue-Indios und verliebte sich dabei in die Häuptlingstochter Naipi. Die hübsche Naipi liebte jedoch den furchtlosen Krieger Tarobá. Da der Häuptling es aber nicht wagte, der mächtigen Gottheit seine Tochter vorzuenthalten, flüchtete das Liebespaar in einem Kanu. M'Boi war jedoch wachsam und schlug mit seinem gewaltigen Schwanz ein riesiges Loch in das Flussbett, worin die Liebenden ihren Tod fanden – soweit die legendäre Entstehungsgeschichte der Wasserfälle von Iguaçu. Die Geologen datieren sie in die Kreidezeit vor rund 120 Millionen Jahren, als sich mehrmals Lava über das ältere Gestein ergoss und eine bis zu 1600 m starke Basaltdecke bildete. Durch rückschreitende Erosion bildeten sich dann die Abbruchkanten, über die heute die Wasserfälle zu Tal stürzen.

Iguaçu – das große Wasser

Iguaçu bedeutet in der Sprache der Tupi-Guarani „das große Wasser", und diese Bezeichnung erscheint wahrlich nicht übertrieben angesichts der 275

kleineren und größeren Fälle, die auf einer Breite von 2700 m bis zu 82 m hoch sind und je nach Jahreszeit von 1500 bis zu 7000 m^3 meist rostbraunes Wasser pro Sekunde hinunter stürzen lassen. Zum Vergleich: Die nordamerikanischen Niagara-Fälle haben „nur" eine Fallhöhe von 47 m und eine Breite von 1300 m.

In der Hauptregenzeit, im Januar und Februar, wenn das meiste Wasser erwartet werden kann, ist auch Hauptreisezeit für Argentinier und Brasilianer, die zu dieser Zeit Schulferien haben. Es kann dann nicht nur voll, sondern auch brütend heiß – bis zu 45 °C – und sehr feucht werden. Dazu ist mit häufigen Regenfällen zu rechnen (im Jahresdurchschnitt fallen in der Region rund 2000 mm).

Die unglaublichen Wassermengen, die Gischt und die gewaltige Kraft des Wassers – immer wieder werden Stege und Brücken mitgerissen – sind ein beeindruckendes Schauspiel, jedoch hat der leidenschaftliche Fotograf oder Filmer wenig Freude: Man sieht die Fälle dann kaum vor lauter sprühendem Wasser! Deshalb können die regenärmeren Monate wie Oktober und November ebenso reizvoll sein, wenn die einzelnen Fälle gut sichtbar sind, dazwischen das üppige Grün und bei Sonne ein garantierter Regenbogen. Mit Glück können dann neben zahlreichen Wasservögeln auch Wasserschildkröten beobachtet werden; fast sicher kann man sich der Belagerung durch Nasenbären sein, die an den Parkplätzen um Futter betteln. Vermeiden sollte man einen Besuch in der Osterwoche: Dann landen auf der argentinischen Seite täglich mehrere Jumbos auf dem winzigen Flughafen von Puerto Iguazu, und die Touristenströme bewegen sich im Gänsemarsch zu den Kaskaden.

Oben: Besuchersteg am „Teufelsschlund" – Dusche inbegriffen! Rechts: Streitende Riesentukane im Parque Nacional do Iguaçu.

Die Wasserfälle befinden sich innerhalb des 1939 geschaffenen ★★**Parque Nacional do Iguaçu** ⓰, der 1986 von der UNESCO zum Weltnaturerbe

» Karte S. 128-129, Info S. 144-147

erklärt und unter Schutz gestellt wurde und mit einer Ausdehnung von 185 000 ha auf brasilianischer Seite der größte Nationalpark Südbrasiliens ist. Auf argentinischer Seite nimmt der dort bereits seit 1934 geschützte Nationalpark am Südufer des Rio Iguaçu immerhin noch eine Fläche von 67 000 ha ein.

Selten zu sehen sind hier u. a. Tapire, Ozelote, Kapuziner- und Brüllaffen sowie Agutis und Pakas, die tropischen Nager. Häufiger zeigen sich Bunttukane, Papageienarten und die oft mit Webervögeln verwechselten Rotbürzelkaziquen, eine Stärlingsart, die ihre Beutelnester mit Vorliebe an Palmen hängt. Immer zu sehen sind Dutzende schwarze Aasgeier, die auf Beute hoffen; auch die Nasenbären verlieren zusehends ihre Scheu und pirschen sich außer an Mülltüten auch gern an die Beutel der Touristen heran, weil sie trotz strengem Verbot immer wieder von Besuchern gefüttert werden. Ohne Sondergenehmigung darf man die beschilderten Wege im Park nicht verlassen.

★Macuco-Safari

Eine Möglichkeit, mehr von Fauna und Flora in Iguaçu zu erleben, bietet die **★Macuco-Safari** 1, eine geführte Tour durch den Wald mit Jeep-Fahrt, kurzem Fußmarsch und anschließender Bootsfahrt auf dem Iguaçu-Fluss bis unterhalb der Fälle. Im Wald sieht man die Açaipalme, aus der das leckere Palmherz gewonnen wird, riesige Philodendren, blühende Orchideen (je nach Jahreszeit) und mit Glück Affen oder Agutis. Am Flussufer erspähen die geübten Bootsführer gelegentlich *capivaras*, drollige Wasserschweine.

Mit der vorgeschriebenen Schwimmweste und dem empfohlenen Wasserschutz für die Kameras geht es dann los, flussaufwärts im wilden Ritt und ganz im Vertrauen auf die Künste des Steuermanns und die Leistungsfähigkeit der Außenbordmotoren. Zunächst wird vor der *Isla San Martin* gestoppt, um die argentinischen Fälle zu fotografieren, dann geht es weiter Richtung *Garganta do diabo*, dem gigantischen Hauptfall,

wo das Wasser mit Getöse hinabstürzt – die Gischt sorgt für eine Dusche. Das Boot kann nicht ganz bis zum großen Wasserfall hinauffahren, kommt aber auf Wunsch kleineren Fällen, die über die San Martin-Insel stürzen, so nahe, dass keiner im Boot trocken bleibt – die spannendste Art, die Fälle zu erleben.

★★Garganta do Diabo

Nur wer das Glück hat, im luxuriösen **Hotel das Cataratas** 2 zu logieren, hat die Wasserfälle direkt vor der Tür. Zudem ist das 1958 im Kolonialstil erbaute, runderneuerte Fünf-Sterne-Haus ringsum von der Flora und Fauna des Nationalparks umgeben. In jedem Fall sollte man sich die ideal gelegene Hotelanlage ansehen und durch den liebevoll gestalteten Park spazieren oder an der Bar am Pool etwas trinken. Der Sonnenuntergang ist am besten von dem Aussichtsturm aus zu sehen, der über eine Treppe in der Hotelhalle zu erreichen ist.

Rechts: Künstlicher Wasserfall am Itaipu-Staudamm, dem derzeit produktivsten Wasserkraftwerk weltweit.

Von der Aussichtsplattform direkt unterhalb des Cataratas-Hotels führt ein 900 m langer Weg bis zum ★★**Garganta do Diabo** 3 (portug. f. „Teufelsschlund"), der mächtigen, 72 m tiefen Schlucht, in die 14 Wasserfälle stürzen. Vor der Garganta do Diabo befindet sich eine weitere Metall-Plattform mit gutem Blick mitten in den Teufelsschlund. Von hier sind außerdem die Rußsegler, eine Schwalbenart, die hinter der Wasserwand ihre Nester angelegt hat, besonders gut zu beobachten! Per Aufzug für geringes Entgelt oder kostenlos über die Treppe gelangt man nach oben zur Straße. Ein kleiner Weg führt noch ein Stück flussaufwärts bis zu einer Imbissbude an der Busstation nach Foz do Iguaçu.

Eine Alternative zur Schlauchbootfahrt ist ein **Helikopterflug**. Bei diesem nicht billigen Vergnügen werden innerhalb von acht Minuten drei Schleifen über den Fällen geflogen – erst aus der

» Plan S. 142, Info S. 144-147

Foto: David Lyons

Luft erkennt man das ganze Ausmaß dieses gigantischen Naturschauspiels.

Die argentinische Seite der Fälle

Die beste Sicht aus nächster Nähe auf viele der kleineren Fälle bietet sich von der argentinischen Seite. Der **Eingang** zum **argentinischen Nationalpark** ist 30 km von **Foz do Iguaçu** entfernt. Mit organisierten Touren spart man Zeit, mit dem Linienbus Geld. Alle Fahrzeuge müssen am **Centro de Visitante** parken, von dort fährt alle 30 Minuten ein offener **Elektrozug** *(Tren de la Selva)* zu den Rundwegen, der Fahrpreis ist im Parkeintritt enthalten. An der ersten Station, **Estación Cataratas**, gelangt man zu den beiden Rundgängen, dem oberen **El Camino superior** (45 Min.) und dem unteren **El Camino inferior** (75 Min.). Bequem kommt man zu den spektakulärsten Aussichten auf die einzelnen Fälle. Unterwegs gibt es Toiletten und Imbissbuden. Vom unteren Weg zweigt kurz vor dem **Salto Ramirez** eine Treppe nach unten ab, die zum Anleger der **Fährboote** (gratis) zur **Isla San Martin** 4 führt. Dort gibt es bei Niedrigwasser einen **Badestrand** und eine **Aussichtsplattform** mit schönem Blick auf die Fälle. Endstation des *Tren de la Selva* ist **Garganta del Diablo** (span.), von hier führt ein 900 Meter langer Metallsteg zum spektakulären „Teufelsschlund".

★Der Itaipu-Staudamm

Der Rio Paraná, in den der Iguaçu mündet, bildete früher auch einen Wasserfall, dieser verschwand jedoch im Stausee von Itaipu. In dem 1991 erbauten riesigen **★Itaipu-Staudamm** 5 surren 18 Turbinen, die 14 000 Megawatt Strom erzeugen, v. a. für die Industrie im 1000 km entfernten São Paulo. Der Damm war ein Gemeinschaftswerk mit dem kleinen Nachbarstaat Paraguay, der selbst nur die Stromleistung einer Turbine verbraucht. Man kann den 20 km nordwestlich von **Foz do Iguaçu** gelegenen Komplex besuchen: Ein Film in englischer Sprache erklärt die Technik hinter der Staumauer.

Porto Alegre (☎ 051)

Centro de Atenção ao Turista „CAT", 9-21 Uhr, Aeroporto Salgado Filho, Tel. 3374-0294.

CHURRASCARIAS: **Chef's Grill**, kleines Lokal, guter Service, Riesenportionen, 11.30-15, 19-24 Uhr, Sa 19-1 Uhr, So 11.30-16 Uhr, Av. Bastian 33, Menino Deus, Tel. 3095-0038.
Na Brasa, der Weinkeller mit 480 Sorten ist ein Highlight, tägl. 11.30-15 u. 19-24 Uhr, Rua Ramiro Barcelos 389, Floresta, Tel. 3225-2205.
ITALIENISCH: **Al Dente**, bester Italiener der Stadt, hausgemachte Teigwaren, Forellen, Trüffel- und Pilzgerichte, Mo-Sa 19-24 Uhr, Auxiliadora, R. Mata Bacelar 210, Tel. 3343-1841, www.aldente-ristorante.com.br.
Copacabana, Di-So 11.30-15 u. 19-1 Uhr, Mo nur 19-1 Uhr, Cidade Baixa, Praça Garibaldi 2, Tel. 3221-4616. www.restcopacabana.com.br.
FRANZÖSISCH: **Le Bateau Ivre**, mit ambitionierter provencalischer Küche, reservieren, Di-Sa 20-24 Uhr, Mont Serrat, R. Tito Lívio Zambecari 805, Tel.3330-7351, www.lebateauivro.com.br.
POLNISCH: **Polska**, die beste Adresse, wenn man Lust auf Gulasch, Pfannkuchen oder Schweinekotelett, Kohl und Dampfkartoffeln bekommt, Di-Sa 19-23.30 Uhr, So 12-15 Uhr, Santa Cecília, Rua João Guimarães 377, Tel. 3333-2589.
FISCH: **Pampulhinha**, traditionelle Fischgerichte, Weinkarte mit 4500 Weinen, die z.T. im Tresor der einst hier funktionierenden Bank gelagert werden, Mo-Sa 11-14 u. 19-23 Uhr, São Geraldo, Av. Benjamin Constant 1791, Tel. 3342-2503, www.pampulhinha.com.br.

Mercado Público, der klassizistische Markt wurde 1997 restauriert, hier gibt es auch viele Restaurants, zwei Bäckereien u. zahlreiche Geschäfte, Praça 15 de Novembro.
Palácio Piratini, Führungen Mo-Fr 9-11 u. 14-17 Uhr, Praça Marechal Deodoro. **Theatro São Pedro**, renommiertes klassizistisches Theater, Führungen nur nach Voranmeldung, Di-Fr 12-18.30, Sa/So 16-18 Uhr, Praça Marechal Deodoro, Tel. 3227-5100.

FLUSSFAHRTEN: Einstündige Fahrt an Bord der Cisne Branco auf dem *Rio Guiaba*, Di-So um 10.30, 15, 16.30 und 18 Uhr, Abfahrt am *Cais do Porto*, Tel. 3224-5222, www.bareocisnebranco.com.br.
STADTRUNDFAHRTEN: Linha Turismo, Doppelstockbusse mit 20 Stopps an Sehenswürdigkeiten, Di-So 9, 10.30, 13.30, 15 und 16.30 Uhr, Dauer ca. 1:20 h. Abfahrt: Travessa do Carmo 84.
BUSBAHNHOF: *Estação Rodoviária*, Largo Vespasiano Júlio Veppo, Tel. 3210-0101. www.rodoviaria-poa.com.br

São Leopoldo (☎ 051)

CHURRASCARIA: **Schneider**, Churrascaria mit Rodízio, tägl. 11.30-14 u. 19-23 Uhr, Sa nur 11.30-15 Uhr, Avenida Getúlio Vargas 3815, Tel. 3592-7342.
REGIONALE KÜCHE: **Passoquinha**, Churrascaria mit Rodízio-System, Mo-Sa 11-14.30 u. 19-23 Uhr, So 11.30-15 Uhr, Rua Conceição 1276, Tel. 3592-4400.

Casa do Imigrante, Di 9-11, Mi-Sa 14-17.30 Uhr, Av. Feitoria 3249. **Museu do Trem**, Di-Fr 9-18, Sa/So 14-18 Uhr, Praça Mauá.

Canela (☎ 054)

Informações turísticas, tägl. 8-11 u. 13-16.30 Uhr, Rua Dona Carlinda 455, www.canelaturismo. com.br.

CAFÉ COLONIAL: **Bela Vista**, in dem Restaurant mit dem offenen Kamin wird die regionale Spezialität Café Colonial als opulenter Brunch zelebriert, tägl. 10-23 Uhr geöffnet, an der Ausfallstraße Richtung Gramado, Tel. 3286-1608, http://belavista.tur.br.
DEUTSCH: **Cervejaria Farol – Restaurant Da Torre**, die Haus-Brauerei mit deutscher Küche und Aussichtsturm mit tollem Rundblick ist vor allem bei Nachtschwärmern sehr beliebt, Di-Do, So 11-14.30 u. 19-23, Fr/Sa 11-15 u. 19-24 Uhr, Rua Severino Zini 150 / Km 47 der Bundesstraße RS-235, Tel. 3282-7007, http://cervejariafarol.com.br.

Parque Nacional dos Aparados da Serra, Info: 3251-1277 (Verwaltung).

RAFTING: **Rio Paranhana.** Die 1,5 Stunden dauernde Schlauchbootfahrt beginnt am Staudamm von Laranjeiras und ist für Anfänger und Fortgeschrittene geeignet, Schwierigkeitsgrad 2-3. Stopps zum Tauchen und Schnorcheln sind tagsüber Programmbestandteil. Angeboten werden auch nächtliche Fahrten (nur bei Vollmond). Anfahrt über die Straße nach Taquara. Infos bei Central Sul Rafting, Tel. (051) 3546-1547, www.centralsulraft.com.br.

Florianópolis (☎ 048)

Portal Turístico, Rua Ten. Silveira 60, Tel. 3348-3554, www.guiafloripa.com.br.

FISCH / AUSTERN: **Gugu**, Meeresfrüchte nach Rezepten, die teilweise von den Azoren mitgebracht wurden, Di-So 11.30-15 u. 18-23 Uhr, Mo 18-23 Uhr, Sambaqui, Rua Antônio Dias Carneiro 147, Tel. 3335-0288. **Ostradamus**, spezialisiert auf Austern (50% der Landesproduktion stammt aus dieser Region), Di-Sa 12-23, So 12-17 Uhr, außerhalb gelegen, Ribeirão da Ilha, Rod. Baldicero Filomeno 7640, Tel. 3337-5711, www.ostradamus.com.br. **Toca de Jurerê**, frische Ware, riesige Portionen, Di-So 12-15 u. 19-24 Uhr, Jurerê, Rua Acácio Melo 78, Tel. 3282-1188.
ITALIENISCH: **Mar Massas**, italienische Nudel- und Fischgerichte, liebevoll zubereitet, Di-Fr 18-24 Uhr, Sa-Son 12-16 u. 19-23.30 Uhr, Morro do Badejo/Lagoa da Conceição, Rua Laurindo Januário da Silveira 3843, Tel. 3232-6109, www.marmassas.com.br.
PORTUGIESISCH: **O Lusitano**, spezialisiert auf Bacalhau (Stockfisch), portugiesische Weine, Di-Fr 19.30-24, Sa 12-16u.19.30-24, So 12-16 Uhr, außerhalb gelegen an der Küste, Praia da Sambaqui, Rod. Gilson da Costa Xavier 2099, Tel. 3232-9093, www.olusitano.com.br.

Palácio Cruz e Sousa, Historisches Museum im ehemaligen Regierungspalast, Di-Fr 10-18 Uhr, Sa-So 10-16 Uhr, Praça 15 de Novembro 227.
Museu do Homem do Sambaqui, Ausgrabungen und indianische Gebrauchsgegenstände, Mo-Fr 13.30-17.30 Uhr, Colégio Santa Catarinense, Rua Esteves Júnior 711.

BUSBAHNHOF: Terminal Rita Maria, Av. Paulo Fontes 1011, Tel. 3212-3100.
MIETWAGEN: **Pronto**, Tel. 3232-0070, www.prontorentacar.com.br, **Unidas**, Tel. 0800-121121.

Blumenau (☎ 047)

Informações Turísticas, www.blumenau.com.br.

DEUTSCH: **Frohsinn**, deutsche Küche, schöne Aussicht, abends Klaviermusik, Mo-Sa 11.30-0.30, So 11.30-23 Uhr, Rua Gerturd Sierich 940 (Zugang über die Rua Itaja, Tel. 3326-6050.
Moinho do Vale, exzellente deutsche und internationale Küche, mit Windmühle, herrliche Lage am Flussufer, tägl. 11.30-15 u. 19-23.30 Uhr, Rua Porto Rico 66, Ponta Aguda, Tel. 3326-3337, www.restaurantemoinhodovale.com.br.
CAFÉ COLONIAL: **Cafehaus Gloria**, abends leckeres Suppenbuffet, tägl. 15-20 Uhr, Hotel Gloria, Rua 7 de Setiembre 934, Tel. 3322-6942, www.cafehaus.com.br.

Museu Histórico da Família Colonial, mit botanischem Garten, Di-Fr 9-17, Sa, So 10-16 Uhr, Alameda Dq. de Caxias 78. **Museu de Ecologia Fritz Müller**, hier bestaunt man eine der größten Insektensammlungen der Welt, Mo-Fr 8-11.30 u. 13.30-17.30 Uhr, R. Itajaí 2195,

BUSBAHNHOF: Estação Rodoviária, Itoupava Norte, Rua 2 de Setembro 1222, Tel. 3323-2155.

Pomerode (☎ 047)

Informações Turísticas, Portal Sul, Rua 15 de Novembro 818, Tel. 3387-2627, www.pomerode.sc.com.br.

Recanto do Salto, internationale Küche, Mo geschl., Rua Frederico Weege 960, Tel. 3387-3986.
Schornstein, eigene Brauerei, bodenständige Küche, am Wochenende abends Musik, Mi-Fr 17-24, Sa 12-1, So 12-23 Uhr, Rua Hermann Weege 60, Tel. 3387-0532.

BUSBAHNHOF: Estação Rodoviária, Rua Atiradores 100, Tel. 3394-1484.

Joinville (☎ 047)

Informações Turísticas, Pórtico, Rua 15 de Novembro, Tel. 0800-643-5015 und 3433-5007, 9-18 Uhr; CAT am Flughafen, Tel. 3427-4409, www.joinville.sc.gov.br.

Biergarten, deutsche Küche, z.B. Boris Becker-Sandwich, aber bras. Ambiente, Mo-Sa 10-2, So 11-24 Uhr, R. Visconde de Taunay 1183, Atiradores, Tel. 3028-3771, www.biergarten.com.br.
L´Antipasti Massas, große Auswahl an Nudelgerichten, teils vom Buffet, tägl. geöffnet, Rua Aquidaban 556, Tel. 3422-5401.

Museu Arqueológico do Sambaqui, Di-Fr 9-17, Sa/So 11-17 Uhr, Rua Da. Francisca 600.
Museu de Arte, tägl. 9-21 Uhr, R. 15 de Novembro 1400.
Museu Nacional da Imigração e Colonizasão, Di-So 11-17 Uhr, Palácio dos Príncipes, R. Rio Branco 229.
Cemitério do Imigrante, Mo-Fr 14-17.30 Uhr, R. 15 de Novembro 978.

BUSBAHNHOF: Estação Rodoviária Harold Nielson, Rua Paraíba 769, Anita Garibaldi, Tel. 3433-2991.

Bootstour in der Babitongabucht, Boot an 14 Inseln vorbei mit Badestopp und Lunch, Abfahrt Bahia Espinheiros (9 km) tägl. um 10.30, Rückkehr 15.30 Uhr. Tel. 3455-4444, www.barcoprincipe.com.br.

Treze Tílias (☎ 049)

Associação do Turismo, Rua Pedro Neleido Käfer 115, Tel. 3537-1444, www.trezetilias.com.br.

TIROLERISCH: **Parque Lindenhof**, österreichische Gerichte à la Carte und von der Warentheke, Di-So 12-16 Uhr, Rua Antônio Pattis 10, Jardin das Flores, Tel. 3537-0658. www.minicidade.com.
Edelweiss, Hausbrauerei, Pizzen und österr. Gerichte, Di-So 18-24 Uhr, Rua Caren 126, Tel. 3537-0531, www.bierbaum.com.br.

Curitiba (☎ 041)

Instituto Municipal de Turismo (IMT), Mo-Fr 7-23, Sa/So 7-18 Uhr, Aeroporto, www.turismocuritiba.pr.gov.br.

CHURRASCARIAS: **Devon's**, Rodizio, sehr gutes Lamm, Di-Sa 11.30-14.30, 19-23, So 11.30-15.30 Uhr, Centro Cívico, Rua Prof. Lysimaco Ferreira da Costa 436, Tel. 3254-7073, www.devons.com.br.
FRANZÖSISCH: **Île de France**, französische Küche, alteingesessen, sehr gut und teuer, Mo-Do 19-24, Fr, Sa 19-1 Uhr, Praça Dezenove de Dezembro 539, Tel. 3223-9962, www.iledefrance.com.br.
FISCH: **Mar e Terra**, Fisch und Meeresfrüchte, wenige Fleischgerichte, 11.30-14.30 u. 19-23 Uhr, Av. Monteiro Tourinho 141, Tingin, Tel. 3256-0570, www.restaurantemareterra.com.br.
REGIONAL: **Tempero de Minas**, Minas-Gerais-Spezialitäten aus d. Holzofen, Selbstbedienung, Mo-Sa 11.30-15 Uhr, Zentrum, Rua Marechal Deodoro 303, Tel. 3224-0403.

Museu Paranaense, Di-Fr 9-17, Sa, So 11-15 Uhr, Praça Generoso Marques.
Museu Oscar Niemeyer, Di-So 10-18 Uhr, Rua Mal. Hermes 999.
Torre Panorâmica, Fernsehturm, Di-So 10-19 Uhr, R. Prof. Lycio de Castro Velloso 191.
Solar do Barão, Kulturzentrum, gratis, Di-Fr 9-18, Sa, So 12-18 Uhr, Rua Pres. Carlos Cavalcanti 533.

STADTRUNDFAHRT: Linha Turismo, Praça Tiradentes; per Bus zu allen Sehenswürdigkeiten der Stadt (40 km-Rundkurs), Di-So 9-17.30 Uhr, Tel. 3352-8060.
EISENBAHN: Serra Verde Express, Tel. 3888-3488, www.serraverdeexpress.com.br. Zug nach Paranaguá – Tickets mindestens 5 Tage im voraus kaufen!
BUSBAHNHOF: *Estação Rodoviária*, Av. Pres. Affonso Camargo 330, Tel. 3320-3000.

Morretes (☎ 041)

Secretaria de Turismo e Cultura, Tel. 3462-1266, www.morretes.pr.gov.br

REGIONALE KÜCHE (BARREADO): **Armazém Romanus**, hier gibt es eine Light-Version des Barreado, Di-So 10-16 Uhr, Rua Visconde do Rio Branco 141, Tel. 3462-1500, www.restauranteromanusmorretes.com.br.

Ponte Velha, gut und preiswert, Rua Almirante Frederico de Oliveira 13, Tel. 3462-1674, www.morretespontevelha.com.br.

Paranaguá (☎ 041)

Paraná Turismo, tägl. 8-18 Uhr, Rua Julia da Costa 322, Tel. 3422-6882. www.paranagua.pr.gov.br.

Casa do Barreado, nur Sa-So 12-15 Uhr, gutes Huhn-Barreado, Rua Antônio da Cruz 9, Tel. 3423-1830.

Museu de Arqueologia e Etnologia, Di-So 12-17 Uhr, Rua Gen. Carneiro 6.

Hafenbesichtigungen sind gratis möglich, Sa, So 9.30, 10.30, 11.30, 14.30 15.30 und 16.30 Uhr, Tel. 3420-1143.

BUSBAHNHOF: *Estação Rodoviária,* Rua João Estevão, Tel. 3420-2925; in **Pontal do Paraná**: Tel. 3455-1277.

EISENBAHN: *Estação Ferroviária,* Tel. 3888-3488.

BOOTSAUSFLÜGE: Abfahrt neben dem Restaurant *Danúbio Azul*, Rua 15 de Novembro 95, Info: Tel. 3422-6045 u. 9644-5981. In **Pontal do Sul**: Boot *Nova Brasília*, 30 Min. Fahrzeit, tägl. 10-17 Uhr.

Foz do Iguaçu (☎ 045)

Secretaria Municipal de Turismo, Av. das Cataratas 2330, Vila Yolanda, tägl. 7-23 Uhr, Tel. 2105-8100.

Empório da Gula, gute Küche, nicht teuer, Mo-Sa 17-24 , So 11-17.30 Uhr, Av. Brasil 1441, Tel. 3574-6191. **Zaragoza**, span. Küche, gute Fischgerichte, tägl. 11.30-15 und 19-24 Uhr, R. Quintino Bocaiúva 882, Tel. 3028-8084. **Trapiche**, italienisch, Fischspezialitäten, z. B. Surubim (Süßwasserfisch), Mo-Fr 19-24, Sa, So 11-24 Uhr, Rua Marechal Deodoro 1087, Tel. 3522-1667, www. trapicherestaurante.com.br.

FLUGHAFEN: Alle nationalen Airlines bieten mehrmals täglich Verbindungen von und nach Rio, São Paulo und Curitiba an.

BUSBAHNHOF – INTERNATIONAL: Av. Costa e Silva, Km 5, Tel. 3522-2590. Von hier fahren die Busse nach Argentinien, Paraguay, Curitiba und São Paulo ab, z. B. **Sulamericana**, Tel. 3573-6305, **Pluma**, Tel. 3522-2352, www.pluma.com.br, oder **Catarinense**, www.catarinense.net.

BUSBAHNHOF – REGIONAL: Av. Coste e Silva 1601, Tel. 3522-2590. Von hier Verbindung in den Nationalpark „Parque Nacional", Abfahrt alle 30 Min, jedoch nur bis zum Parkeingang! Zu den Fällen muss man den Bus „Cataratas" nehmen, der jeweils zur vollen Stunde fährt, auch zurück, letzter Bus ab den Fällen um 19 Uhr!

AUSFLÜGE: **Parque Nacional do Iguaçu**, Mo-So 8-18 Uhr, Rodovia das Cataratas Km 18, Tel. 3521-4400, www.cataratasdoiguacu.com.br.

Macuco-Safari, Dauer ca. 1,5 Std., Mo-So 9-17.30 Uhr, Rodovia das Cataratas Km 25, Tel. 3574-4244, Fax 3574-4717, www.macucosafari.com.br.

Helikopterflug Helisul, angeboten werden Flüge über die Fälle (10 Minuten) und Flüge über die Fälle und Itaipu (35 Minuten), Preise variieren je nach Teilnehmerzahl (mindestens 2 Personen), 9-18 Uhr, Rodovia das Cataratas Km 16,5, Tel. 3529-7474, www.helisul.com.

Itaipu-Binacional, Mo-Sa 8-16, Führungen um 8, 9, 9.30, 10.30, 13.30, 14, 14.30 und 15.30 Uhr, Av. Tancredo Neves 6731, 10 km von Foz do Iguaçu, Tel. 3520-5252 u. 0800-645-4645, www.itaipu.gov.br.

Uwe Walz (Silvestris Online)

Das Pantanal – ein bedrohtes Tierparadies.

Foto: Volkmar E. Janicke

DER MITTELWESTEN
Utopia und Wasserwildnis

BRASÍLIA
PIRENÓPOLIS
PANTANAL

DER MITTELWESTEN

Die Region **Centro Oeste**, der Mittelwesten, umfasst die Bundesstaaten **Mato Grosso**, **Mato Grosso do Sul**, **Goiás** und innerhalb Goiás den **Distrito Federal**, den Bundesdistrikt mit der Hauptstadt Brasília. In der zweitgrößten Region Brasiliens (1,6 Mio. km²) leben nur 8 Menschen/km² – nur die Amazonas-Region ist noch spärlicher besiedelt. Dabei sieht die Situation um das Ballungszentrum um Brasília und Goiânia, der Hauptstadt von Goiás, ganz anders aus: Heute hat dieser Großraum mit 350-400 Einwohnern/km² die größte Einwohnerdichte im südamerikanischen Binnenland. Die Besiedlung setzte erst im Lauf des 17. und 18. Jh. ein und verstärkte sich – v. a. im Gebiet Mato Grosso do Sul – im 19. Jh. Der gleichnamige Bundesstaat wurde 1979 durch Abtrennung von Mato Grosso gegründet. Von 1920-80 versechsfachte sich die Bevölkerung der Region.

Die ersten Goldgräber kamen schon im 16. Jh. nach Goiás, wo die Goldfunde im 18. Jh. ihren Höhepunkt erreichten. Heute sind Edelsteinminen in Goiás ein ebenso wichtiger Wirtschaftsfaktor wie die Eisenerz- und Manganvorkommen in Mato Grosso do Sul. Daneben sind Forstwirtschaft, Kautschukgewinnung, Obst- und Sojaanbau und Baumwollproduktion wesentliche Einnahmequellen der Region. Die Rinderzucht dominiert jedoch: 40 Mio. Rinder, vor allem Zebus, weiden im Mittelwesten Brasiliens. Touristische Hauptanziehungspunkte sind die Bundeshauptstadt Brasília und das Naturparadies Pantanal.

Links: Das lichtdurchflutete Glasdach der Kathedrale in Brasília.

★Brasília

Zukunftsvision oder Alptraum?

Zunächst sind Neuankömmlinge überrascht – wo ist der Urwald, das feucht-heiße Klima? Soweit das Auge reicht, sieht man nur topfebene Savanne. Die meisten ausländischen Besucher sind zwar beeindruckt von Brasília, das immerhin zum UNESCO-Welterbe zählt, doch kaum jemand mag sich vorstellen, hier zu leben: Zu unterkühlt und steril wirkt die Reißbrett-Hauptstadt.

Brasília wurde in 1200 m Höhe im Planalto Central, der zentralen Hochebene, in einer von *campos cerrados* (immergrüner, offener Baum- und Buschsteppe) geprägten Gegend in der Rekordbauzeit von 4 Jahren von 50 000 Arbeitern aus dem Boden gestampft.

1883 hatte der Salesianerpater Don Bosco eine Vision: Zwischen dem 15. und dem 20. Breitengrad sollte auf ei-

» Karte S. 3, Stadtplan S. 155, Info S. 157

Foto: Mireille Vautier

ner weiten Ebene das gelobte Land zu finden sein – tatsächlich entspricht dem die geografische Lage Brasílias zwischen dem 15. und 16. Breitengrad. Dieses Zusammentreffen von Mystik und Realität hat die neue Metropole auch zum Zentrum für Ufo-Forscher, Hellseher und Sekten gemacht, die in der „Hauptstadt des Wassermannzeitalters“ – so ein ehemaliger Kulturminister – in mehr als 3000 Vereinigungen engagiert sind. Dazu kommen rund 1500 Tempel afro-brasilianischer Kulte und natürlich die Kirchen der Katholiken, zu deren Glaubensgemeinschaft sich – wenigstens offiziell – 90% der brasilianischen Bevölkerung bekennen.

Seit 1891 enthielt die Verfassung der Republik den Vorsatz, die Hauptstadt von der Kaisermetropole Rio de Janeiro ins Landesinnere zu verlagern. Doch erst der energiegeladene, visionäre

Oben: Brasília hat sich zum spirituellen Zentrum vieler Sekten entwickelt. Rechts: Wie ein Kelch geformt – Niemeyers Kathedrale mit den 4 Evangelisten.

Präsident Juscelino Kubitschek (1902-1976), in Minas Gerais geborener Enkel tschechischer Einwanderer, konnte dieses pharaonische Jahrhundertwerk verwirklichen. Bereits als Gouverneur seines Heimatstaates tat er sich durch zukunftsweisende Straßenbau- und Energieprojekte hervor. 1955 wählten ihn die Brasilianer zum ersten Mann im Staat, im gleichen Jahr beschloss das Parlament den Bau der neuen Hauptstadt, die sein Lebenswerk wurde.

Kubitschek trat am 31. Januar 1956 sein Amt an und ließ Ende desselben Jahres die Bauarbeiten vorbereiten. Nicht einmal zwei Jahre später, im Juni 1958, wurde der Präsidentenpalast als erstes Bauwerk eingeweiht. Am 21. April 1960, dem 168. Todestag des Nationalhelden Tiradentes, weihte man die neue Bundeshauptstadt ein.

1100 km von Rio, 1500 km von Salvador und 2300 km von Recife entfernt, liegt Brasiliens Kapitale seitdem zentral in ehemaligem Niemandsland. Dort, im Osten des Staates Goiás, gründete man den **Bundesdistrikt** *Distrito Federal do*

» Stadtplan S. 155, Info S. 157

Foto: Volkmar E. Janicke

Brasil – in Brasilia und seinen vielen Satellitenstädten leben heute insgesamt 2,5 Mio. Menschen. Enorm war der Finanzaufwand zum Bau der Stadt, mit dem eine Ausgabenpolitik begann, die Brasilien zum Weltmeister in Auslandsschulden machte und die Ex-Kapitale Rio ausbluten ließ.

Brasílias internationaler Flughafen wurde als Drehscheibe für den Inlandsverkehr etabliert, was dem Touristen die Möglichkeit bietet, die Stadt auch während einer Zwischenlandung kennen zu lernen. Auf dem Flug von der Küste nach Manaus oder beim Umsteigen Richtung Pantanal kann man in 3 Stunden die Highlights der Stadt besichtigen. Reisebusse brauchen für die Anfahrt von Rio etwa 18 Stunden; Selbstfahrern ist die sehr lange und eintönige Strecke nicht zu empfehlen.

Brasília ist eine autogerechte, also eher fußgängerfeindliche Stadt, die Entfernungen zwischen den Sehenswürdigkeiten sind viel zu groß, um sie bequem per pedes zu erreichen. Man kann sich einer organisierten Tour anschließen, die man im Reisebüro oder Hotel bucht, oder man nimmt am Flughafen oder Busbahnhof ein Taxi zur Besichtigung, wobei man die Strecke, Zeit und Fahrpreis genau aushandeln sollte.

Da Verkehrsstaus in Brasília unbekannt sind, lässt sich in 3 Stunden folgende Route absolvieren (alle Sehenswürdigkeiten sind im Anschluss näher beschrieben): Zur Orientierung beginnt man am besten am Torre de Televisão, unternimmt einen kurzen Abstecher Richtung Süden zum Santuário Dom Bosco und fährt dann die Eixo Monumental nach Osten zum Teatro Nacional, zur Kathedrale, zum Palácio do Itamaraty und zum Praça dos Três Poderes. Hier erfasst man Congresso Nacional, Palácio do Planalto, Palácio da Justiça, Maquete da cidade und die riesige Nationalflagge auf einen Blick.

Ein Kreuz als Stadtgrundriss

Den Wettbewerb für die architektonische Planung der Stadt gewannen im März 1957 die Le Corbusier-Schüler Os-

Foto: Bernd Helms

car Niemeyer und Lucio Costa. Für Planung und Anlage von städtischen Parks und Grünflächen wurde der renommierte Landschaftsgärtner Roberto Burle Marx engagiert. Anstelle des von Lucio Costa beabsichtigten Kreuzes, dem einfachsten Symbol für eine Besitznahme, glauben viele Menschen, gerade beim Anflug auf Brasília, den Grundriss eines stilisierten Flugzeugs zu erkennen. In dessen „Cockpit" befänden sich dann die Gebäude der Exekutive, Legislative und Judikative, in der „Ersten Klasse" die Ministerien, in der Businessclass die Banken, die Kathedrale und das Theater und in der „Touristenklasse" treffenderweise die Hotels und Einkaufszentren. Der ca. 10 km lange „Rumpf" scheint somit von den 14 km Spannweite umfassenden „Flügeln" gekreuzt, in denen die Wohnviertel, *superquadras* genannt, angeordnet sind. Im Schnittpunkt steht der Stadtbusbahnhof *Central*, wo auch die U-Bahn-Linien beginnen.

Oben: 16 Blautöne verleihen der Dom Bosco-Kirche ihre besondere Atmosphäre.

Der 218 m hohe, von weitem sichtbare **Torre de Televisão** ① („Fernsehturm") bietet von seiner Aussichtsplattform auf 75 m Höhe einen guten Rundblick. Am Fuß des Turms verkaufen Händler Kunsthandwerk; Imbissbuden bieten Snacks, Kaffee und gepressten Zuckerrohrsaft an. Von hier führt die **Eixo Monumental** („Monumentalachse"), mit 250 m die breiteste Straße der Welt, zu den wichtigsten Gebäuden der Stadt.

Nicht versäumen sollte man das **Santuário Dom Bosco** ② („Dom Bosco-Kirche"), südlich des Fernsehturms. Der kubische Raum ist vollkommen mit mosaikartigen, in 16 Blautönen gehaltenen Fenstern umrahmt, die je nach Lichteinfall die verschiedensten Farbtöne ergeben – damit zählt diese Kirche zu den beeindruckendsten Bauwerken in dieser ungewöhnlichen Stadt! Die Holzskulptur Jesus am Kreuz stammt übrigens aus Treze Tílias (s. S. 135).

Fährt man nun die Eixo Monumental Richtung Regierungsviertel, so trifft man in der Nähe des Busbahnhofs, am

» Stadtplan S. 155, Info S. 157

Schnittpunkt der Magistralen, auf das **Teatro Nacional** ③ (Nationaltheater). Es hat die Form einer präkolumbischen Pyramide und symbolisiert so die indianischen Wurzeln der lateinamerikanischen Kultur.

Die rund 4000 Menschen fassende ★**Catedral** ④ gilt als Meisterwerk Niemeyers (in Zusammenarbeit mit Joaquim Cardozo). Vor der nach unten führenden Eingangsrampe stehen Skulpturen der vier Evangelisten von Ceschiatti, eine riesige Betonscheibe als Symbol für die Hostie und ein hoch aufragender Kelch. Die kühne Glasdachkonstruktion wird von 16 Betonrippen getragen und symbolisiert die Dornenkrone Christi. Sie ist aus der Ferne kaum erkennbar, wirkt beim Betreten des lichtdurchfluteten Kirchenraumes jedoch imposant. Von der Decke hängen zwei Engel, die durch die Luft zu schweben scheinen.

Auf beiden Seiten der Monumentalachse platzierte Niemeyer die 16 schmucklosen Bürotürme der Ministerien, die durch ihre Ost-West-Ausrichtung den Angestellten die Mittagssonne ersparen. Zwei der Ministerien erhielten ihrer Bedeutung entsprechend besondere Gebäude: das Außen- und das Justizressort. Der **Palácio do Itamaraty** ⑤ (Außenministerium) wirkt mit seinem künstlichen See, den Wasserspielen und der Plastik der fünf Kontinente von Bruno Giorgi erholsam für das Auge in dem vielen Beton und Glas rundum. Gegenüber befindet sich das **Ministério da Justiçia** ⑥ mit riesigen Wassersäulen davor.

Am östlichen Ende der Monumentalachse gelangt man zum „Cockpit“, der **Praça dos Trés Poderes** („Platz der drei Gewalten“). Im Parlamentsgebäude, dem **Congresso Nacional** ⑦, ist die gesetzgebende Gewalt untergebracht, und zwar getrennt – auch architektonisch, unter separaten Kuppeln – nach Abgeordneten und Senatoren. In den 28-stöckigen Zwillingstürmen befinden sich die Büroräume der Parlamentarier. Der nüchterne **Palácio Planalto** ⑧ beherbergt die Arbeitsräume des Präsidenten, die Exekutive. Gegenüber, von der Statue der Justitia bewacht,

» Stadtplan S. 155, Info S. 157

Foto: Mireille Vautier

steht der oberste Gerichtshof **Supremo Tribunal Federal** ⑨. Das Gebäude der Judikative mutet mit seiner schwarzen Glasfassade zwischen weißen Plattformen streng und abweisend an.

Kurios ist nebenan der überdimensionale **Pombal**, wegen seines Aussehens „Wäscheklammer" genannt, der als Taubenschlag dient.

Daneben, an dem vermutlich höchsten Fahnenmast der Welt, flattert in 100 m Höhe eine 286 m^2 große Nationalflagge, die monatlich (am 1.Sonntag, 9 Uhr) ersetzt und abwechselnd von den 26 Bundesstaaten gestiftet wird. In einem Untergeschoss des Platzes ist ein riesiges Modell der Stadt aufgebaut, **Maquete da Cidade**, das einen guten Gesamtüberblick vermittelt.

Der nordöstlich des „Cockpits", am Ufer des künstlichen Sees **Lago Paranoá** errichtete **Palácio da Alvorada** ⑩ („Palast der Morgenröte"), dient dem Staatspräsidenten als Residenz. Die Anlage mit ihrem riesigen Pool und herrlichen Garten darf aber nur aus der Ferne betrachtet werden.

Oben: Das Parlamentsgebäude mit dem „Bürokratenturm".

Mit dem Taxi (Rückfahrtszeit verbindlich vereinbaren!) kann man auch einen Abstecher zum ★**Jardim Zoológico** ⑪ machen, der für seine Großkatzen (Leoparden, Pumas, Panther, Ozelote) berühmt ist. Der Zoo liegt 9 km außerhalb des Zentrums an der Av. das Nações, einem direkten Zubringer zum Flughafen (9-17 Uhr, Mo geschlossen).

Die Hauptstadt stellte zwar noch nie eine große Fußballmannschaft, dennoch war ihre runderneuerte Arena **Estádio Nacional „Mané Garrincha"** eine der größten Spielstätten der WM 2014.

Die Umgebung Brasílias

Etwa 10 km nordwestlich der Stadt liegt der 28 000 ha große **Parque Nacional de Brasília**, zugleich ein Nationalpark und ein Freibad, in dem die für diese Region typische *Cerrado*-Vegetation erhalten blieb. Hier gibt es eine interessante Fauna und Flora zu entdecken:

 » Stadtplan S. 155, Info S. 157

Wer gut zu Fuß ist, kann Baumarten wie die *Buriti*-Palme sehen oder Termiten beim Bau ihrer kugelartigen Lehmnester beobachten. Da die meisten Säugetiere der Baumsavanne nachtaktiv sind, lohnt ein Besuch des Parks im Tageslicht vor allem für Vogelliebhaber: Mit etwas Glück sieht man *Seviemas*, große Savannenvögel, und den *Nandu*, eine Straußenart.

Für historisch Interessierte ist ein Abstecher ins 40 km entfernte **Planaltina** empfehlenswert. In dieser noch zum Bundesdistrikt gehörenden Stadt kann der bereits im Jahr 1922 angebrachte Gründungsstein des zukünftigen Regierungsdistrikts besichtigt werden sowie ein historisches Museum mit Dokumenten über die Entstehung Brasílias.

Pirenópolis

Zu der charmanten Kleinstadt am Fuß der rötlichen „Pyrenäen" (770 m über dem Meer) gelangt man, indem man die BR 070 von Brasília 130 km westwärts fährt. Den bis zu 1385 m hohen Mittelgebirgszug nannten heimatverbundene Einwanderer aus Spanien **Pirineus**, ihr Städtchen **Pirenópolis**. Gegründet hatten es Goldsucher zu Beginn des 18. Jh. Seit 1819 wird 50 Tage nach Ostern die **★Festa do Divino Espíritu Santo** gefeiert, ein riesiges Fest, zu dem Besucher aus dem ganzen Land herbeiströmen. Höhepunkt ist ein Festspiel, bei dem Karl der Große im Morgenland dargestellt wird, und das in einer *cavalhada*, einem Reiterspiel, gipfelt. Seit der Kaiserzeit wird alljährlich ein Vorsitzender der Feierlichkeiten als *emperador* gewählt, den die Ehre teuer zu stehen kommt: Er muss die Musikkapellen und das Feuerwerk bezahlen.

Das koloniale Goldgräberstädtchen wurde im Jahr 1989 zum nationalen Denkmal erklärt. Es besitzt drei interessante Kirchen aus dem 18. Jahrhundert; die Hauptkirche **Nossa Senhora do Rosário** von 1728 hat meterdicke Lehmziegelmauern.

Brasília (☎ 061)

Setur, Eixo Monumental, Mo-Fr 9-17 Uhr, Tel. 3214-2712; Flughafenterminal, Mo-Fr 9-19 Uhr; www.setur.df.gov.br.

***CHURRASCARIA*: Spettus Grill**, Barbecue-Restaurant mit *Rodízio*, sehr beliebt, tägl. 12-24 Uhr, Setor Hoteleiro Sul, Qd. 5, Bl. E, Tel. 3399-2424.
***BRASILIANISCH*: Panelinha**, landestypische Küche, Di-Sa 12-23, So 12-17 Uhr, Setor Hospitalar Norte, Quadra 316, Loja 20, Tel. 3041-5070.
***FISCH*: Coco Bambu Frutos do Mar**, tgl. geöffnet, Setor da Clubes Esportivos Sul, Icone Parque, Tel. 3224-5585, www.cocobambu.com.
***ITALIENISCH*: Villa Borghese**, tägl. 12-15 u. 19-24 Uhr, Comércio Local Sul, Qd. 201, Bl. A, lj. 33, Tel. 3226-5650.

Praça dos Tres Poderes mit Nationalkongress, Führungen Mo-Fr 14-16.30, Sa, So 10-15.30 Uhr, Palácio de Itamaraty, Palácio do Itamarati. **Catedral Metropolitana**, 8-17 Uhr, Espl. dos Ministérios.

***STADTRUNDFAHRT*: Brasilia Tour**, Doppelstockbus, der in 90 Min. alle Highlights ansteuert, Zu-und Ausstieg jederzeit, Abfahrt 10-18 Uhr alle 90 Min. beim Fernsehturm.

***FERNBUSSE*:** Metro-Station *Shopping*, Tel. 3234-2185.
***METRO*:** ab **Stadtbusbahnhof** (Tel. 3353-7373) *Central* , www.metro.df.gov.br
***FLUGHAFEN*:** Tel. 3364-9000.

Pirenópolis (☎ 062)

Museu das Cavalhadas, regionale Kultur, Fr-So 10-12 u. 14-17 Uhr, Rua Direita 39.

***BUSBAHNHOF*:** Av. Neco Mendonça 3, Tel. 3331-1248.

7 Mittelwesten

★★PANTANAL

Pântano bedeutet zwar „Sumpf", doch das rund 230 000 km² große Gebiet **★★Pantanal** ist eine Schwemmlandebene, die lediglich von November bis April überflutet und dadurch mit nährstoffreichem Schlamm versorgt ist. Das Pantanal-Becken erstreckt sich in nur 100 m Meereshöhe über Teile der Bundesstaaten Mato Grosso do Sul und Mato Grosso. Allerdings gibt es in *mato grosso*, dem „Großen Wald", kaum noch Bäume. Schuld daran sind die Viehzüchter, die sich mit Brandrodungen Weideland schaffen. Dennoch gilt das Pantanal als die an Wildtieren reichste Gegend Südamerikas. Während der Trockenzeit scharen sie sich um die letzten Wasserlöcher, und man kann hier dann in einem halben Tag womöglich mehr Tiere sehen als während einer einwöchigen Expedition im Amazonas-Gebiet!

Im Norden wird das Gebiet von den Tafelbergen der Chapada dos Parecis, im Osten von der Hochebene Planalto Central, im Westen vom Grenzfluss Rio Paraguai und im Süden von der trocken-heißen Tiefebene des Chaco Boreal begrenzt. Der kleinere, nördliche Teil, **Pantanal Norte**, gehört zu Mato Grosso und ist über die Hauptstadt **Cuiabá** erreichbar. Wichtigste Stadt im südlichen Gebiet, **Pantanal Sul**, ist **Campo Grande**, die Hauptstadt des Nachbarstaates Mato Grosso do Sul.

Die besten Reisemonate sind während der Trockenzeit von Mai bis September, wenn die Temperaturen niedriger und Mückenschwärme seltener sind. Die meisten Hotels, Pensionen und Farmen bieten so genannte „Pakete" an für mindestens drei bis vier Tage, meist mit Vollpension und Transport. Die Unterkünfte im Pantanal sind einfach bis komfortabel und der Landschaft und dem Klima angepasst. Es gibt Bungalows (*cabanas*), Pensionen (*pousadas*) und Farmen (*fazendas*). Reisebüros bieten drei- bis viertägige oder einwöchige Arrangements an, in denen Unterkunft, Verpflegung, Transport, Transfer und Ausflüge im Gebiet eingeschlossen sind. Viele der Quartiere kann man nur per Boot oder Flugzeug erreichen.

Campo Grande ❶ (775 000 Einwohner) ist der wichtigste Verkehrsknotenpunkt und die günstigste Ausgangsbasis für Reisen in das südliche Pantanal. Die Stadt bietet für Besucher neben Hotels, Restaurants und Banken eine sehr empfehlenswerte **Touristeninformation** (Av. Afonso Pena). Vor der Markthalle verkaufen Indianer der Region auf der **Feira Indígena** ihre Erzeugnisse.

Ansehen sollte man sich die ethnologische Sammlung im **Museu Dom Bosco**, die einen Einblick in das Leben der Ureinwohner ermöglicht. Außerdem werden präparierte Tiere, ausgestopfte Vögel und an die 10000 Insekten (darunter zahlreiche Schmetterlinge) ausgestellt.

Campo Grande ist von São Paulo per Non-Stop-Flug, von anderen Städten mit Zwischenlandung erreichbar. Die Busfahrt von Rio dauert ungefähr 20 Stunden.

Von Campo Grande führt die BR 262 in das 400 km nordwestlich gelegene Corumbá. Die Gegend um **Aquidauana** ❷ lockt Reisende mit herrlich gelegenen *Fazendas* ins südliche Pantanal. Von hier aus lohnt sich unbedingt ein Abstecher nach Süden auf der BR 419 über **Guia Lopes da Laguna** nach **★Bonito** ❸. Der Ort ist umgeben von spektakulärer Natur. Es gibt schöne Wasserfälle, Grotten mit fantastischen Tropfsteinformationen und Seen. Beim Schnorcheln in den kristallklaren, fischreichen Flüssen umgeben von üppiger Vegetation fühlt man sich wie in riesigen Aquarien. Diese einzigartigen Naturerlebnisse locken zunehmend mehr Touristen an. Die Besucherzahlen werden inzwischen zum Schutz des fragilen Ökosystems limitiert (Reservierung während der Hochsaison erforderlich).

Zurück auf der BR 262 verdient eine luxuriöse Lodge nordöstlich von Miranda besondere Erwähnung. 1988 erwei-

 » Karte S. 159, Info S. 165

7 Mittelwesten

terte Robert Klabin, ein Geschäftsmann aus São Paulo, sein Tätigkeitsfeld, um sich neben der Aufzucht von 20 000 Rindern auch der Ökologie und dem Öko-Tourismus zu widmen. Touristengruppen können in der Lodge des **Refúgio Ecológico Caiman** ❹ das einzigartige Ökosystem des Pantanal studieren. Für maximal 72 Gäste stehen komfortable Unterkünfte in vier Häusern zur Verfügung. Die *fazenda* liegt 236 km westlich von Campo Grande und ist in vier Stunden Autofahrt erreichbar. Bootsfahrten auf dem **Rio Aquidauana**, Ausritte mit zahmen Pferden, Touren mit Pickups und Wanderungen durch den Wald gehören zu den angebotenen Aktivitäten.

In **Buraco das Piranhas** (Touristeninformation und Polizeistation) beginnt die **Estrada Parque do Pantanal** ❺, eine Dammpiste, die auf einer Länge von 117 km über 87 einfache Holzbrücken weit in die Landschaft des Pantanal hineinführt, gute Wildbeobachtung ermöglicht und in Corumbá endet. Wer Zeit hat, sollte eine Übernachtung einplanen. Entlang der Strecke bieten zahlreiche Pousadas Unterkunftsmöglichkeiten. Beste Reisezeit ist die Trockenzeit zwischen Mai/Juni und Oktober (während der Regenzeit stehen weite Streckenabschnitte unter Wasser), Geländewagen erleichtern die Fahrt.

Corumbá ❻ (92 000 Einw.), an der bolivianischen Grenze am Rio Paraguai, ist Ausgangspunkt für den Besuch des ★**Parque Nacional do Pantanal** ❼. Doch dieses 135 000 ha große Gebiet an der Grenze zu Bolivien, ist nur per Boot erreichbar und nur schwer kontrollierbar, weshalb ausgerechnet im Nationalpark besonders viel gewildert wird. Zudem hat Corumbá als Schmugglerparadies einen sehr schlechten Ruf. Die Stadt besitzt echten Wildwest-Charakter – viele der männlichen Einwohner tragen Waffen. Corumbá wird von der brasilianischen Fluggesellschaft TAM regelmäßig angeflogen.

Oben: Das Refúgio Ecológico Caiman verbindet die Zucht des Pantanal-Rindes gado pantaneiro mit Öko-Tourismus. Rechts: „Land unter" in der Regenzeit im Pantanal.

» Karte S. 159, Info S. 165

Foto: Martin Wendler (Silvestris Online)

Pantanal Norte, der kleinere, nördliche Teil der Schwemmlandebene mit der Hauptstadt Cuiabá ist von Campo Grande über die durchgehend asphaltierte BR 163 zu erreichen. Auf dieser Strecke passiert man die kleine Fischerstadt **Coxim** ❽, sie ermöglicht den Zugang zum Pantanal von Osten her über den **Rio Taquari**. Bekannt ist der Ort als Ziel für Sportangler und wegen der *Piracema*. Zwischen September und Januar wandern hier riesige Fischschwärme vorbei, flussaufwärts zu ihren Laichgebieten (Angeln ist in dieser Zeit verboten).

Am Nordrand des riesigen Sumpfgebietes liegt **Cuiabá** ❾ (670 000 Einw.), die Hauptstadt Mato Grossos. 1719 nach Goldfunden gegründet, erfährt die Stadt durch ihre geographische Lage zunehmend touristischen Aufschwung. Cuiabá ist von Brasília und São Paulo per Non-Stop-Flug zu erreichen. Obwohl die Stadt auch fußballerisch nur Provinz ist, erhielt sie den Zuschlag als eine der WM-Spielstätten 2014.

Ein Tagesausflug führt zu dem nordöstlich gelegenen **Parque Nacional da Chapada dos Guimarães** ❿. An einer Bruchkante zum Pantanalbecken gelegen, ermöglicht der Park atemberaubende Ausblicke. Zu sehen sind beeindruckende Wasserfälle, über 10 000 Jahre alte Höhlenmalereien und bizarre Felsformationen, wie z. B. die zerklüftete **Cidade de Pedra**.

Hauptattraktion Cuiabás sind jedoch die mehrtägigen Touren entlang der **Transpantaneira** ⓫. Verschiedene Anbieter organisieren Safaris. Will man auf eigene Faust das Naturparadies erkunden, fährt man Richtung Südwesten ins 104 km entfernte **Poconé**, Ausgangspunkt der Transpantaneira, der zweiten wichtigen Piste ins Pantanal. Ursprünglich sollte sie Poconé mit Corumbá verbinden, wurde wegen sehr ungünstiger Kosten-Nutzen-Relation jedoch nur bis **Porto Jofre** an der Grenze der beiden Bundesstaaten gebaut. Allein für diese Teilstrecke mussten 118 Brücken errichtet werden, deren einfache Holzkonstruktionen besonders südlich von Pixaim zum Teil in miserablem Zustand

» Karte S. 159, Info S. 165

Foto: Günter Ziesler (Tierbildarchiv Angermayer)

sind. Entlang der in der Regenzeit meist unpassierbaren Strecke bieten zahlreiche Lodges Übernachtungsmöglichkeit und verschiedenste Aktivitäten wie Bootstouren, Wanderungen oder Pferdesafaris an.

Ab **Porto Jofre** ⓬, einer winzigen Siedlung mit Unterkunftsmöglichkeit und Tankstelle, geht es nur noch mit **Booten** weiter – über den Rio Cuiabá und den Rio Paraguai bis nach Corumbá weit in die Wildnis des Pantanal hinein, in das unberührte Ökosystem des **Parque Nacional do Pantanal Matogrossense** ⓭.

Tierparadies in der Wasserwildnis

175 Flüsse sorgen in der Regenzeit (November bis April) für die Überflutung von 62 000 km² Land mit nährstoffreichem Schlamm. Aufgrund der geringen Höhenunterschiede fällt der Hauptfluss, der **Rio Paraguai**, nur 2-3 cm pro km und benötigt somit 100 Tage bis zum Verlassen des Pantanal. Die Überschwemmung vollzieht sich also nicht in einem gewaltigen Schub, sondern gemächlich; Mensch und Tier, Fauna und Flora haben Zeit zur Umstellung. Auch die Nutztiere haben sich auf die Lebensbedingungen ideal eingestellt: Das Pantanal-Rind, *gado pantaneiro*, das von 1880 aus Indien eingeführten Zebus abstammt, hat wegen der Hitze ein kürzeres Fell und gegen die Insekten eine dickere Haut entwickelt. Die im Pantanal gezüchteten Pferde können lange Zeit im Wasser verbringen, ohne dass ihre Hufe faulen.

Oben: Piranhas liefern das Gruselszenario für Touristen. Rechts: Der Brillenkaiman dient häufig Schmetterlingen als Mineralienspender.

Die Artenvielfalt in der Tierwelt ist durch die unterschiedlichen Lebensräume bedingt. Überschwemmungs-Savannen, Trockenwälder und Amazonas-ähnliche Zonen wechseln mit der *caatinga* (Savanne mit Buschbewuchs), und es gibt Gebiete, in denen die Farmer tiefe Brunnen graben müssen, um ihr Vieh zu versorgen.

Man hat im Pantanal 80 Säugetier-

» Karte S. 159, Info S. 165

Foto: Günter Ziesler (Tierbildarchiv Angermayer)

und 50 Reptilienarten gezählt, dazu 650 Vogelarten und 240 verschiedene Fische, aber keine endemischen Arten. Von der roten Liste der gefährdeten Tierarten gibt es im Pantanal 13, darunter Jaguar, Riesenotter und großer Ameisenbär. Die Sumpfhirsche galten als gefährdet, als ihr Bestand in den 1970er Jahren auf 7000 Stück zurückging. Besserer Schutz sorgte dafür, dass nun wieder an die 40 000 Tiere im Gebiet leben. Die *capivaras*, die Wasserschweine, sind die größten Nagetiere der Welt und im Pantanal überall, selbst inmitten der Rinderherden, anzutreffen. Drei Zugvogelrouten führen über das Gebiet – das Pantanal ist mit seinem Fischreichtum ein Garten Eden für gastierende Vögel aus Nord- und Südamerika.

Kaimane und Piranhas

Weltweit berühmt ist die Region vor allem wegen der **Jacaré** (Brillenkaimane) bis zu 3 m langen Krokodilen, die unzählige Wilderer früher rücksichtslos jagten. Seit 1993 der Handel mit Krokodilleder auch in Paraguay verboten wurde, hat sich der Bestand erholt; er wird heute wieder auf 10 Mio. Stück geschätzt. Man sieht die Kaimane bereits von der Straße aus zu Hunderten an den Ufern liegen. Der schwarze Brüllaffe und der Kapuzineraffe sind hier ebenso heimisch wie der *nandu*, der südamerikanische Strauß, der *jabirú*, der größte Storch der Welt und der seltene Hyazinth-Ara, der größte Papagei der Erde. Von den vielen Reiherarten fällt besonders der rosa gefiederte Löffelreiher, der *colhereiro* auf. Der Stirnband-Ibis kündigt sich durch sein lautes Geschrei an. Trompetenähnlich klingt der Ruf des Halsband-Tschaja, der dem Truthahn ähnelt. Fünf bunte Eisvogelarten fischen entlang der Flüsse, und mit Glück kann man auch eine Anakonda, eine ungiftige Riesenschlange entdecken.

Verschiedene Adlerarten jagen im Pantanal; die schwarzen Geier, *urubus*, kümmern sich ums Aas. Das größte der wild lebenden Säugetiere Südamerikas, der Tapir, ist ebenso selten zu sehen wie die Großkatzen Jaguar und Puma oder

Foto: Uwe Walz (Silvestris Online)

der kleinere Ozelot, aber auch diese Säuger haben hier ihren Lebensraum. Die berüchtigten *piranhas* bevölkern die Flüsse in großen Schwärmen, die schmackhaftesten der vielen Süßwasserfischarten sind der *dourado* (Salminus maxillosus) und der riesige *bacu* (Piaractus mesopotamicus). Wegen des Fischreichtums finden sich hier so große Vogelschwärme wie an keinem anderen Ort in Brasilien.

Blütenpracht und Stinkbaum

Auffälligster Baum ist der *ipê roxo*, der zur Familie der Bignoniaceen gehört und im August und September blattlos seine rosa Blütenpracht zeigt. Die *buriti*-Palme wächst entlang der Flüsse, während sich die wildwuchernden Wasserhyazinthen so stark in den Wasserläufen ausbreiten, dass diese zu ersticken drohen. In den Flüssen finden sich viele *capões*, von Palmen bewachsene, höher gelegene Inseln, auf die sich viele Tiere während Überflutungen flüchten.

Oben: Der Riesenstorch (Jabiru mycteria) ist der auffälligste Vogel im Pantanal.

Auch ein spezieller Sandpapierbaum wächst im Pantanal, dessen Blätter man zum Schleifen verwenden kann. Ein Artgenosse wird von den Bewohnern sehr treffend *Fede-fede* („stinke-stinke"), genannt: Er verströmt einen intensiven Kotgeruch, wenn man seine Rinde einritzt. Weil die Insekten auf diesen Geruch im wahrsten Sinne des Wortes fliegen und das Wohnhaus links liegen lassen, wird er gerne in einer Ecke des Hofes gepflanzt.

Bedrohtes Paradies

Selbst im relativ dünn besiedelten Pantanal sind die Folgen des ringsum praktizierten ökologischen Raubbaus nicht zu übersehen. Mit dem aus den nördlich der Sumpflandschaft gelegenen Gebirgen zufließenden Flüssen gelangen Schadstoffe und Schlamm in die tiefer gelegene Urlandschaft und stören deren extrem empfindliches ökologisches Gleichgewicht. Zwar sind heute weit weniger *garimpeiros* genannte Goldsucher in der nördlich des Pantanals gelegenen Höhenzügen aktiv als noch in den 1970er und 1980er Jahren, aber aus den von ihnen hinterlassenen Kraterlandschaften gelangt noch immer hochgiftiges Quecksilber ins Pantanal, das zum Binden des Edelmetalls ein- und freigesetzt wurde. Die ohnehin dünne Erdkrume der durch die großflächig mit Insektiziden behandelten Soja-Monokultur belasteten das Ökosystem außerdem. Kontaminierte Erde gelangt durch Erosion in die zum Pantanal strömenden Flüsse und schädigt dort den Fischbestand und die an den Flussauen gelegenen Brutgebiete vieler Wasservögel.

Die langfristigen Auswirkungen der nordwestlich von Cuiabá teils in Bau befindlichen, teils in Betrieb genommenen Wasserkraftwerke und ihrer Staustufen auf das Panatanal sind nur schwer einschätzbar.

» Karte S. 159, Info S. 165

Campo Grande (☎ 067)

CAT (Centro de Atendimento ao Turista), Flughafen, Tel. 3363-3116; im Shopping Campo Grande, Tel. 3314-3142, www.turismo.ms.gov.br.

***CHURRASCARIA:* Bezerro de Ouro**, Fleisch wird nach dem beliebten Rodízio-System (bis zum Abwinken) am „laufenden Spieß" serviert, Mo-Fr 11-14:30 u. 18:30-23 Uhr, Sa, So 11-15.30 Uhr, Cachoeira, Rua Dr. Antônio Arrantes 307, Tel. 3326-5463.
Costelaria do Gaúcho Gastão, Barbecue-Restaurant mit Rodízio, Mo, Di 11-14.30, Mi-Sa 11-15 u. 19-22.30, So 11-15 Uhr, Doutor Zebrini 38, Chácara Cachoeira, Tel. 3029-4325 u. 3028-4826, www.gauchogastao.com.br.
***FISCH:* Ceará**, frische Süßwasserfische, Di-Sa 11-14.30 u. 19-23, So 11-15 Uhr, Rua D. Aquino 2249, Tel. 3022-6404.
***REGIONAL:* Fogo Caipira**, fangfrische Pantanal-Fische wie Pacu und Piraputanga, der fein geschnittene Picanha (Tafelspitz) wird auf heißen Steinen serviert und am Tisch zubereitet, empfehlenswert, Di-Fr 11-14 u. 19-23, Sa 11-24, So 11-16 Uhr, Centro, Rua José Antônio Pereira 145, Tel. 3324-1641, www.fogocaipira.com.br.

Museu Dom Bosco, Völkerkundliche Sammlung aus dem gesamten Mato Grosso-Gebiet, Di-Sa 8-18, So 8-12 u. 14-18 Uhr, Av. Afonso Pena 7000, Cidade Jardim, Tel. 3326-9788, www.mcdb.org.br.

***BUSBAHNHOF:* Rodoviária**, Bairro Universitário, Av. Gury Marques 1215, Tel. 3026-6789.
FLUGHAFEN: Tel. 3368-6000.
***TAXIS:* Coopertáxi**, Tel. 3328-9777.

Pantanal Sul (☎ 067)

***BOOTE MIT KABINEN:* Kalypso**, 28 Kabinen, Bordküche u. Pool, wird häufiger zum Fischfang eingesetzt, www.naviokalypso.com.br und www.pescasemfonteiras.com.br.
Scorpions, 7 Kabinen und Bordküche, Tel. 3242-1392, www.pioneiroturismo.com.br.

Corumbá (☎ 067)

Setur, Mo 13.30-18, Di-Fr 8.30-11.30, 13.30-18 Uhr, Porto Geral, Rua Manuel Cavassa 275, Universitário, Tel. 3232-5221.

***REGIONAL:* Ceará**, Fischgerichte in zahlreichen Variationen, z. B. mit Mozzarella überbacken oder mit Urucum blutrot gefärbt, Di-So 11-14.30 Uhr u. 19-23 Uhr, Rua Albuquerque 516, Tel. 3231-1930.
Viva Bella, Fischgerichte und herrliche Aussicht von der Terrasse über den Paraguay-Fluss, So Live-Musik, tgl. 17-24 Uhr, Rua Arthur Mangabeira 1, Tel. 3232-3396.

Cuiabá (☎ 065)

Sedtur, Mo-Fr 8-12 Uhr und 14-18 Uhr, Rua Voluntários da Pátria 118, Ventro Norte, Tel. 3613-9300.

***JAPANISCH:* Haru**, populär, tgl. Dinner, Rua Senador Vilas Boas 94 A, Tel. 3027-7171.
***REGIONAL:* Peixaria Popular**, Mo-Sa 11-15 u. 19-24, So 11-17 Uhr, Goiabeiras, Av. São Sebastião 2324, Tel. 3322-5471.
Getúlio, Churrascaria, Di-Fr 11.30-14.30 Uhr und 17.30-2 Uhr, Sa, So 11.30-4 Uhr, Goiabeiras, Av. Getúlio Vargas 1147, Tel. 3624-9992, www.getuliogrill.com.br.
O Regionalíssimo, Selbstbedienungsrestaurant am Hafen, Av. Beira-Rio, Anbau des Museu do Rio, Tel. 3623-6881.

***BUSBAHNHOF:* Rodoviária**, Av. República do Líbano, Telefon 3621-1040.
FLUGHAFEN: Tel. 3614-2500.

Pantanal Norte (☎ 065)

***BOOTE MIT KABINEN:* Babilônia**, 6 Kabinen mit Klimaanlage, Mindestaufenthalt 7 Tage, ab Cáceres, Tel. 3222-1379 und 99989-1896, www.barcobabilonia.com.br.
Ieiê, 8 Kabinen mit Klimaanlage, Tel. 3223-4907 und 99905-0322, www. barcoieie.com.br.
Pantanal Vip, Tel. 99941-4181 u. 98129-9499, www.pantanalvip.com.br

In Salvadors restaurierter Altstadt – der Pelourinho, mit der blauen „Kirche der Sklaven“.

SENAC
PELOURINHO
RESTAURANTE
ESCOLA

Foto: Robin Daniel Frommer

DER NORDOSTEN
Strände und Sertão

BAHIA / SALVADOR
PERNAMBUCO
RECIFE / OLINDA
JOÃO PESSOA
NATAL / FORTALEZA
SÃO LUÍS

DIE NORDOSTREGION

Die neun Bundesstaaten dieser Großregion haben alle Atlantikstrände und Hafenstädte als Hauptstädte; nur Teresina, die Kapitale von Piauí, ist ein Binnenhafen. Salvador da Bahia, Recife und Fortaleza sind auch im Ausland wohl bekannt – anders dagegen die kleinsten Staaten Brasiliens, Sergipe und Alagoas, und der nördlichste der Nordost-Staaten, Maranhão, obwohl der fast so groß wie Deutschland ist.

Im Nordosten Brasiliens leben auf einem Fünftel der Landesfläche 30% der Bevölkerung und mehr als die Hälfte der ärmsten Brasilianer. Denn diese Region wurde geprägt von Großgrundbesitz, Plantagenwirtschaft und Sklaverei, hier haben sich quasi koloniale Strukturen erhalten. Der *nordestino* (Bewohner des Nordostens) wurde auf der Flucht vor Dürre und Hunger zum billigen Gastarbeiter im eigenen Land, in São Paulo, Rio und Belo Horizonte.

Geografisch kann die Region in vier Zonen unterteilt werden. *Zona da Mata* nennt man den bis zu 150 km breiten Küstenstreifen, einst vom Küstenurwald begrünt. Die Kolonialherren rodeten den Wald zunächst zum Export des roten Brasilholzes, um danach ihre Zuckerrohrplantagen anzulegen. Später kamen Kakao-, Baumwoll-, Tabak- und Bohnenfelder hinzu. In dieser Zone liegen die Großstädte, sie ist daher die am dichtesten besiedelte der Region.

Links: In Trance gefallene Novizin des Candomblé-Kultes.

Den Übergang zum Sertão bildet der *Agreste*, wo vor allem Vieh gezüchtet wird, wo aber mit rund 1000 mm Niederschlag pro Jahr auch Plantagenwirtschaft noch gute Erträge ermöglicht.

Der berühmt-berüchtigte *Sertão* bedeckt die Hälfte des Nordostens. Unregelmäßige Niederschläge und z. T. katastrophale Dürreperioden prägen diese trockene Region. Da sich die östlichen Passatwinde am Küstengebirge abregnen und zudem Abfluss und Verdunstung sehr hoch sind, herrscht hier ein Halbwüstenklima mit teils nur 300 mm Niederschlag im Jahr. Die Vegetation dieser Zone nennen die Indianer *caatinga* („weißer Wald"), da sich die in der Trockenzeit braunen Büsche, Kakteen und kleinen Bäume nach den seltenen, aber intensiven Regengüssen in weiß blühende, grüne Oasen verwandeln.

Der *Meio-Norte* (Mittlere Norden), umfasst mehr als ein Viertel des Nordostens und bietet mit reichlich Niederschlägen relativ gute Bedingungen für Landwirtschaft und Viehzucht, ist aber meist in Großgrundbesitzerhand.

» Karte S. 171 u. S. 192-193, Info S. 188-189

BAHIA

Der Bundesstaat Bahia, mit annähernd 561 000 km² größer als Frankreich und mit mehr als 15,2 Mio. Einwohnern der bevölkerungsreichste Staat im Nordosten Brasiliens, ist berühmt wegen seiner Traumstrände an der 1100 km langen Küste. Doch auch das Landesinnere hat seine Reize: die Canyons und Tafelberge des Nationalparks Chapada Diamantina, dessen höchster Gipfel, der Pico do Barbado, 2033 m hoch aufragt.

Der drittlängste Fluss Südamerikas, der **Rio São Francisco**, wird im Norden Bahias zu einem 200 km langen See aufgestaut und durchquert den Bundesstaat, bis er nach 3361 km, an der Grenze zwischen den nördlichen Nachbarstaaten Sergipe und Alagoas, in den Atlantik mündet. Er diente lange der Binnenschifffahrt. Seit dem Bau des heftig umstrittenen Sobradinho-Staudamms ist so sein Wasser Hoffnung für den von jahrelangen Dürreperioden geplagten Sertão.

Oben: Eine Baiana frittiert Acarajés (Bohnenklöße), eine Spezialität Salvadors.

Die Region ist nicht besonders reich an Säugetieren, dagegen ist die Meeresfauna sehr vielfältig, da der Atlantik hier noch nicht intensiv ausgebeutet wurde. Deshalb findet man in der afrikanisch inspirierten Küche entlang der Küste Bahias viel Fisch und Meeresfrüchte auf der Speisekarte.

Doch nicht nur die Küche der Region zeigt westafrikanische Einflüsse: Eine ausgeprägte afrobrasilianische Kultur mit Candomblé, Capoeira-Kampftanz und mitreißenden Rhythmen ist hier seit dem 16. Jh. entstanden. Unschwer lassen sich die Zusammenhänge erraten: Die Wirtschaft Bahias blühte in der Kolonialzeit vor allem dank Sklavenarbeit; mehr als 4 Millionen verschleppte Westafrikaner wurden hier gegen ihren Willen an Land gezerrt und anschließend als Leibeigene auf Kakao-, Tabak- und Zuckerrohrplantagen mit brachialer Gewalt zur Feldarbeit angetrieben oder in den Häusern der Gutsherren als rechtlose Haussklaven benutzt.

Bis Mitte des 20. Jh. war die Landwirtschaft der wichtigste Wirtschaftszweig im Nordosten Brasiliens. Noch 1960 arbeiteten 40% der Beschäftigten auf den Plantagen, zu Beginn der 1990er Jahre waren es nur noch 15%. Begünstigt durch die Erdölfunde in der Allerheiligenbucht entstand nördlich von Salvador, in Camaçari, der Pólo Petroquímico, ein Industriezentrum mit 70 Unternehmen der chemischen Industrie. Neben den Erdöl- und Kupfervorkommen sind vor allem die Gold- und Edelsteinminen im Landesinneren beachtlich. Salvador war 2014 ein Spielort der WM und 2016 des Olympischen Fußball-Turniers.

Rund 55% der Bahianer arbeiten heute im Dienstleistungssektor, in Verwaltung und Tourismus. Die Palmenstrände sind besonders bei den Südbrasilianern beliebt, aber auch europäische Gäste werden von Sonne, Sand und Karneval magisch angezogen.

» Karte S. 171, Info S. 188-189

Utinga
Ibiaporã
Jequitiba
Baixa Grande
324
Sta. Barbara
Entre Rios
Afrânio Peixoto
Wagner
Rui Barbosa
Macajuba
Ipirá
Serra Preta
Tanquinho
Irará
Ouriçangas
ALAGOINHAS
Lajedinho
★Gruta do Lapão
FEIRA DE SANTANA
6
Catu
Itanagra
7
★Lençóis
195
Itaberaba
Santo Estevão
Santo Amaro
Boa Vista do Tupim
242
95
Argoim
Cachoeira da Fumaça
Rio Paraguaçu
75
★Praia do Forte
★P. N. da Chapada Diamantina
046
★Cachoeira
5
4
324
2
B A H I A
Itatim
São Félix
Iaçu
Castro Alves
Santo Antônio de Jesus
CAMAÇARI
Arembepe
Mucugê
Itaetê
Milagres
Itaparica
181
Estrada de Coco
S. DO SINCORÁ
Marcionílio Sousa
Amargosa
Nazaré
1
970
Nova Itaipé
Brejões
101
3
★★SALVADOR
Iramaia
Planaltino
174
Mutuípe
Jaguaripe
ILHA DE ITAPARICA
Ibicoara
C H A P A D A
Santa Inês
Ubaíra
D E
Maracás
116
8
Valença
Novo Acre
Três Braços
M A R A C Á S
101
Teolândia
Cairu
ILHA DE TINHARÉ
Barra da Estiva
Itiruçu
Jaguaquara
Taperoá
Baixão
ILHA DE BOIPEBA
330
Contendas do Sincorá
Ituaçu
JEQUIÉ
Ponta de Castelhanos
Gandu
026
Rio de Contas
Apuarema
Ponta do Mutá
Tanhaçu
111
Jitaúna
Camamu
Barra Grande
Catingal
Manuel Vitorino
Sussuarana
Mirante
130
Ipiaú
Ibirataia
826
Itagi
Maraú
407
Bom Jesus da Serra
Ubatã
Travessão
OCEANO
Caetanos
Boa Nova
Dario Meira
Aurelino Leal
Itacaré
Coquinhos
Poções
Anagé
Ibitupã
Iguaibi
Planalto
Caraíbas
Coaraci
73
Itajuípe
Vitória da Conquista
1004
Aritaguá
S. DA OURICANA
Nova Canaã
Ibicuí
Ibicaraí
Itabuna
9
Ilhéus
28
Belo Campo
Barra do Choça
Santa Cruz da Vitória
142
Olivença
96
Veredinha
91
Iororó
101
001
ATLÂNTICO
Itambé
Ecoparque do Una
116
Rio Pardo
77
Itaju do Colônia
Itapetinga
Arataca
Cândido Sales
10
Una
Ribeirão do Largo
Camacã
★Transamérica Comandatuba
ILHA DE COMANDATUBA
Encruzilhada
Macarani
Pau Brasil
Santa Luzia
Divisópolis
Maiquinique
Potiraguá
Mascote
Canavieiras
Gurupá Mirim
Ouricana
R. São Francisco
Bandeira
Pedra Grande
Jordânia
Salto da Divisa
141
Santa Maria
Belmonte
R. Jequitinhonha
Almenara
Jacinto
Itapebi
Barrolândia
367
Itagimirim
Mojiquiçaba
M I N A S
Rubim
Santo Antônio do Jacinto
EUNÁPOLIS
Santa Cruz Cabrália
Jequitinhonha
11
Porto Seguro
Joaíma
Felisburgo
Itabela
12
★Arraial d'Ajuda
P. N. do Pau Brasil
Guaratinga
13
★★Trancoso
G E R A I S
Palmópolis
101
1156
Cajuita
P. N. de Monte Pascoal
Caraíva
Fronteira dos Vales
Jucuruçu
Águas Formosas
Batinga
Ponta do Corumbau
790
Itamaraju
530
Bertópolis
Crisólita
Itanhém
P. N. do Descobrimento
Cumuruxatiba
Umburatiba
Vereda
BAHIA
1 - 13
0
50 km
© Nelles Verlag GmbH

8 Nordosten

Ilha Itaparica
Igreja Bonfin (6 km), Museu de Ex-Votos, Forte de Monte Serrat, Ribeira
Pestana Convento do Carmo
Largo do Carmo
Igreja do Carmo
Ordem T. do Carmo
★Forte São Marcelo
OCEÂNO ATLANTICO
Morro de São Paulo
COMÉRCIO
Igreja do Santíssimo Sacramento do Passo
Pça. Riachuela
★★PELOURINHO
Casa do Benin
N. S. do Rosário dos Petros
Largo do Pelourinho
Fundação Casa de Jorge Amado
Senac
Teatro M. Santana
Praça Quincas Berro d'Agua
Solar do Ferrão
Pça. Inglaterra
Correiro
Terminal Marítimo
CIDADE BAIXA
Plano Inclinado Gonçalves
★★Catedral Basílica
São Pedro dos Clérigos
★Terreiro de Jesus
Largo de Tereza Batista
Largo do Perdo Arcanjo
Mercado Modelo
Praça. Visconde de Cairu
Fonte de Mário Cravo
1 Uauá
2 Jardim das Delícas
3 Maria Mata Mouro
4 Pousada Solar dos Deuses
5 Villa Bahia
Palácio Episcopal
Praça da Sé
Igreja Misericórdia
Igreja de São Domingos
Capitania dos Portos
Elevador Lacerda
Praça Tomé de Souza
Palacio Tomé de Souza
SÉ
Igreja da Terceira Ordem de S. Francisco
Largo Cruzeiro de São Francisco
★★Igreja de São Francisco
BAÍA DE TODOS OS SANTOS
Palácio Rio Branco
Paço Municipal
★★CIDADE ALTA
★Igreja N. S. de Conceição da Praia
Trapiche Adelaide
Estátua de Castro Alves
Casa de Ruy Barbosa
Pça. dos Veteranos
Shopping Baixa dos Sapateiros
Pça. Castro Alves
Igreja de Santana
Largo da Palma
SANTA TERESA
Estação da Barroquinha
Forum Ruy Barbosa
Igreja Santa Teresa
Ladeira S. Tereza
★Museu de Arte Sacra
Igreja e Mosteiro de São Bento
Beco de Maria Paz
Pça. Dq. da Caixas
Polvóra
Linha 1
Praça Gen. Inocêncio Galvão
Largo Dois de Julho
Igreja e Convento da Lapa
SÃO PEDRO
TORORÓ
Lapa
Gabinete Português de Leitura
Estação da Lapa
Center Lapa
Shopping Piedade
Largo da Piedade
Igreja e Convento N. S. da Piedade
Campo Grande, Teatro Castro Alves
Igreja do Rosário
BARRIS
Av. Lafayete Coutinho
Av. da França
Av. Estados Unidos
Av. Sete de Setembro
Av. Joana Angélica
Av. Vale do Tororó
Av. Jungqueira Ayres
R. Direita da Piedade
SALVADOR
1 - 24
0 100 200 m
© Nelles Verlag GmbH

★★Salvador da Bahia

Barock und Capoeira

Cidade do Salvador da Bahia de Todos os Santos – „Stadt des Erlösers in der Allerheiligenbucht" ist der vollständige Name der Stadt, die international ★★ **Salvador ❶** genannt wird, von den *baianos*, den fast 3 Mio Bewohnern, jedoch einfach *Bahia*. Amerigo Vespucci ging hier am 1. November 1501 an Land und taufte sie nach dem Feiertag des katholischen Kalenders. Die Stadt wurde 1549 vom Vertreter des portugiesischen Königs, dem Gouverneur Tomé de Sousa, als Sitz der Kolonialverwaltung gegründet und blieb bis 1763 Brasiliens erste Hauptstadt.

Als die Holländer im 17. Jh. Teile des Nordostens besetzten, kamen sie 1624 auch nach Salvador und errichteten einige Festungen, die noch heute das Stadtbild prägen. Die Teilung des Ortes in Ober- und Unterstadt erinnert an Lissabon, auch die entsprechenden Aufzüge fehlen nicht. „Auf den Berg gepflanzt, vom Meer umgeben", so beschrieb Jorge Amado, der bekannteste Literat Brasiliens, die einmalige Lage Salvadors, die es in strahlendem Licht erscheinen lässt, denn: „Das Meer von Bahia blendet die Augen."

★★Cidade Alta, die historische Oberstadt – UNESCO Welterbe

Gibt man dem Taxifahrer die Oberstadt als Fahrziel an, wird er bis zur **Praça Tomé de Souza** ① fahren. Hierher gelangt man jedoch viel origineller mit dem 1930 erbauten Aufzug, dem **Elevador Lacerda** ②, der von der Praça Cairu in der Unterstadt (gegenüber dem Mercado Modelo) die 72 Höhenmeter schnell und billig überwindet (5-24 Uhr; Vorsicht – Taschendiebe!)

Gegenüber der „Bergstation" sieht man den **Paço Municipal** (17. Jh.), heute Sitz des Stadtrates. Rechter Hand steht der prächtige **Palácio Rio Branco**, der bis 1979 Sitz des Gouverneurs war. Seit 1986 dient er als **Museum**, das an die Gouverneure Bahias erinnert, und für festliche Empfänge. Schön ist der Blick über die Unterstadt, den Hafen und die Allerheiligenbucht mit der runden Festung **Forte São Marcelo** (siehe 4) und der **Ilha de Itaparica**.

An der Stadtverwaltung vorbei, wendet man sich nach links und gelangt nach der Igreja da Misericórdia auf den „Platz der Kathedrale", **Praça da Sé**. Hier findet man statt einer Kirche das Palais des Erzbischofs, **Palácio Episcopal** ③; erst eine Ecke weiter beherrscht die ★★**Catedral Basílica** ④ einen herrlichen Platz, den Terreiro de Jesus. Die heutige Bischofskirche war zuvor die Kirche des Jesuiten-Kollegs. Der Grundstein für die Kathedrale wurde 1657 gelegt, 1672 stand der Rohbau. Die marmorähnlichen Steine der Fassade und die Nischenfiguren der Jesuiten-Heiligen stammen aus Portugal. Den Innenraum überspannt eine prächtige gewölbte Kassettendecke bekrönt. Interessant sind die 13 Altäre in unterschiedlichen Barock-Stilen und insbesondere die ★**Sakristei**: mit ihrer Deckenmalerei und portugiesischen Azulejos aus dem 17. Jh. gehört sie zu den schönsten Lateinamerikas; ein riesiger Schrank weist Intarsien aus Schildpatt und Elfenbein auf.

Der attraktive Platz vor der Kathedrale, der ★**Terreiro de Jesus**, ist mit seinen rotblühenden Flammenbäumen und dem Brunnen, der die vier wichtigsten Flüsse Bahias allegorisiert, eine Oase in der Oberstadt. Ambulante Händler bieten hier Hängematten, Spitzenkleider und Modeschmuck feil. An der Ecke der Rua Alfredo Brito lädt die **Cantina da Lua** Fremde und Einheimische zum Verweilen ein; im Obergeschoss finden abends hin und wieder Konzerte statt. Gleich nebenan steht die Kirche **São Pedro dos Clérigos** ⑤ und gegenüber die mit einer Rokoko-Fassade verzierte **Igreja de São Domingos** ⑥; beide aus dem 18. Jh.

» Karte S. 171, Stadtplan S. 172, Info S. 188-189

Der Terreiro de Jesus mündet südlich in einen kleineren Platz, den **Largo Cruzeiro de São Francisco**, über den man, vorbei an Juwelierläden und Galerien, die ★★**Igreja de São Francisco** ⑦ erreicht. Gemessen an der **Blattgoldverzierung** ist sie die reichste Kirche Brasiliens. Mit ihrem Bau wurde 1798 begonnen, das angrenzende **Kloster** entstand bereits 1686. Der portugiesische Barock findet hier überreichen Ausdruck und wirkt fast überladen. Es besteht jedoch eine eigene Harmonie zwischen den vergoldeten Putten, den dunklen Skulpturen aus Palisanderholz und den hellen Azulejos im Vorraum. Für Sklaven gab es früher einen eigenen Nebenraum, da diese die Messe zwar hören sollten, ihre weißen Herren jedoch nicht sehen durften. Heute erfolgt der Eingang durch den sehenswerten **Kreuzgang**. Azulejos aus dem 18. Jh. behandeln in 37 Bildern philosophische Fragen mit religiösem Hintergrund. Diese wurden aus den 103 Themen des *Teatro Moral de la Vida Humana*, des „moralischen Theaters des menschlichen Lebens" ausgewählt, das der Rubenslehrer Otto van Veen 1608 publiziert hatte. Weisheiten wie: „Einigkeit macht stark" oder „Geld regiert die Welt" werden mit Szenen aus der Antike illustriert.

Beachtenswert ist die benachbarte **Igreja da Terceira Ordem de São Francisco** ⑧: Ihre im churrigueresken Stil reich verzierte **Fassade** ist einmalig im brasilianischen Barock und erinnert an Kolonialkirchen in Mexiko.

Oben: Riesige Mengen von Blattgold wurden zum Schmuck der Franziskaner-Kirche verwendet. Rechts: Jungen üben auf dem Largo do Pelourinho den Capoeira.

Das ★★Pelourinho-Viertel

Bis vor einigen Jahren war dieses pittoreske Barock-Viertel in Salvadors Oberstadt dem Verfall preisgegeben; gegen den Untergang stemmten sich Ende der 1980er Jahre nur die hier ansässigen farbigen Künstler. Jeden Sonntagabend hielten die Trommler und Percussionisten des *Bloco Afro Olodum* auf

» Stadtplan S. 172, Info S. 188-189

Foto: Andreas M. Gross

dem abschüssigen Platz, dem Largo do Pelourinho, kostenlos öffentliche Proben ihrer rauen *Axé*-Musik ab. Ein Live-Mitschnitt der dunkelhäutigen Musiker gelangte in die USA. Dort verlieh Paul Simon seinem Song *The Obvious Child* in einem Tonstudio mit dem Trommelwirbel der Afro-Brasilianer südamerikanisches Feuer. Dank dem ungewöhnlichen, treibenden Rhythmus wurde der Titel 1990 zum Hit und begründete den Ruhm der Trommler von Olodum. 1992 griff die Regierung Bahias die Initiative der Musiker endlich auf, in einem enormen städtebaulichen Kraftakt wurden hunderte Häuser renoviert. Und der Pelourinho („Pranger") wurde zu einem lebhaften, von Touristen und musikbegeisterten brasilianischen Jugendlichen Tag und Nacht stark frequentierten Altstadtbezirk mit einem überreichen Angebot mitreißender Live-Musik, urigen Lokalen, witzigen Boutiquen und ansprechenden Restaurants mit afrobrasilianischer Küche.

Die Trommler von **Olodum**, die schon mit Weltstars wie Michael Jackson zusammenarbeiteten, zeigen ihr Können (Dez.-März) dienstags ab 20 Uhr auf dem **Largo Tereza Batista** ⑨, einem neu entstandenen, für Touristen besonders empfehlenswerten Treffpunkt der Oberstadt.

Die kostenlosen und viel besuchten Proben finden sonntags auf dem **Largo do Pelourinho** statt (sollten aber nur ohne Wertsachen besucht werden). Das große Gebäude an der Stirnseite des Platzes beherbergt zwei Museen, das **Museu da Cidade** und die **Fundação Casa de Jorge Amado** ⑩. Die Stiftung besitzt ein Archiv mit Fotografien und dem in viele Sprachen übersetzten literarischen Werk des bekanntesten Schriftstellers Bahias. Im ersten Stock gibt es wechselnde Ausstellungen von regionalen Künstlern.

Rechts neben dem Museumsgebäude führt eine schmale Gasse bergauf, die **Rua Gregório de Matos**. An der Ecke zur Rua Ângelo Ferraz erhebt sich das Herrenhaus **Solar do Ferrão** ⑪, das 1690 die Jesuiten als Seminarhaus errichteten. Seit seiner Restaurierung

» Stadtplan S. 172, Info S. 188-189

1976 bietet es dem **Museu Abelardo Rodrigues** Raum, der größten Privatsammlung sakraler Kunst Brasiliens.

Gegenüber hat der bekannteste Afoxé, die **Filhos de Gandhy**, eine alteingesessene kulturelle Vereinigung afro-brasilianischer Männer, ihren Sitz und das international renommierte Folkloretheater **Miguel Santana** ⑫ seine Bühne. Das hier beschäftigte Ensemble **Balé Folclórico da Bahia** wurde mehrfach mit Preisen ausgezeichnet.

In dem gelben Gebäude, das im unteren Teil des Largo do Pelourinho auf der rechten Seite steht, befindet sich die **Senac** ⑬ (staatliche Gastronomieschule). Gäste können hier an einem reichhaltigen Buffet regionale Spezialitäten mit für Europäer fast unaussprechlichen exotischen Namen auswählen. Abends finden im Hof Folkloredarbietungen mit dem Kampftanz der Sklaven, der *capoeira*, statt. Das mittags frische Buffet wird abends nochmal aufgewärmt.

Nebenan steht das Wahrzeichen des Pelourinho, die blaue Kirche mit den Doppeltürmen, **Nossa Senhora do Rosário dos Pretos** ⑭ („Unsere Frau des Rosenkranzes der Schwarzen"). Zu Beginn des 18. Jh. bauten sie Sklaven und freie Schwarze aus eigenen Mitteln; sie wird noch heute von einer Bruderschaft der Schwarzen verwaltet.

An der nächsten Straßenecke steht die **Casa do Benin** ⑮, ein restauriertes Haus, das auf Initiative des französischen Ethnologen Pierre Verger für die Kultur der vielen verschleppten Afrikaner aus dem früheren Dahomey eingerichtet wurde. Im Museum wird die Verbindung der afrikanischen und bahianischen Kultur dokumentiert, die kulinarische Variante dieser Verschmelzung servieren Restaurants oberhalb des Pelourinho, wie **Uauá** oder **Jardim das Delízias** (s. Infoseite).

Über die steile Ladeira do Carmo erreicht man das frühere Stadtviertel der Karmeliter. Vorbei an den **Escadas do Carmo**, die links hinauf zur **Igreia Santissimo Sacramento do Passo** (1737) führen, mündet die Ladeira weiter oben in den **Largo do Carmo** mit den beiden Karmeliter-Kirchen **Ordem Terceira do Carmo** ⑯ (Laienkirche) und nebenan die **Igreja do Carmo** (Klosterkirche). In letzterer verdient das geschnitzte Chorgestühl aus Palisanderholz Beachtung.

Geht man die Rua do Carmo weiter, kommt man in weniger bekannte Viertel der Oberstadt, mit malerischen kleinen Häusern in Straßen mit Kopfsteinpflaster und wenig Verkehr. Dieser romantische Stadtteil oberhalb des Pelourinhos war Kulisse der Romanverfilmung von Jorge Amados *Doña Flor und ihre beiden Ehemänner* mit Sonia Braga in der Hauptrolle.

Cidade Baixa – die Unterstadt

Durch Aufschüttungen im 18. Jh. verbreiterte man das untere Stadtviertel, das durch den Hafen, Industrieanlagen und Gewerbegebiete bestimmt wird. Dennoch gibt es Sehenswertes für Touristen. Fährt man mit dem Elevador Lacerda (②) von der Ober- in die Unterstadt erreicht man den zentralen Platz, die **Praça Cairu** ⑰. Im ehemaligen Zollgebäude der Stadt, einem riesigen, gelben Komplex, befindet sich seit 1971 der nach einem Brand originalgetreu restaurierte, zweigeschossige **Mercado Modelo** ⑱, ein Markt für Kunsthandwerk und alle nur denkbaren Utensilien, die bei Riten des Candomblé zum Einsatz kommen. Touristen finden hier Hängematten, Musikinstrumente, bestickte Blusen und T-Shirts, Modeschmuck und allerlei Krimskrams. Aber Vorsicht: Wer hier nicht handelt, zahlt überhöhte Preise! Von den Terrassen der beiden **Restaurants** des Mercado Modelo hat man einen herrlichen Blick auf den Hafen. Der **Terminal Marítimo** ⑲, das Hafengebäude, ist der Zugang zu den Ausflugsschiffen nach Tinharé und anderen Inseln. Direkt neben dem

Rechts: Der Lacerda-Aufzug ist die schnellste Verbindung von der Unter- in die Oberstadt.

» Stadtplan S. 172, Info S. 188-189

Foto: Ricardo Kötter

Marktgebäude bieten kleinere Boote auch die kurze Überfahrt zur Festung ★**São Marcelo** ⑳ an. Im 17. Jh. erbauten die Portugiesen sie zur Sicherung des Hafens. Später wurde das Fort Gefängnis für politische Gefangene.

Läuft man von der Praça Cairu in südlicher Richtung, steht man vor der Kirche ★**Nossa Senhora da Conceição da Praia** ㉑ („Unsere Frau der unbefleckten Empfängnis am Strand"). Zur Zeit ihrer Erbauung, Mitte des 18. Jh., stand sie noch viel näher am Meer, erst die Aufschüttungen rückten sie in den Hintergrund. Die Kirche ist vollständig aus portugiesischen *pedra de lioz* gefertigt, marmorähnlichen Steinen, die als Ballast in den Stauräumen der Segelschiffe mitgebracht und getreu dem in Portugal entworfenem Grundriss aufgebaut wurden. Die monumentale Deckenmalerei aus dem Jahr 1772 ist das wichtigste Werk seiner Art aus der legendären Malerschule Bahias.

Die Feiern anlässlich Mariä Empfängnis (8. Dezember) beginnen in Bahia bereits am letzten Novembertag, dabei wird die Bahianer Kochkunst in Garküchen am Straßenrand feilgeboten, die Capoeira-Kämpfer zeigen ihre Geschicklichkeit, und die Praça Cairu ist voller Menschen.

★Museu de Arte Sacra und Largo da Piedade

Über die **Praça Castro Alves** ㉒ gelangt man von der Ober- in die Unterstadt, wenn man nicht den Aufzug benutzt; von der Praça Tomé de Souza (①) führt die Rua Chile direkt zu diesem Platz mit der monumentalen Statue des brasilianischen Poeten **Antônio de Castro Alves** (1847-1871), der in seinen Gedichten die Sklaverei anprangerte. In eine **Bronzetafel** ist ein Plan des historischen Salvador eingraviert, der zeigt, dass einst hier die südliche Stadtmauer verlief. Zu den gigantischen Umzügen an **Karneval** und an den Wochenenden davor ist dieser Platz der Haupttreffpunkt der Sambatänzer, die zu Tausenden den **Trios eléctricos**, den Lautsprecher-Lastwagen folgen.

» Stadtplan S. 172, Info S. 188-189

Foto: Robin Daniel Frommer

Unterhalb der Praça Castro Alves führt die Ladeira da Gameleira südlich zur kurzen Rua Santa Teresa, in der sich neben der **Igreja Santa Teresa** das Kloster der barfüßigen Karmeliterinnen befand. Heute wird hier die größte sakrale Sammlung Brasiliens im ★**Museu de Arte Sacra** ㉓ ausgestellt. Der schöne Kreuzgang ist mit Azulejos geschmückt, zur Sammlung gehören wertvolle Elfenbeinschnitzereien aus Portugals Kolonien Goa und Macao.

Weiter Richtung Süden durch die Rua do Sodré gelangt man zum Largo Dois de Julho. Die Rua da Forca geht links ab bis zum **Largo da Piedade** ㉔. Hier warten unter schattigen Bäumen, auf denen man mit etwas Glück Leguane erspäht, Schuhputzer auf Kunden. Der Platz wird beherrscht von dem pastellfarbenen Gebäude des **Gabinete Português de Leitura** (Institut für portugiesische Literatur). Diese Bibliothek verfügt über eine umfangreiche Sammlung von teils historischen Nachschlagewerken, Zeitschriften und Zeitungen.

Oben: Der Karneval in Salvador ist lauter und unkontrollierter als in Rio. Rechts: Die Wallfahrtskirche Bonfim erstrahlt in aufwändigem Lichterglanz.

Durch die belebte Geschäftsstraße Av. 7 de Setembro benötigt man etwa 20 Minuten in Richtung Süden bis zum **Forte de São Pedro**, einem noch als Kaserne genutzten Fort. Dahinter liegt die Praça 2 de Julho, von den Baianos auch **Campo Grande** ㉕ genannt. In der großen Parkanlage ragt ein 26 m hohes Denkmal empor, das an die siegreichen Truppen erinnert, die 1823 in die Stadt einzogen, nachdem sie die portugiesische Belagerung vertrieben hatten. Die erfolgreichen einheimischen Kämpfer sind durch Adler und Löwen symbolisiert, die Verlierer durch eine Schlange.

Hier steht auch das mit moderner Bühnen- und Tontechnik ausgestattete **Teatro Castro Alves** ㉖, in dem klassische Musik, Tanz und Theater aufgeführt werden. Auf der Freiluftbühne dahinter, der **Concha Acústica**, treten ab und zu nationale Musikgrößen wie Gilberto Gil, Caetano Veloso oder Maria Bethânia auf.

» Stadtplan S. 172 u. S. 180-181, Info S. 188-189

Foto: Per-André Hoffmann

Halbinsel Itapagipe

Die untere Stadt erstreckt sich Richtung Norden bis zur **Peninsula Itapagipe**, mit den für den bahianischen Kirchenkalender so wichtigen Wallfahrtskirchen Nosso Senhor do Bonfim und Boa Viagem. Dorthin gelangt man am schnellsten und sichersten mit dem Taxi. Ein beliebtes Freizeitvergnügen der lebensfrohen Bahianer ist es, mit Familie und Freunden ein stundenlanges Mittagsmahl in einem der kleinen Straßenlokale in **Ribeira** ㉗ einzunehmen. Man sitzt im Schatten, beobachtet die Fischerboote in der Bucht und genießt das Leben. Als Nachtisch empfiehlt sich ein Fruchteis aus der **Sorveteria Ribeira** – man wählt aus ca. 40 Sorten exotischster Tropenfrüchte.

Die **Igreja do Bonfim** ㉘ aus dem 18. Jh. ist kunsthistorisch kaum interessant, zählt jedoch zu den beliebtesten Wallfahrtskirchen des Landes und aufgrund ihres kuriosen Museums mit Votivgaben unterschiedlichster Art, dem **Museu de Ex-Votos**, zu den Highlights einer Stadtrundfahrt in Salvador. Niemand entgeht den Kindern, die einem die *fitinhas* – bunte Stoffbändchen – mit drei Knoten um die Handgelenke binden. Sie symbolisieren drei Wünsche, die sich erfüllt haben sollen, bis die Bänder abfallen. So versichern es jedenfalls die oft elternlosen Halbwüchsigen, die natürlich einen Obolus erwarten, dessen Umfang sich nach dem eigenen Verhandlungsgeschick richtet!

Ein Höhepunkt im langen Festtagskalender Salvador da Bahias ereignet sich im Januar, zur **★Lavagem do Bonfim**, der Kirchenwaschung. Am Ende der Prozession von der Igreja Conceição da Praia wird die breite Treppe vor der Bonfim-Kirche von den Frauen gewaschen. Stefan Zweig war Zeuge dieses Schauspiels: „Die Kirche des Bonfim war ursprünglich eine Negerkirche, und anscheinend hatte ein Priester der Gemeinde aufgetragen, es gehöre sich doch, am Tag vor dem Fest des Heiligen, die Kirche gründlich zu reinigen und den Fußboden mit parfümiertem Wasser zu scheuern. Die schwarzen Chris-

» Stadtplan S. 180-181, Info S. 188-189

ten nahmen den Auftrag gern an. Aber gemäß ihrem kindlichen, naiven Gemüt verwandelte sich dies Reinemachen der Kirche zum Fest. Sie rieben und fegten um die Wette, als wollten sie ihre eigenen Sünden abwaschen. Tausende drängten sich von nah und fern hinzu, immer mehr von Jahr zu Jahr. Und mit einem mal war aus dem Brauch ein Volksfest geworden."

Von der **Igreja de Nossa Senhora do Monte Serrat** ㉙, einer ehemaligen Eremitage der Benediktiner an der westlichen Spitze der Halbinsel, bietet sich ein herrlicher Blick auf Salvador. Das **Forte de Monte Serrat** ㉚ stammt aus dem 16. Jh., kann jedoch ebensowenig wie die Kirche besichtigt werden, beide stehen unter Denkmalschutz.

Die „Kirche zur guten Reise", **Igreja da Boa Viagem** ㉛, ist Ziel der Neujahrsprozession zu Ehren der Schutzheiligen der Seefahrer.

Salvadors Strände

Die kilometerlangen, oft von Kokospalmen gesäumte Strände Salvadors laden fast das ganze Jahr über zum Baden ein. Und je weiter von der Millionenstadt entfernt, umso sauberer und leerer sind die Strände. Doch immer sollte man Vorsicht walten lassen, also Wertsachen im Hotelsafe deponieren, Zimmerschlüssel abgeben etc. An Wochenenden, an Weihnachten, zu Karneval und in den Sommerferien von Dezember bis Februar ist viel los. Etliche Buslinien fahren an den Stränden entlang. Strandschilder mit dem Zusatz *própria* oder *imprópria* bedeuten zum Baden geeignet oder ungeeignet. Ein kleiner Tipp vorab: Die Baianos ziehen ihre Badesachen bereits zu Hause an.

Will man die ganze Badeküste der Stadt entlangfahren und noch einiges besichtigen, beginnt man am besten im Stadtviertel **Barra**, an der **Igreja Santo Antônio da Barra**; am Campo Grande kann man einen Bus in die Barra besteigen. Die Antonius-Kirche steht auf

einer Anhöhe neben dem **Forte de São Diogo** ㉜ (beide aus dem 16. Jh.) und bietet einen schönen Blick auf die Bucht und das Stadtviertel Barra. Südlich der Festung erstreckt sich der erste Strand, **Praia do Porto da Barra**, der fast immer überlaufen ist.

Auf der nächsten Landzunge zeugt die Festung **Forte de Santa Maria** ㉝ (17. Jh.) von der Bedrohung der Stadt durch die Holländer.

Nach etwa 2 km Küstenstraße folgt das nächste Fort, **Santo Antônio da Barra** ㉞, und der Leuchtturm **Farol da Barra**. Hier ist „Pflichtfotostopp" bei Rundfahrten, man kann rechts die Allerheiligenbucht und links den Atlantik erkennen, die Sandstrände und Felsbuch-

» Stadtplan S. 180-181, Info S. 188-189

ten. An den Ständen fliegender Händler gibt es gekühlte Kokosnüsse, gegarten Mais, Krabben, gegrillten Käse und eisgekühltes Bier. Im **Museu Hidrográfico de Salvador** in der ehemaligen Festung sind Schiffsmodelle und Seekarten ausgestellt. Die gesamte **Uferstraße** an der Barra ist von Hotels, Restaurants und Bars gesäumt, hier ist Tag und Nacht Betrieb. Man findet zwar kein Spitzenlokal, aber die Fische und Meeresfrüchte sind stets fangfrisch.

Nach der Barra folgt **Ondina** ㉟, wo einige der großen Hotels direkt am Strand stehen; die Straße verläuft hier weiter landeinwärts.

Die Strände in **Rio Vermelho** ㊱ sind weniger zum Baden geeignet, dafür ist hier das Nachtleben sehr schick. Der Strand **Praia da Santana** ist am 2. Februar das Ziel unzähliger Baianos, die der eitlen Meeresgöttin *Yemanjá* bei einer Meeresprozession Gaben bringen. Neben einem Kirchlein steht in einem unscheinbaren Haus ein Altar für die afrikanische Göttin, an dem die Fischer und Candomblé-Priesterinnen ihre Fürbitten sprechen.

Die folgenden Strände sind **Amaralina** ㊲ und – nach der Landzunge in nordöstlicher Richtung anschließend – **Pituba**, beide nicht sehr breit und eher ungepflegt.

Der **Chega-Negro-Strand** ㊳ hat seinen Namen aus der Zeit der Sklaventransporte, er bedeutet so viel wie „Hier

» **Stadtplan S. 180-181, Info S. 188-189**

Foto: Ricardo Kötter

kommt der Neger", da hier die menschliche Ware an Land ging. Hier sollte man nicht baden, da der weiter südlich mündende Fluss ungeklärtes Wasser führt.

Es folgt **Jardim de Alá** (39), der „Garten Allahs", wo Kokospalmen Schatten bieten – vielleicht bekommt man gegen Trinkgeld eine Nuss gepflückt.

Die **Praia de Armação** (40) ist ideal für Surfer. Ein Teil davon, der *Praia dos Artistas*, wird vom örtlichen Sportklub in Beschlag genommen, der hier sein Klubhaus hat. Nun ist man schon außerhalb der dichten Bebauung, die Strände **Corsário** (41) und, gleich daneben, **Jaguaribe** und **Piatã** (42) sind alle ideal für einen ausgedehnten, sportlichen Strandaufenthalt. Man findet hier Fitnessgeräte; Volleyball und Beach-Football werden besonders an Wochenenden gespielt.

Entlang der gesamten Küstenstraße führt auch ein gut angelegter **Radweg**.

Der Vorort ★**Itapoã** (43) bietet ebenfalls einen Badestrand (23 km vom Zentrum) und einen **Leuchtturm**, im **Riff** davor bilden sich bei Ebbe einige kleine Becken, die zum Plantschen einladen.

Von Itapoã aus kann man einen Abstecher landeinwärts zur **Lagoa de Abaeté** (44) unternehmen, einem Naturschutzgebiet mit einer Lagune inmitten weißer Dünen.

Wenige Autominuten entfernt liegt der Flughafen „Deputado Luís Eduardo Magalhães", dessen Zubringerstraße ein Bambushain umschließt.

Oben: An der Praia do Porto da Barra herrscht oft großes Gedränge.

★Praia do Forte

An der **Praia do Flamengo** in Flughafennähe beginnt die **Estrada de Coco**, die „Kokosstraße", und zieht sich entlang traumhafter Strände wie **Ipitanga** und **Arembepe** bis zum ca. 60 km entfernten Fischerdorf ★**Praia do Forte** ❷. 1972 kaufte ein deutscher Industrieller dieses Dorf, 7000 ha Urwald und eine Ruine, um hier den damals noch sehr utopisch erscheinenden „ökologischen Tourismus" aufzubauen.

» Stadtplan S. 180-181, Karte S. 171, Info S. 188-189

Das bis dahin beliebte Einsammeln der Schildkröteneier sowie das Fangen der Singvögel wurde ebenso verboten wie der Bau von Häusern höher als eine Kokospalme. Baumfällarbeiten müssen genehmigt werden, Grundstücksmauern sind verpönt, um Spekulation zu vermeiden, können Fremde keine Häuser im Dorf kaufen.

Im ★**Tivoli Eco Resort** in Praia do Forte sind mehr als 200 Appartements im einheimischen Stil errichtet worden, die Hälfte als „Öko-Appartements", d. h. ohne Klimaanlage, TV, Radio und auch ohne Schränke. Selbst das Restaurant ist unklimatisiert, und man genießt das reichhaltige Frühstücksbuffet und die exzellente Küche ohne Erkältungsgefahr. Der feinsandige Strand liegt vor der Tür, nach etwa 15 Gehminuten gelangt man zum Dorf mit seinen zahlreichen kleinen Restaurants. Mehr als 12 km erstreckt sich der weiße, von Kokospalmen, Riffen und Lagunen gesäumte Sandstrand, wo sich das Tamar-Projekt um den Fortbestand der **Meeresschildkröten** kümmert.

Ilha de Itaparica

Die **Ilha de Itaparica** ❸, 17 km von Salvador entfernt und mit 239 km^2 die größte Meeresinsel Brasiliens, liegt in der Allerheiligenbucht und schützt das Festland als eine Art natürlicher Wellenbrecher vor dem offenen Atlantik. Diverse Fährlinien verkehren regelmäßig zu der Insel, die reizvolle Überfahrt dauert ungefähr 20 bis 50 Minuten.

Trotz der vielen Touristen wird die Insel vorwiegend landwirtschaftlich genutzt; Viehzucht, Mango- und Cajúfrüchte und Fischfang sind noch immer die Haupternährungsquellen der 15 000 Bewohner. Die meisten Orte und erschlossenen Strände, der Fährhafen und der **Club Mediterranée** liegen an der Südostseite des Eilands. Für einen Tagesausflug lohnt sich die Insel sicherlich, weniger für einen längeren Strandurlaub.

RECÔNCAVO

Recôncavo bedeutet wörtlich „hinter den Konkaven"; damit sind die topografischen Wölbungen rund um die Allerheiligenbucht gemeint. Seit der Kolonialzeit wird das Hinterland Salvadors intensiv landwirtschaftlich genutzt: Fruchtbarer Boden ermöglicht Zuckerrohr- und Tabakanbau. Später verlagerte sich der wirtschaftliche Schwerpunkt in den Südosten Brasiliens, so dass die riesigen Plantagen und der koloniale Charme der Kleinstädte erhalten blieben; insbesondere das Barock-Städtchen Cachoeira zeugt vom Glanz der Vergangenheit.

Santo Amaro

Über die BR 324 verlässt man Salvador nach Norden, Richtung Feira de Santana, und nimmt nach etwa 40 km die Abzweigung nach Westen, um nach **Santo Amaro** ❹ zu gelangen.

Dieser kleine Ort bewahrt einige Bausubstanz aus der Kolonialzeit, z. B. die Pfarrkirche aus dem 17. Jh., **Nossa Senhora da Purificação**, mit ihren Azulejos. Freunden harter Spirituosen ist der Ort wegen seinem sauber gebrannten *cachaça* (Zuckerrohrschnaps) bekannt; Musikkenner wissen, dass hier die Wiege von Caetano Veloso und Maria Bethânia stand (s. S. 32).

★Cachoeira

Weitere 40 km westwärts erreicht man den breiten Rio Paraguaçu, an dessen Ufern sich die Orte ★**Cachoeira** ❺ und **São Félix** gegenüberliegen. Bis Cachoeira gelangten die Goldsucher und Händler den Fluss hinauf und verluden hier bei der Ankunft ihre Habseligkeiten auf Ochsenkarren – auf dem Rückweg gingen die gefundenen Schätze auf Schiffen Richtung Lissabon. Verwaltung und Handelshäuser saßen in Cachoeira, die Lagerhäuser waren vorwiegend in São Félix. Neben den

Foto: Mireille Vautier

kolonialen Bauten haben sich in der Doppelstadt vor allem die Kulthäuser des *Candomblé* erhalten, in denen die Nachfahren der Sklaven ihre Traditionen pflegen (s. S. 32).

Auch die Anfang des 19. Jahrhunderts gegründete *Irmandade da Nossa Senhora da Boa Morte* („Schwesternschaft des guten Todes"), die das Ziel verfolgte, die Sklaverei abzuschaffen oder zumindest deren grausame Auswüchse zu mildern, feiert alljährlich zu Mariä Himmelfahrt ihr vielbeachtetes Fest mit unschwer erkennbarer afrobahianischer Tradition.

Samstags findet auf dem zentralen Platz von Cachoeira, dem **Praça Maciel**, der Wochenmarkt statt, mit einem vielfältigen Angebot an tropischen Früchten und Gewürzen. Über die Rua Lauro de Freitas Richtung Osten gelangt man in die Rua Ana Nery zur Kirche **★Nossa Senhora do Rosário** (17. Jahrhundert), mit prächtigen portugiesischen Azulejos.

Oben: „Die Schwesternschaft des guten Todes" feiert alljährlich Maria Himmelfahrt mit einer Prozession (Cachoeira). Rechts: Papageien gehören zu den Attraktionen des Chapada-Nationalparks.

In der Nähe, auf der anderen Seite der Praça de Maio, steht das Geburtshaus der als „Mutter der Brasilianer" verehrten Krankenschwester Ana Nery, die im Krieg gegen Paraguay im 19. Jh. freiwilligen Fronteinsatz leistete. In diesem Haus ist das **★Museu Hansen Bahia** eingerichtet. Der Hamburger Seefahrer Karl-Heinz Hansen kam als 40-Jähriger nach Bahia und entdeckte hier seine künstlerische Ader. Nach Europa zurückgekehrt, erhielt er einen Ruf an einen Lehrstuhl in Addis Abbeba, wo er sich als Holzdrucker einen Namen machte. Seine Liebe gehörte jedoch Bahia: In São Félix fand er ein ideales Atelier, in dem bis zu seinem Tod 1978 über 3000 Bilder und Holzschnitte entstanden, die z. T. in diesem Museum ausgestellt sind.

Ein weiterer international bekannter Künstler aus Cachoeira ist *O Louco*, „der Verrückte", der mit bürgerlichem Namen Bonifacio Silva Filho heißt. Der

» Karte S. 171, Info S. 188-189

gelernte Barbier begann in seiner Freizeit Pfeifenköpfe zu schnitzen, bevor er sich an größere, meist religiöse Werke aus Palisanderholz wagte. Sein *Letztes Abendmahl* gelangte sogar ins Völkerkundemuseum von Wien.

In südöstlicher Richtung steht an der **Praça da Aclamação** das historische Rathaus- und Gefängnisgebäude, die **Casa da Câmara e Cadeia**. Hier riefen die Bürger am 25. Juni 1822 die Unabhängigkeit aus, daher der Name des Platzes (*Aclamação* heißt „Ausrufung"). Gegenüber sind im **Museum IPHAN** prachtvolle Möbel der Kolonialzeit ausgestellt.

Einige Schritte weiter erreicht man das ehemalige Karmeliter-Kloster, **Convento Nossa Senhora do Carmo**, das im Unabhängigkeitskrieg als Kaserne, später als Krankenhaus zweckentfremdet wurde. Heute befindet sich in den Räumen das einzige gute Hotel der Doppelstadt, mit einem wunderschönen Innenhof, Schwimmbad und gutem Restaurant.

Die Kapelle des Laienordens, **Capela da Ordem Terceira do Carmo**, wird noch als Gebetshaus genutzt. In der Sakristei sind das Kreuz aus Palisanderholz und die Passionsfiguren aus Macau sehenswert.

Über die Rua 25 de Junho Richtung Westen erreicht man die pittoreske **Praça Teixeira de Freitas** am Flussufer, hier bieten Kunsthandwerksläden die berühmten **Holzschnitzereien** an.

Richtung Nordwesten, immer am Ufer des Paraguaçu entlang, gelangt man zur über hundertjährigen englischen Stahlbrücke **Ponte Dom Pedro II**. Die Brücke verbindet die Schwesterstädte miteinander und ist eine Attraktion für sich.

Am anderen Ufer, in São Félix, lohnt sich der Besuch des **Centro Cultural Dannemann**. Der Bremer Kaufmann Gerhard Dannemann kam 1872 auf der Suche nach gutem Tabak nach Bahia und wurde später zum Bürgermeister von São Félix gewählt. Das Kulturzentrum widmet sich der zeitgenössischen Kunst Bahias, und man kann hier auch die Produktion der Zigarren beobachten.

Foto: Dietmar Nill (Silvestris Online)

Feira de Santana

Der schnellste Weg zurück nach Salvador führt über die BR 324, wobei man noch einen Abstecher ins 15 km von der Einmündung in die Staatsstraße entfernte **Feira de Santana** ❻ machen kann. Von Salvador ist die als etwas zwielichtiger Umschlagplatz für Waren aus dem Inland und der Küste bekannte Stadt 116 km (ungefähr 2 Busstunden) entfernt.

Touristen hingegen, vor allem einheimischen, ist das Städtchen als Geburtsort der **Micareta** bekannt: So wird der **Karneval** außerhalb der üblichen „fünften" Jahreszeit benannt, der 1937 hier entstand und heute im gesamten Nordosten gefeiert wird. Ende April/Anfang Mai tanzen hier vier Tage lang bis zu einer Million Menschen zu den stampfenden Axé-Rhythmen.

Foto: Mireille Vautier

★Parque Nacional da Chapada Diamantina

310 km westlich von Feira da Santana liegt **★Lençóis ❼**, ein ruhiges Städtchen, das im 19. Jh. durch Diamantensucher reich wurde und heute als Ausgangspunkt für den Besuch des 152 000 ha großen **★Parque Nacional da Chapada Diamantina** dient. Von Salvador ist Lençóis auch per Bus erreichbar; für die Erkundung des Parks ist jedoch ein Auto nötig. In Lençóis ansässige Agenturen bieten außerdem Exkursionen zu Pferd oder per Bike sowie geführte Trekking-Touren an. Die Attraktion des Parks ist seine landschaftliche Schönheit: Tafelberge, Canyons, Wasserfälle und Höhlen, dazu 60 Orchideenarten und seltene Bromelien wie die Ortophytum, die als einzige ihrer Art auch Blätter am Spross hat, begeistern den Naturfreund. Die Tierwelt ist durch die schwer kontrollierbare illegale Jagd stark dezimiert. Vereinzelt zeigen sich Papageien und Kolibris sowie seltene Finkenarten.

Den Park quert die 140 km lange **Serra do Sincorá**, ein Mittelgebirge aus Sandstein und Quarzit, mit dem höchsten Gipfel Bahias, dem **Pico da Barbado** (2033 m). Meist bewegt man sich über 800 m Höhe, in angenehmem Klima. Wahrzeichen der Chapada ist der Tafelberg **Morro do Pai Inácio**, der zu besteigen ist. 5 km von Lençóis liegt die **★Gruta do Lapão**, mit 1000 m die längste Quarzit-Höhle Brasiliens.

Eine beliebte **Wanderung** führt zum höchsten Wasserfall Brasiliens, **Cachoeira da Fumaça** – „Rauchwasserfall". Das Wasser stürzt hier in der Regenzeit, die von November bis Februar dauert, aus 422 m Höhe hinab und kommt nur noch als Nebel an. In der Trockenzeit kann der Cachoeira versiegen, denn es regnet im Jahresdurchschnitt nur 700-1000 mm. Der Weg beginnt beim Weiler Capão, dann sind es noch 2 Stunden zu Fuß. In der Regenzeit blühen überall die *Quaresmeiras*, die „Fastenzeitbäume" mit großen lila Blüten.

Oben: In Lençois ist viel Kolonialarchitektur erhalten.

» Karte S. 171, Info S. 188-189

SÜDBAHIA

Valença

Das 271 km südlich von Salvador gelegene Hafenstädtchen **Valença** ❽ zählt kaum mehr als 85 300 Einwohner. Für Touristen mit genügend Zeit ist der hübsche Ort an der Mündung des Rio Una ein ideales „Sprungbrett" zu den vorgelagerten Inseln **Tinharé** und **Boipeba**. Fähren zu den mit Palmen und Mangroven bewachsenen Inseln legen mitten im Ortskern von Valença, am südlichen Flussufer ab.

Ilhéus

460 km südlich von Salvador gelegen, kann die 182 000 Einwohner zählende Hafenstadt **Ilhéus** ❾ in 7 Stunden mit dem Bus oder in 40 Minuten per Flugzeug erreicht werden. Mit dem Mietwagen ist die Strecke etwas mühsam, da es keine durchgehende Küstenstraße oder Autobahn gibt. Ilhéus wurde 1534 gegründet und kam im 18. Jh. durch den intensiven Kakaoanbau auf fruchtbaren Böden zu Wohlstand. 90% der Kakaoproduktion Brasiliens, des mit einer Jahresproduktion von 190 000 t zweitgrößten Produzenten der Welt, stammten aus der Umgebung von Ilhéus. Im **Museu Regional do Cacau** wird die Bedeutung dieses Produkts für die Region deutlich. Der Dichter Jorge Amado ist in Pirangi nahe Ilhéus geboren und hat Ilhéus und die gesamte Kakaoregion in seinen Werken unsterblich gemacht. Die **Bar Vesúvio** (Praça Dom Eduardo) aus seinem Roman *Gabriela wie Zimt und Nelken* existiert immer noch. Touristen kommen vor allem wegen der endlosen **Strände** in die Stadt: Nördlich und südlich reiht sich ein Traumstrand an den anderen, viele davon nur schwer erreichbar und deshalb umso traumhafter.

Südlich von Ilhéus ist der Ort **Una** ❿ Ausgangspunkt für einen Besuch des **Ecoparque de Una**. Eine 2-stündige Tour führt durch üppigen Küstenregenwald, in den sich die seltenen Goldenen Löwenäffchen zurückgezogen haben.

15 km südöstlich von Una gilt die 250-Zimmer-Hotelanlage **★Transamérica Ilha de Comandatuba** als eines der exklusivsten Strandhotels Brasiliens und liegt in einem Palmenhain auf der kleinen Atlantikinsel **Ilha de Comandatuba** 500 m vor der Küste (81 km von Ilhéus).

Porto Seguro

Porto Seguro ⓫, der „Sichere Hafen", 730 km südlich von Salvador, gilt als der Ort in Brasilien, der zuerst von einem Europäer betreten wurde: Im Jahr 1500 ging Pedro Álvares Cabral hier an Land. Eine bereits vier Jahre später errichtete Marmorstele in der Oberstadt verkündet noch heute die Entdeckung.

Porto Seguro (81 000 Einwohner) teilt sich in die historische Oberstadt und in die Handel und Tourismus zugewandte Unterstadt. In der **Cidade Alta** (Oberstadt) steht die älteste vollständig erhaltene Kirche Brasiliens, die **★Igreja da Misericórdia**, 1526 erbaut und später barockisiert. Noch älter, aber nur noch eine Ruine, ist die **Igreja da Gloria**. Kunstgeschichtliche Bedeutung hat die benachbarte, 1535 errichtete **★Nossa Senhora da Penha**, da in ihr das älteste Heiligenbild Brasiliens, ein Bild des Franz von Assisi, aufbewahrt wird, das im Jahr 1503 mit einer Expedition hierher kam.

Überquert man den **Rio Buranhém** per Fähre Richtung Süden, erreicht man nach wenigen Kilometern den idyllischen Ort **★Arraial d'Ajuda** ⓬. Hier wie auch im 20 km südlich gelegenen **★★Trancoso** ⓭ kann man in entspannter Atmosphäre traumhafte **Sandstrände** genießen. In den Ferienmonaten sind Porto Seguro und seine südlichen Nachbarorte Partymeile und Zentren des Körperkults von Heerscharen junger Brasilianer aus São Paulo, Rio, Minas Gerais und Südbrasilien.

» Karte S. 171, Info S. 188-189

Salvador da Bahia (☎ 071)

Bahiatursa: Pelourinho, Rua das Laranjeiras 21, 8-20 Uhr, Tel. 3321-2133; Terminal Rodoviária, 8.30-21.30 Uhr, Tel. 3450-3871; Aeroporto, 8.30-22.45 Uhr, Tel. 3204-1244. www.bahiatursa.ba.gov.br.

***REGIONAL*:** **Senac**, staatl. Gastronomieschule, das Buffet ist ideal, um sich einen Überblick über die Küche Bahias zu verschaffen, Mo-So 11.30-15.30 Uhr, Pelourinho, Tel. 3324-4520, www.ba.senac.br. **Trapiche Adelaide**, Dinner mit Blick auf die Allerheiligenbucht, So nur Mittagstisch, Praça Tubinambás 2 / Av. Contorno, Tel. 3326-2211. **Maria Mata Mouro**, klimatisiertes Restaurant und bewirteter Innenhof, raffinierte Küche, tägl. 12-23.30 Uhr, Rua da Ordem Terceira 8, Pelourinho, www.mariamatamouro.com.br, Tel. 3321-3929. **Yemanjá**, exzellente Fischgerichte, Mo-Sa 11.30-15.30 u. 18.30-24, So 11.30-18 Uhr, an Wochenenden überlaufen, Jardim Armação, Av. Otávio Mangabeira 4655, Tel. 3461-9010, www.restauranteyemanja.com.br. **Uauá**, Spezialitäten wie Moqueca (Fischeintopf) und Bobó de Camarão werden im 1.Stock eines Altstadtgebäudes delikat zubereitet, Di-So 11.30-15 und 19-23 Uhr, Pelourinho, Rua Gregório de Matos 36, Tel. 3321-3089. **Jardim das Delícias**, bahianische Küche mit Meeresfrüchten, tägl. 12-23 Uhr, Pelourinho, Rua Macrèl de Cima 12, Tel. 3321-1449.
***CHURRASCO*:** **Villa's**, Rodízio vom Feinsten, tägl. 12-24 Uhr, Jardim dos Namorados, Av. Otávio Mangabeira 2326, Tel. 3240-2546. **Boi Preto**, opulentes Rodízio, riesiges Salatbuffet, Mo-Do 12-16 u. 18.30-23, Fr-So 12-24 Uhr, Praia do Corsário, Av. Otávio Mangabeira, Kreuzung Av. Yemanjá, Tel. 3362-8844 u. 3371-1429, www.boipretogrill.com.br.

Palácio Rio Branco, Mo-Fr 9-18 Uhr, Praça Tomé de Souza. **Museu Abelardo Rodrigues**, Di-Sa 13-18 Uhr, Rua Gregório de Mattos 45. **Igreja de São Francisco**, Mo-Sa 8-17.30, So 7-17 Uhr, Lg. Cruzeiro de S. Francisco. **Catedral**, Mo-Sa 8-11.30, und 14-17.30, So 10.30-12.30 Uhr, Terreiro de Jesus. **Igreja Ordem Terceira do Carmo**, Mo-Sa 9-13 u. 14- 18 Uhr, Largo do Carmo. **Museu de Arte Sacra**, Mo-Fr 11.30-17.30 Uhr, Rua do Sodré 276. **Museu de Ex-Votos**, Di-So 9-12 und 14-17.30 Uhr, Largo do Bonfim. (Folklore-) **Theater Miguel Santana**, die Darbietung führt an die Elemente des Candomblé heran, Di u. So geschlossen, Beginn 20 Uhr, R. Gregório de Mattos, Tel. Vorverkauf 3322-1962.

***CANDOMBLÉ*:** Außerhalb der Fastenzeit kann man manche der religiösen Sitzungen besuchen, Termine bei Bahiatursa oder direkt bei den *terreiros* erfragen. Filmen, Fotografieren u. Shorts sind streng verboten! Informationen bei: **Federação Nacional do Culto Afro-Brasileiro,** Tel. 3365-6333. **Ilê Axé Opô Afonja**, 1910 gegründet, Cabula, Tel. 3384-5229.

***BUSBAHNHOF*:** *Terminal Rodoviária*, Pituba, Av. Antônio Carlos Magalhães 4362, Tel. 3460-8300.
***SCHIFF*:** Fähre nach Itaparica: *Balsa para Bom Despacho*, tägl. 6-22 Uhr, Terminal Turístico Marítimo de São Joaquim, Av. Oscar Pontes 1051, Tel. 3204-1010. Katamaran oder Fähre zur Ilha Tinharé / Morro de S Terminal Turístico Marítimo, tägl. 6.30-18.30 Uhr, Av. da França 757, Tel. 3241-9783.

Praia do Forte (☎ 071)

Sabor da Vila, brasilianische Hausmannskost, tägl. 11-24 Uhr, Alameda do Sol, Tel. 3676-1156, www.sabordavila.com.

Projeto Tamar: Besucherzentrum des Schutzprojekts für Meeresschildkröten, mit Freibecken, 9-18 Uhr. **Projeto Baleia Jubarte**, zwischen Juli und Oktober Schonerfahrten (4 Std.) zur Walbeobachtung.

Ilha de Itaparica (☎ 071)

Informações turísticas: Secretaria de Turismo, tägl. 8-17 Uhr, Tel. 3631-1605, www.ilhaitaparica.com.br.

Manga Rosa, besonders vorzügliches „Carne do Sol", tägl. 12-16 u. 18-24 Uhr, Mar Grande (in der Pousada Arco-Iris), Tel. 3251-3095, www.restaurantemangarosa.com.br.

RECÔNCAVO (☎ 075)

Cachoeira / São Félix

Museu Hansen Bahia, Mo-Sa 8-12 und 14-17 Uhr, So 8- 12 Uhr, Rua Ana Nery. **Centro Cultural Dannemann**, Di-Sa 8-12 u. 13-17 Uhr, So 13-17 Uhr, São Félix, Av. Salvador Pinto 29, www.terradannemann.com.

Feira de Santana

REGIONALE KÜCHE: **Pai Thomaz**, einfach und gut, Rua 25 de Junho 12, Tel. 3425-2718.

BUSBAHNHOF: Praça Dr. Maoel Vitorino, Cacholira, Tel. 3425-1800.

Lençóis (☎ 075)

Rua Prof. Assis 240, Tel. 3334-1618, www.guialencois.com.br.

REGIONALE KÜCHE: **Neco's Bar**, am besten bestellt man die Hausspezialitäten bereits am Vortag, tägl. 12-22 Uhr, Praça Clarim Pacheco 15, Tel. 3334-1179.

BUSBAHNHOF: Av. Sr. dos Passos, Tel. 3334-1112.
REGIONALFLUGHAFEN: Coronel Horácio de Matos, an der BR 242, 25 km außerhalb des historischen Orts. Im Streckennetz der Fluglinie Azul (2x wöchentlich). Tel. 3625-0026.

Parque Nacional Chapada Diamantina

Ibama: Rua Barão do Rio Branco 80, Palmeiras, Tel. (075) 3332-3210; www.parnachapadiamantina.blogspot.de

Ilhéus (☎ 073)

Ilheustur, 9-18 Uhr, Av. Soares Lopes 1741, Tel. 3231-2679, www.brasilheus.com.br.

Barraca Armação, gutes Fischrestaurant, Estrada Una-Ilhéus 222, Olivença, Tel. 3622-1817. **Bar Vesúvio**, 11.30-22.30 Uhr, Praça Dom Pedro, Tel. 3634-2164.

Museu Regional do Cacau, Mo-Fr 14-18 Uhr, Rua Antônio de Lemos 126.

BUSBAHNHOF: Est. para Itabuna Km 4, Tel. 3634-5797.
MIETWAGEN: **Localiza**, Tel. 3231-1309, **Unidas**, Tel. 3231-8552. **Locar**, Tel. 3231-6989.
REGIONALFLUGHAFEN: Aeroporto de Ilhéus, Rua Brig. Eduardo Gomes, Tel. 3234 4000.

Porto Seguro (☎ 073)

Portinha, preiswertes Kilo-Restaurant (SB), außerdem Spezialitäten vom Holzkohleofen, tägl. 12-22 Uhr, Rua do Mucugê 333, Arraial d´Ajuda, Tel. 3575-1882, www.portinha.com.br. **Area Beach**, große Auswahl frischer Fischgerichte, tägl. 8-22 Uhr, Av. Beira Mar 6900, Panarela do Alcool 262, Tel. 3679-1567.

Museu do Descobimento, historisches Gebäude (18. Jh.) in der Oberstadt, mit einer Ausstellung über die Ureinwohner und die Anfänge der Kolonie, Mo-So 9-17 Uhr, Praça Campos Tourinho, Tel. 3012-2782.

Parque Marinho do Recife de Fora. Die ca. vierstündige Fahrt mit einem Schoner führt zu den beiden natürlichen Swimmingpools in dem vorgelagerten Riff, mit verschiedenen Korallenarten und Fischen. Tauchen und Schnorcheln sind (noch) erlaubt. Für Riffbegehungen unbedingt Turnschuhe mitnehmen. Die Abfahrtszeiten hängen von den Gezeiten ab, Abfahrt an der Haupt-Pier. Infos u.a. bei Cia do Mar, Tel. 3288-2107, Luanda, Tel. 3288-3723, und Pataxó, Tel. 3288-1256.

BUSBAHNHOF: Oberstadt, an der Straße zum Flughafen, BR 367 Km 1,5; Tel. 3288-1914.
FÄHRE nach Arraial d'Ajuda (alle 15 Min.): Praça dos Pataxós.
REGIONALFLUGHAFEN: Aeroporto de Porto Seguro, Tel. 3288-1880. Der Flughafen wird von Maschinen der Azul, Gol, Tam und Pasoaredo angeflogen.

Foto: Volkmar E. Janicke

PERNAMBUCO

Portugiesische und holländische Kolonisatoren prägten **Pernambuco**, den relativ dicht besiedelten, östlichsten Teil Südamerikas, nachhaltig – einerseits durch Sklavenhandel und Zuckerrohrplantagen, andererseits aber auch durch europäische Kultur: Recife, das „Venedig Brasiliens", und Olinda, seine Schwesterstadt, besitzen historische Baudenkmäler erster Klasse. Die makellosen Strände ziehen Millionen Urlauber an, auch aus Europa.

Durch den amtlich verordneten Einsatz von Alkohol als Treibstoff wurde der Zuckerrohranbau in den letzten Jahrzehnten noch intensiviert. Brasilien ringt heute mit Indien um Platz eins der Weltzuckerproduzenten. Ein großer Teil davon wird in Pernambuco angebaut: Die Felder mit den langen grünen Zuckerrohrstangen reichen weit ins Landesinnere hinein, bis zum trockenen Sertão. Obstanbau, Viehzucht, Fischfang und der Tourismus an der Küste bilden weitere wirtschaftliche Stützen des 98 900 km² großen Bundesstaates.

★Recife

Die Lücke im Riff

Recife bedeutet „Riff": Hier fanden die portugiesischen Seefahrer im 16. Jh. eine Öffnung im Korallenriff und einen idealen Platz für den lebenswichtigen Hafen. Dennoch blieb die – heute knapp 1,6 Mio. Einwohner zählende – Hauptstadt **★Recife ⓮** bis zum Eintreffen der Holländer im 17. Jh. nur Hafen und Umschlagplatz für die benachbarte Bischofsstadt Olinda. Der Erfinder des euphorischen Beinamens „Venedig Brasiliens" war sicher nie in der italienischen Lagunenstadt; eher könnte man Recife angesichts der Skyline als

Links: Der Fischreichtum Pernambucos bietet manchen Küstenbewohnern bis heute ein bescheidenes Einkommen.

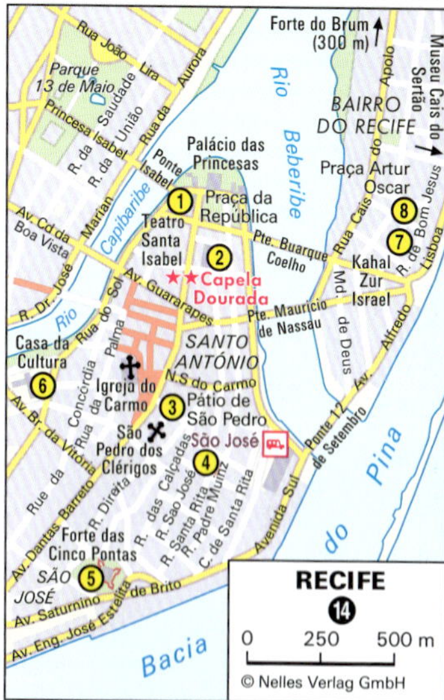

„Manhattan des Nordostens" bezeichnen – oder vielleicht als „Amsterdam Brasiliens", denn die heutige Hauptstadt Pernambucos verdankt ihre Kanäle und ihre 39 Brücken den Holländern. Unter Moritz von Nassau legten sie ab 1630 Sümpfe trocken, hoben Kanäle aus und erbauten Giebelhäuser in niederländischem Stil, die heute rar gewordenen *sobrados magros.*

Die Inseln an der Mündung der beiden Flüsse Rio Capibaribe und Rio Beberibe bilden die sehenswerte Altstadt. Der **Strand** von **Boa Viagem** am Festland, die „Copacabana von Pernambuco", besitzt die höchste Hoteldichte Recifes.

Die historische ★Altstadt

Auf der Nordhälfte der langgestreckten Insel **Ilha Joana Bezerra** liegen die historischen Stadtviertel Santo Antônio und São José, die man am besten zu Fuß erkundet. Der protzige gelbe Regierungspalast in **Santo Antônio**, der **Palácio das Princesas**, nimmt die Nordspitze der Insel ein; davor, an der **Praça da República**, erbaute der französische Architekt Luis Léger Vauthier 1840 im neoklassizistischen Stil das **Teatro Santa Isabel** ①, das bis heute Konzert- und Schauspielbühne ist.

Schräg gegenüber, von Hochhäusern verdeckt, befindet sich das älteste Kloster mit dem wichtigsten sakralen Kleinod der Stadt, die ★★**Capela Dourada** ② im **Convento de Santo Antônio**. Das Franziskanerkloster wurde 1606 gegründet, die Kirche aber erst Anfang des 18. Jh. vollendet. Die mit Fliesen verzierte Kuppel im maurischen Stil sowie die Azulejos im Kreuzgang sind jedoch erhalten. Hauptattraktion ist die nur durch ein Gatter von der Kirche abgetrennte Vergoldete Kapelle. Von 1696-1724 schufen der Baumeister Antônio Fernandes Matos und der Holzschnitzer Antônio Santiago diesen vielleicht schönsten Barockraum Brasiliens. Finanziert wurde der Bau von den Zuckerbaronen, die dem Mutterland zeigen wollten, dass auch im fernen Brasilien die Kunst erblühte. Die eindrucksvollsten Tafelbilder schildern das Martyrium der Missionare im fernen Osten. Mit Blattgold wurde nicht gespart, dennoch wirkt die Capela Dourada nicht überladen.

62 Kirchen gibt es in Recife, zu viel selbst für begeisterte Kunstfreunde, zumal die tropischen Temperaturen lange Besichtigungstouren nicht gerade erleichtern. Doch zumindest die Kathedrale im Stadtteil São José darf man nicht auslassen. Der Weg dorthin führt in südlicher Richtung an der barocken Karmeliter-Kirche **Igreja do Carmo** vorbei, von der man zum kolonialen Prunkstück der Altstadt, dem **Pátio de São Pedro** ③ gelangt. Dieser „Hof" ist eigentlich ein von kolonialen Bauten umgebener Platz mit der **Catedral de São Pedro dos Clérigos** als Mittelpunkt. 1782 eingeweiht und 1858 umgebaut, ist dies die einzige Kirche im Nordosten mit einem achteckigen Innenraum. Der Eindruck der Raumausdehnung wurde

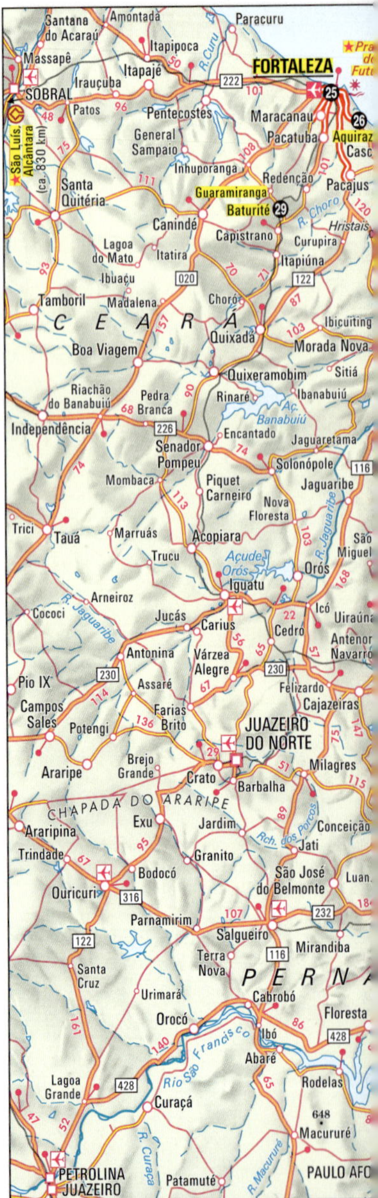

» Stadtplan S. 191, Info S. 205-207

OCEANO
ATLÂNTICO
RIO GRANDE DO NORTE
PARAÍBA
PLANALTO DA BORBOREMA
CHAPADA DO APODI
ALAGOAS
Fortim
28 ★★Canoa Quebrada
Aracati
Icapuí
Jaguaruana
Tibaú
Areia Branca
Russas
Porto do Mangue
São Bento do Norte
Macaú
Jucuri
MOSSORÓ
Parazinho
Touros
Pta. Coconho
R. Mossoró
R. Assu
Maxanguape
João Câmara
Assu
Angicos
Lajes
Caiçara do Rio do Vento
Ceará-Mirim
Redinha
24 NATAL
Apodi
Caraúbas
Itaú
Parnamirim
Pau Ferros
Santana do Matos
Cerro-Cora
R. Potenji
S. Pedro
Macaíba
Jucurutu
Barcelona
Búzios
Patu
R. Piranhas
Catolé do Rocha
Currais Novos
Santa Cruz
Tangara
Pipa
Brejo do Cruz
Caico
Jacana
Passa e Fica
Goianinha
Canguaretama
Bom Sucesso
Picuí
Tacima
Baía Formosa
S. João do Sabuji
Jardim do Serido
Barra de Sta.Rosa
Jacaraú
Mataraca
A. I. Potiguara
Pombal
Malta
Belém
Coremas
Sta. Luzia
Guarabira
Barra de Mamanguape
PATOS
Remígio
Mamanguape
23 Lucena
22 Cabedelo
Esperança
Sta. Rita
21 JOÃO PESSOA
CAMPINA GRANDE
BAYEUX
Tambaú Ponta do Seixas
Piancó
Teixeira
20 Jacumã
Itaporanga
S. José do Egito
Boqueirão
Queimadas
Timbaúba
També
19 Tambaba
Água Branca
Pitimbu
Princesa Isabel
Ouro Velho
Serra Branca
Cabaceiras
Aroeiras
Goiana
Pontas de Pedras
Carnaíba
Sumé
R. Paraíba
Umbuzeiro
I. DE ITAMARACÁ
Jabitaca
R. do Meio
Surubim
Carpina
Limoeiro
18 Igarassu
Flores
Monteiro
Sta. Cruz do Capibaribe
Vertentes
CAMARAGIBE
Paulista
Custódia
Toritama
VITÓRIA D.STA. ANTÃO
17 195 ★★OLINDA
Sertânia
S. João do Tigre
14 191 ★RECIFE
Betânia
Belo Jardim
CARUARU
Cabo
Parque Histórico Nacional dos Guarapes
Pesqueira
Gravata
Cruzeiro do Nordeste
São Caitano
Ibimirim
Arcoverde
S. Bento do Una
Ribeirão
Escada
15 Porto de Galinhas
R.B. da Serra Negra
Guanumbi
Lajedo
Bonito
Sirinhaém
R. Moxotó
Tará
Cáetas
Panelas
Palmares
16 Tamandaré
Tupanatinga
Quipapa
Catende
Inajá
GARANHUS
Barreiros
Águas Belas
Canhotinho
R. Capiá
Bom Conselho
Porto de Pedras
Petrolândia
Tacaratu
Chã Preta
União dos Palmares
P. N. Paulo Alfonso
Carié
Igapó
Santana d. Ipanema
Viçosa
São Luis do Quitunde
Mutici
NORDOSTEN
14 - 29
0 50 100 km
© Nelles Verlag GmbH, München

8
Nordosten

durch die kunstvolle Deckenmalerei von João de Sepúlveda noch verstärkt. Das Chorgestühl ist aus Zedernholz, in der Sakristei ist edles Mobiliar aus Palisander zu bewundern.

Läden, Bars, Straßenhändler und viele Menschen beleben die Seitenstraßen der Altstadt. Abends sind die Straßencafés am Pátio de São Pedro beliebte Treffs, am Wochenende treten Folklore- und Samba-Gruppen auf, Karnevalsvereine üben ihre Auftritte – der **Straßenkarneval** von Recife ist berühmt.

Weiter östlich, in der **Travessa do Macedo**, erreicht man die ebenfalls von Luis Vauthier errichtete Markthalle, den **Mercado São José** ④. Das markante Eisenbauwerk erinnert an die ehemaligen Pariser Hallen.

Von der militärischen Präsenz der Holländer zeugt die Festung **Forte das Cinco Pontas** ⑤ am Meeresbecken *Bacia do Pina*, die die Portugiesen nach der Eroberung weiter nutzten. Auf dem Rückweg zum Festland kann man einen Blick in die **Casa da Cultura** ⑥ am gegenüberliegenden Ufer der Insel werfen: Hier zeigt sich die Geschäftstüchtigkeit der *pernambucanos*, die sogar in Kerkerzellen Kunstgewerbe anbieten – das heutige „Kulturhaus" diente früher als Gefängnis.

Gleichermaßen bei Recifes Yuppies wie bei Touristen beliebt für einen abendlichen Lokalbummel ist die von Grund auf restaurierte Insel **Bairro do Recife**. Dort befinden sich der **Passagierhafen** der Stadt, das Observatorium auf dem Torre Malakoff und **Forte do Brum**, eine portugiesische Festung aus dem 17. Jh. Auffallend sind die liebevoll restaurierten Häuserfassaden entlang der **Rua de Bom Jesus** ⑦, in der sich auch die **Kahel Zur Israel**, die älteste **Synagoge** Amerikas befindet, und die Fassaden rund um den Platz **Praça Artur Oscar** ⑧. Die Straßencafés, Musikkneipen, Pubs und Bars sind abends gut besucht. Die Insel ist über drei Brücken mit der Insel Joana Bezerra verbunden. Das jüngste Museum Recifes, **Museu Cais do Sertão**, steht an der

Oben: Die herausgeputzte Altstadt Recifes.

» Stadtplan S. 191, Info S. 205-207

Av. Alfredo Lisboa im Stadtteil Antigo. Es präsentiert die Kultur des Sertão, des pernambucanischen Hinterlands.

Museen und Strände

Auf dem Festland, im Nordwesten der Stadt, gründete einer der bekanntesten Anthropologen Brasiliens, Gilberto Freyre, das **Museu do Homem do Nordeste**, eines der wichtigsten anthropologischen Museen Brasiliens. Hier wird die Zuckerherstellung und die Behandlung der Sklaven ebenso dokumentiert wie Folklore, Handarbeit, Musikinstrumente und Kleidung der Menschen des Nordostens. Die *Literatura de Cordel*, die „Literatur an der Schnur", an der Heftchen und Romane zum Verkauf und Verleih aushängen (s. S. 242), fasziniert genauso wie die fantasievolle Keramik aus der Region. Freyre beschrieb die Kultur- und Sozialgeschichte Brasiliens in *Herrenhaus und Sklavenhütte*; er studierte u. a. in Hamburg und wurde in England zum *Sir* geadelt.

14 km südlich von Recife liegt der für die brasilianische Nation wichtige **Parque Histórico Nacional dos Guararapes**. Hier unterlagen die Holländer 1648/49 in zwei entscheidenden Schlachten gegen portugiesisch-brasilianische Truppen, die zum Friedensvertrag von 1654 und zum Abzug der niederländischen Besatzer führten. Zur Erinnerung daran errichtete man im Jahr 1656 die Kirche **Nossa Senhora dos Prazeres**, die portugiesische Azulejos und geschnitzte Altäre besitzt.

Südlich der Stadt erstrecken sich einige der reizvollsten **Badestrände** Pernambucos, gesäumt von Palmen und vorgelagerten Riffs, aber: **Haiwarnungen** sind ernst zu nehmen! Zu den bekanntesten Badebuchten gehören **Piedade**, **Candeidas** (in Stadtnähe) und die weiter südlich gelegenen Strände von **Porto de Galinhas** ⓯ (60 km von Recife) und **Tamandaré** ⓰. Bei Ebbe kann man an einigen Stellen zum Riff waten; bei Flut ergibt sich vielleicht

eine Fahrt mit einer *jangada*: Flößen aus leichten, mit Tauen verbundenen Balsahölzern mit Lateinersegeln.

★★Olinda
Denkmalgeschützte Schönheit

„O linda situação para uma vila", sollen die Worte des Stadtgründers Duarte Coelho gewesen sein, als er 1535 hier eine der frühesten portugiesischen Siedlungen gründete; daraus wurde später ★★**Olinda** ⓱. „Die Schöne" als Name für die zum UNESCO-Weltkulturerbe zählende Bischofsstadt 7 km nördlich von Recife, das trifft heute vor allem auf die malerisch an der Küste gelegene Altstadt zu; an anderen Stellen muss man Abstriche machen, denn Olinda ist auf 390 000 Einwohner angewachsen. Unter holländischer Besatzung 1630-1654 wurde zwar manche Kirche zerstört, aber nach deren Abzug umso prächtiger wieder aufgebaut.

Ausgangspunkt für den Altstadtrundgang ist der Busbahnhof an der **Praça do Carmo**. Linker Hand, den

Foto: Robin Daniel Frommer

Strand im Rücken, erblickt man **Nossa Senhora do Carmo** ①, die älteste Karmeliter-Kirche Brasiliens von 1581, die manchem vielleicht durchaus bekannt vorkommt: Der holländische Maler Frans Post machte sie durch ein Gemälde weltberühmt, aber leider brannten seine Landsleute sie 1631 nieder. Erst 1720 wiedererrichtet, wurde sie gegen Ende des 20. Jh. umfassend restauriert.

Wendet man sich nach rechts, gelangt man durch die Rua São Francisco zum Franziskaner-Kloster ★**Convento de São Francisco** ②, das 1585 gegründet wurde. Der schöne Blick von hier auf das Meer spricht für den Geschmack der Angehörigen des Franziskaner-Ordens, der im ganzen Nordosten Brasiliens noch immer sehr aktiv ist. Warum die Klosterkirche **Nossa Senhora das Neves**, also der „Jungfrau des Schnees" geweiht wurde, bleibt angesichts des feuchtheißen Klimas ein Rätsel. Auch dieses katholische Gotteshaus wurde von den holländischen Besatzern zerstört und in den folgenden Jahrhunderten von den Portugiesen wieder audgebaut. Die Kirchenwände sind mit schönen Azulejo-Bildern verkleidet, die das Leben Marias erzählen; das Leben des Heiligen Franziskus ist im Kreuzgang auf Fliesen dargestellt. Eindrucksvoll sind auch die Deckenmalereien im Kapitelsaal und in der Sakristei.

Die **Rua Bispo Coutinho** hinauf, erreicht man auf einer Anhöhe die Jesuiten-Kirche **Nossa Senhor da Graça** ③, die der Begründer der Kirchenarchitektur in Brasilien, Francisco Dias, um 1580 entwarf. Hier befindet sich das Priesterseminar der Diözese, dessen Erzbischof Dom Helder Câmara (1909-1999) als Verfechter der Befreiungstheologie weltweit bekannt wurde.

Oben: Der vergangene Reichtum Olindas im Kontrast zur Skyline von Recife. Rechts: Barocke Pracht im São Bento-Kloster in Olinda.

★Alto da Sé – der Hügel der Kathedrale

Der kurze Aufstieg auf den Hügel ★**Alto da Sé** lohnt sich schon wegen

» Stadtplan S. 195, Info S. 205-207

der **Aussicht**. Wenn man vor der Kathedrale steht und über Palmen und Jacaranda-Bäume über den Atlantik bis Recife blickt, bekommt man ein Gespür für das besondere Flair dieser alten Stadt. Tagsüber bevölkern Andenkenhändler den Platz, abends wird für das leibliche Wohl gesorgt; man sitzt im Freien und genießt über Holzfeuer gegrillten Minas-Käse vom Spieß, oder man erfrischt sich mit dem eisgekühltem Fruchtwasser grüner Kokosnüsse oder mit Bier.

Die Christus geweihte Bischofskirche, **Igreja da Sé São Salvador do Mundo** ④, wurde als erste Pfarrkirche Olindas schon 1537 gegründet, hat durch vielfältige Restaurierung aber ihren künstlerischen Wert eingebüßt. Der Blick auf den benachbarten ehemaligen **Bischofspalast** aus dem 17. Jh. wird durch einen kantigen, weiß getünchten Wasserturm, den manche gerne sofort abreißen würden, beeinträchtigt. Der Palast beherbergt heute das Museum für religiöse und volkstümliche Kunst, **Museu de Arte Sacra de Pernambuco** ⑤.

Weiter nordwärts kommt man zum Largo da Misericórdia, an dessen Ecke die **Igreja da Misericórdia** ⑥ von 1540 steht. Auch hier finden sich interessante Kacheln und eine schöne Kanzel.

Über die Rua São Martinho gelangt man in die enge **Rua do Amparo**, in der sich die ehemalige Bischofsresidenz (heute **Regionalmuseum**) befindet sowie sehr gut erhaltene **Sobrados**: zweigeschossige Kolonialhäuser mit Balkonen, weitläufigen Hinterhof-Gärten und dem *muxarabi* genannten, gekreuzten maurischen Lattenwerk.

Die Rua 13 de Maio führt zum ehemaligen Gefängnis, *Cadeia Pública*, in dem das Museum für zeitgenössische Kunst, **Museu de Arte Contemporânea** ⑦, untergebracht ist. In der Parallelstraße weiter östlich befand sich im 17. Jh. der „Sklavenmarkt", **Mercado da Ribeira** ⑧. Heute wird dort Kunsthandwerk verkauft, und jeden Sonntag um 20 Uhr treten Folkloregruppen auf. Weiter südlich in der Rua São Bento befindet sich im ehemaligen „Gouverneurspalast" (17. Jh.), dem **Palácio Governadores**, der Sitz des Präfekten.

Foto: Volkmar E. Janicke

Nun ist es nicht mehr weit zum Benediktiner-Kloster **★Mosteiro de São Bento** ⑨, das den Besucher mit schattenspendenden Palmen auf dem Vorplatz willkommen heißt. Der Wiederaufbau im 17. Jahrhundert, nach der Zerstörung durch die holländischen Truppen (1631), veränderte die um 1580 gegründete Klosterkirche grundlegend. Schnitzereien nach portugiesischem Vorbild und der Hochaltar aus dem Jahr 1761 sind heute ihre wichtigsten Schätze.

Das Amparo-Viertel

Zu den Attraktionen Olindas zählt außerdem das Stadtviertel Amparo. In den größtenteils renovierten **Kolonialhäuschen** entlang der **★Rua do Amparo** haben Künstler ihre Verkaufsateliers. Neben Toprestaurants wie der *Officina do Sabor* gibt es hier auch ansprechen-

» Stadtplan S. 195, Info S. 205-207

de Unterkünfte wie zum Beispiel die *Pousada Peter.*

Badestrände

Schöne Badestrände findet man in der 8 km nördlich gelegenen Gemeinde **Paulista**. Am dortigen Strand von **Pau Amarelo** bauten die Portugiesen 1719 eine **Festung**. Weiter nördlich, in **Maria Farinha**, sind noch ausgedehnte Mangroven zu sehen, hier ist das ideale Gebiet für viele Wassersportarten, wie beispielsweise Windsurfen oder Wasserski.

Igarassu

Die Kleinstadt **Igarassu** ⓲ mit fast 93 000 Einwohnern liegt 42 km nördlich von Recife und ist 1530, noch vor Olinda, gegründet worden.

Für Freunde sakraler Kunst lohnt sich ein Ausflug wegen der Hauptkirche des Ortes, ★**São Cosme e São Damião** (tägl. 8-12 Uhr) auf dem gleichnamigen Platz, soll eine der ältesten erhaltenen Steinkirchen Brasiliens sein. Auch diese Kirche hat Frans Post auf einem Gemälde verewigt. Das Franziskaner-Kloster **Santo Antônio** (tägl. 8-12 u. 13-16 Uhr) in der Rua Barbosa Lima wurde 1588 gegründet, aber von den Niederländern gebrandschatzt und anschließend bis zum Anfang des 18. Jh. wieder aufgebaut. Die einschiffige Kirche besitzt schöne Azulejos und einen prunkvollen Sakristeischrank. Sehenswert ist vor allem die im Obergeschoss untergebrachte Gemäldesammlung, **Pinacoteca**: Unbekannte Meister malten große Tafelbilder mit Heiligen und einer Schilderung der Pest in Olinda 1685, von der Igarassu wunderbarerweise verschont blieb. Die etwas nordöstlich gelegene **Insel Itamaracá** ist mit dem Festland durch eine Brücke verbunden. Man kann ihre weißen Strände auch auf einer Katamaran-Fahrt erkunden.

Rechts: Die Palmenstrände des Nordostens ziehen viele Besucher an.

PARAÍBA

João Pessoa

Von Igarassu gelangt man über die BR 101 nach João Pessoa, Hauptstadt des relativ kleinen Bundesstaates **Paraíba**.

Vor Erreichen der Stadt lohnt sich ein Abstecher an die Küste Richtung Jacumã. 10 km südlich diese Ortes findet man bei **Tambaba** ⓳ Steilküsten und natürliche Pools sowie einen der in Brasilien äußerst seltenen FKK-Strände. Männern ist der Zutritt ohne weibliche Begleitung nicht erlaubt.

Das Fischerdorf **Jacumã** ⓴ bietet herrliche Strände, Palmen, hohe Klippen, Badebecken und Mineralquellen; die Sandbänke schimmern in rötlichen Farbtönen.

Nach **João Pessoa** ㉑ (770 000 Einw.) sind es von hier 35 km. Die Stadt hat zwar auch bedeutende Kirchen und Klöster, ist aber vor allem wegen seines futuristisch anmutenden Hotels in **Tambaú**, 7 km östlich der Stadt, bekannt: Der runde Bau des **Hotel Tropical Tambaú** gleicht durch einen Turm in der Mitte einer Raketenabschussrampe; sein Architekt, Sergio Bernardes, hat die Anlage zudem zur Hälfte über dem Meer gebaut.

Die Stadt liegt nicht direkt am Meer, sondern am Ufer des **Rio Sanhauá**. Schon bei ihrer Gründung im Jahr 1585 erhielt sie die Stadtrechte verliehen und gilt somit als die drittälteste Stadt Brasiliens.

Im Zentrum der Stadt lohnt ein Spaziergang: vom Stadtpark **Parque Sólon de Lucena** mit seinem künstlichen See und herrlichen Königspalmen zum Kulturzentrum der Stadt, dem ★**Centro Cultural São Francisco** am gleichnamigen Platz. Die Klosterkirche **São Francisco** (1701-1734) wirkt mit ihrer reichverzierten, dreieckigen Fassade und fünfbogiger Vorhalle vornehm. Die Innenwände sind mit Azulejos verkleidet, die Decke ziert eine illusionistische

» Karte S. 192-193, Info S. 205-207

Foto: Mireille Vautier

Malerei mit Maria und heiliggesprochenen Franziskanern. Bei einer geführten, rund einstündigen Tour durch den Komplex sieht man den **Kreuzgang** des ehemaligen Klosters Santo Antônio, das Kircheninnere mit portugiesischen Azulejos, das kleine sakrale **Museum** und zum Abschluss die berühmte ★**Capela de Ordem Terceira de São Francisco** mit ihrem üppigen Blattgoldschmuck.

Frühaufsteher haben die Möglichkeit, als erste auf dem amerikanischen Kontinent die Sonne aufgehen zu sehen: 13 km südlich der Stadt, nachdem man das Cabo Branco („weißes Kap") passiert hat, kommt man zum östlichsten Punkt Amerikas, **Ponta do Seixas**.

Ein weiteres beliebtes Ausflugsziel ist die Landzunge **Cabedelo** ㉒ im Norden von João Pessoa. Vom Strand **Praia do Poço** kann man mit *jangadas* zur nur im Sommer bei Ebbe sichtbaren „Insel des roten Sandes", **Ilha da Areia Vermelha**, segeln. Schöne Strände gibt es außerdem 29 km nördlich in der Nähe von **Lucena** ㉓.

RIO GRANDE DO NORTE

Natal

Knapp 300 km nördlich von Recife liegt **Natal** ㉔, die über 855 000 Einwohner zählende Hauptstadt des Bundesstaates **Rio Grande do Norte**. Auch bei Natal war der Kirchenkalender Namensquelle – *natal* bedeutet Weihnachten, und genau zu diesem Fest erfolgte 1599 die Stadtgründung. Doch nach sakralen Kunstwerken sucht man so weit abseits der kolonialen Machtzentren vergeblich, denn Reichtümer waren hier in den vergangenen Jahrhunderten nicht zu erringen. Natals Highlights sind seine Strände und Buggytouren durch die fantastische Sanddünenlandschaft der Umgebung.

Die Stadt entwickelte sich vom Flusshafen am Rio Potengi zum Meer hin, so dass sie nunmehr zwischen Süß- und Salzwasser gebettet liegt. Direkt am Strand, der **Praia do Forte** an der Nordspitze der Stadt, begannen die Portugiesen am 6. Januar 1598 mit der

Errichtung einer Festung, weshalb diese **★Forte dos Reis Magos**, „Dreikönigsfestung", getauft wurde. Das sternförmige Bollwerk mit 5 Bastionen, erbaut zum Schutz gegen die Franzosen, ist heute die größte Sehenswürdigkeit der Stadt. Von hier aus hat man einen fantastischen Blick auf Stadt und Dünen. Während der geführten Besichtigung erfährt man, dass die Holländer das Fort mehr als 20 Jahre lang besetzt hielten.

Das ehemalige Gefängnis, die **Casa de Dentenção**, wurde zum Touristenzentrum umfunktioniert und bietet Kunstgewerbeläden, Galerien, Folkloreshows und Restaurants gleichzeitig Kulisse und Quartier. Auch ein sehenswertes Museum besitzt die Stadt: **Câmara Cascudo** im Stadtteil Tirol, östlich der Oberstadt. Anthropologische, ethnologische und archäologische Sammlungen sowie sakrale Kunst und eine Zuckermühle sind dort zu sehen.

Rechts: Der Strand von Genipabu bietet Dünenspaß und Bootsausflüge.

Strände im Süden

Am Strand von **Mãe Luiza** 1, 4 km südlich, ergibt sich die in Brasilien seltene Gelegenheit, einen aktiven Leuchtturm zu besteigen (jeweils sonntags von 14-17 Uhr). Von hier bis ins 10 km weiter südlich gelegene Ponta Negra erstreckt sich der **Parque das Dunas**, der zum Schutz der Sanddünen und der Überreste des Küstenregenwaldes eingerichtet wurde. Empfehlenswert sind geführte Wanderungen durch den Park.

In **Ponta Negra** 2 erhebt sich die 120 m hohe Düne **Morro do Careca**, die steil ins Meer abfällt. Am besten mietet man in Natal einen Strandbuggy samt Fahrer, um hierher zu fahren – es ist ein überwältigendes Erlebnis die Küste auf diese Art zu erkunden.

20 km südlich der Stadt werden Raketen zu Forschungszwecken von der „Höllenschranke" abgeschossen – das **Barreiro do Inferno** 3 wird seiner rötlichen Dünen wegen so genannt. Mittwochs sind geführte Besichtigungen nach Voranmeldung möglich.

In **Pirangi do Norte** 4, 28 km südlich, ist eine Pflanze die Attraktion: **o Cajueiro**, ein gigantischer Caju-Baum, an dem als Anhängsel einer großen apfelförmigen Scheinfrucht die bitterscharfe Caju-Nuss reift, die erst durch Rösten genießbar wird. Die Fläche der Krone dieses Prachtstückes wurde mit 7000 m^2 berechnet! Vom nahen Strand aus kann man Bootstouren entlang der Küste unternehmen.

In **Búzios** 5, ein kurzes Stück weiter, liegt ein ideales Tauch- und Surfgebiet. Surfer finden auch an der **Praia de Tabatinga** 6 (bei Km 40) ein verlockendes Revier zwischen Steilküste und Riff. Die Strandpiste erreicht 50 km südlich von Natal **★Camurupim** 7, wo weiße Dünen und natürliche Schwimmbecken einen paradiesischen Strandaufenthalt versprechen. Am besten lassen sich die wunderbaren Strände mit einem Buggy erkunden. Nach **★Tibau do Sul** 8 (80 km von Natal) kann man mit einer

» Plan S. 200, Info S. 205-207

Foto: Peter Legler (Silvestris Online)

winzigen Fähre übersetzen. Südlich des idyllischen Fischerorts erstrecken sich sagenhafte Strände mit steilen Klippen. Über Treppen kann man ans Meer hinunter gelangen (Gezeiten beachten!). Am Szene-Strand ★**Pipa** 9, gut 90 km von Natal entfernt, treffen sich Junge, Reiche und Schöne. Hauptattraktion sind auch hier die von hoch aufragenden Klippen umrahmten Strände. Im glasklaren Wasser tummeln sich Delfine.

Genipabu – Strände im Norden

25 km nördlich von Natal (die Straße überquert die breite Mündung des Rio Potenji) gelangt man zur **Praia Redinha** 10, die mit 40 m hohen Dünen, zahlreichen Bars und dem **Aquarium Natal** Besucher anzieht. Entspannter erreicht man den Strand mit der Fähre (ca. 20 min) vom Hafen in Natal.

Genipabu 11 ist für seine herrliche Lagune zwischen riesigen Dünen und Caju-Bäumen sowie für seinen Badestrand bekannt. Von den feinsandigen Dünen werden Bootsausflüge und Rundflüge mit Ultraleicht-Flugzeugen angeboten. Weiter nördlich, im Fischerdorf **Graçandu** 12, findet man bei Ebbe in den vorgelagerten Riffs natürliche Meeresschwimmbecken, und in der **Lagoa de Pitangui** 13 sind die bunten Fischschwärme eine Attraktion für Schnorchler.

Auch ★**Jacumã** 14, 50 km nördlich von Natal, bietet ideale Bedingungen, sowohl für Taucher als auch für Angler. Viele Buggypiloten unternehmen hier ebenfalls einen Abstecher zur gleichnamigen **Lagune**, deren kristallklares Wasser bis zu 6 m tief zwischen ortsfesten Dünen gestaut ist

Abenteuerlustige mit viel Zeit sollten sich eine mehrtägige Buggytour von Natal aus nicht entgehen lassen. Die 760 km lange und 5-tägige Tour nach Nordwesten bis **Fortaleza** (㉕) führt entlang eines der schönsten Küstenabschnitte Brasiliens. Übernachten kann man in Strandpousadas. Aus Sicherheitsgründen jedoch möglichst nur mit einem registrierten „Bugueiro" (Buggypiloten) fahren!

Foto: Peter Legler (Silvestris Online)

CEARÁ

Fortaleza

Im Jahr 1603 bekam Martim Soares Moreno vom portugiesischen Generalgouverneur den Auftrag, die Küste von **Ceará** zu erschließen und die Ureinwohner zu „befrieden“. Nach jahrelangen Kämpfen und vielen Rückschlägen gelang es ihm 1611, eine Allianz mit den Jaguaribe-Indios einzugehen und die Festung São Sebastião an der Mündung des Rio Ceará anzulegen. Die Festung hielt mit Hilfe der Indianer den Angriffen der Franzosen stand; im Jahr 1649 eroberten jedoch Holländer die kleine Siedlung und errichteten eine neue Festung, Fort Schoonenborch. Sie legten somit den Grundstein für die Stadt namens Fortaleza („Festung“).

Als die Portugiesen 1654 die gesamte Nordostküste von den Holländern zurückeroberten, änderten sie den Namen des Forts in *Fortaleza de Nossa Senhora da Assunção*. **Fortaleza ㉕**, die „Festung“, blieb als verkürzter Name der heute fünftgrößten Stadt Brasiliens (2,6 Mio. Einwohner) erhalten. Sie ist die Hauptstadt des Bundesstaates **Ceará**, der überwiegend vom trockenen Klima des Sertão bestimmt wird. Seine Hauptprodukte sind Baumwolle und Caju-Früchte, auch die Rinderzucht und die Textilindustrie spielen noch immer eine wichtige Rolle, dazu kommt der boomende Tourismus.

Ceará war der erste Bundesstaat Brasiliens, der die hier ohnehin nicht sehr ausgeprägte Sklaverei abschaffte, und zwar bereits 1884, vier Jahre vor dem offiziellen Verbot durch Prinzessin Isabel. Die Bevölkerung besteht vorwiegend aus *morenos* und *mulatos* (Nachkommen von hell- und dunkelheutigen Menschen) und *caboclos* (Nachkommen von Weißen und Indianern).

Die **Festung** im Stadtzentrum wird immer noch als Kaserne genutzt und kann nur mit Genehmigung besichtigt werden. Ungewöhnlich wirkt das Stadttheater, **★Theatro José de Alencar**, eine Jugendstil-Eisenkonstruktion aus England, die 1910 eingeweiht wurde. Das Theater trägt den Namen des bekanntesten Poeten der Stadt, die Logen sind nach seinen Werken benannt, und auf dem Platz vor dem Theater, der **Praça José de Alencar** steht sein Denkmal. Der Autor der Romane *O Guarani* und *Icarema*, die Ende des 19. Jh. auch auf Deutsch erschienen, versuchte in seinen Büchern die Ureinwohner nicht zu idealisieren, sondern als Bestandteil der brasilianischen Realität objektiv zu betrachten. Als Sohn eines Senators im Jahr 1829 geboren, wurde José de Alencar schon mit 39 Jahren Justizminister.

Unter dem Einfluss des wachsenden Tourismus hat sich das Stadtbild von Fortaleza nachhaltig gewandelt. Entlang der **Praia do Meireles** und der **Praia do Mucuripe** türmen und drängen sich Glas und Beton; das frühere

Oben: Traditionelle Fischerei an Natals langer Küste. Rechts: Spitzenklöpplerinnen bieten in Aquiraz ihre Produkte an.

» Karte S. 192-193, Info S. 205-207

Bohemien- und Altstadtviertel **Iracema** wurde rings um die längst legendäre ★★**Pirata-Bar** zur nächtlichen Ausgeh- und Vergnügungsmeile. Unweit davon entstand das moderne Kulturzentrum ★**Dragão do Mar** (Rua Dragão do Mar 81, Tel. 3488-8600) mit Bibliothek, Festsaal, Kino, Planetarium, Boutiquen, Café, Amphitheater und einem ganzen „Gürtel" vielfältig bunter Szene-Kneipen in den angrenzenden restaurierten Gebäuden.

Ausflüge von Fortaleza

Auch wenn viele Kinder an den stadtnahen Stränden von Fortaleza spielen: Die *praias* sind leider stark verschmutzt und zum Baden ungeeignet. Der nächste empfehlenswerte Strand liegt 8 km südöstlich: der „Strand der Zukunft", ★**Praia do Futuro**.

31 km südöstlich liegt die 30 000 Einwohner zählende Stadt **Aquiraz** ㉖, in der noch einige Kolonialbauten zu sehen sind, die aber vor allem wegen der Spitzenklöpplerinnen besucht wird. Im **Centro de Rendeiras da Prainha** kann man Arbeiten der Klöpplerinnen (*rendeiras*) bestaunen und erwerben.

2 km nordwestlich bieten in **Porto das Dunas** Dünen und Palmenhaine hervorragende Bedingungen für Strandfreunde, außerdem werden hier Boote, Buggys und Surfbretter verliehen sowie Rundflüge mit Ultraleichtflugzeugen angeboten. Der **Beach Park** garantiert mit einem riesigen Wellenbad, einer 41 m hohen Wasserrutsche und weiteren Attraktionen Badespaß für Familien mit Kindern.

Beberibe ㉗, 78 km südöstlich Fortalezas, ist bekannt wegen hervorragender Langusten und dem herrlichen Strand **Morro Branco**. An der schönen **Praia das Fontes**, 10 km weiter, locken Süßwasserkaskaden und die Felsenhöhle Mãe d'Água, die allerdings nur bei Ebbe sichtbar ist.

Bis ★★**Canoa Quebrada** ㉘ (165 km südöstlich von Fortaleza), einem Ex-

Foto: Bernd Helms

Hippieparadies, folgen weitere Lagunen, rötliche ★**Dünen** als Spielwiese für Buggypiloten und traumhafte Strände, wie die 6 km nordwestlich von Canoa am Rio Jaguaribe gelegene **Praia Fortim**. Canoa selbst ist heute ein beliebter Ferienort mit regem Nachtleben entlang dem „Broadway"; seinen Strand säumen fotogene rote Kliffs.

Die im Jahr 1745 gegründete Stadt **Baturité** ㉙ ist heute ein wichtiges Wirtschafts- und Handelszentrum der Region. Die Stadt liegt in der **Serra de Baturité**, einer Bergkette 100 km südwestlich von Fortaleza. Inmitten des trockenen Sertão ist diese Gegend mit dem angenehmen Klima, höheren Niederschlägen, Wäldern und Kaffee- und Bananenplantagen eine grüne Oase und ein beliebtes Naherholungsgebiet. Um die **Praça Matriz** gruppieren sich die Barock-Kirche **Matriz Nossa Senhora da Palma** und einige andere eindrucksvolle Gebäude aus der Kolonialzeit. Akzeptable Hotels findet man in **Guaramiranga** (17 km).

» Karte S. 192-193, Info S. 205-207

Foto: Mireille Vautier

MARANHÃO

★★São Luís

Brasiliens Bundesstaat **Maranhão** und seine 1 Mio.-Einwohner-Hauptstadt **★★São Luís** liegen abseits der Touristenrouten. São Luís war Anfang des 17. Jh. drei Jahre französischer Stützpunkt und 1641-44 von Holländern besetzt. Portugiesische Kolonialarchitektur prägt den schönen historischen Altstadtkern; **Azulejo-Fliesen-Fassaden** sind typisch für das UNESCO-Welterbestadtzentrum, zu dem etwa 1000 Gebäude zählen.

Die Hafenstadt São Luís liegt auf der gleichnamigen Halbinsel, die sie sich mit kleineren Orten wie **Itaqui** teilt, wo eine Autofähre Richtung Itaúna ablegt, von wo eine Fernstraße nach Pará führt.

Von den Kais von São Luís setzen betagte Personenfähren und eine moderne *Aerobarco*-Fähre nach **Alcântara** über. Die Schiffspassage (ca. 75 Min.) erleichtert den Tagesausflug zu dem im 17. Jh. auf dem Festland erbauten Kolonialstädtchen. Der vom Verfall gezeichnete Ort wurde erst 1988 ans Stromnetz angeschlossen, als in der Nähe eine Raketenabschussbasis entstand.

In der zweiten Junihälfte steht ganz Maranhão und besonders São Luís im Zeichen der heiteren São-João-Feiern. Dann zieht eine ausgelassene Menschenmenge trommelnd, singend und tanzend durch die Altstadt und vergnügt sich mit dem beliebten Volksspiel **★Bumba-meu-boi**. Der Stier, der *boi estrela*, wird von Tänzern dargestellt, die unter einem mit Glasperlen und Pailletten verzierten Pappmaschee-Kostüm stecken. Als Symbol für Reichtum sieht er sich Gefährdungen ausgesetzt, die possenhaft-derb inszeniert werden. Das laute und lustige Spektakel, entstand einst als eine Art satirischer Protest gegen die portugiesische und die klerikale Obrigkeit. Heute ist es für die Teilnehmer einfach *a brincadeira mais linda* – „das schönste Vergnügen".

Oben: Mit diesen Segelbooten umzugehen will gelernt sein (bei São Luís):

» Karte S. 192-193, Info S. 205-207

Recife (☎ 081)

Empetur, 8-17 Uhr, Disque Turismo, Tel. 3462-4960, www.recife.pe.gov.br.

CHURRASCO: **Porcão**, Rodízio, 11-0.30 Uhr, Boa Viagem, Av. Eng. Domingos Ferreira 4215, Tel. 3465-3999 und 3467-6306.
Spettus, exzell. Rodízio, 12-16 u. 18-23 Uhr, Derby, Av. Agam. Magalhães 2132, Tel. 3423-3070.
FISCH: **Prá Vocês**, preiswert, tägl. 11-24 Uhr, Pina, Av. Herculano Bandeira 115, Tel. 3325-3168.
Beijupirá, kreative Küche und karibisches Flair, Porto de Galinhas, Estrada de Maracaípe, Tel. 3552-2354, www.beijupiraporto.com.br.
PORTUGIESISCH: **Tasca**, Stockfisch u. Krabben nach portugiesischen Rezepten, Di-Sa 19-23, So 12-17 Uhr, Boa Viagem, Rua Dom José Lopes 165, Tel. 3326-6309.
PERUANISCH: **Chiwake**, „In"-Lokal, peruanisch-japanische Küche mit tollen Fischkompositionen, Mo-Do 12-15 u. 19-23, Fr 12-15 u. 19-23, Sa 19-23 Uhr, Espinheiro, Rua da Hora 820, Tel. 3121-1609.
REGIONAL (SERTÃO): **Parraxaxá**, preiswertes Buffet mit Traditionellem und Speisen aus dem Sertão, 11.30-22 Uhr, Boa Viagem, Rua Baltazar Pereira 32, Tel. 3268-4169, www.parraxaxa.com.br.
Da Mira, deftige Küche aus Pernambucos Hinterland wie Innereien oder Zunge, einfach, preiswert, tägl. 11.30-17.30 Uhr, Casa Amarela, Av. Dr. Eurico Chaves 916, Tel. 3268-6241.

Teatro Santa Isabel, Mo-Fr 13-17 Uhr, Praça da República. **Convento Franciscano de Santo Antônio**, Mo-Fr 8-11.30 Uhr u. 14-17 Uhr, Sa 8-11.30 Uhr, Rua do Imperador 206. **Palácio do Campo das Princesas**, restauriert und wiedereröffnet 2014, 30minütige Führungen Do, Fr, u. Sa, nur mit langen Hosen oder Röcken, Praça da República, Santo Antônio, Tel. 3181-2281. **Centro Cultural Judaico**, Di-Fr 9-17 Uhr, So 14-18 Uhr, Synagoge Kahal Zur Israel, Rua do Bom Jesus 197. **Forte das Cinco Pontas**, Di-Fr 9-17, Sa/So 13-17 Uhr, Largo das Cinco Pontas. **Museu de Estado de Pernambuco**, Di-Fr 10-17, Sa, So 14-17 Uhr, Graças, Av. Rui Barbosa 960. **Officina de Cerâmica Francisco Brennand**, Mo-Fr 8-17 Uhr, Atelier und Fabrik im Vorort Várzea sind über die Av. Caxangá erreichbar, Tel. 3271-2466.
Cais do Sertão, Museum zur Kultur des Sertão, Av. Alfredo Lisboa, Recife Antigo, (Di (gratis) 9-21, Mi-Fr 9-18, Sa/So 13-19 Uhr, Tel. 3089-2974, www.caisdosertao.org.br.

BUSBAHNHOF: **TIP**, Terminal Integrado de Passageiros, Curado, BR 232, Km 15, Tel. 3452-*1103*.
KATAMARANFAHRT: Auf den Flüssen des Zentrums Recifes, Abfahrt an der Av. Caio das Cinco Pontas, Catamaran Tours, Tel. 3424-2845.

Olinda (☎ 081)

Secretaria de Turismo, Av. Liberdade 68, Carmó, Tel. 3493-1553, www.olinda.pe.gov.br.

REGIONALE KÜCHE: **Oficina do Sabor**, Terrasse, Galerie und Restaurant, einfallsreiche Gerichte, aber nicht billig, Di-Fr 12-16 u. 18-24, Sa 12-01 Uhr, So 12-17 Uhr, Rua do Amparo 335, Tel. 3429-3331, www.oficinadosabor.com.
FISCH: **Rosa do Mar**, Mo-Do 11-22 Uhr, Fr-Sa 10-2.30 Uhr, Rua Bezarros 1918, Janga, Paulista, Tel. 3434-1389.
ITALIENISCH: **Don Francesco**, hausgemachte italienische Pasta, Salate und Pizza, Mo-Fr 12-15, 18.30-23, Sa 18.30-24 Uhr, Rua Prudente de Morais 358, Tel. 3429-3852.

Museu de Arte Sacra de Pernambuco, Di-Fr 9-12.30 Uhr, Rua Bispo Coutinho 726.
Igreja da Sé – Catedral, tägl. 9-17 Uhr, Alto da Sé.
Convento de São Francisco, tägl. 7-12, 14-17 Uhr, R. S. Francisco 280.
Mosteiro de São Bento, tägl. 9-11.45, 14-17 Uhr, So 10-12 Uhr gregorianischer Chorgesang, Rua de São Bento.
Convento de Santo Antônio, tägl. 8-14 Uhr, Igarassú, Pinacoteca, Rua Barbosa Lima.

BUSBAHNHOF: Av. Transamazônica / Rua Vasco Rodrigues, Tel. 3426-0205.
KATAMARANFAHRT: zur Ilha de Itamaracá; abgelegt wird beim Hotel Amoaras Resort, Maria Farinha, Tel. 3436-1331.

João Pessoa (☎ 083)

S/A-PBTur, Centro Turístico Tambaú, geöffnet 8-19 Uhr, Av. Alm. Tamandaré 100, Tel. 3218-6655.

REGIONAL (SERTÃO): **Mangai**, Selbstbedienungsrestaurant mit gut zwei Dutzend Gerichten aus dem Sertão, u.a. Carne-do-Sol, keine alkoholischen Getränke, Mo-Sa 11-22, So 7-22 Uhr, Manaíra, Av. Gen. Édson Ramalho 696, Tel. 3226-1615.
Tábua de Carne, regionale Fleischgerichte u. a. *Carne do Sol*, tägl. 11-23 Uhr, Tambaú, Av. Rui Carneiro 648, Tel. 3247-5520.
INTERNATIONAL: **Gulliver**, internationale Küche, tägl. 11.30-16.30 u. 18.30-24 Uhr, Tambaú, Av. Olinda 590, Tel. 3247-1495.

Centro Cultural São Francisco, Di-So 9-12 und 14-17 Uhr, Praça São Francisco, Tel. 3218-4505.
Teatro Santa Roza, die 1889 errichtete Spielstätte zählt zu den ältesten Theatern Brasiliens, Besichtigungen Mo-Fr 14-18 Uhr, Sa/So nur während der Vorstellungen, Praça Pedro Américo, Tel. 3218-4383. **Nossa Senhora da Guia**, eine der ältesten (1591) Kirchen im Stil des „Tropenbarocks"; blieb unvollendet, Besuche gratis, 28 km nördlich. **Fortaleza de Santa Catarina**, geführte Besichtigungen der ehemals kanonenbewehrten und 1970 restaurierten Festung aus dem Jahr 1589 sind Di-Sa 8.30-12.30 u. 13.30-16.30 Uhr möglich, Rua Francisco Serafim, Praia Ponta de Matos, Município de Cabedelo, Zugang neben dem Hafen, Tel. 3228-3959.

AUSFLÜGE: **Ilha da Areia Vermelha**, Praia do Poço. **Praia do Jacaré**, dreistündige Ausflugsfahrt. **Praia do Bessa**, Flüge mit Ultraleichtflugzeugen. **Tambaú**, Katamarane zu Naturbecken in *Picãozinho*, 10 Min. Info und Buchung aller Bootstouren, Paraiba Travel, Tel. 8863-0715, www.passeioemjoaopersoa.com.br.

BUSBAHNHOF: **Varadouro**, Rua Francisco Londres, Varadouro, Tel. 3222-6567.
REGIONALFLUGHAFEN: **Presidente Castro Pinto**, BR-101, Bayeux, 11 km außerhalb João Pessoas, Tel. 3041-4200.

Natal (☎ 084)

Centro de Turismo, Info u. Verkaufsausstellung nordostbrasilianischen Kunsthandwerks, tägl. geöffnet, jeden Do ab 22 Uhr Tanzveranstaltung „Forró com Turista", Rua Aderbal Figueiredo 980, Petrópolis, Tel. 3211-6149.

REGIONALKÜCHE: **Paçoca de Pilão**, preiswerte nordostbrasilinische Gerichte, tägl. geöffnet, 26 km nördl. v. Natal, Pirangi do Norte, Av. Deputado M. Marinho 5708, Tel. 3238-2088, www.pacocadepilao.com.br.
FISCH: **Moqueca Capixaba**, Di-Sa 11-23, So 11-18 Uhr, gutes Fischlokal in Stadtnähe, Praia de Areia Preta, Av. Gov. Sílvio Pedrosa 266, Tel. 3202-9673.
Peixada da Comadre, herrliche Lage, beste Qualität, 11.30-15 u. 18-22 Uhr, So nur Mittagstisch, Av. Praia de Ponta Negra 9048, Tel. 3202-3411.

Museu Câmara Cascudo, Di-Sa 8-18 Uhr, Tirol, Av. Câmara Caocudo 377, Cidade Alta, Tel. 3222-3293.
Forte dos Reis Magos, tägl. 8-16.30 Uhr, Praia do Forte.
Centro de Lancamento da Barreira do Inferno, Raketenbasis, Führung müssen mindestens 72 Std. vorher angefragt werden und finden Mo-Fr statt, Tel. 4008-1400.

Tipp für Tagesausflug: Neue Dieseltriebwagen fahren nach Ceará-Mirim.
BUSBAHNHOF: Cidade da Esperança, Av. Cap. Mor Gouveia 1237, Tel. 3205-2931, www.ambarcon.com (informative und gut gemacht Site). ***BOOTSAUSFLÜGE:*** Pirangi do Norte, Albacora Azul, Tel. 3238-2204, Marina Badauê, Tel. 3238-2066.
FLUGHAFEN: **Aeroporto Internacional de Natal - Governador Aluízio Alves**, Sao Gonçalo do Amarante, 22 km /35 Minuten westlich des Zentrums von Natal.

Genipabu / Ceará-Mirim(☎ 084)

FISCH: **Restaurante 21**, Fisch, herrliche Lage am Fuß einer Sanddüne, direkt am Meer, Praia de Genipabu, Tel. 3224-2484. **Naf Naf**, Churrasco und Meeresfrüchte, tägl. 9.30-16 Uhr, Praia Jacumã, Ceará-Mirim, Tel. 3228-2228.

BUGGY-VERLEIH: Associação dos Bugueiros, Tel. 3225-2077 u. 98812-1499, www.genipabudebuggy.com.br.

Fortaleza (☎ 085)

Centro de Turismo, Mo-Sa 8-18, So 8-12 Uhr, Rua Senador Pompeu 350, Tel. 3101-5507, 0800-99-1516.

FISCH: **Cemoara**, bekannt für Meeresfrüchte, Mo-Sa 12-15 u. 19-24 Uhr, So 12-17 Uhr, im Hotel Mercure Meireles, Meireles, Rua J. Nabuco 166, Tel. 3242-8500. **Vojniló**, exzell. Meeresfrüchte, sehr gute Paella, Mo-Do 19-24, Fr-So 12-24 Uhr, Varjota, Rua Frederico Borges 409, Tel. 3267-3081, www.cemora.com.br.
CHURRASCARIAS: **Sal e Brasa**, Rodizio mit Spezialitäten wie Lamm und Wildschwein, tägl.11.30-24 Uhr, Meireles, Av. Aboloção 3500, Tel. 3261-8888.
Spettus, Rodizio vom feinsten, tägl. 11.30-24 Uhr, Salinas Casa Shopping, Av. Washington Soares 909, Tel. 3241-2525, www.spettusweb.com.br.
REGIONAL: **Cantinho do Faustino**, alteingesessenes Lokal in neuer Umgebung, Spezialitäten wie flambierte Krabben, tägl. 11.30-24 Uhr, Rua Frederico Borges 368, Varjota, Tel. 3044-2359.
PORTUGIESISCH: **Marquês**, Stockfisch, Languste und Tintenfisch, Di-Sa 12-24, So 11-17 Uhr, Rua Frederico Borges 426, Meireles, Tel. 3023-5120.

Theatro José de Alencar, Di-Fr 9-12 u. 14-18, Sa, So 14-17 Uhr, Praça José de Alencar Tel. 3101-2583.
Centro Cultural Dragão do Mar, zeitgenössische Kunst Cearás, Bibliothek, Planetarium, geführte Besichtigungen werden angeboten. Di-Do 9-17.30, Fr-So 14-21.30 Uhr, Rua Dragão do Mar 81.
Museu do Automóvel, ausgestellt werden 56 Fahrzeuge – von der Tin Lizzy (Ford Model T) aus dem Jahr 1917 bis zum Aerowillys von 1971, Di-Sa 9-12 u. 14-17, So 9-17 Uhr, Água Fria, Av. Des. Manuel Sales de Andrade 70, Tel. 3273-3129.
Museu do Ceará, Möbel, Kleidung und Fossilien aus der Chapada do Araripe, persönliche Gegenstände des Volksheiligen Padre Cícero und des Sertão-Banditen Lampião, Di-So 9-17 Uhr, Rua São Paulo 51, Tel. 3101-2610, www.secult.ce.gov.br.
Museu de Cachaça (Schnaps-Museum), Industriedenkmal mit Ausstellung zur Schnapsherstellung und riesigen Fässern bis zu 347 000 Litern Fassungsvermögen, Di-So 8.30-17 Uhr, Município de Maranguape, 30 km von Fortaleza an der Landstraße CE-065 gelegen. Tel. 3341-0407.

Pirata-Bar, die Hausbands spielen gekonnt Forró, MPB und Axé (Samba-Reggae), nur montags 20-5 Uhr geöffnet, Iracema, Rua das Tabajaras 325. Tel. 4011-6161, www.pirata.com.br.
Lupus Bier, Hausbrauerei mit tgl. Folklore- und Comedyprogramm, Iracema, Rua dos Tabajaras 340, Tel. 3219-2829, www.lupusbier.com.br.

BUSBAHNHOF: Rodoviária de Fortaleza, Av. Borges de Melo 1630, Fátima, Tel. 3256-2200.
MIETWAGEN: **Avis**, Tel. 3477-1303 u. 0800-725-2847, **Localiza**, Tel. 3308-8350, **Unidas**, Tel. 0800-771-5158.
BUGGYS: **Buggy Tur**, Tel. 3242-5036, **Locabuggy**, Tel. 3242-6945.
FLUGHAFEN: **Pinto Martins**, Av. Senador Carlos Jereissati 300, Serrinha, Tel. 3392-1200.

São Luís (☎ 098)

Secretaria Municipal de Turismo, Rua da Palma 53, Tel. 3212-6210, www.guiasaoluis.com.br.

REGIONALE KÜCHE: **Cabana do Sol**, Tipp: Carne-do-Sol und Perlhuhn, tägl. 11-24 Uhr, Farol de São Marcos, Rua João Damasceno 24, São Marcos, Tel. 3304-4235.
FLEISCH (RODÍZIO): **Sal e Brasa**, Av. dos Holandeses 10, Calhau, Tel. 3248-1817.
Cantinho dos Amigos, Rua Col. Domingues de Castro 111, Centro, tägl. geöffnet, Tel. 3671-1466, www.cantinhodosamigoa.com.br.

BUSBAHNHOF: Rodoviaria de São Luís, Av. Dos Franceses, São Cristovão, Tirirical, Tel. 3015-4015.
FLUGHAFEN: **Marechal Cunha Machado**, Av. dos Libaneses 3505, Tirirical, Tel. 3217-6100.

Der Amazonas-Regenwald ist einer der wichtigsten Sauerstoffproduzenten der Erde.

Foto: Mireille Vautier

DER NORDEN – AMAZONIEN
Bedrohtes Paradies oder grüne Hölle?

AMAZONAS-FLUSS
PARA / BELÉM
SANTARÉM
AMAZONAS-STAAT / MANAUS
AUF DEM AMAZONAS NACH TABATINGA

DIE NORDREGION

Der nördliche Teil Brasiliens umfasst mit knapp 3,6 Mio. km^2 42% der Landesfläche. Die Ausdehnung der Großregion *Região Norte* reicht vom 13. südlichen Breitengrad bis zum 5. Grad nördlicher Breite und umfasst 7 Bundesstaaten: Tocantins, Pará, Amapá, Roraima, Amazonas, Rondônia und Acre. Dieses Gebiet ist so riesig, dass darin drei verschiedene Zeitzonen gelten: Zwischen Belém, der Hauptstadt von Pará, und Rio Branco, der Hauptstadt des Acre, bestehen 2 Stunden Zeitunterschied. Die Besiedlungsdichte ist die geringste Brasiliens: Auf einer Fläche, zehnmal so groß wie Deutschland, leben ca. 15 Mio. Menschen, also gerade einmal 8 % der Gesamtbevölkerung. Auch der Anteil an der Gesamtwirtschaft des Landes liegt nur im einstelligen Prozentbereich, trotz des Holzexports, der gewaltigen Erzvorkommen, der Goldfunde und der subventionierten Industrieansiedlungen bei Manaus.

Das Einzugsgebiet des Amazonas-Flusssystems (Amazonien) erstreckt sich über 7,2 Mio. km^2, und damit auch in die Nachbarländer Bolivien, Peru, Kolumbien, Venezuela und Guyana sowie bis nach Ecuador.

Links: Minenarbeiter in Carajás – hier wird vor allem Eisenerz abgebaut.

Der Ursprung des Namens für das weltweit größte Flusssystem ist umstritten, viele entscheiden sich für den Mythos aus der griechischen Sagenwelt: Amazonen, heldenhafte Kriegerinnen, ließen sich demnach zur leichteren Handhabung von Pfeil und Bogen eine Brust amputieren. Jenen Frauen will auch Francisco Orellana, der spanische Entdecker des Amazonas, begegnet sein, als er 1542 mit 60 Mann aus Ecuador kam, auf der vergeblichen Suche nach *El Dorado*, dem sagenhaften Goldschatz. Den Beweis für die Existenz der „großen, hellhäutigen Frauen, die kämpften wie zehn Männer" blieb der spanische Konquistador allerdings schuldig. Eine andere, weniger dramatisch, aber logisch klingende Erklärung des Namens ist das indianische Wort *amaçunu*, was man frei mit „Wasser-Wolken-Lärm" übersetzen kann.

Der Amazonas – der Strom, der den Atlantik versüßt

Ist er mit 6500 km Länge der längste Fluss der Erde oder nur die Nr. 2 nach dem Nil? Die richtige Antwort ist wohl Auslegungssache, denn der Amazonas heißt nur auf 3700 km so, flussaufwärts bis zur peruanischen Stadt Iquitos.

Die Gesamtlänge des Stroms wird vom Ursprung der Quellflüsse in den

» Karte S. 212-213, Info S. 232-233

peruanischen Anden bis zur Mündung in den Atlantik gemessen. Die 3 Hauptquellflüsse sind Apurimac, Ucayali und Marañón, die auf über 4000 m Höhe entspringen. Ab dem Dreiländereck Peru, Kolumbien und Brasilien nennen die Brasilianer ihren wichtigsten Strom Solimões; erst nach dem Zusammenfluss mit dem Rio Negro bei Manaus wird er auch auf brasilianischen Karten unter dem Namen Amazonas verzeichnet. Sicher ist, dass der Amazonas das weltweit größte Einzugsgebiet besitzt. Deshalb führt er 2,5-mal so viel Wasser wie der Nil und doppelt so viel wie der Mississippi. Er hat mehr als 1000 Nebenflüsse, wovon immerhin 17 länger als der Rhein sind; seine maximale Tiefe beträgt 100 m; bis Iquitos ist er sogar für Überseeschiffe befahrbar, und die Gesamtlänge aller schiffbaren Flüsse im Amazonasgebiet beträgt 50 000 km. Die Breite des Amazonas am Unterlauf schwankt zwischen 2 km bei Obidos bis zu 30 km bei Macapá.

Der Mündungstrichter des Giganten ist 320 km breit, hier fließt ein Fünftel der gesamten Süßwassermenge der Erde in den Atlantischen Ozean und trübt ihn bis zu 200 km weit. Dabei führt er jährlich 1 Mrd. Tonnen Erosionsmaterial mit, das von starken Strömungen nach Norden getrieben wird und im 800 km entfernten Französisch-Guyana die an Mangroven reiche Küste mit Schlamm versorgt. Die Wassermenge schwankt

» Karte S. 212-213, Info S. 232-233

bei Niedrigwasser zwischen 35 000 m³ und 160 000 m³ pro Sekunde, bei Hochwasser wurden auch schon 310 000 m³ gemessen. Den Unterschied kann man an der Wasserstandsmarkierung am schwimmenden Hafenkai von Manaus ablesen – er beträgt bis zu 14 m!

Rätselhaft blieb lange Zeit, weshalb Meeresbewohner wie, Rochen, Seezungen, Garnelen, Delfine, Seekühe und sogar Haie Tausende Kilometer von der Küste entfernt im Oberlauf des Amazonas existieren können. Die Erklärung lieferte die Geologie: Bis vor 130 Mio. Jahren gehörten Afrika und Südamerika zum Riesenkontinent Gondwana; der noch längere Uramazonas mündete damals in den Pazifik. Nachdem der Urkontinent zerbrach, driftete die südamerikanische Kontinentalplatte nach Westen und schob sich auf die pazifische Platte. So entstanden die Anden, die nun die Mündung des Uramazonas blockierten, und der Strom änderte seine Fließrichtung von West nach Ost, zum Atlantik hin. Die im westlichen Flussabschnitt verbliebenen früheren Meeresbewohner mussten sich in der Folgezeit an das aus den Anden herab strömende Süßwasser anpassen – oder aussterben.

Weiß-, Schwarz- und Klarwasser

Der größte Teil Zentral- und Ostamazoniens wird von Klarwasserflüssen

Foto: Martin Wendler (Silvestris Online)

durchzogen, deren größte der Rio Tapajós und der Rio Xingú sind. **Klarwasser** ist mit destilliertem Wasser vergleichbar und kaum verunreinigt. Die Sichttiefe reicht bis zu 4 m, und sein pH-Wert tendiert zu „sauer".

Schwarzwasser trifft man vorwiegend im nördlichen Teil Amazoniens an, z. B. im Rio Negro, dem „schwarzen Fluss". Solche Flüsse durchfließen riesige Sumpfwälder und schwemmen die Humussubstanzen mit sich fort. Die ausgewaschenen Böden färben das Wasser bernsteinfarben, es ist nährstoffarm und voll Huminsäure, mit pH-Wert 4; die Sichttiefe beträgt noch etwas mehr als 1 m. Die Schwarz- und Klarwasserflüsse entwässern die Gebiete Nord- und Südamazoniens, deren Untergrund zu den ältesten Gesteinsschichten der Erde zählt. Ihre Böden sind tiefgründig verwittert, ausgelaugt und können keine Nährstoffe mehr liefern. Moskitos finden hier keine Lebensgrundlage, weshalb sie kaum anzutreffen sind und das Malaria-Risiko gering ist. Für Landwirtschaft gibt es gravierende Nachteile: Da kaum Humus vorhanden ist und die Flüsse auch keine Nährstoffe mitbringen, fehlen die Grundvoraussetzungen für eine Ansiedlung der meist auf Selbstversorgung angewiesenen *ribeirinhos*, der typischen Mischlingsbevölkerung, die entlang fast aller Flussläufe des Amazonas-Gebietes lebt.

Oben: Das Schwarzwasser des Rio Negro trifft bei Manaus auf das trübe Weißwasser des Rio Solimões (Encontro das Águas). Rechts: Immer noch wird Latex gewonnen und zu Kautschuk verarbeitet.

Dagegen liefern **Weißwasserflüsse** aus den geologisch jungen Anden wertvolle Nährstoffe, die sie während der Hochwasserperioden entlang der Flussläufe ablagern. Das Wasser dieser Flüsse ist pH-neutral, sehr mineral- und schwebstoffreich, mit einer Sichttiefe von maximal 0,5 m. Die fruchtbaren Lehmschichten der zeitweilig überschwemmten Uferzonen, der *várzeas*, sind die bevorzugten Siedlungsgebiete für die Kleinbauern, aber auch für Moskitos. Manche Dörfer und Indianersiedlungen sind regelrecht malariaver-

» Karte S. 212-213, Info S. 232-233

seucht. Auch Jagdwild und Früchte sind reichlicher in den Weißwasserzonen zu finden, ebenso Fische und Kaimane.

Schon den Missionaren und Forschungsreisenden wie Alexander von Humboldt fiel auf, dass die reicheren, wohlhabenderen Indianerstämme entlang der trüben, aber fruchtbaren Weißwasserflüsse wie Rio Napo, Marañon, Beni oder Solimões siedelten. Der Preis für die Nahrungsvielfalt dort ist die Malaria-Plage, ein Problem, das auch zu Beginn des 21. Jh. ungelöst bleibt. Die meisten der Touristenlodges im brasilianischen Amazonasgebiet liegen deshalb im Schwarzwassergebiet, wo man nahezu ohne Moskitonetze auskommt und kaum malariagefährdet ist, die Fauna aber entsprechend spärlicher ausfällt.

Foto: Heiner Heine (Silvestris Online)

PARÁ

Kautschuk und Paranüsse

In Pará, dem flächenmäßig zweitgrößten Bundesstaat Brasiliens, leben mehr als 7 Mio. Menschen, meist Mestizen aus der Verbindung von Europäern und Ureinwohnern. Neben der Rinderzucht und dem Anbau von Mais, Reis, Pfeffer und Maniok sind hier auch noch die Gewinnung von Kautschuk und das Sammeln von Açaí- und Paranüssen von wirtschaftlicher Bedeutung.

Kautschuk ist eines der indianischen Worte, die in vielen Sprachen Verwendung finden (wie übrigens auch Tomate, Schokolade oder Kakao). *Cahuchu* bedeutet „weinender Baum" und bezeichnet treffend den *Hevea brasiliensis*, aus dessen Latex der Kautschuk gewonnen wird. Die Bäume werden bis zu 20 m hoch bei einem Durchmesser von bis zu 75 cm. Ab dem 6. Lebensjahr kann ein Baum 30-35 Jahre angezapft werden. Die *seringueiros*, die Gummizapfer, ritzen den Baum morgens ca. 10 cm tief ein und hängen einen Eimer darunter, in den der Latex (etwa 7 g täglich) tropft. Danach wird der Saft getrocknet und über offenem Feuer zu festen Ballen geformt, die an die Fabriken in Belém oder Manaus geliefert werden. Die Erfindung der Vulkanisierung durch Charles Goodyear 1842 führte zum Kautschuk-Boom im gesamten Amazonas-Gebiet. So konnten es sich die Gummibarone in Iquitos, Manaus und Belém leisten, ihre Kinder auf europäische Schulen und ihre Wäsche zur Reinigung nach Frankreich oder England zu schicken und von dort alle sinnvollen und unsinnigen Luxusgüter zu importieren.

Obwohl bei Todesstrafe verboten, gelang es dem Engländer Henry Wickham 1876, 70 000 Saatkörner außer Landes zu schmuggeln und im Botanischen Garten der Königin von England einzupflanzen. Genau 2397 Samenkapseln gingen auf, und in den äquatornahen asiatischen Kolonien wurden versuchsweise Gummibäumchen gepflanzt – mit Erfolg! Was im Amazonas-Gebiet nie gelang, die gewinnbringende Produktion von Kautschuk in Monokulturen, brachte in Ceylon und Malaysia beste Ergeb-

nisse. Kamen um die Jahrhundertwende noch 100% der Weltproduktion aus Amazonien, so erscheint Brasilien heute längst nicht mehr unter den acht wichtigsten Ländern für Naturkautschuk. Dieser hatte noch 1939 weltweit 98% Anteil an der Gummiproduktion (z. B. für Autoreifen); bis 1975 sank er jedoch auf 33%, denn Kautschuk wurde zunehmend synthetisch hergestellt. In den letzten Jahren ist Naturkautschuk wieder mehr gefragt, z. B. für die Produktion von medizinischen Handschuhen und Kondomen.

Nur in der Amazonas-Region ist der **Paranussbaum** zu finden, *Bertholletia excelsa*, der sich nicht kultivieren lässt. Die Bäume können 500 Jahre alt werden und sind bis zu 60 m hoch. Sie wachsen oft kilometerweit voneinander entfernt, werden nur von der Schreinerbiene bestäubt und ausschließlich vom *aguti*, einem kleinen Nager, verbreitet. Er ist als einziger Waldbewohner in der Lage, die harten Schalen der kokosnussähnlichen Gehäuse zu knacken, in denen sich die sehr fetthaltigen Nüsse befinden. Einen Teil seines Vorrats vergräbt er dann, vergisst aber oft die Stelle, was einen neuen Baum zum Leben bringen kann. Nach 12 bis 15 Monaten werfen die Bäume in der Regenzeit die reifen Früchte ab, etwa 150 kg pro Baum. In jedem der runden Gehäuse befinden sich etwa ein Dutzend dreikantige Paranüsse mit extrem harter Schale. 46 000 t beträgt die Weltjahresproduktion, gesammelt von den *castanheiros*, den Paranusssammlern, die ebenso wie die Kautschuksammler zu den Nutznießern eines intakten Regenwaldes gehören und deshalb für dessen Schutz eintreten. Auch Paranussbäume werden jedoch durch die Ausbreitung der Soja-Monokulturen immer seltener.

Oben: Ein Aguti auf der Suche nach Paranüssen.
Rechts: Carajás – hier wird reinstes Eisenerz in Riesenmengen gefördert.

Carajás – Eisenerz für 500 Jahre

840 km südlich von Belém befindet sich die größte Eisenerz-Lagerstätte

» Karte S. 212-213, Info S. 232-233

Foto: Mireille Vautier

weltweit, **Carajás**. Zufällig entdeckte 1967 ein Geologe ungewöhnliche Lichtungen im dichten Urwald, auf denen rötliche Hämatit-Klumpen lagen. Die Serra dos Carajás ist ein Höhenzug, der die Ebene um 700-900 m überragt, ihre Vorkommen an 66%-igem Eisenerz werden auf 18 Mrd. Tonnen geschätzt. Außerdem lagern noch größere Vorkommen an Nickel, Mangan, Kupfer, Zinn und Chrom in den Gesteinsschichten aus dem Präkambrium.

Die Regierung betreibt das *Projeto Grande Carajás*, ein gigantisches Tagebauprojekt, das eine Fläche von 900 000 km^2, mehr als 10% des Bundesstaats Pará, nachhaltig verändert hat. Auf einer 890 km langen Eisenbahnstrecke rollen täglich drei Züge mit je 160 Waggons und mehr als 15 000 t Eisenerz zum Tiefseehafen von São Luís. Die Eisenhütten werden noch immer teils mit Holzkohle betrieben, 200 000 ha Urwald werden dafür jährlich gerodet; die „Aufforstung" erfolgt vorwiegend mit Eukalyptus, des schnellen Wachstums wegen. Zur Stromgewinnung wurde der Rio Tocantins, einer der größten Amazonas-Zuflüsse, bei Tucuruí gestaut und 2400 km^2 Wald überschwemmt.

Die staatliche Minengesellschaft *Companhia do Vale do Rio Doce* bemüht sich redlich um Umweltschutz, Müllvermeidung, Aufforstung und Kontrolle des Jagdverbots – selbst Haustiere sind verboten. Doch die 23 000 Arbeiter, die in das Gebiet kamen und teilweise ihre Jobs wieder verloren haben, siedelten sich in der Umgebung an, mit all den negativen Konsequenzen wie in anderen Pioniergebieten des Landes auch: Brandrodungen, wilde Siedlungen, Drogenmissbrauch, Müll, Prostitution, Kriminalität und Armut.

Zwischen dem Tucuruí-Stausee und Carajás liegt auch die ehemalige Goldmine Serra Pelada. Fotos von *garimpeiros* („Goldschürfern"), die unter unvorstellbaren Bedingungen wie Ameisen schufteten, gingen in den 1980er Jahren um die Welt. Heute ist die Kraterlandschaft weitgehend verlassen und teilweise geflutet. Die Mine gibt längst nichts mehr her.

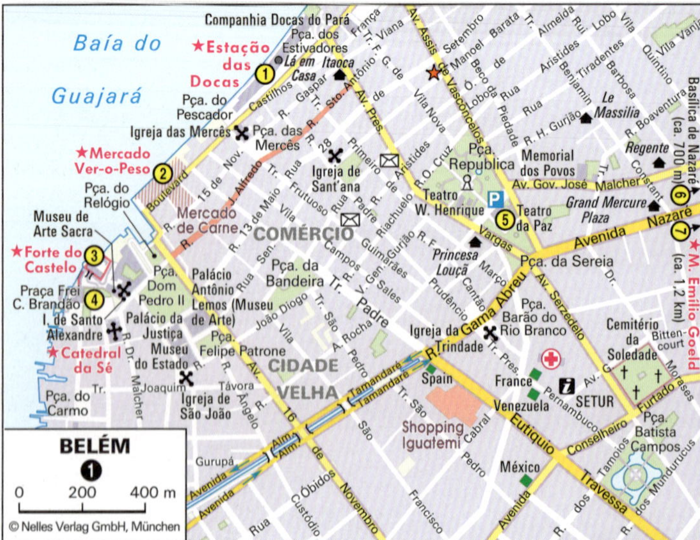

Belém

Belém ❶ liegt am Südarm des Amazonasdeltas, vom Nordarm wird es durch die Ilha do Marajó getrennt. Die 1,43 Mio. Einwohner zählende Hauptstadt des Bundesstaates Pará wurde 1616 gegründet und blieb bis zur Mitte des 19. Jh. weitgehend isoliert vom Rest des Landes, da sie nur auf dem See- und Flussweg erreichbar war. Dennoch hatte die Stadt um 1900 bereits 100 000 Einwohner und profitierte vom Kautschuk-Boom ebenso wie von ihrer strategischen Lage: Belém ist der letzte große Flusshafen des Amazonas vor seiner Mündung in den Atlantik.

An den Kais von Belém erkennt man deutlich die Orientierung des wirtschaftlichen Lebens zum Wasser; auch die Altstadt, der Markt und die wichtigsten Kirchen sind in der Nähe der Baía do Guajará, der Bucht, gelegen.

Ehemalige Docks und Speicher, die **★Estação das Docas** ①, wurden zum Millenniumswechsel mit hohem Aufwand renoviert und der Öffentlichkeit zugänglich gemacht. An dieser mittlerweile beliebtesten **Flaniermeile** von Belém reihen sich Restaurants; stets weht eine angenehm kühle, auflandige Brise. An den Wochenenden gibt es häufig Live-Musik und Ausstellungen. Außerdem legen die **Ausflugsboote** an dieser Stelle des Hafens ab, und neben einer Eisdiele lockt eine Hausbrauerei.

In unmittelbarer Nachbarschaft der Estação das Docas befindet sich der **★Ver-o-Peso** ②, einer der bekanntesten und farbenprächtigsten Märkte ganz Brasiliens mit teils unglaublich skurrilen Waren. Sein Name „Achte auf das Gewicht" mahnt bereits zur Vorsicht. Hier gibt es Berge von Maniokmehl, Kokosnüsse, Bananen, Mangos und unzählige exotische Früchte. See- und Flussfische werden feilgeboten, auch das gelb-bräunliche *Dendê*-Öl (ein Palmöl) und *Tucupi*, eine für die regionale Küche sehr wichtige Manioksauce.

Am faszinierendsten ist jedoch für den Touristen der medizinische Teil des

Rechts: Lundú-Tanz in Belém.

 » Karte S. 212-213, Stadtplan S. 218, Info S. 232-233

Foto: Robin Daniel Frommer

Marktes – mit Hexen- oder Kräutermarkt wäre die Beschreibung zu ungenau. Da gibt es Baumrinden, deren Absud als Tee oder für Bäder genommen werden, Rosenholzwasser gegen übermäßiges Schwitzen, und ein Singvogelkadaver soll Liebesglück bringen. Bei Potenzschwäche helfen diverse Kräuter oder auch die weiblichen Geschlechtsteile des Flussdelfins. Skorpione und Schlangen in Zuckerrohrschnaps, Wurzeln, Federn und Faultiermumien und vieles mehr kann man hier gegen alle Übel der Welt erstehen. Die *tias* („Tanten"), wie die Kräuterhändlerinnen respektvoll genannt werden, mixen auf Wunsch Mittelchen gegen den bösen Nachbarn, die untreue Frau oder Haarausfall.

Gegenüber fällt die gusseiserne Konstruktion der **Fischmarkthalle** auf, die Anfang dieses Jahrhunderts aus Glasgow importiert wurde und mit Gittern zum Schutz vor den überall am Hafen lauernden Geiern versehen ist.

Unweit des Marktes, in südwestlicher Richtung an der Bucht, liegt die Festung ★**Forte do Castelo** ③, die 1616 zur Verteidigung gegen französische Truppen als *Forte do Presépio de Belém* („Festung der Krippe von Bethlehem") errichtet wurde. Genau hier mündet der Rio Guamá in die Bucht Baía do Guajará: Zu deren Verteidigung hatten die Portugiesen die Festung an diese strategisch ideale Position platziert. Heute beherbergt die Festung die **Archäologische Sammlung** (ehemals im Goeldi-Museum) mit der sehenswerten Marajoara-Keramik (s. S. 39). Vor allem die gut erhaltenen Graburnen und diverse Grabbeigaben lohnen den Besuch der Ausstellung.

Gleich nach der militärischen Macht kommt die kirchliche: Der **Palast des Erzbischofs** steht nebenan, im ehemaligen Jesuiten-Kolleg. Die Kirche der Jesuiten, die **Igreja de Santo Alexandre** an der **Praça Frei Caetano Brandão** ④, ist eine der wenigen in Brasilien noch gut erhaltenen des verbannten Ordens. Obwohl erst zu Beginn des 18. Jh. erbaut, ist sie im barocken Stil, nach portugiesischem Vorbild, mit sehr plastischen Schnitzereien und hohen Kan-

Foto: Per-André Hoffmann

zeln gestaltet. Am selben Platz erhebt sich die Kathedrale, ★**Catedral da Sé**, aus dem 18. Jh. mit einem bemerkenswerten Gemälde der Jungfrau Maria am Altar, das von dem Portugiesen Alexandrino de Carvalho stammt.

Hier in der Altstadt, der **Cidade Velha**, sind noch Prachtbauten aus der Glanzzeit der Stadt zu sehen mit Azulejos und Gärten. Das feuchte Klima setzt den Gemäuern sehr zu und für die Renovierung fehlen oft die Mittel. Da einige Straßen im Zentrum von hohen Mangobäumen gesäumt sind, wird Belém auch die „Stadt der Mangos" genannt.

An der **Praça da República** entstand mitten im Kautschuk-Boom von 1869 bis 1875 das **Teatro da Paz** ⑤ im neoklassischen Stil, ein Theater für 1000 Personen. Bei einer Besichtigung (nur mit Führung) kann man die Prunksucht der damaligen Zeit erahnen: An der Ausstattung wurde nicht gespart, italienische Opernhäuser waren Vorbild. Gelegentlich finden noch Aufführungen und Konzerte statt, die Glanzzeit hatte das auch als Oper genutzte Haus jedoch von 1905-1918, als viele Stars der italienischen Oper hier sangen.

Oben: Sonnenuntergang am Amazonas – unvergessliche Momente! Rechts: Bootsfahrt auf dem Amazonas – viel Muße, aber wenig Komfort.

Die **Basílica de Nazaré** ⑥ ist Ziel einer großen Prozession, die während ★**Círio de Nazaré**, dem bedeutendsten religiösen Fest Nordbrasiliens, stattfindet. Zur Darstellung der christlichen Werte benötigten die Missionare griffige Sinnbilder. So veranstalteten die Jesuiten im 18. Jh. erstmals eine Prozession, die heute rund 1 Mio. Menschen anzieht: Das Fest dauert zehn Tage und erreicht seinen Höhepunkt am zweiten Oktobersonntag. Mit Booten, Bussen und LKW kommen die Pilger hierher, um sich dem Zug der Gläubigen anzuschließen, der von der Kathedrale durch die Stadt zur Basílica de Nazaré führt, einer Nachbildung der St.-Pauls-Kirche in Rom von 1908. Die Marienfigur mit dem Jesuskind, die dem Zug vorangetragen wird, stammt von dem südtiroler Jesui-

» Stadtplan S. 218, Info S. 232-233

Foto: Robin Daniel Frommer

ten Hans Treyer, der im 18. Jahrhundert in Belém lebte.

Pato no tucupi, „Ente in Manioksud" mit tropischen Kräutern, heißt das obligatorische Festmahl, das nach der Prozession verspeist wird.

Das ★**Museu Emílio Goeldi** ⑦ (2 km östlich der Praça da República an der Av. Magalhães Barata) besitzt eine botanische Sammlung, einen kleinen Park und einen kleinen **Zoo** mit Aquarium. Hier kann man die nur mit viel Glück in freier Natur zu entdeckende Tierwelt bestaunen. Wesentlich größer ist der **Bosque Rodrigues Alves**, der sich auf dem Weg zum Flughafen, an der Avenida Almirante Barroso 2305 befindet (Di-So 8-17 Uhr). Auf 16 Hektar findet der interessierte Besucher hier 2500 Baumarten, ein **Orchideenhaus**, einen **Minizoo** und Teiche mit Amazonasfischen.

Ausflüge

Aufgrund seiner Lage ist Belém der ideale Ausgangspunkt für Bootsausflüge, die von wenigen Stunden bis zu 5 Tagen dauern können. Ein kleiner Ausflug führt in die Kanäle, die typischen Kanupfade im Amazonas, *Igarapés* genannt. Diese Touren kann man in jedem Hotel buchen (Infos bei *Paratur*).

In **Icoaraci** ❷ (23 km nördlich von Belém), das per Bus oder Boot erreichbar ist, stellen Kunsthandwerker Kopien der berühmten Marajoara-Keramik her. Von hier kann man zur **Ilha do Outeiro** übersetzen, doch die Flussstrände – beliebtes Ausflugsziel der Einheimischen – sind leider sehr verschmutzt und zum Baden nicht zu empfehlen. Die **Ilha do Mosqueiro** ❸, 50 km nördlich von Belém in der Baía do Marajó, wird von den *belenenses* auch gerne besucht, besonders an Wochenenden. Die Insel kann über Land oder auf dem Fluss erreicht werden; das Baden hier – an Süßwasserständen mit Meeresbrandung – ist sehr reizvoll.

Ein besonderes Kleinod stellt die ★**Ilha do Algodoal** ❹ dar, die „Baumwollinsel", die nur mit kleinen Fischerbooten vom (170 km nordöstlich von Belém gelegenen) **Marudá** erreichbar ist. Sandstrände, Dünen und Lagunen bilden hier eine noch autofreie unverdorbene Idylle.

★**Salinópolis** ❺, ein vergleichsweise luxuriöser Ferienort für die Oberschicht, befindet sich 220 km nordöstlich von Belém. Hierher gelangt man mit dem Linienbus; allerdings ist der Badeort während der brasilianischen Schulferien – im Juli und an Silvester – völlig überlaufen und dann stark überteuert.

Passagierschiffe auf dem Amazonas

Wer nach **Santarém** oder **Manaus** will und, statt bequem mit dem Jet dorthin zu fliegen, lieber tagelang den Amazonas flussaufwärts tuckern möchte, kann dies ab Belém buchen. Nach Santarém muss man für den Abenteuertrip 60 Stunden kalkulieren, nach Manaus 5 Tage und vor allem Nächte! Da die Katamarane der bankrotten Schifffahrtsbehörde *Enasa* so gut wie nicht mehr zum Einsatz kommen, sollte man die Boote privater Reeder vorziehen. Alle Passagierschiffe der örtlichen Gesellschaften befahren den Amazonas in ca. 14-tägigem Rhythmus. Fahrkarten und zuverlässige Informationen zu allen auslaufbereit vor Anker liegenden Booten erhält man bei **Macamazon** und anderen Agenturen, direkt am Hafen Beléms.

Auf den meisten Booten werden sowohl Plätze zum Aufspannen der selbst mitzubringenden Hängematte als auch Zwei- und Vierpersonenkabinen angeboten, in denen es jedoch tagsüber sehr heiß wird. Eines der wenigen Boote, das über (entsprechend teure) Kojen mit Klimaanlage verfügt, ist die „Nélio Corrêa“. Wer mit einer Flussreise à la Fitzcarraldo liebäugelt, sollte nach den älteren Schiffen, den *gaiolas* („Vogelkäfigen“), in der hier typischen, offenen Bauweise fragen. Sie heißen *Wejard Vieina*, *João Pessôa Lopes* und *Cisne Branco*.

Rechts: In Souré, Hauptort der Ilha de Marajó, ist das Alltagsleben noch beschaulich.

★Ilha de Marajó

Auf dieser riesigen Flussinsel **Ilha de Marajó** leben 250 000 Einwohner in 13 Gemeinden. Hauptort ist **Souré** ❻ mit 20 000 Einwohnern. Die Insel ist von Belém per Boot oder Aerotaxi (Charterflugzeug) erreichbar, die schnellste Bootsverbindung ist die nach **Porto Camará** (3 Stunden), nach Souré sind es dann noch 30 km mit dem Bus. In der größeren Westregion der Insel dominieren dichte Wälder, die Ebene im Osten hingegen wird von einer Savannenlandschaft geprägt, die in der ersten Jahreshälfte von den Hochwassern des Amazonas überschwemmt wird. Charakteristisch für die Insel sind riesige Wasserbüffelherden. Die **Büffelfarmen** haben sich auf den Tourismus eingestellt und vermieten Gästezimmer. Sie sind per Boot von Souré oder mit dem Kleinflugzeug von Belém zu erreichen.

An Tieren gibt es Affen, Faultiere, Wasserschweine, Hirsche, Schildkröten und riesige Schwärme roter Scharlachsichler. Die Flüsse sind sehr fischreich, neben Wels- und Barscharten leben hier auch die gefürchteten Piranhas. Die Vegetation der Insel wird in den *campos* genannten Savannen von Riedgräsern der Gattung *Cyperaceae* und der *Caraná*-Palme geprägt, im feuchten Teil herrschen Sumpfwälder und Mangroven vor. Hier gedeihen unter anderem der Manglebaum mit seiner gerbstoffhaltigen Rinde und die giftigen *Strychnos-blackii*-Lianen.

Macapá

Eine 24-stündige Bootsfahrt um die riesige Insel Ilha de Marajó führt nach **Macapá** ❼ am nördlichen Flussarm des Amazonas, Hauptstadt des Bundesstaates Amapá. Die Hauptattraktion der 340 000-Einwohner-Stadt ist das ★**Fort São José**, das nahe dem Hafen und dem Stadtzentrum auf einer Landzunge liegt. Portugiesen errichteten es 1764 bis 1784 zum Schutz dieses nörd-

 » Karte S. 212-213, Info S. 232-233

Foto: Robin Daniel Frommer

lichsten Gebietes ihres Kolonialreichs. Beliebtes Fotomotiv ist der **Marco Zero**, die Äquatorlinie: 5 km südlich der Stadt kann man sich mit einem Fuß auf der Nord- und dem anderen auf der Südhalbkugel ablichten lassen.

Von **Santana** ❽, 21 km südlich von Macapá, lassen sich **Bootsausflüge** zu den Inseln im Amazonas und den Igaparés (Seitenarmen) organisieren.

★Santarém

Flussaufwärts, etwa auf halbem Weg zwischen den Amazonas-Metropolen Belém und Manaus und jeweils eine Flugstunde von diesen entfernt, liegt die dritte Großstadt der Amazonas-Region, ★**Santarém** ❾ (210 000 Einw.). Auf dem Flussweg sind es 956 km von Belém, 1369 km dagegen über die Landstraße. Die Stadt liegt am Zusammenfluss des **Rio Tapajós** mit dem **Amazonas** und war schon in präkolumbischer Zeit Siedlungsgebiet einer indianischen Hochkultur. In der Kolonialzeit war Santarém ein wichtiger Militärposten, bis heute hat sich die Stadt noch etwas von ihrem kolonialen Charme bewahrt.

Lohnend ist der Besuch des **Museu dos Tapajós**, das Kunsthandwerk der Stämme Tapajó, Tapuio und Munducuru, der Nachfahren der **Santarém-Kultur**, präsentiert. Ähnlich wie in Manaus (s. S. 225) kann man in Santarém ein **Encontro das Águas** beobachten, am besten während einer kurzen Bootsfahrt. Kilometerlang fließen das grüne, klare Wasser des **Tapajós** und das ockerbraune des **Amazonas** nebeneinander her, bevor sie sich vermischen.

34 km südwestlich, am Ufer des Rio Tapajós, liegt das kleine Fischerdorf ★★**Alter do Chão** ❿, dessen weiße Sandbänke in der Trockenzeit von Juli bis Dezember die beliebtesten **Badestrände** der Umgebung sind. Auch hier gibt es ein interessantes Museum zu besichtigen: das **Museu do Centro de Preservação de Arte Indígena**, in dem 1500 indianische Ausstellungsstücke von 57 Stämmen des Amazonas- und Mato Grosso-Gebiets zu sehen sind. In

der Umgebung des Dorfs kann man auch die Amazonas-Seerose, **Victoria Regia**, finden, deren Blätter einen Durchmesser von 2 m erreichen und ein Kind tragen könnten.

40 km weiter am Tapajós flussaufwärts liegen die Kautschukzapferhütten von **Belterra** ⓫,wo es Henry Ford 1934 noch einmal mit eigener Plantagenkautschukgewinnung für Autoreifen probierte, nachdem er 100 km südlich bei **Aveiro** ⓬ grandios gescheitert war: Dort hatte er 1927 **Fordlândia**, eine Urwaldfabrik mit Arbeitersiedlung zur Gummierzeugung sowie Plantagen angelegt, aber Probleme mit der einheimischen Arbeitsmoral und Monokultur-Pflanzenkrankheiten bekommen.

370 km südwestlich von Santarém – über die **Transamazônica** (BR 230) in der Trockenzeit, ansonsten in 18-stündiger Bootsfahrt erreichbar – liegt der **★Parque Nacional da Amazônia** ⓭, ein 994 000 ha großes Naturschutzgebiet mit dichter Regenwaldvegetation und reicher Fauna. Der Besuch ist nur mit Genehmigung der Nationalparkverwaltung erlaubt. Die Transamazônica kreuzt den Park im Süden, was illegale Goldsucher anlockt, die rücksichtslos die Vegetation zerstören.

★Óbidos

Von Santarém flussaufwärts, am gegenüberliegenden Amazonasufer, liegt das 50 000 Einwohner zählende hübsche Kolonialstädtchen **★Óbidos** ⓮. Hier, an der engsten Stelle des Stroms, an der er nur 1 km breit, aber bis zu 100 m tief ist, macht die Fahrt wegen der nahen Ufer besonders viel Spaß. In der Stadt sind noch die Reste der 1697 erbauten Festung **Forte Pauxi** und einige schöne **Kolonialhäuser** erhalten.

Juruti ⓯, 80 km westlich, ist vor allem Ende Juli zum großen Folklorefest **Tribos de Juruti** einen Besuch wert.

Rechts: Spiel mit einer Boa am Amazonasufer bei Manaus.

DER STAAT AMAZONAS

Der größte Bundesstaat

Der Flächengigant unter allen Bundesstaaten Brasiliens ist mit 1 564 445 km^2 größer als Deutschland, Holland, Frankreich und die Iberische Halbinsel zusammen, hat aber nur etwa 3,5 Millionen Einwohner, von denen fast die Hälfte in der Hauptstadt Manaus lebt. Die Wirtschaft basiert auf der neu aufgebauten Industrie im Zollfreigebiet bei Manaus, Bodenschätzen wie Zinn und Gold, der Fischerei und der Landwirtschaft. Neben der Fleisch- und Milchproduktion sind Ananas, Maniok, Reis und Mais die wichtigsten Agrargüter. Dank dem internationalen Interesse an der Erhaltung des Regenwaldes hat sich der Öko-Tourismus im Amazonasgebiet zu einer wichtigen Einnahmequelle entwickelt.

Die Infrastruktur ist das Hauptproblem der Region, in der der meiste Personen- und Frachtverkehr über die Flüsse befördert wird. Es gibt nur eine durchgehende Süd-Nord-Straßenverbindung: von Porto Velho, der Hauptstadt von Rondônia, über Manaus nach Boa Vista, der Hauptstadt des nördlichsten Staats Roraima, und von dort weiter nach Venezuela. Die **Transamazônica** Richtung Belém ist in der Regenzeit gar nicht und während dem Rest des Jahres nur sehr schwer befahrbar, deshalb ziehen auch viele LKW-Fahrer die tagelange Fährpassage auf dem Amazonas vor.

Die Entfernung Manaus – Belém auf dem Fluss beträgt 1700 km, über Land sind es 3445 staubige, einsame, endlose Kilometer. Manaus besitzt einen internationalen Flughafen mit Verbindungen nach Brasília, Rio, Salvador, Belém und weiteren Städten des Landes sowie nach Iquitos (Peru), Santa Cruz (Bolivien), Caracas (Venezuela) und Miami.

Ein farbenprächtiges, von Abertausenden besuchtes Folklore-Festival, das **★Boi-Bumbá**, findet alljährlich Ende Juni in **Parintins** ⓰ statt.

» Karte S. 212-213, Info S. 232-233

Foto: Volkmar E. Janicke

Manaus

Manaus ⑰ (1,98 Mio. Einwohner), die Hauptstadt des Bundesstaates Amazonas, liegt am Rio Negro. Erst 18 km südöstlich der Stadt trifft der treffend so benannte „Schwarze Fluss" auf den Rio Solimões, wie der Amazonas zwischen der peruanisch-brasilianischen Grenze und der Einmündung des Rio Negro bei Manaus heißt. Beide fließen jedoch nicht gleich zusammen, sondern zunächst im gleichen Bett nebeneinander her – wer sich bei klarem Wetter im Anflug auf Manaus befindet und einen Fensterplatz ergattert hat, kann dieses Phänomen schon aus der Luft gut erkennen; in der Stadt werden auch Bootsausflüge zu dieser Stelle angeboten: dem **Encontro das Águas** im **Parque Ecológico Janauary**. Das trübe Wasser des Amazonas-Oberlaufes fließt dort 11 Kilometer lang neben dem dunklen, aber klaren Rio Negro her, bevor sich die Wassermassen vermengen. Die Erklärung liegt in der unterschiedlichen Fließgeschwindigkeit (der Amazonas fließt viel schneller), den verschiedenen Schwebstoffanteilen und auch der Temperatur – der dunkle Rio Negro ist nämlich je nach Tageszeit um zwei bis sechs Grad wärmer.

Der westliche Teil des Amazonas-Gebiets gehörte zwar nach dem Vertrag von Tordesillas zu Spanien (s. S. 40); nach dessen Schwächung ab Mitte des 17. Jahrhunderts nahmen jedoch portugiesische Eroberer Amazonien für das (1668 wieder von Spanien unabhängig gewordene) Portugal in Besitz. 1669 gründeten sie *São José da Barra do Rio Negro*, das bis Ende des 18. Jh. relativ unbedeutend blieb und im Schatten von Belém stand. 1791 bestimmte der Vizekönig den Ort zum Sitz der *Capitania do Rio Negro* und verlieh ihm 1848 die Stadtrechte. Ab 1856 hieß die Stadt Manaus, aber erst neun Jahre später, mit der Freigabe der internationalen Schifffahrtsrechte für den Amazonas, begann für sie der Aufschwung.

Der *ciclo da borracha*, der „Kautschuk-Zyklus" um 1900, machte Manaus für einige Jahrzehnte zu einer der reichsten

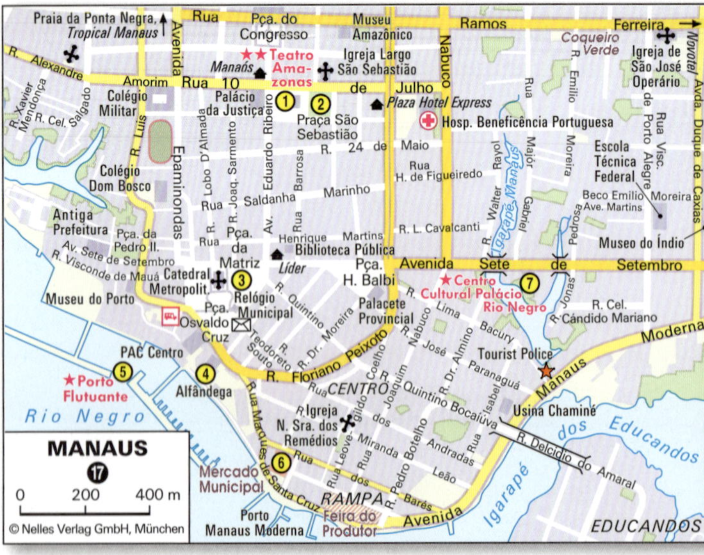

Städte der Welt. Hier fuhr die erste Straßenbahn Brasiliens, 1896 erhielt Manaus als zweite Stadt des Landes elektrische Straßenbeleuchtung. Höhepunkt der neureichen Geltungssucht war jedoch der Bau des Amazonas-Theaters.

Während des Gummibooms dachte niemand an die Zukunft, die Kautschuk-Barone verschwendeten keinen Gedanken an Investitionen, zu leicht verdienten sie ihr Geld auf Kosten der *seringueiros*, der Latexsammler, die für äußerst miserable Bezahlung oft ihr Leben im Urwald ließen, von der Malaria oder anderen Tropenkrankheiten dahingerafft. Als dann der Weltmarktpreis wegen dem billigeren asiatischen Plantagengummi 1913 auf die Hälfte fiel, gab es ein böses Erwachen – in Manaus und Belém folgte ein Bankrott dem anderen.

Etwas von der einstigen Goldgräbermentalität hat sich erhalten: Noch immer produziert man in Manaus und Umgebung viel zu wenig Grundnahrungsmittel für die Bevölkerung; die meisten Lebensmittel müssen aus dem 4000 km entfernten São Paulo teuer herangeschafft werden.

1967, hundert Jahre nach dem Erhalt der Schifffahrtsrechte, erklärte die damals herrschende Militärregierung Manaus zur *Zona Franca*, zur „Zollfreizone", und lockte mit billigen Grundstücken und Steuervorteilen vor allem ausländische Investoren in die Region. Mehr als 400 High-Tech-Betriebe haben sich seither angesiedelt, Manaus wandelte sich innerhalb von drei Jahrzehnten in eine Millionenstadt, mit allen Gegensätzen einer lateinamerikanischen Metropole: Industrieanlagen, Luxushotels, Shopping-Centers auf der einen und Slums aus wackligen Stelzenhäusern, hier *palafitas* genannt, auf der anderen Seite.

2014 war Manaus einer der Austragungsorte für die Fußball-WM, trotz des feuchtheißen Klimas und der ungewissen Zukunftsperspektive für das neue Stadion **Arena da Amazônia**.

Rechts: Teatro Amazonas – das Wahrzeichen von Manaus an der Praça São Sebastião.

» Stadtplan S. 226, Info S. 232-233

Foto: Volkmar E. Janicke

★★Teatro Amazonas

Nach zwölf Jahren Bauzeit hob sich 1896 zum ersten Mal der prächtige Vorhang mit dem Motiv *Encontro das Águas* zur Oper *La Gioconda*. Auf den siebenhundert Plätzen des **★★Teatro Amazonas** ① schwitzten die bildungshungrigen und geltungssüchtigen *amazonenses* in Frack und prächtigen, schweren Abendkleidern. Man hat alles andere als gespart an der Ausstattung des Theaters, um der ganzen Welt zu zeigen, wozu man hier mitten im Dschungel imstande ist. Marmor aus Carrara, Leuchter aus Muranoglas, Fliesen aus dem Elsass, Mobiliar aus Paris, die Sitze mit rotem Samt bezogen, nur das Tropenholz kam aus den Regenwäldern der näheren Umgebung. Man lud sogar Enrico Caruso und Sarah Bernhardt ein, die jedoch nicht kamen, aus Angst vor dem Klima und vor den Mücken.

Im Jahr 1907 fand zum letzten Mal eine Opernaufführung statt, *Die Jüdin*; das Ende der Kautschuk-Ära war dann auch das vorläufige Ende für das ungewöhnliche Theater. Die extreme Feuchtigkeit setzte dem Bau in den folgenden Jahrzehnten enorm zu, 1929 und 1962 restaurierte man das Haus, um das Schlimmste zu verhindern, 1974 baute man die unumgängliche Klimaanlage ein, aber erst Ende der 1980er Jahre wurde die längst überfällige Totalrenovierung in Angriff genommen. 15 Mio. US$ kosteten die Arbeiten, man fand Millionen Termitenlarven in den Sitzen und musste alles Holz gegen einen erneuten Schädlingsbefall versiegeln.

Am 17. März 1990 erfolgte schließlich die feierliche Wiedereröffnung mit der Oper *Carmen* von George Bizet. Nun finden wieder regelmäßig Aufführungen statt, womit vor allem auch zahlungskräftige Touristen in den Musentempel gelockt werden sollen.

Seit 1997 findet im April und Mai ein international besetztes **Opernfestival** statt, und bei keiner Stadtrundfahrt darf die Besichtigung des berühmten Teatro Amazonas fehlen.

Der Platz vor der Oper, **Praça São Sebastião** ② ist mit schwarz-weißen

Steinen gepflastert, deren Wellenmuster das Zusammentreffen der Flüsse symbolisiert. In der Mitte erhebt sich ein riesiges Monument mit vier Schiffen, die die vier Erdteile Afrika, Amerika, Asien und Europa (Australien war damals noch Kolonie) darstellen und zur Erinnerung an den 7. September 1867, dem Tag der Erlangung der Schifffahrtsrechte, von Domenico de Angelis errichtet wurde.

Wer gut zu Fuß ist, kann von hier aus die weiteren Sehenswürdigkeiten der Stadt erreichen. Über die Avenida Eduardo Ribeiro, fünf Häuserblocks abwärts Richtung Fluss, gelangt man zunächst auf die **Praça da Matriz** ③, auf der sich die **Kathedrale** von 1878 befindet.

Die Rua Marques de Santa Cruz überquerend, sieht man linker Hand das Zollgebäude, **Alfândega** ④, einen ockerfarbenen Bau, der 1906 Stein für Stein aus England importiert wurde. Davor liegt der „Schwimmende Hafen",

Oben: Amazonas-Lodge, eine typische Unterkunft für Touristen im Regenwald.

★**Porto Flutuante** ⑤, eine Meisterleistung der englischen Ingenieurskunst an der Wende vom 18. zum 19. Jh. Um die großen Pegelunterschiede zwischen Trocken- und Regenzeit von bis zu 14 m pro Jahr auszugleichen, hat man zwei 150 m lange Kais errichtet, die von Lufttanks getragen werden und durch bewegliche Brücken mit dem Ufer verbunden sind. An einer Mauer vor der Brücke wird jedes Jahr der Pegelhöchststand notiert.

Da immer mehr Luxuskreuzfahrtschiffe in Manaus anlegen, errichtete die Stadt ein klimatisiertes **Hafengebäude** mit **Shopping-Center**. Daneben haben sich einige Open-Air-Bars angesiedelt; hier kann man gemütlich bei eisgekühltem Bier oder Fruchtsäften den Blick über den Rio Negro schweifen lassen.

500 m weiter südöstlich in Ufernähe steht die Markthalle des **Mercado Municipal** ⑥, eine Eisenkonstruktion, die von Gustave Eiffel entworfen und aus Paris hierher gebracht wurde. Das Stadtviertel rund um den Markt nennt

» Stadtplan S. 226, Info S. 232-233

man **Rampa**, es ist das lebhafteste der Stadt.

Von hier wendet man sich nach Norden und gelangt nach einigen Häuserblocks zur breiten Avenida Sete de Setembro. Diese geht man nach rechts Richtung Osten und gelangt an eine breite **Brücke** zum **Igarapé dos Educandos**. An diesem breiten Kanal sieht man viele der malerischen, aber sehr ärmlichen *palafitas*.

Auf einer Landzunge inmitten des Kanals, in einem Park, steht der prächtige, ockerfarbene, zu besichtigende ★**Palácio Rio Negro** ⑦, lange Sitz des Gouverneurs, heute ein Kulturzentrum mit Museum. Erbauen ließ ihn ab 1903 der deutsche Gummibaron (Kautschukhändler) Waldemar Scholz, der später wegen des 1. Weltkriegs verarmte.

Die nach der Brücke dritte Straße links ist die Av. Duque de Caxias, hier findet man das interessanteste Museum der Stadt, das **Museu do Índio**. Es wird von der Salesianermission geleitet und bietet einen sehr guten Überblick über Leben und Kultur der am Oberlauf des Rio Negro beheimateten Indianer.

Wer Lust zum Baden verspürt, sollte den Bus nach **Praia da Ponta Negra** nehmen, dem beliebten Strand am Rio Negro, der sich 18 km nördlich vom Stadtzentrum neben dem Hotel Tropical erstreckt.

Hotel Tropical Manaus

In dem 611-Zimmer-**Hotel Tropical Manaus** findet der Gast, 5 km vom Flughafen, den touristischen Gegenentwurf zur Urwald-Großstadt. 450 000 m^2 umfasst das Hotelareal am Ufer des Rio Negro; eingebettet zwischen Fluss und Wald, fügen sich die weitläufigen, aber nur drei Stockwerke hohen Gebäude harmonisch in die Landschaft. Minizoo und botanischer Lehrpfad, Restaurants, Nachtklub und Spielsalon bieten Abwechslung. Vom hoteleigenen Hafen aus werden Bootsausflüge in die Umgebung organisiert. Im Umkreis von 1000 km gibt es kein anderes Hotel dieser Größenordnung und Preiskategorie. Der Instandhaltungsaufwand allerdings ist enorm, und pefekt ist dieses Haus gewiss nicht, trotz der hohen Zimmerpreise: Das feuchte Tropenklima lässt viele Materalien rasch korrodieren, was ständigen Renovierungsbedarf zur Folge hat. Und die leitenden Angestellten werden zwar im Ausland oder in den Küstenmetropolen engagiert, doch die Hundertschaften an angelernten Kellnern, Zimmermädchen und Küchenpersonal sind *caboclos* aus der Region, die zwar wissen, wie man im Urwald überlebt, aber weniger gut mit dem Service-Stress eines Großhotels fertig werden. Da in Manaus viele Flüge nachts ankommen oder abgehen, sind zudem die Arbeitszeiten für das Personal sehr Kräfte zehrend.

Ausflüge

Eine Tour zum **Encontro das Àguas** kann man im Hotel Tropical oder in jedem Reisebüro buchen. Der **Lago Salvador**, ein See mit *Victoria Regia*, Kaimanen und Affen, gehört zum Hotel und ist 35 Bootsminuten von diesem entfernt. 4 Stunden vom Hafen entfernt liegt der **Lago Janauacá** ⓲ am Rio Solimôes.

Ebenfalls vier Bootsstunden entfernt ist der 500 Inseln umfassende Flussarchipel **Estação Ecológica Anavilhanas** ⓳, zu dessen Besuch man eine Genehmigung einholen muss. In der Zeit des Hochwassers, von November bis April, steht der Großteil der Inseln unter Wasser. Dieses Öko-Naturreservat liegt nordwestlich am Rio Negro und bietet der heimischen Fauna einen sicheren Zufluchtsort.

Verschiedene Lodges, die zwischen 30 Minuten und 3 Tagen von Manaus entfernt liegen, bieten dem Naturnähe suchenden Touristen einfache, aber keineswegs billige Unterkünfte.

Besonders sehenswert ist der ★**Parque Nacional do Jaú** ⓴, der nach

dem gleichnamigen Nebenfluss des Rio Negro benannt wurde. Das fast 2,3 Mio. ha große Naturschutzgebiet ist das größte seiner Art in ganz Amazonien und wurde von der UNESCO im Jahr 2000 zum Weltnaturerbe erklärt. Die gesamte Region ist ein exzellentes Beispiel für die unglaublich faszinierende Vielfalt der Flora und Fauna des „Schwarzwasser-Ökosystems". Zahlreiche Agenturen in Manaus organisieren Touren in das 250 km nordwestlich der Stadt gelegene Naturschutzgebiet.

Auf dem Amazonas nach Tabatinga und Iquitos

Der Amazonas zählt auch zu den Zielen einer wachsenden Zahl von Kreuzfahrtschiffen internationaler Reedereien. Vorzugsweise wird die Region zwischen Januar und April angelaufen. Der Unterlauf des Stroms, vom Atlantik bis Manaus, ist selbst für große Kreuzfahrtschiffe geeignet, kleinere Schiffe mit Kabinen für bis zu 164 Passagiere wie beispielsweise die *MS Bremen* befahren den Amazonas sogar bis in die umtriebige peruanische Hafenstadt Iquitos. Wer nicht nur den Luxus an Bord genießen, sondern auch möglichst viel von Land und Leuten sehen möchte, sollte den Amazonas flussaufwärts fahren, denn nur bei der Fahrt gegen die Strömung bleiben die Schiffe, um Treibstoff zu sparen, in der Nähe des Ufers, wo sich der beste Blick auf die Siedlungen entlang der Strecke bietet.

Alle Kabinen an Bord internationaler Kreuzfahrtschiffe müssen früh gebucht werden. Wer sich vorab informieren möchte, findet in den deutsch- und/oder englischsprachigen Internet-Portalen wie z. B. www.urlaubaufsee.de oder www.kreuzfahrten-pool.de für Flusskreuzfahrten auf dem Amazonas detaillierte Angaben zu Routen, der jeweiligen Fahrtdauer und zu den eingesetzten Schiffen. Gerade bei den angelaufenen Häfen und bei der Dauer variiert das Angebot von Schiff zu Schiff stark; die Fahrt beginnen kann man beispielsweise in Belém, aber – je nach Reederei – auch in Fort Lauderdale, Mia-

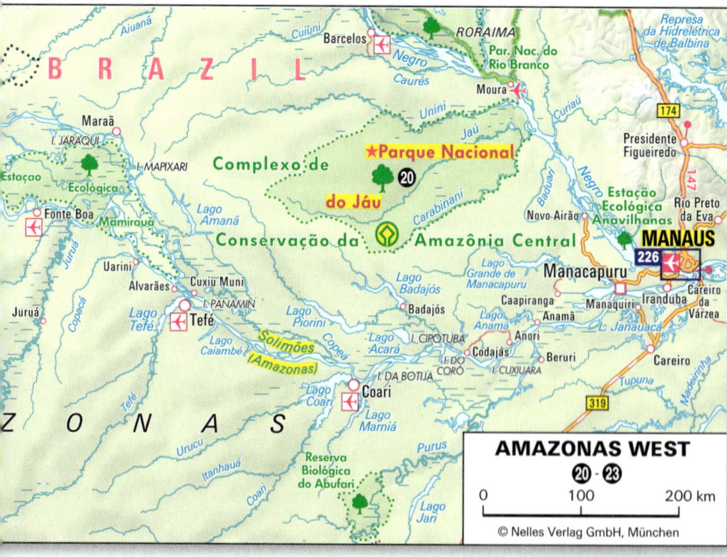

mi, Bridgetown, Barbados, Port of Spain (Trinidad und Tobago) oder auf den zu Französisch-Guyana gehörenden Inseln Île du Diable oder Îles du Salut.

Landausflüge können in Manaus, Santarém, Alter do Chão (bei Santarém, s. S. 223), oder in winzigen Flussdörfern wie Boca da Valeria (ca. 80 km westlich von Óbidos) unternommen werden. Manche der kleineren Kreuzfahrtschiffe bieten Schlauchbootausflüge an, bei denen die Passagiere auf kleineren Seitenarmen des Amazonas mit der einzigartigen Naturlandschaft auf Tuchfühlung gehen können.

Ziele, die noch den Reiz einer abenteuerlichen Flussreise bieten, sind, westlich von Santarém, Hafenstädtchen wie Óbidos (s. S. 224) an der engsten und tiefsten Stelle des Amazonasstroms; oder Parintins (ca. 200 km westlich von Santarém) während des großen Festivals *Boi-Bumbá* Ende Juni.

Entdeckernaturen, die das Amazonasbecken noch weiter in Richtung Westen erkunden möchten, finden im Grenzstädtchen **Tabatinga** ㉑ ihr Eldorado auf Pfahlbauten. Nur fünf Kilometer trennen den 54 000-Seelen-Ort vom nahen, in **Kolumbien** gelegenen aber einst von Peruanern gegründeten Städtchen **Leticia** ㉒ (37 000 Ew.), und der Blick reicht bis nach **Santa Rosa** ㉓, der zu **Peru** gehörenden Insel im Amazonas. Marine, Militär und Polizei sind in dem **Dreiländereck** *Tres Fronteras* massiv vertreten, um den Drogenhandel in Schach zu halten – die Kriminalitätsrate ist deshalb relativ niedrig.

Zwischen Leticia und Tabatinga ist die Grenze offen. Jeder Dritte besitzt hier ein Moped, und wer kein eigenes hat, kann auf die große Flotte von Motorrad-Taxis zurückgreifen. Wochentags ist nicht viel los, aber am Wochenende kommt Stimmung auf: Man beginnt am Sonntagnachmittag in den Kneipen des kolumbianischen Leticia und kommt später, nach Einbruch der Dunkelheit, auf der peruanischen Insel Santa Rosa auf Touren, wo Zouk, Merengue, Salsa und Lambada ertönen. Die Feiernden aus drei Nationen gehen entspannt miteinander um und genießen ihre Drinks.

Belém (☎ 091)

Secretaria de Turismo, Av. Gentil Bilencourt 43, Tel. 3110-5000, www.setur.pa.gov.br, www.paraturismo.pa.gov.br; Flughafen, Tel. 3210-6330, 8-23 Uhr; www.belem.pa.gov.br.

***REGIONAL*: Lá em Casa**, Daniela Martins, führende Küchenchefin kulinarischer Spezialitäten des Amazonas, serviert hier Regionales wie *Pato no tucupi*; mittags Buffet, tägl. 12-24 Uhr, Estação das Docas, Bd. Castilhos França, Tel. 3212-5588, www.laemcasa.com.
***ITALIENISCH*: Famiglia Sicilia**, italienische Spezialitäten, tägl. 18.30-24 Uhr, So auch 12-15 Uhr, Batista Campos, Av. Conselheiro Furtado 1420, Tel. 4008-0001, www.famigliasicilia.com.
***FISCH*: Remanso do Peixe**, regionale Gemüse, Süßwasserfisch in allen Variationen, Di-Sa 11.30-15 u. 19-22.30, So 11-15.30 Uhr, Marco Tr. Barão do Triumfo 2590, Casa 64, Tel. 3228-2477.
***JAPANISCH*: Sushi Ruy Barbosa**, asiatisches Restaurant, teils auch Amazonas-Spezialitäten, tägl. geöffnet, Traversa Ruy Barbosa 1816, Tel. 3355-2275, www.sushiruybarbosa.com.br.

Mercado Ver-o-Peso, tägl. 6-14 Uhr, Cais do Porto.
Estação das Docas, Boulevard Castilhos França.
Forte do Castelo, Di-So 10-16 Uhr, Praça Frei Caetano Brandão 117.
Teatro da Paz, Führungen Di-Fr stündl. 9-13 Uhr, Praça da República.
Mangal das Garça, Freizeitpark und Refugium für zahlreiche Wasservögel am Rio Guamá, Di-So 10-18 Uhr.
Museu Emílio Goeldi, Di-So 9-17 Uhr, Nazaré, Av. Magalhães Barata 376. **Basílica de Nazaré**, Mo-Fr 6-19.30, Sa 17-20.30, So 7-11 u. 17-20.30 Uhr, Praça Justo Chermont.. **Museu de Arte Sacra**, beeindruckende Sammlung sakraler Kunst in den restaurierten Räumen des ehemaligen Jesuitenkollegs Santo Alexandre und der 1698-1719 erbauten Kirche São Francisco Xavier, Di-So 13-16 Uhr, Praça Frei Caetano Brandão.

***SCHIFFSVERKEHR*: Manaus**: *Macamazon*, Rua Boulevard Castilho França 716, Tel. 3222-5604 u. 3031-5899, www.macamazon.com.br. Fähre nach **Breves** (Ilha de Marajó) Tel. 3272-3343;
Boot nach **Laranjal do Jari**; Tel. 3225-1691.
***INTERNATIONALER FLUGHAFEN*: Val-de-Cães**, Tel. 3210-6000.
BUSBAHNHOF: Terminal Rodoviário, São Brás, Praça do Operário, Tel. 3266-2625.

Av. Presidente Vargas 498, Campina, Mo-Sa 9-17 Uhr, Tel. 3211-3147.

Salinópolis (☎ 091)

Verde Mar, Fisch und Meeresfrüchte, Praia do Atalaia, tägl. geöffnet, Tel. 98220-2063.
Nicolau, gutes Fischlokal am Flussufer, tägl. 12-23 Uhr, Av. Almirante Barroso 594, Tel. 3423-3037.

BUSBAHNHOF: Terminal Rodoviário, Av. Doctor Miguel Santa Brígada, Tel. 3266-2625.

Soure / Ilha De Marajó (☎ 091)

Museu de Marajó, tägl. 8-18 Uhr, Cachoeira do Arari, Av. do Museu 1983.

FÄHRE / BOOT: nach Belém: **Arapari Navegacão**, Tel. 3242-1870.
Fähre nach Salvaterra: **Henvil Transportes**, Tel. 3227-6147 u. 3246-7472, www.henvil.com.br.

Macapá (☎ 096)

***FISCH*: Cantinho Baiano**, werktags 11-22 Uhr, So 11.30-15.30 Uhr, Rua Beira Rio 328, Tel. 3223-4153, www.cantinhobaianoap.com.br.
Chalé, Fisch, Meeresfrüchte, Mo-Sa 11-1 Uhr, So 11-16 Uhr, Av. Pres. Vargas 499, Tel. 3222-1970.

Fortaleza de São José de Macapá, Di-Fr 9-18 Uhr, Tel. 3212-5118. **Marco Zero** (Äquatorlinie), tägl. 7.30-18 Uhr, Estrada para Fazendinha, bei Km 2.

***REGIONALFLUGHAFEN*: Aeroporto de Macapá**, Rua Hildemar Maia, Tel. 3223-2323.
SCHIFFSVERKEHR: nach Belém, Santarém und

Manaus: normale Boote, Porto de Santana, 17 km südl. v. Macapá, Abfahrt unregelmäßig. Tel. 3314-1200 u. 3314-1205.
BUSBAHNHOF: Terminal Rodoviário, BR-210, São Lázaro, Tel. 3251-3435.

Santarém (☎ 093)

UHRZEIT: gleiche Uhrzeit wie im Bundesstaat Amazonas, also 1 Stunde vor Süd- und Ostbrasilien!

FISCH: **Peixaria Piracatu**, tägl. 11-1 Uhr, Prainha, Av. Mendoça Furtado 174, Tel. 3523-9993.
Lumi, brasilianisch-japanische Küche, Av. Cuiabá 1683, Parque dos Vovos Estadeo, Tel. 3523-5174.

Museu do Centro de Preservação de Arte Indígena, Di-So 9-12 und 14-17 Uhr, Alter do Chão, Rua D. Macedo Costa.
Parque Nacional da Amazônia, Info: Ibama-Pará, Tel. 3523-2964.

SCHIFFSVERKEHR: Ablegestelle: Cais do Porto, Av. Tapajós. Liniendienst nach Belém und Manaus: **Marques Pinto Navegação**, Tel. 3522-5446 u. 3523-2652.
REGIONALFLUGHAFEN: **Internacional**, Praia da Maria José, Rod. Fernando Guilhom, Tel. 3522-4328.
BUSBAHNHOF: Rodoviária, Vila Esperança, Av. Cuiabá Km 3., Tel. 3523-4940.
REISEBÜRO: **Santarém Tur**, Tel. 3522-4847, Fax 3522-3141, www.santaremtur.com.br.

Manaus (☎ 092)

Manaustur, tgl. 8-12, 14-17 Uhr, Av. Brasil, Tel. 0800-092-0111.

UHRZEIT: Eine Stunde vor der *Brasília*-Zeit, die in Süd- und Ostbrasilien gilt. Im Sommer zwei Stunden; im Bundesstaat Amazonas wird die Sommerzeit nicht angewandt!

REGIONAL: **Açai & Cia**, fantasievolle Küche, Show Fr/Sa – dann sehr voll, Mo-Do 9-24, Fr, Sa 9-1, So 15-23 Uhr, Vieiralves, Rua Acre 98, Tel. 3584-0188.
Waku Sese, exot. Gerichte wie Schildkröte und Amazonasfische, Mo 15-23, Di-Sa 11-1, So 15-23 Uhr, Vieiralves, Rua Rio Purus 260, Tel. 3584-4643, www.wakusese.com.br.
IDIANISCH: **Koonoly**, Restaurant einer indianischen Kooperative, Rua Bernardo Ramos 60, Tel. 9612-4447.
FISCH: **Estoria de Pescator**, Buffetrestaurant mit Lieferservice, Mittag u. Abendessen, Rua José de Arimatheia, Quadra M, Adrianópolis, Tel. 3634-3758.

Teatro Amazonas, gute Ballett-, Theater- und Opernaufführungen, Mo-Sa 9-17 Uhr, Praça São Sebastião, Tel. 3232-1768, www.teatro-amazonas.com.br.
Museu do Índio, Kunsthandwerk und Werkzeuge, Mo-Fr 8.30-11.30 und 14-16.30 Uhr, Sa 8.30-11.30 Uhr, Rua Duque de Caxias 296, Tel. 3635-1922.
Centro Cultural Palácio Rio Negro, im ehemaligen Regierungspalast gibt es Ausstellungen, Konzerte und Theater, Mo-Fr 9-15 Uhr, Av. 7 de Setembro 1546, Tel. 3232-4450.

SCHIFFSVERKEHR: Information: **Departamento Nacional de Transportes Aquaviários**, Av. Eduardo Ribeiro 520, 16. St., Tel. 3633-1224. Passagierdienst nach Santarém und Belém: **Marques Pinto Navegação**, Tel. 3234-8083.
CHARTERBOOTE: **Amazon Clippes**, 8 Kabinen für 16 Pers., unter deutschsprachiger Leitung, Tel. 3656-1246, Fax 3656-3584, www.amazonclipper.com. **Amazônia**, 5 Kabinen, mind. 10 Pers., Tel. 3633-3319. **Iguana**, 4 Kabinen, mind. 8 Pers., Tel. 3633-6507.
Iberostar Grand Amazon, eher ein schwimmendes Hotel als ein für Exkursionen geeignetes Boot, 75 Kabinen, Bar, Pool, Tel. 2126-9900, www.iberostar.com.
INTERNATIONALER FLUGHAFEN: **Eduardo Gomes**, Av. Santos Dumont 1350, Tel. 3652-1210.
BUSBAHNHOF: Rodoviária, Rua Mário Ipiranga 2348, Flores, Tel. 3642-5808 u. 3632-2568.

REISEVORBEREITUNGEN

Klima / Reisezeit

Da sich die Landesfläche Brasiliens zu mehr als 90% innerhalb der tropischen Wendekreise befindet, wird das Klima von tropischen Temperaturen und Niederschlägen bestimmt. Nur in der Südregion gibt es Jahreszeiten, die jedoch den europäischen entgegengesetzt sind; Sommer ist im Süden also von Dezember bis März, Winter von Juni bis September. In Rio Grande do Sul und Santa Catarina können die Temperaturen im Winter schon mal unter den Gefrierpunkt sinken, gelegentlich kommt es auch zu Schneefällen. Dies ist dann stets eine landesweite Zeitungsmeldung wert und eher selten.

Im Norden, im Amazonas-Gebiet und im Südosten, in Rio und Minas Gerais, fällt der meiste Regen im Sommer, der Hauptreisezeit. In Brasília und im Mato Grosso dauert die Regenzeit von November bis März, im Nordosten von April bis Juli. Die regionale Verteilung der Jahresniederschläge ist sehr ungleich: unter 500 mm im trockenen Landesinneren des Nordostens, 1050 mm in Rio de Janeiro, 1350 mm in Porto Alegre, 1500 mm in Belo Horizonte und Brasília, 1900 mm in Salvador und Manaus, 2440 mm in Belém.

Die Jahresdurchschnittstemperaturen reichen von 19 °C in Porto Alegre bis zu 27 °C in Manaus, Höchstwerte von 35 bis 45 °C kann man vom Südosten bis Norden überall erleben, sogar im höher gelegenen Brasília. Selbst südlich des Wendekreises, in Foz do Iguaçu hat man schon Temperaturen von 48 °C im Schatten gemessen, aber auch Werte nahe dem Gefrierpunkt, wenn antarktische Südwinde für Abkühlung sorgten.

Aus diesen Werten und regionalen Unterschieden kann man schon erkennen, dass es die ideale Reisezeit für Brasilien nicht gibt, zumindest nicht für Rundreisen. Eher kann man die ungünstigste Reisezeit benennen, nämlich die Ferienmonate im brasilianischen Sommer, wenn die argentinische und brasilianische Mittel- und Oberschicht Flugzeuge, Hotels und Strände füllt und dabei auf sonnenhungrige, dem Winter entfliehende Europäer und Nordamerikaner trifft. Die großen Ferien sind in Argentinien etwa von Weihnachten bis Ende März, in Brasilien von Anfang Dezember bis Karneval. Vor allem von Weihnachten bis Ende Februar muss man mit vollen Unterkünften und Verkehrsmitteln rechnen.

Bekleidung

Für alle Fernreisen sollte man an das bewährte „System Zwiebelschale" denken, d. h. sich so zu kleiden, dass man jederzeit Kleidungsschichten an- oder ablegen kann. Zu jeder Jahreszeit sollte man bei einer Reise nach Brasilien Regen- und Sonnenschutz mitführen. Bequeme Schuhe und zumindest ein Pullover für höhere Regionen, Kälteeinbrüche oder Klimaanlagen, die besonders in Flugzeugen oft sehr kühl eingestellt sind, sollten ebenso dazu gehören wie viel leichte, luftdurchlässige Kleidung zum Wechseln sowie Badesachen.

Für Expeditionen in das Amazonas-Gebiet oder Pantanal ist natürlich ein anderes Outfit nötig, hier muss man vor allem an wasserundurchlässige Kleidung, Mückenschutz und entsprechende Schuhe denken. Formelle Kleidung wird man im Urlaub in Brasilien kaum benötigen, mit Ausnahme einiger vornehmer Restaurants wird nach Anzug und Krawatte nie gefragt.

FKK ist nur an wenigen, ausgewiesenen Stränden möglich, ansonsten ist nackt oder oben ohne Baden verboten; ein bisschen Stoff muss immer sein! Baden **„oben ohne"** gilt in Brasilien als Erregung öffentlichen Ärgernisses; ebenso das **Wechseln der Kleidung in der Öffentlichkeit**, z. B. am Strand. Beides kann zur Festnahme bzw. einem Gerichtsverfahren führen. Zum Kleidungswechsel sollten daher stets Umkleidekabinen oder andere Räumlichkeiten aufgesucht werden.

Einreisebestimmungen

Touristen aus der Bundesrepublik, der Schweiz und Österreich brauchen für bis zu 90 Tagen Aufenthalt kein Visum. Die Gesamtaufenthaltsdauer darf innerhalb eines Zeitraums von 180 Tagen (6 Monaten) diese 90 Tage nicht überschreiten. Für die Einreise genügt ein noch mind. 6 Monate gültiger Reisepass und ein Rückreiseticket. Im Flugzeug oder an der Grenze ist ein doppeltes Einreiseformular auszufüllen, wobei alle Vornamen eintzutragen sind. Die abgestempelte Einreisekarte muss unbedingt bis zur Ausreise aufbewahrt werden (sicherheitshalber getrennt vom Reisepass). Fremdwährung darf unbegrenzt eingeführt werden, ist aber ab einem Gegenwert von R$ 10 000 (rd. 2700 Euro) zu deklarieren (auch Reiseschecks).

Für Reisen in Indianerschutzgebiete ist eine bei der FUNAI (Nationale Indianerstiftung) zu besorgende Genehmigung nötig. Wer ohne Permit in einem Schutzgebiet angetroffen wird, muss mit Beschlagnahmung der Ausrüstung und hohen Strafen rechnen.

Ausreise / Flughafensteuer

Die Flughafensteuer für internationale Abflüge beträgt je nach Flughafen 36 beziehungsweise 50 US$ und ist in der Regel bereits im Ticket inbegriffen; andernfalls ist sie bar am Counter zu entrichten (in US-$ oder Reais).

Währung / Geldumtausch

Brasiliens Währung ist der **Real** (Plural: *Reais);* Untereinheit: *Centavo.*

1 Euro ≈ 3,80 Reais; den aktuellsten Umtauschkurs erfährt man unter www.oanda.com. Bei der neusten Banknotenserie haben Scheine mit höherem Wert auch ein größeres Format. Es gibt Banknoten zu 2, 5, 10, 20, 50 und 100 Reais sowie eine 1-Real-Münze. Außerdem Münzen zu 5, 10, 25 und 50 Centavos. Preise an der Kasse werden zu 5 Centavos auf- oder abgerundet.

Mit Kreditkarte oder EC-Karte (nur Maestro; nicht mit V-Pay-Girocard) erhält man wegen vieler Betrugsfälle nicht mehr bei allen Banken Geld am Automaten; man sollte sich also nicht ausschließlich darauf verlassen! Ratsam ist, die EC/Maestro-Karte und eine gängige Kreditkarte (z. B. Visa) mitzunehmen und zudem Euro oder US$ in bar als Notfallreserve.

Brasilianische Währung bereits vor der Abreise einzutauschen ist ungünstig und unnötig, da man die ersten Ausgaben im Land auch mit US$ in bar begleichen kann. In Hotels tauscht man bequem, aber meist ungünstig; Wechselstuben geben den besten Kurs. Der Rücktausch der Landeswährung in US$ ist in einer Bank, z. B. am Flughafen, gegen Vorlage der Wechselquittung problemlos möglich.

Gesundheitsvorsorge

Impfvorschriften bei Anreise aus Europa gibt es nicht; ein Gelbfieberimpfnachweis ist für die Einreise nach Brasilien nicht mehr erforderlich. Dennoch wird die Impfung Touristen empfohlen, die in folgende Landesteile reisen, in denen **Gelbfieber** vorkommt: Amazonasgebiet. Iguaçu-Wasserfälle, Acre, Amapá, Distrito Federal (mit Hauptstadt Brasilia), Goiás, Maranhão, Mato Grosso, Mato Grosso do Sul, Minas Gerais, Pará, Rondônia, Roraima, und Tocantins, sowie für bestimmte Gebiete in folgenden Staaten: Bahia, Paraná, Piauí, Rio Grande do Sul, Santa Catarina, und São Paulo. Liste der Gelbfieber-Endemiegebiete: www.who.int.

Brasilien gehört zu den cholerагefährdeten Gebieten. Eine Cholera-Impfung wird jedoch von der WHO nicht mehr empfohlen. Da Cholera eine Armutskrankheit ist, sind Touristen normalerweise nicht gefährdet. Von der WHO und den Tropeninstituten wird generell eine **Tetanus**-Impfung gegen Wundstarrkrampf sowie die **Hepatitis**-Impfung (A) empfohlen.

Malaria: Längst nicht für alle Reisegebiete Brasiliens ist eine Chemoprophylaxe (die Nebenwirkungen haben kann) nötig. Deshalb sollte man mit seinem Reiseprogramm ein Tropenmedizinisches Institut konsultieren (Adressen: siehe unten). Alle südlichen und südöstlichen Bundesstaaten inklusive Rio, die Ostküste samt Fortaleza und dem Gebiet von Bahia bis Pernambuco, Iguaçu sowie die Hauptstadt Brasília können relativ unbesorgt bereist werden. Das Amazonas-Gebiet gehört zu den Regionen mit der höchsten Verbreitung von resistenten Malaria-Erregern! Ganzjährig das höchste Risiko herrscht in bewaldeten Amazonas-Gebieten der Bundesstaaten Acre, Rondônia, Roraima; regional erhöhtes Risiko auch in anderen Staaten des Amazonasbeckens. Im Kapitel „Amazonas" (s. S. 211) wird erläutert, dass nicht das gesamte Gebiet mit malariaübertragenden Anopheles-Mücken verseucht ist; d. h. selbst am Amazonas kann je nach Region statt medikamentöser Prophylaxe Standby-Notfallmedikation genügen.

Am besten ist es, nicht gestochen zu werden: In Risikogebieten sollte man hautbedeckende Kleidung tragen (lange Hosen und Ärmel) sowie unbedeckte Körperstellen mit Schutzmitteln einreiben und dies alle 6 Stunden wiederholen, da Schwitzen die Wirkung reduziert. Im Hotel ein Moskitonetz verwenden oder ein Zimmer mit Klimaanlage und Fliegengitter nehmen.

Tagaktive Stechmücken sind für die Übertragung des **Dengue-Fiebers** und des **Zika-Virus** verantwortlich. Gegen diese Tropenkrankheiten gibt es keine medizinische Prophylaxe. Das Auswärtige Amt warnt in diesem Zusammenhang vor frühkindlichen Missbildungen und rät schwangeren Frauen bis auf weiteres von Reisen nach Brasilien ab.

Vorsicht vor der Ansteckung mit dem **HIV**-Virus (AIDS): Nie ungeschützten Sex praktizieren, Kondome gibt es in jeder Apotheke und Drogerie, oft auch in der Minibar im Hotelzimmer.

Nicht unterschätzen darf man in den tropischen Breitengraden die Wirkung der Sonne. Kopfbedeckung, Sonnenbrille und eine Sonnenmilch mit hohem Schutzfaktor sind unerlässlich.

Leitungswasser sollte man generell nicht trinken, Eiswürfel, Salat, Speiseeis und Säfte nur in erstklassigen Restaurants und Hotels konsumieren. Selbstgeschälte Früchte können bedenkenlos gegessen werden. Eine alte Tropenweisheit lautet: *Boil it, peel it or forget it!*

Tropeninstitute

DEUTSCHLAND:

Berlin: Institut für Tropenmedizin Berlin, Spandauer Damm 130, 14050 Berlin, Tel. 030 / 30 11 66, www.charite.de/tropenmedizin. Universitätsklinikum Rudolf Virchow, Standort Wedding, II. Medizinische Abteilung, Augustenburger Platz 1, 13353 Berlin, Tel. 030 / 45 05 0.

Bonn: Institut für Medizinische Parasitologie der Universität Bonn, Siegmund-Freud-Straße 25, 53127 Bonn, Tel. 0228 / 2 87 56 73.

Dresden: Institut für Tropenmedizin im Städtisches Klinikum Dresden-Friedrichstadt, Friedrichstraße 39, 01067 Dresden, Tel. 0351 / 4 80 38 05.

Düsseldorf: Tropenmedizinische Ambulanz der Heinrich-Heine-Universität Düsseldorf, Klinik für Gastroenterologie und Infektologie, Moorenstr. 5, 40225 Düsseldorf, Tel. 0211 / 8 11 70 31 und Tel. 0211 / 8 11 68 00.

Hamburg: Bernhard-Nocht-Institut für Tropenmedizin, Bernhard-Nocht-Straße 74, 20359 Hamburg, Tel. 040 / 42 81 80, www.bni.uni-hamburg.de.

Heidelberg: Institut für Tropenhygiene und Öffentliches Gesundheitswesen der Universität Heidelberg, Im Neuenheimer Feld 324, 69120 Heidelberg, Tel.

06221 / 56 29 05, www.hyg.uni-heidelberg.de/ithoeg.

Leipzig: Universitätsklinikum Leipzig, Zentrum für Innere Medizin, Med. Klinik IV, Fachbereich Infektions- und Tropenmedizin, Philipp-Rosenthal-Str. 27, 04103 Leipzig, Tel. 0341 / 972 49 71, Zentrum für Reise- und Tropenmedizin Leipzig, Städtisches Klinikum St. Georg, II. Klinik für Innere Medizin, Delitzscher Straße 141, 04129 Leipzig, Tel. 0341/909 26 19, www.infektions medizin.de.

München: Abteilung für Infektions- und Tropenmedizin der Ludwig-Maximilians-Universität München, Leopoldstr. 5, 80802 München, Tel. 089 / 21 80 35 17, www.tropinst.med.uni-muenchen.de.

Rostock: Abteilung für Tropenmedizin und Infektionskrankheiten, Klinik und Poliklinik für Innere Medizin der Universität Rostock, Ernst-Heydemann-Straße 6, 18057 Rostock, Tel. 0381 / 494 75 11, www.tropen.med.uni-rostock.de.

Tübingen: Institut für Tropenmedizin, Universitätsklinikum, Keplerstraße 15, 72074 Tübingen, Tel. 07071 / 298 23 65; Tropenklinik Paul-Lechler-Krankenhaus, Paul-Lechler-Straße 24, 72074 Tübingen, Tel. 07071 / 20 60, www.difaem.de/tropenklinik. htm.

Ulm: Medizinische Universitätsklinik und Poliklinik, Abteilung Innere Medizin III, Sektion Infektologie und Klinische Immunologie, Robert-Koch-Straße 8, 89081 Ulm, Oberer Eselsberg, Tel. 0731 / 50 02 44 21, www.uni-ulm. de/reisemedizin.

Würzburg: Tropenmedizinische Abteilung, Missionsärztliche Klinik, Salvatorstraße 7, 97074 Würzburg, Tel. 0931 / 79 28 21, www.missioklinik.de.

ÖSTERREICH:

Institut für Tropenmedizin, Lenaugasse 19, 9. Bezirk, 1080 **Wien**, Tel. 01-402 68 61.

SCHWEIZ:

Impfzentrum der Universität, Sumatrastr. 30, 8006 **Zürich**, Tel 01-252 80 60. Tropeninstitut, Socinstr. 57, 4002 **Basel**, Tel. 061-284 82 22.

ANREISE

TAP Portugal (www.flytap.com), Tel. 01803-00041, ist die Airline mit den meisten Flügen von Europa nach Brasilien (66 Verbindungen wöchentlich). Die portugiesische Staatslinie fliegt via Lissabon nonstop acht Ziele in Brasilien an: Natal, Fortaleza, Recife, Salvador, Brasília, Belo Horizonte, São Paulo und Rio de Janeiro. Abflughäfen in Deutschland sind Frankfurt, Hamburg und München. Im Rahmen der Zusammenarbeit mit **Lufthansa** (www. lufthansa. com) in der *Star Alliance* bieten beide Airlines zahlreiche Flüge im Codeshare an. Bonusmeilen der jeweiligen Vielflieger-Programme können auch bei der Partner-Airline gesammelt werden. Lufthansa bedient in Brasilien nur das Ziel São Paulo.

LATAM (www.latam.com), Tel. 0800-628-0976, bedient die Nonstop-Verbindung Frankfurt – São Paulo. Ebenfalls nach São Paulo fliegen Maschinen der **Swiss** (www.swiss. com) von Zürich. **Condor** (www.condor.com) bedient ab Frankfurt den Flughafen von Recife.

Lufthansa hat die Strecke Frankfurt – Rio wieder aufgenommen und bedient außerdem Verbindungen nach São Paulo ab München und Frankfurt.

REISEN IN BRASILIEN

Flugzeug

Wer mehrere Ziele in Brasilien besuchen will und nicht über einige Monate Zeit verfügt, wird auf das Flugzeug als innerbrasilianisches Verkehrsmittel angewiesen sein. Obwohl die Busverbindungen zumindest zwischen den großen Städten gut und die Busse komfortabel sind, muss man von der Faustregel ausgehen, dass eine Flugstunde etwa einem Tag im Bus entspricht. Außerdem sind die langen Fahrtstrecken nicht sehr abwechslungsreich, da natürlich die Hauptstraßen benützt werden.

Empfehlenswert ist es, sich vor der

Abreise eine Reiseroute zusammenzustellen und einen *Brasil Airpass* zu kaufen, denn dieser kann nur außerhalb Brasiliens von Personen, die ihren ständigen Wohnsitz nicht in Brasilien haben, erworben werden.

Reguläre Flugpreise sind in Brasilien teuer, z. B. kostet ein einfacher Flug von Rio nach Iguaçu rund 300 US$ und nach Manaus 530 US$ – da hat sich der Airpass schnell amortisiert.

Bei allen Inlandsflügen sind Flughafensteuern zu entrichten, die je nach Flughafen zwischen 5 und 7 US$ pro Person betragen.

Airpass / Inlandsflüge

Innerhalb Brasiliens kann die Nutzung eines *Airpass* vorteilhaft sein. Entsprechende Rundflug-/Coupon-Tickets bieten folgende Airlines: Aerolinas Argentines, Avianca, Azul, Gol und LATAM. Die Konditionen ändern sich jährlich, Lassen Sie sich von einem auf Brasilien spezialisierten Reiseveranstalter möglichst zeitnah informieren.

Eisenbahn

Die Bahn als Transportmittel für Personen spielt in Brasilien so gut wie keine Rolle mehr. Regionalzüge, die für Touristen mit Zeit und Muße interessant sind, werden in den jeweiligen Kapiteln des Reiseteils aufgeführt.

Fernbusse

Fernbusse sind ein ausgezeichnetes und preisgünstiges Transportmittel und entsprechen in etwa der Bedeutung des Eisenbahnverkehrs in Mitteleuropa – nur mit anderen Entfernungen!

An den Busbahnhöfen (*Estações Rodoviárias*) jeder Stadt konkurrieren Dutzende privater Busunternehmen um die Fahrgäste. Der normale Bus (*Convencional*) hat ebenso wie der Komfortbus (*Exekutivo*) eine Bordtoilette, letzterer ist bequemer und teurer. Die Tarife werden staatlich festgesetzt. Für lange Strecken empfiehlt sich der Luxusbus (*Onibus leito*), ein Schlafbus mit Toilette und Service wie im Flugzeug. Größeres Gepäck wird gegen Quittung im Gepäckraum verstaut. Mindestens alle vier Stunden werden Raststätten mit Selbstbedienung angefahren.

Für Schlafbusse (*Onibus leito*) und generell zu Ferienzeiten sowie an Wochenenden sollte man im Voraus buchen.

Stadtbusse

Busse sind das Hauptverkehrsmittel in den Städten; preisgünstig, aber überfüllt und ein Paradies für Taschendiebe. Das Liniennetz ist für Fremde schwer durchschaubar, selbst Einheimische kennen meist nur die Strecke der Linie, die sie täglich benützen. Will man doch mit einem Bus fahren, fragt man am besten das Hotelpersonal oder ortskundige Einheimische, nicht unbedingt Polizisten. Neben dem Einstieg sitzt ein Kassierer; nach Entrichten des Fahrpreises passiert man das Drehkreuz zum Fahrgastraum.

Schiff

Das Schiff ist im Amazonas-Gebiet als Verkehrsmittel unentbehrlich. Reisemöglichkeiten werden im Kapitel „Der Norden" genauer beschrieben (s. S. 222). Im übrigen Land spielt die Binnenschifffahrt keine Rolle.

Auto

Ausländer benötigen theoretisch nur ihren nationalen Führerschein, in der Praxis ist es aber hilfreich, zudem einen internationalen dabeizuhaben und idealerweise sogar eine beglaubigte portugiesische Abschrift des nationalen FS.

Wie in ganz Südamerika herrscht Rechtsverkehr. Die Verkehrsregeln ähneln den europäischen, werden aber selten beachtet.

Auf den Vordersitzen gilt Anschnallpflicht und ein Alkohollimit von 0,0‰! Mit wenigen Ausnahmen gilt außerorts Höchsttempo 80 km/h.

Getankt wird *gasolina*, Benzin mit ca. 20% Alkoholzusatz, *alcool*, Gas (Erdgas) oder Diesel, den aber fast nur LKW und Busse tanken. „Flex"-Autos können mit beliebigem Mischungsverhältnis von Ethanol und Benzin fahren und so von Preisunterschieden zwischen den Sorten profitieren.

Das brasilianische Straßennetz ist rund 1,5 Millionen Kilometer lang, wovon jedoch kaum mehr als 10 % asphaltiert sind! Zu beachten ist auch, dass einige Überlandstraßen mautpflichtig sind.

Mietwagen

Ausländer benötigen zum Mieten eines Autos neben dem Reisepass ihren nationalen und einen internationalen Führerschein (Mindestalter 21, Mindestführerscheinbesitz 2 Jahre) und eine Kreditkarte. Die Preise sind relativ hoch, jedoch saisonal und regional unterschiedlich.

Neben den internationalen Firmen *Avis* und *Hertz* sind überall die überregionalen brasilianischen Firmen *Localiza, Interlocadora* und *Unidas* tätig sowie lokale Vermieter.

PRAKTISCHE TIPPS

Apotheken

Brasilien verfügt über ein dichtes Netz an *farmácias*, die sich im Notdienst abwechseln. Das heißt, rund um die Uhr ist mindestens eine Apotheke im Ort oder Stadtbezirk geöffnet. Rezepte sind in der Regel nicht nötig; die meisten Medikamente, die in Deutschland rezeptpflichtig sind, erhält man problemlos – gegen Bargeld. Da die meisten großen Pharmafirmen auch in Brasilien produzieren oder vertreten sind, bekommt man auch die gängigsten Mittel, mit leicht geänderten Namen. Hat man den Beipackzettel mit der chemischen Zusammensetzung dabei, ist es für den Apotheker sehr leicht, ein ähnliches Präparat zu finden. Die Preise sind meistens günstiger als in Europa (immer auf das Verfallsdatum achten!).

Ärztliche Versorgung

Zunächst ist es wichtig, dass man die eventuell entstehenden Kosten durch eine Auslandskrankenversicherung abdeckt, Krankenscheine akzeptiert in Brasilien niemand! Betritt man eine der modernen Privatkliniken in den Großstädten, fühlt man sich keineswegs in der Dritten Welt, sondern vielmehr in die Zukunft versetzt. Wer bezahlen kann, bekommt die beste Betreuung; einen zumindest englisch, im Süden oft auch deutsch sprechenden Arzt findet man meistens in diesen Kliniken.

Die öffentlichen Krankenhäuser sollte man schon aus Zeitgründen meiden; obwohl man als bar zahlender Ausländer bevorzugt behandelt wird, muss man mit langen Wartezeiten und zweifelhaften hygienischen Zuständen rechnen.

Die Luxushotels haben in der Regel einen sprachkundigen Vertragsarzt, der rund um die Uhr gerufen werden kann. Ist kein sprachkundiger Arzt erreichbar, findet sich im Hotel sicher ein dienstbarer Geist, der gegen ein Trinkgeld Dolmetscher spielt.

Banken

Die Banken haben allgemein von 10 bis 16 Uhr geöffnet, in großen Einkaufszentren und an den internationalen Flughäfen auch länger. Nicht alle Banken wechseln Devisen.

In den Metropolen ist es problemlos möglich, Geld in Landeswährung mit der EC-Karte (mit Cirrus und Maestro-Logo) an Geldautomaten zu ziehen.

Bestechung

Suborno – eine lästige, oft unumgängliche Methode, um mit kafkaesker Bürokratie und sinnwidrigen Vorschriften fertig zu werden. Als Tourist sollte man nur im äußersten Notfall davon Gebrauch zu machen. In den meisten Fällen sind brasilianische Polizisten und Beamte Touristen gegenüber nachsichtig und halten nicht bei jedem kleinen Vergehen sofort die Hand auf. Sprachschwierigkeiten können in solchen Fällen eher hilfreich sein. Unbedingt sollte man die Ruhe bewahren und höflich bleiben! Geduld haben und lächeln, heißt die Devise.

Die brasilianische Form der Bestechung ist sehr subtil und von Ausländern nicht leicht zu durchschauen. Als Beispiel sei hier der *jeitinho* genannt, eine Art Vermittlung zwischen unhaltbaren Regeln und den Menschen, die damit zu tun haben. Der *jeitinho*, mit Witz und Verstand eingesetzt, hilft in allen Gesellschaftsschichten über lästige Hindernisse des täglichen Lebens, wie Parkverbote, Bürozeiten oder fehlende Reservierungen hinweg.

Spitzenpolitikern wird Bestechung immer wieder zum Verhängnis, bei diesen erreicht sie oft Millionenhöhe.

Diplomatische Vertretungen

Deutschland

Embaixada da Alemanha - Brasília, Mo-Fr 10-12 Uhr, SES - Avenida das Nações, Quadra 807, Lote 25, 70415-900 Brasília, DF, Tel. 0055 (0)61/3442-7000 und 3443-7036 (Rechts- und Konsularangelegenheiten), Fax 0055 (0)61/3443-7508, info@bras.diplo.de, www.brasilia.diplo.de

Österreich

Embaixada da Republica da Austria - Brasília, Mo-Fr 9-13 Uhr, SES - Avenida das Nações, Quadra 811, Lote 40, 70426-900 Brasilia, DF, Tel. 0055 (0)61/3443-3111, 3443-3373 und 3443-3231, Fax 0055 (0)61/3443-5233, Notfallnummer 0055-(0)61/8436-2222, brasilia-ob@bmeia.gv.at, www.bmeia.gv.at/botschaftlbrasilia.html

Schweiz

Embaixada da Republica Federal da Suiça - Brasilia, Mo-Do 9-11.30, Fr 7.30-12.30 Uhr, SES - Avenida das Nações, Quadra 811, Lote 41, 70448-900 Brasília, DF, Tel. 0055 (0)61/3443-5500, 3443-3922, 3443-3934 und 3443-3969, Fax 0059 (0)61/3443-5711, vertretung@bra.rep.admin.ch, www.dfae.admin.ch/brasilia

Brasilianische Botschaft in Berlin

Wallstr. 57, D-10179 Berlin, Tel. 0049 (0)30/72 62 80, http://berlim.itamaraty.gov.br/de

Brasilianische Botschaft in Wien

Pestalozzigasse 4/3. Stock, A-1010 Wien, Tel. 0043 (0)1/51 20 631, http://viena.itamaraty.qov.br/de

Brasilianische Botschaft in Bern

Monbijoustrasse 68, CH-3007 Bern, Tel. 0041 (0)31/371-85 15 http://berna.itamaraty.gov.br/de

Brasilianisches Generalkonsulat in Frankfurt

Hansaallee 32 a+b, D-60322 Frankfurt am Main, Tel. 0049 (0)69/92 07 420, http://frankfurt.itamaraty.gov.br, Zuständig für Hessen, Nordrhein-Westfalen, Rheinland-Pfalz, Saarland und Thüringen

Brasilianisches Generalkonsulat in München

Sonnenstr. 31, D-80331 München, Tel. 0049 (0)89/21 03 760, http://munique.itamaraty.gov.br/de, Zuständig für Bayern und Baden-Württemberg

Drogen

Es ist nicht schwer, in Brasilien an Drogen zu gelangen, sehr leicht gelangt man aber auch in die Fänge der Justiz. Brasilianische Gefängnisse sind jedoch von innen gar nicht schön; man sollte auf diese Erfahrung verzichten und die Finger von allen Drogen lassen.

Der Besitz selbst geringer Mengen ist strafbar, man gerät gerade als Ausländer sehr schnell in Gefahr, verhaftet zu werden, da die Polizisten sich hohe Schmiergelder erwarten und manche Dealer sogar mit der Polizei zusammenarbeiten.

Einkaufen

Brasilien bietet nicht die breite Palette an Kunsthandwerk wie die von Indios geprägten Andenländer oder Mexiko. Dennoch kann man regional unterschiedliche, sehr schöne Handarbeiten finden: Im Süden vor allem Lederarbeiten, in Minas Gerais Produkte aus Seifenstein und im Nordosten, vor allem in Recife und Fortaleza, Stickereien und die hervorragenden Arbeiten der Spitzenklöpplerinnen. Im Norden werden diverse Erzeugnisse der Amazonas-Indianer angeboten, wie Ketten aus getrockneten Samen, Pfeil und Bogen usw. Batik-Textilien, Keramik, Hängematten und Modeschmuck erhält man im ganzen Land.

Verlockend erscheint in Brasilien auch der Einkauf von Edelsteinen aller Art; von Achaten und Amethysten über Smaragde bis zu Diamanten findet man alles in jeder erdenklichen Ausführung. Dabei sollte man sich nicht dazu verführen lassen, bei Straßenhändlern zu kaufen, die vor allem in Ouro Preto und Brasília mit unglaublich günstigen Angeboten locken! Denn Schmuckkauf ist auch in Brasilien Vertrauenssache und sollte deshalb bei einem der bekannten Juweliere erfolgen. Neben Rio bietet vor allem Ouro Preto eine gute Auswahl an renommierten Läden.

Elektrizität

Vorsicht beim Anschluss eines Gerätes: Oft wird in Brasilien noch 110 Volt verwendet, aber in Brasília, Fortaleza, Salvador, Recife, Sao Luis und im Süden bereits 220 Volt. In einigen Hotelzimmern, vor allem in Rio de Janeiro, gibt es sogar Steckdosen für beide Spannungen. Reiseadapter sind mancherorts nötig.

Feiertage

Gesetzliche Feiertage, an denen in der Regel Behörden, Banken und die meisten Geschäfte geschlossen sind:
1. Januar: *Ano Novo*
Fasching: *Carnaval*
Karfreitag: *Paixão de Cristo*
21. April: *Dia de Tiradentes*
1. Mai: *Dia do Trabalho*
Fronleichnam: *Corpus Cristi*
7. Sept.: *Independência do Brasil* (Unabhängigkeitstag)
12. Okt.: *Nossa Senhora da Aparecida* (Mariä Erscheinung)
2. Nov.: *Dia dos Finados* (Allerseelen)
15. Nov.: *Proclamação da República* (Ausrufung der Republik)
25. Dez.: *Natal* (Weihnachten)

Fernsehen

Satelliten- und Kabelfernsehen sind in Brasilien weit verbreitet; Hotels bieten Programme in portugiesisch, spanisch und englisch zur Auswahl, z. T. kann auch die *Deutsche Welle* empfangen werden. Fernsehschauen, z. B. ein Programm des Medien-Imperiums *Globo*, gibt einen guten Eindruck von der brasilianischen Lebensweise – auch ohne Sprachkenntnisse.

Fotografieren

Außer in einigen Museen und Kirchen – besonders in Ouro Preto – gibt es kaum Restriktionen bezüglich Fotografieren. Man bekommt überall die gängigen Filme, nur Dia-Filme *(slide)* sind z. T. schwerer erhältlich und erheblich teurer als in Europa. Auf jeden Fall aufs Verfallsdatum achten!

Geschäftszeiten

Die Öffnungszeiten sind unterschiedlich nach Branche, Region, Stadtteil etc. Zwischen 9 und 19 Uhr sind die meisten Läden geöffnet, in Provinzstädten wird oft mittags für 1-2 Stunden geschlossen. Manche Läden öffnen erst um 10 Uhr, dann aber bis 20 oder 21 Uhr. Manche Supermärkte und Drogerien haben rund um die Uhr geöffnet, in den – vor allem der bewachten Parkplätze wegen – beliebten Einkaufszentren gelten längere Öffnungszeiten; manche sind auch sonntags geöffnet.

Karneval

Karneval wird nicht nur in Rio, Recife, Salvador und Olinda, sondern überall mit Begeisterung gefeiert. In den genannten Orten entsprechen die Termine der europäischen Faschings-/Karnevals-/Fastnachtszeit, die Haupttage sind von Faschingssamstag bis Faschingsdienstag. Außerdem werden karnevalsähnliche Veranstaltungen im ganzen Land auch unter dem Jahr gefeiert.

Literatur aus Brasilien

„Mein Land, dieser Teil von mir außer mir, der mich unablässig sucht." So lautet eine Zeile in *Brasilianischer Gesang* des 1987 im Alter von 85 Jahren verstorbenen Poeten **Carlos Drummond de Andrade**. Die Suche nach einer eigenen, brasilianischen Identität bestimmte die Literatur Brasiliens im 20. Jh.

1902 schrieb **Euclides da Cunha** (1866-1909) das als Nationalepos bezeichnete Werk *Os Sertoes*, das 1994 in deutsch als *Krieg im Sertão* auf den Markt kam. Darin schildert der als Berichterstatter hautnah dabei gewesene Cunhas in drei Teilen den Aufstand von Canudos im Hinterland Bahias.

Ab den 1930er Jahren dominierte in Brasilien die Literaturform des Regionalismus, bei der die Charakterzüge einer Region mit all ihren Eigenarten beschrieben werden. Bedeutende Vertreter sind Jorge Amado und **João Ubaldo Ribeiro**. Der 1941 auf der Insel Itaparica geborene Ribeiro schuf mit seinem Epos *Viva O Povo Brasileiro*, auf Deutsch *Brasilien, Brasilien* ein ausuferndes Werk blutiger Geschichtslegenden und Parodien wie die Missionierung der Kannibalen durch die Jesuiten: der *caboclo* Capiroba und seine Frauen entziehen sich den lästigen Unterweisungen der Mönche und bevorzugen die Jagd auf Holländer. Der Grund ist deren zartes Fleisch... Die Thematik in *Das Lächeln der Eidechse* sind genetische Experimente: Auf der Heimatinsel des Dichters finden Kinder eine Eidechse mit zwei Schwänzen. In einem Interview meinte Ribeiro, dass in Brasilien nur etwa 30 bis 40 Mio. Menschen das Bildungsniveau entwickelter Länder hätten, also überhaupt als Buchkäufer in Frage kämen.

Der international bekannteste Schriftsteller Brasiliens ist der Bahianer **Jorge Amado** (1912-2001). Die meisten seiner fast 100 Romane und Erzählungen sind in 40 Sprachen erschienen, einige wurden verfilmt.

Er sah sich selbst als „Romancier von Lebedamen und Vagabunden", die Helden seiner Romane sind meist Menschen am Rande der Gesellschaft, darunter die Ärmsten der Armen. Er verkörperte Bahia, in seinen Werken werden leichte Mädchen, Gauner und Verlierer liebenswert und zutiefst menschlich porträtiert. Bereits mit 18 begann er einen sechsbändigen Zyklus über das Leben in Bahia; *Leute aus Bahia* und *Jubiabá* sind daraus die erfolgreichsten. In *Kakao* schildert Amado das Leben auf den Plantagen in der Nähe seiner Heimatstadt, in *Die Auswanderer von São Francisco* den Überlebenskampf der Emigranten aus dem Sertão. Berühmt wurde er vor allem mit seinem verfilmten Roman *Gabriela, Cravo e Canela (Gabriela wie Zimt und Nelken)*, in dem die Titelheldin, eine Mulattin, die Männer verrückt macht und das Gesellschaftsleben durcheinander bringt. Auch die

Geschichte von *Tiéta do Agreste* wurde mehrfach verfilmt (in Deutschland hieß der Film *Tiéta do Brasil*).

Literatura de cordel wird die populäre Volkskunst des Nordostens genannt, etwa 20 000 verschiedene „Werke" mit einer Millionenauflage gibt es von diesen Heftchen, die auf den Märkten auf Leinen gehängt zum Verkauf angeboten werden. In diesen Extrablättern des Sertão erzählen Poeten den Nordestinos die Weltgeschichte in Reimen. Etwa 5000 Poeten soll es alleine in Pernambuco geben, die ihre Verse auch singend vortragen, sich selbst mit der Gitarre begleitend, denn viele ihrer Kunden sind Analphabeten. Von Kriegen, Erfindungen, Attentaten und dem ersten Menschen auf dem Mond erfahren die Bewohner des Sertão aus den *cordel*-Heftchen, ihnen glauben sie mehr als Radio und Fernsehen. Die Gesundheitsbehörden engagieren die Barden, um die Menschen dieser Region über Drogen, Lepra und Aids sowie über den Gebrauch der *camisinhas* (Kondome) zu informieren. Die Sänger sind auch in der Lage, aus dem Stegreif Texte zu gewünschten Themen zu komponieren: über das nationale Fußballteam, die Inflation oder korrupte Politiker.

Dazu passt ein Roman über den enormen Kontrast zwischen Stadt- und Landleben in Brasilien: *Diese Erde* von **Antônio Torres** (geb. 1940), die Geschichte eines *baianos*, der 20 Jahre lang vergeblich in São Paulo sein Glück versucht hat und dann in sein Heimatdorf zurückkehrt. Der 1936 in São Paulo geborene **Ignácio Loyola Brandão** schuf mit dem an Orwells 1984 erinnernden Werk *Kein Land wie dieses – Aufzeichnungen aus der Zukunft* ein apokalyptisches Buch über seine Heimatstadt im Jahr 2020.

Der 1908 als Sohn eines Großgrundbesitzers in Minas Gerais geborene **João Guimarães Rosa** (1908-1967) kam 1938 als Diplomat nach Hamburg, wo er von den Nazis interniert und 1942 gegen deutsche Diplomaten ausgetauscht wurde. Rosa vereint den Regionalismus mit der modernen Erzählkunst Brasiliens, sein Hauptwerk ist das epische *Grande Sertão*, indem der Ich-Erzähler einen Hunderte Seiten langen Monolog über sein atemberaubendes Leben führt.

Einer der führenden Intellektuellen Lateinamerikas, **Darcy Ribeiro** (1922-1997) veröffentlichte zunächst Bücher über seine Arbeit als Soziologe und Völkerkundler in Amazonien. Sein 1976 erschienener Roman *Maíra* schildert die Rückkehr des in Rom zum Priester geweihten Indianers Ava zu seinem Stamm, wo er auf die zivilisationsmüde Alma aus der Oberschicht Rios trifft.

Auch weibliche Autorinnen Brasiliens haben internationale Bekanntheit erlangt. Die in der Ukraine geborene, aber in Recife aufgewachsene **Clarice Lispector** (1925-1977) Tochter russisch-jüdischer Eltern vergleicht man gerne mit der Amerikanerin Virginia Woolf. Ihre Arbeiten beleuchten das Spannungsverhältnis zwischen Realität und seelischer Erfahrung. Bereits ihr mit 19 Jahren veröffentlichtes Erstlingswerk *Nahe dem wilden Herzen* wurde viel gelobt.

Maße und Gewichte

Für Gewichte und Maße gilt das metrische System. Für Textilien und Schuhen gelten die gleichen Größen wie in Mitteleuropa; bei T-Shirts, Hemden etc. wird jedoch häufig die amerikanische Einteilungen nach Small (auch P für „Pequeno"), Medium, Large/„Largo" und X-Large verwendet.

Post

Die Post (*correio*) hat generell Montag bis Freitag von 8-17 Uhr und Samstag von 8-12 Uhr geöffnet. Kleinere Postämtern haben oft keine Briefmarken vorrätig; Briefe und Karten (nur bereits geschriebene!) werden mittels Frankiermaschine frankiert. Von den

Hauptpostämtern der großen Städte und den Flughafenpostämtern muss mit 6-10 Tagen Postweg bis Europa gerechnet werden, vom Landesinneren mit etwa einer Woche mehr. Wer seine Post an der Hotelrezeption abgibt, dessen Urlaubsgrüße kommen womöglich nie an: Die Angestellten kommen nicht immer ihrer Weiterleitungspflicht nach.

Preisniveau

Brasilien ist kein billiges Reiseland. Selbst wenn man sich im Rahmen einer Rundreise in dem riesigen Land auf wenige Regionen konzentriert, nehmen die hohen Flugkosten (Anreise plus innerbrasilianische Strecken) den Löwenanteil des Reisebudgets in Anspruch. Überlandbusse und Mietwagen sind nur Reisenden mit viel Zeit zu empfehlen.

Im Land selbst kann man, wenn man auf Luxus verzichten kann, preiswerte Unterkünfte und billige, aber dennoch gute Verpflegung (z. B. in sog. „Kilo"-Restaurants) bekommen. Hilfreich sind dabei Portugiesischkenntnisse.

São Paulo, Rio und Teile des Südens sind nicht gerade billig. Der Norden und Nordosten dagegen sind recht erschwinglich. Preisreduzierte Unterkünfte kann man an Orten mit hoher Hoteldichte und außerhalb der Saison ergattern. Also in der Bankenmetropole São Paulo an den Wochenenden und am Atlantikstrand außerhalb der brasilianischen Ferien. Hier und in Rio steigen die Preise für Unterkünfte zwischen Dezember und Februar um ca. 30 Prozent.

Wer Essen und Getränke nicht bereits im Rahmen einer Pauschalreise oder in einem All-inclusive-Strandresort mitgebucht hat, sollte Tagesverpflegungskosten von umgerechnet 15-25 US-$ kalkulieren. Ein Softdrink liegt bei 0,75-2,50 US-$, ein einfaches Tellergericht kann man ab 3 US-$ bekommen. In Sachen Benzin hat sich Brasilien in den letzten Jahren von OPEC-Importen unabhängig gemacht und verstärkt auf Bio-Sprit gesetzt; der Preis für 1 Liter Superbenzin liegt bei umgerechnet ca. 1,70 US-$.

Sicherheit

Touristen werden schnell erkannt in Brasilien, selbst im „weißen" Süden. Die Kriminalität, besonders Eigentumsdelikte und Raubüberfälle, sind ein Problem in diesem sonst so herrlichen Land, dennoch sollte man nicht in Panik geraten: Beachtet man einige Vorsichtsmaßnahmen, kommt man meist ungeschoren davon. Naturgemäß sind Diebstähle und Überfälle in Großstädten wie Belém, Recife, Salvador, Rio de Janeiro und São Paulo häufiger als in kleinen Orten, und manche Stadtteile sind gefährlicher als andere. Auch an Strandpromenaden wie der Copacabana gibt es Diebstahl und Raubüberfälle, besonders nach Einbruch der Dunkelheit. Nach Geschäftsschluss samstags und sonntags sollte man Rios und São Paulos Innenstadt meiden. In allen **Favelas** Rios kann es jederzeit zu Schusswechseln kommen!

Sex mit unter 18-Jährigen ist strafbar. Beischlafdiebstahl und der Einsatz von KO-Tropfen kommen vor.

Vor allem nachts sind Taxis sicherer als öffentliche Verkehrsmittel.

Folgende Empfehlungen sollten in ganz Brasilien berücksichtigt werden:

Seien Sie besonders vorsichtig beim Geldabheben an Automaten. Deponieren Sie gleich nach Ankunft alle Wertsachen, Dokumente und Geldbeträge, die Sie nicht unbedingt brauchen, im Safe des Hotels. Auch der Reisepass kann im Safe gelassen werden, sofern man eine Fotokopie bei sich führt und die Stadt nicht verlässt. Grundsätzlich ist jedes Dokument leichter wieder zu beschaffen, dessen Existenz bei Verlust per Kopie nachgewiesen werden kann!

Gehen Sie am besten nur mit Badekleidung und Handtuch an den Strand.

Falls Sie überfallen werden, geben Sie das Verlangte ohne Diskussion her. Sie sollten immer etwas Geld dabei haben, da Sie sonst die „Rache" der frustrierten, gewaltbereiten Räuber fürchten müssen! Echten Schmuck, wertvolle Uhren, Fotoapparate und Videokameras sollte man bei Spaziergängen oder an den Strand niemals mitnehmen. Locker baumelnde Handtaschen oder Geldbörse in der Gesäßtasche vermeiden! Auch Brustbeutel sind nicht ideal, da diese leicht erkennbar sind und beim gewaltsamen Entreißen zu Verletzungen führen können. Wenn man größere Geldbeträge oder Dokumente bei sich führen muss, sollte man Geldgürtel, Bauchgurt, Wadenbeutel oder Hoseninnentaschen benützen.

Niemals sollte man den Helden spielen: Die Täter sind – da sie meistens unter Drogen stehen – oft äußerst nervös und viel zu schnell zum Gebrauch der Waffe bereit!

Strände

Baden „oben ohne" gilt in Brasilien als Erregung öffentlichen Ärgernisses; ebenso das öffentliche sich **Umziehen** am Strand. Beides kann zur Festnahme bzw. einem Gerichtsverfahren führen. Zum Kleidungswechsel sollte man daher Umkleidekabinen o. ä. nutzen!

Manche Strände sind mit Hinweisschildern versehen, die Auskunft über den Wasserzustand geben: *propia* heißt „geeignet", *impropia* „ungeeignet" zum Baden. Auch die örtlichen Zeitungen z. B. in Rio informieren über die Wasserqualität.

Brasilianer lieben das Strandleben, überfüllte Badestrände stören sie nicht, schließlich will man gesehen werden und Spaß haben. Die beliebtesten Strände haben den Vorteil, von gut ausgebildeten Rettungsschwimmern – *salvavidas* – überwacht zu werden. Angesichts der oft sehr starken Brandung und der tückischen Strömungen kann dies überlebenswichtig sein!

Die an den Stränden bereitstehenden Abfalleimer werden eher selten genutzt.

Taxis

An den Flughäfen sind Taxi-Gesellschaften tätig, die an eigenen Countern den fixen Fahrpreis ins Hotel oder ins jeweilige Stadtviertel berechnen. Einen ähnlichen Service bieten auch die Rezeptionen der meisten Hotels. Dort bekannte Taxis sowie die vielen *Radio-Táxis* (Funktaxis) sind am sichersten.

Die billigsten Taxis sind die normalen, die man auf der Straße anhält. Hier ist allerdings Vorsicht geboten: Vor allem nachts in den Großstädten läuft man Gefahr, an unehrliche Fahrer zu geraten. Der Taxameter muss per Gesetz eingeschaltet werden, selbst wenn der Fahrpreis im voraus ausgehandelt wurde! Taxis, die vor Diskotheken, Hotels und Nachtklubs warten, sollte man meiden, die Fahrer lauern oft auf ortsunkundige Fahrgäste, um diese abzuzocken.

Telefon / Notruf

Auslandsvorwahl Brasilien: 0055. Von Brasilien nach Deutschland wählt man 00, dann den Code eines brasilianischen Providers (z.B. 21, siehe unten), dann 49 (Österreich 43, Schweiz 41), dann die Regionsvorwahl ohne Null und dann die Rufnummer.

Mobilfunkstandard: GSM 900/1800; außerdem TDMA und CDMA.

Handys und Kartentelefone unterschiedlicher Anbieter die öffentlichen *postos de serviços* immer mehr.

Um ein Ferngespräch vom Netz des einen Anbieters in das eines anderen führen zu können, benötigt man zusätzlich dessen Provider-Vorwahl (*prestadoria*), z. B. für *Embratel* 21, für *Intelig* 23, für *Telefônica* 15, für *Vésper* die 89. In Brasilien haben sowohl Handy- als auch Festnetznummern regionale Vorwahlen. Das bedeutet für ein überregionales Inlandsgespräch: erst die 0, dann der Provider (z.B. 15), dann die Regionsvorwahl (ohne die Null), dann die Telefonnummer.

Für den Kauf einer brasilianischen

SIM-Karte ist wegen Registrierungspflicht der Reisepass nötig. Die SIM-Karte aus Tarifgründen möglichst in der Region kaufen, in der man die meisten Gespräche führen will.

Geschäfte und Kioske neben Fernsprechautomaten bieten Telefonkarten (*cartão telefônico*) an.

R-Gespräch nach Deutschland: 0800 8904911, ansonsten 0800 7032111; Gebühr zahlt der Angerufene, wenn er zustimmt.

Notruf: Polizei 111, 190, 191, 197, 198; Erste Hilfe 192; Feuerwehr 193.

Trinkgeld

In Restaurants werden etwa 10% erwartet; in Hotel São Paulos wird auf die Rechnung ein Servicezuschlag von 10% erhoben. Je nach Zufriedenheit ist umgerechnet ein halber bis 1 US$ pro Tag für das Zimmermädchen, für den Gepäckträger pro Gepäckstück angemessen. An den Flughäfen berechnen die Gepäckträger meist feste Tarife. Bei Taxifahrten rundet man geringfügig auf. Die Rechnung in Restaurants und Bars wird generell für den ganzen Tisch gebracht, Einzelrechnungen bringen die Kellner in Verlegenheit.

Zeit

Brasilien hat vier Zeitzonen, die alle westlich von Greenwich und somit gegenüber der UTC (Universal Time Coordinated) zurück liegen. Die folgenden Angaben beziehen sich auf die MEZ, die Mitteleuropäische Zeit.

In Brasilien richtet sich die Zeit nach der Hauptstadt Brasília: Die *Hora legal do Brasil* ist 4 Stunden hinter der MEZ zurück. Sie gilt in den gesamten Regionen Süd, Südost, Nordost, den Bundesstaaten Goiâna, Tocantins, Macapá und im Distrito Federal sowie im Osten des Bundesstaates Pará inklusive Belém.

5 Stunden hinter der MEZ zurück sind: der westliche Teil von Pará, sowie die Bundesstaaten Mato Grosso, Mato Grosso do Sul, Rondônia, Roraima und der größte Teil des Staates Amazonas inklusive Manaus.

6 Stunden hinter der MEZ zurück sind: der westliche Teil des Staates Amazonas ab der Linie Tabatinga – Porto Acre, und der Bundesstaat Acre.

Nur 3 Stunden hinter der MEZ zurück sind die Atlantikinseln Fernando de Noronha und Trindade.

Wichtig: Während der europäischen Sommerzeit erhöht sich die Zeitdifferenz um eine weitere Stunde; während der brasilianischen Sommerzeit, (die jedoch im Norden und Nordosten nicht gilt!), von Mitte Oktober bis Mitte Februar, verkürzt sich der Zeitunterschied um 1 Stunde. Beispiel: Wenn es am 25.12. in Frankfurt 12 Uhr ist, dann ist es in Rio 9 Uhr (-3); wenn es am 8.3. in Frankfurt 12 Uhr ist, dann ist es in Rio 8 Uhr (-4); wenn es am 1.7. in Frankfurt 12 Uhr ist, dann ist es in Rio 7 Uhr (-5).

Zoll

Die Einfuhr von persönlichen Bedarfsgegenständen nach Brasilien ist zollfrei, außerdem: pro Person eine Kamera, Radio u. Notebook. Außerdem dürfen Erwachsene 2 l alkoholische Getränke, 3 l Wein, 600 Zigaretten, 25 Zigarren, 280 ml Parfum und 700 ml Toilettenwasser einführen.

Bei der Rückkehr aus Nicht-EU-Ländern darf man zollfrei Güter im Wert von bis zu 430 Euro nach Deutschland einführen. Kinder unter 15 Jahre dürfen Mitbringsel im Wert von bis zu 175 Euro einführen.

GLOSSAR

Aldeia: Kleine Siedlung mit Kirche, typisch für den Anfang der Kolonialzeit im 16./17. Jh.

Azulejos: Vom arabischen *az-zuleycha* =„Mosaikstein". Bemalte Kacheln, meist blauweiß, in Portugal ab dem 16. Jh. verwendet. In Brasilien ab dem 19. Jh. an Fassaden und Innenräumen bürger-

licher Häuser als witterungsbeständige Dekoration angebracht.
Basílica: In Brasilien Bezeichnung für vom Papst verliehener Ehrentitel für wichtige Kirchen.
Bandeirante: Fahnenträger, Abenteurer und Eroberer in der Kolonialzeit.
Berimbau: Musikinstrument afrikanischen Ursprungs, bestehend aus einer Saite, die mit einem hölzernen Bogen geschlagen wird, und einem hohlen Kürbis, der als Resonanzkörper dient. Damit wird Takt und Rhythmus der *capoeira* bestimmt.
Bloco Afro: Schwarze Karnevalsgruppe.
Bumba-meu-boi: Volksspiel im Nordosten mit einem Ochsen als Hauptfigur.
Caboclo: Einfache Landbevölkerung, Mestizen weißer und indianischer Abstammung.
Cachaça: Zuckerrohrschnaps.
Caipirinha: Drink aus *cachaça*, Limetten, Eis und Zucker.
Candomblé: Afro-brasilianische Religion.
Carioca: „Haus des Weißen", Bezeichnung für die Einwohner Rios.
Capoeira: „Hahnenkampf", Kampftanz der Bantu aus Angola; in Brasilien zur Selbstverteidigung der Sklaven.
Chafariz: Öffentlicher Brunnen mit Wasserbecken.
Churrasco: Begriff aus Argentinien für am offenen Feuer gegrilltes Fleisch.
Escunas: Zweimastige (Segel-)Schoner, z. B. in Búzios.
Favela: Elendssiedlung.
Fazenda: Farm.
Gaiola: Vogelkäfig; auch die älteren Amazonas-Boote werden so genannt.
Garimpeiro: Goldgräber.
Gaucho: Einwohner von Rio Grande do Sul.
Jagunço: Abenteurer und Landstreicher, oft auch für gedungene Killer verwendet.
Lavagem: Waschung, populäres Fest mit symbolischer Reinigung der Kirchentreppen.
Mata: Wald, Busch.
Muxarabi: Hölzerne Erkerverkleidung maurischen Ursprungs.
Orixás: Afrikanische Götter der Yorùbá.
Paço: Ursprünglich Residenz des Königs, in Brasilien für Sitz des Stadtoberhauptes verwendet.
Paulista: Einwohner São Paulos.
Praia: Strand.
Quilombo: Fluchtburgen entlaufener Sklaven.
Retábulo: Altaraufsatz.
Rodízio (von *rodar* = „kreisen"): Kellner in Churrascarias mit *rodízio* bieten reihum verschiedene Fleischsorten an, soviel und sooft, wie der Gast nachnehmen möchte. Neuerdings gibt es *Rodízio* auch für Pizza und Pasta.
Rodoviária: Busbahnhof.
Sambaqui: Archäologische Fundstätten der Küstenkulturen mit Muschelhaufen.
Saveiro: Breite Segelschiffe aus Holz zum Fischfang.
Sé (vom lat. *sedes* = „Sitz", „Thron"): Bischofssitz, Kathedrale.
Seringueiro: Kautschuk-Sammler.
Solar: Villa reicher Familien.
Taipa: Lehm mit Pflanzenfasern vermischt als Baumaterial.
Terreiro: Tempel für *Candomblé*.
Trio Eléctrico: Fahrbare Bühne mit Lautsprechern im bahianischen Karneval.
Umbanda: Afro-brasilianischer Kult im Südosten.
Vila: Eine *aldeia*, die sich entwickelte und dann von der Kolonialregierung den Status *Vila* erhielt.

KLEINER SPRACHFÜHRER

Grundzahlen

0 .... *zero*
1 .... *um, uma*
2 .... *dois, duas*
3 .... *três*
4 .... *quatro*
5 .... *cinco*
6 .... *seis*
7 .... *sete*
8 .... *oito*

9 .... *nove*
10 .... *dez*
11 .... *onze*
12 .... *doze*
20 .... *vinte*
21 .... *vinte e um*
30 .... *trinta*
40 .... *quarenta*
50 .... *cinqüenta*
60 .... *sessenta*
70 .... *setenta*
80 .... *oitenta*
90 .... *noventa*
100 .... *cem*
101 .... *cento e um*
200 .... *duzentos*
1000 .... *mil*
2000 .... *dois mil*
100 000 .... *cem mil*
1 000 000 .... *um milhão*

Ordnungszahlen

1. .... *primeiro/a*
2. .... *segundo/a*
3. .... *terceiro/a*
4. .... *quarto/a*
5. .... *quinto/a*
6. .... *sexto/a*
7. .... *sétimo/a*
8. .... *oitavo/a*
9. .... *nono/a*
10. .... *décimo/a*

Bruchzahlen

1/2 .... *meio, meia*
1/3 .... *um terço*
1/4 .... *um quarto*

Zeit und Datum

Datum .... *data*
Jahr .... *ano*
Minute .... *minuto*
Monat .... *mês*
Sekunde .... *segundo*
Stunde / Uhrzeit .... *hora*
Tag .... *dia*
Uhr .... *relógio*
Woche .... *semana*
Zeit .... *tempo*
Wie spät ist es? .... *que horas são?*

Heute .... *hoje*
Gestern .... *ontem*
Morgen, Vormittag .... *manhã*
Nachmittag .... *tarde*
Abend .... *noite*

Wochentage

Montag .... *segunda-feira*
Dienstag .... *terça-feira*
Mittwoch .... *quarta-feira*
Donnerstag .... *quinta-feira*
Freitag .... *sexta-feira*
Samstag .... *sábado*
Sonntag .... *domingo*

Monate

Januar .... *Janeiro*
Februar .... *Fevreiro*
März .... *Março*
April .... *Abril*
Mai .... *Maio*
Juni .... *Junho*
Juli .... *Julho*
August .... *Agosto*
September .... *Setembro*
Oktober .... *Outubro*
November .... *Novembro*
Dezember .... *Dezembro*

Begrüßung – Höflichkeitsformen

Guten Morgen, Guten Tag (vormittags) .... *Bom dia*
Guten Tag (nachmittags) ..... *Boa tarde*
Guten Abend, Gute Nacht .... *Boa noite*
Kurzform unter Bekannten . *Tudo bem?*
Antwort auch .... *tudo bem / tudo bom,* d. h. „alles in Ordnung, o. k."
Auf Wiedersehen .... *Até logo*
Tschüss, Adios .... *Adeus*
Wie geht es Ihnen? .... *Como está você?*
Danke, gut .... *Bem, obrigado/a*
Bitte .... *Por favor*
Danke .... *Obrigado/a* (Mann/Frau)
Wie ist Ihr Name? .... *Qual é seu nome?*
Mein Name ist .... *Meu nome é*
Sehr erfreut .... *E' um prazer*
Sprechen Sie Deutsch? .... *Você fala alemão?*
Ich spreche kein Portugiesisch......... *Eu não falo português*

Prosit ... *Saúde*
Entschuldigen Sie ... *Desculpe*
Gestatten Sie ... *Com licença*
Ja / Nein ... *Sim / Não*

Im Hotel

Einzelzimmer ... *apartamento solteiro*
Doppelzimmer ... *apartamento casal*
Doppelbett ... *cama de casal*
Badezimmer ... *banheiro*
Schlüssel ... *chave*
Koffer ... *mala*
Tasche ... *bolsa*
Manager ... *gerente*
Zimmermädchen ... *arrumadeira*
Warmes Wasser ... *água morna*
Dusche ... *chuveiro*
Handtuch ... *toalha*
Licht ... *luz*
Lampe ... *lâmpada*
Klimaanlage ... *ar condicionado*
Mülleimer ... *balde de lixo*
Aufzug ... *elevador*
Treppe ... *escada*
Frühstück ... *café da manhã*
Beschwerde ... *reclamação*

Im Restaurant

Vorspeise ... *entrada*
Suppe ... *sopa*
Hauptspeise ... *prato principal*
Nachspeise ... *sobremesa*
Mittagessen ... *almoço*
Abendessen ... *jantar*
Reservierung ... *reserva*
Kellner ... *garçon, moço*
Speisekarte ... *lista*
Tisch ... *mesa*
Raucher ... *fumador*
Aschenbecher ... *cinzeiro*
Besteck ... *talheres*
Teller ... *prato*
Messer ... *faca*
Gabel ... *garfo*
Löffel ... *colher*
Tasse ... *xícara*
Glas ... *copo*
Flasche ... *garrafa*
Salz / Pfeffer ... *sal / pimenta*
Zucker ... *açúcar*
Rechnung ... *conta*
Trinkgeld ... *gorjeta*
Wechselgeld ... *troca*
Quittung ... *recibo*

Die Speisekarte

Getränke ... *bebidas*
Mineralwasser ... *agua mineral*
Mit / ohne Kohlensäure . *com / sem gás*
Bier ... *cerveja*
Fassbier ... *chopp*
Alkoholfreies Bier ... *cerveja sem álcool*
Erfrischungsgetränk ... *refrigerante*
Fruchtsaft ... *suco*
Rot- / Weißwein ... *vinho tinto / branco*
Sekt ... *champanhe*
Kaffee mit Milch ... *café com leite*
Tee ... *chá*

Fleisch ... *carne*
Rind- ... *de boi*
Schweine- ... *de porco*
Kalb- ... *de vitela*
Lamm- ... *de cordeiro*
Huhn- ... *de frango*
Ente- ... *de pato*
Truthahn- ... *de peru*
Gegrillt ... *grelhado*
Gekocht ... *cozido*
Frittiert ... *frito*
Gebraten ... *assado*
Schnitzel ... *milanesa*
Würstchen ... *lingüiça*
Wurstwaren ... *salsichas*
Schinken ... *presunto*

Fisch ... *peixe*
Meeresfrüchte ... *mariscos*
Lachs ... *salmão*
Seezunge ... *linguado*
Forelle ... *truta*
Barsch ... *badejo*
Thunfisch ... *atum*
Stockfisch ... *bacalhau*
Kabeljau ... *bacalhau fresco*
Karpfen ... *carpa*
Tintenfisch ... *lula*
Krabben ... *camarão*
Krebs ... *caranguejo*
Beilagen ... *suplemento*
Brot ... *pão*
Butter ... *manteiga*

Eier .... *ovos*
Gemüse .... *legumes, hortaliça*
Salat............................ *salada*
Kopfsalat .... *alface*
Kartoffel .... *batatas*
Reis.............................. *arroz*
Nudeln .... *massas*
Bohnen.......................... *feijão*
Mais .... *milho*
Maniok .... *mandioca*
Pilz .... *cogumelo*
Paprika .... *pimentão*
Gurke.......................... *pepino*
Tomate .... *tomate*
Palmherzen................... *palmito*
Avocado...................... *abacate*
Zwiebel......................... *cebola*
Knoblauch........................ *alho*
Oliven .... *azeitonas*
Essig.......................... *vinagre*
Öl .... *óleo / azeite*
Senf .... *mostarda*
Soße............................ *molho*
Brühe........................... *caldo*

Früchte .... *fruta*
Ananas .... *abacaxi*
Apfel .... *maçã*
Banane .... *banana*
Birne .... *pêra*
Erdbeeren .... *morango*
Himbeeren .... *framboesas*
Mango .... *manga*
Melone .... *melão*
Orange .... *laranja*
Papaya .... *mamão*
Pfirsich .... *pêssego*
Wassermelone .... *melancia*
Weintraube .... *uva*
Zitrone .... *limão*

Süßigkeiten.................... *doces*
Speiseeis .... *sorvete*
Pfannkuchen .... *crepe, panqueca*
Karamellpudding .... *pudim-flã*
Kuchen .... *bolo*
Marmelade .... *marmelada*
Honig .... *mel*

Gesundheit

Apotheke / Arzt..... *farmácía / médico*
Blut............................ *sangue*
Entzündung .... *inflamação*
Erkältung .... *restfriado*
Erste Hilfe.............. *pronto socorro*
Fieber .... *febre*
Husten .... *tosse*
Insektenstich .... *picada de inseto*
Kondom ...... *preservativo / camisinha*
Kopfschmerzen .... *cefalia*
Krankenhaus.................. *hospital*
Medikament .... *remédio*
Notfall .... *emergência*
Ohnmacht .... *desmaio*
Pflaster .... *esparadrapo, bandaid*
Sonnenbrand .... *queimadura do sol*
Sonnencreme... *creme de protetor solar*
Sonnenschirm .... *guarda-sol*
Unfall......................... *acidente*
Verband .... *curativo*

Unterwegs

Ampel .... *semáforo*
Auto................. *carro, automóvel*
Autowerkstatt ...*oficina de automóveis*
Bahnhof .... *ferroviária*
Briefmarke......................... *selo*
Brücke........................... *ponte*
Busbahnhof .... *rodoviária*
Fähre .... *balsa*
Farben........................... *cores*
- Blau .... *azul*
- Braun .... *marrom*
- Gelb......................... *amarelo*
- Grün .... *verde*
- Rot .... *vermelho*
Flug .... *vôo*
Flughafen.................... *aeroporto*
Flugzeug .... *avião*
Führerschein...... *carteira de motorista*
Gepäckaufbewahrung . *guarda-volume*
Geradeaus .... *a direito*
Grenze......................... *fronteira*
Größe (Kleidung)............. *tamanho*
Hafen............................. *porto*
Haltestelle .... *parada*
Haus.............................. *casa*
Hochhaus........................ *prédio*
Insel .... *ilha*
Kirche .... *igreja*
Küste .... *costa, litoral*
links .... *à esquerda*

Parkplatz .... *estacionamento*
Platz............................ *praça*
rechts .... *à direita*
Reifen ....*pneu*
Stadt .... *cidade*
Straße/Schnellstraße...... *rua/rodovia*
Tankstelle............ *posto de gasolina*
Zoll........................... *alfândega*

AUTOREN

Anton Jakob, der Hauptautor dieses Buchs, bereist seit über 30 Jahren den lateinamerikanischen Subkontinent und verbrachte dort 5 Jahre als freier Journalist und Gastronom. Als Studienreiseleiter kommt er häufig nach Südamerika, insbesondere Brasilien und den Amazonas-Raum. Durch seine Mitgliedschaft bei *Amnesty International*, bei der *Gesellschaft für bedrohte Völker* und der Organisation *Pro Regenwald* ist er mit der aktuellen Situation der Ureinwohner und mit der Regenwald-Problematik vertraut.

Fernanda Cordoeiro verfasste „Geschichte und Kultur". Sie lebt in Porto (Portugal) und leitet Studienreisen auf der Iberischen Halbinsel und in Brasilien. Ihr Hauptinteresse gilt dem kulturellen Austausch zwischen dem ehemaligen Mutterland Portugal und der Ex-Kolonie Brasilien sowie dem Studium der sprachlichen Besonderheiten in den lusitanischen Ländern.

Claus Jäke verfasste das Feature „Musik". In Salvador da Bahia zog ihn die enorme Kreativität und der musikalische Reichtum an, dort hatte er viele Jahre seinen Wohnsitz. Er war regelmäßig Gast auf Jazzfestivals und produzierte auch die CD *Conspiração Baiana*, die Facetten der Musik Salvadors jenseits des kommerziellen Axê vorstellt, und *Capoeira Mata Um*, erschienen bei dem Label „Tropical Music".

Robin Daniel Frommer gefiel Brasilien auf Anhieb so gut, dass es zu seiner zweiten Heimat wurde. Land und Leute, Musik und Volkskunst Brasiliens faszinieren ihn bis heute. Er hat die Einstimmung beigesteuert sowie Texte zu Rio de Janeiro, Südbrasilien, Pantanal, Serra Pelada, Salinópolis, São Luís und Musik. Zudem hat er diese Ausgabe aktualisiert.

F

G

H

I

J

K

L

M

Q

R

S

T

U

V

W

X

Y

Z

HOTELVERZEICHNIS

Hotels: Die Kategorien entsprechen etwa dem internationalen Standard von 1 bis 5 Sternen. *Motels* werden stundenweise an Liebespaare vermietet – keine Unterkünfte für Reisende.
Pousadas („Pensionen") können auch gehobenen Erwartungen genügen.
Fazendas sind Farmen, die auch Touristen aufnehmen. Im Pantanal ist dies die häufigste Unterkunftsmöglichkeit.
Lodges sind einfache Bungalows, meist ohne Warmwasser und Strom, v. a. am Amazonas.
Die Preise variieren saisonal und regional stark und sind überhöht zur Karnevalszeit, v. a. in Rio und Salvador de Bahia: Für die Karnevalswoche und die Woche davor gelten etwa die dreifachen (!) Tarife, bei einer Mindestbuchungszeit von 4-7 Tagen. Dennoch ist meist schon Monate zuvor alles ausgebucht.
Man bezahlt z. B. in Rio für ein Doppelzimmer pro Nacht:

$$$ 300 - 950 US$,
$$ 100 - 300 US$,
$ 35 bis 100 US$.

3 RIO DE JANEIRO

Rio De Janeiro (☎ 021)

$$$ **Belmond Copacabana Palace**, „Grand Hotel" im klassischen Stil, unter Denkmalschutz, aber renoviert, Terrasse mit großem Pool, Sauna und Fitnessraum, Av. Atlântica 1702, Tel. 2548-7070, Fax 2235-7330 u. 0800-183-0781, www.copacabanapalace.com.br.
Sheraton Rio Hotel, das luxuriöse Resort umschließt den Vidigal-Strand. In zwei Hochhaustürmen verfügt das Haus über 542 Apartments, mehrere Pools, Bars, Restaurants, u. Konferenzzentrum. Av. Niemeyer 121, Leblon, Tel. 2274-1122 u. 0800-021-0750, www.sheraton-rio.com.br
Santa Teresa Rio MGallery by Sofitel, modernes Boutique-Hotel im Stil einer altehrwürdigen Kaffee-Fazenda. 41 Apartments, Bar, Restaurant u. Poolterrasse. Etwas abseits des Stadtzentrums und fern der Strände, im von Künstlern und Bohemiens bevorzugten Stadtteil Santa Teresa. Almeida Alexandrino 660, Tel. 3380-0200, www.santateresahotelrio.com
Mama Ruisa, 8 Gästezimmer, teils mit bis zur Guanabara-Bucht reichender Aussicht. Stylisches Ambiente, Pool, Frühstück wird auf der Terrasse serviert. Kein Restaurant. Angeboten werden Atelierbesuche bei Künstlern im Stadtteil. Zur Trambahnhaltestelle auf dem Platz Largo dos Guimarães 5 Gehminuten. Rua Santa Cristina 132, Santa Teresa, Tel./Fax 2210-0631, www.mamaruisa.com
Sofitel Rio de Janeiro Ipanema (ex Caesar Park), Pool, Sauna, 221 luxuriöse Zimmer mit Safes, Ipanema, Av. Vieira Souto 460, Tel. 2525-2525, Fax 2521-6000, www.sofitel.com.
Fasano Rio de Janeiro. 2007 erbautes Top-Hotel, verfügt über 91 luxuriös ausgestattete Gästezimmer, erstklassiges Restaurant, Ipanema, Av. Vieira Souto 80, Tel. 3302-4000, www.fasano.com.br.

$$ **Rio Othon Palace**, zentral an der Copacabana gelegen, Hotelhochhaus mit 572 Apartments, 1976 eröffnet. Mehrere Restaurants, Strandservice und Fitnesszentrum. Viele Gruppen. Avenida Atlântica 3264, Copacabana, Tel. 2106-1500, www.othon.com.br
Arena Copacabana, 2009 eröffnetes Hotel mit 135 modernen Apartments, Restaurant, Fitnessraum und kleinem Pool auf Dachterrasse. Avenida Atlântica 2064, Copacabana, Tel. 3034-1500, www.arenahotel.com.br
Pestana Rio Atlântica, renov. Haus mit Strandservice, Sauna, Pool, Zimmersafe, Copacabana, Av. Atlântica 2964, Tel. 3816-8500, www.pestana.com.
Sol Ipanema, 90 Apartments in Bestlage, Dachterrasse mit kleinem Pool und Blick auf Ipanemas Sonnenuntergang, Av. Vieira Sonto 320, Tel. 2525-2020, www.solipanema.com.br. **Castelinho**, 10 stilvolle Zimmer in restaurierter Villa mit herrlicher Frühstücksterrasse, Santa Teresa, Rua do Triunfo 38, Tel. 2252-2549, www.castelinho38.com.br.
Mercure Arpoador, Appartementhotel in günstiger Lage zwischen Copa und Ipanema, Rua Francisco Otaviano 61, Tel. 2113-8600, www.mercure.com/rio.
Windsor Palace, in einer Parallelstraße der Av. Atlântica, 74 Zimmer, Copacabana, R. Domingos Ferreira 6, Tel. 2195-6600, Fax 2549-9373, www.windsorhoteis.com.br.

$ **Everest Park**, nur 25 Zimmer, z.T. mit Aussicht, Zimmersafes, Ipanema, Rua Maria Quitéria 19, Tel. 2525-2200 u. 2103-1800, www.everest.com.br.
Rio Hostel Santa Teresa, sympathische Unter-

kunft für das kleine Budget, im Künstlerviertel, nahe den Szene-Kneipen von Lapa, Rua Joaquim Murtinho 361, Tel. 3582-0827, www.riohostel.com.
Bossa in Rio, 2012 eröffn. Hostel mit Suiten u. Schlafsälen mit Hochbetten, Garten, Veranda, Innenhof und Bar, 5 Minuten von Lapa. Rua Joaquim Murtinho 531, Santa Teresa, Tel. 2146-7423, www.bossainriohostel.com
Best Rio Hostel, Jugendherberge mit 9 Gästezimmern und 4 Schlafsälen. W-LAN (gebührenpflichtig) und Frühstück. Rua Ministro Alfredo Valadão 36, Copacabana, Tel. 2255-0966, Fax 21 2548-4386 , www.bestriohostel.com
Private Unterkünfte, z. T. von Künstlern und Schriftstellern vermittelt: www.camaecafe. com.br, Tel. 2225-4366.

Barra Da Tijuca (☎ 021)

$$$ **Sheraton Barra**, 2003 eröffnetes Hotel für Geschäftsreisende; 292 Apartments, Restaurant, W-Lan, Spa, Fitnessraum, Hotelservice auch am angrenzenden Tijuca-Strand. Avenida Lúcio Costa 3150, Barra da Tijuca, Tel. 3139-8000, www.sheraton-barra.com.br
Windsor Barra, modernes Business-Hotel mit Konferenzzentrum am weiten Badestrand von Rios nobler Vorstadt Barra da Tijuca. 338 komfortabel ausgestattete Zimmer. Avenida Lúcio Costa 2630, (Sernambetiba), Tel. 2195-5000, www.windsor-hoteis.com.br

$$ **Transamérica Prime Barra**, 2003 errichtet; 291 geräumige Gästezimmer, Pool, Terrasse und Restaurant. Zu teuer. Avenida Gustão Senges 359, Barra da Tijuca, Tel. 2123-7000, www.transamericagroub.com.br
Royalty Barra, neben 138 Gästezimmern bietet das Hotel Restaurant, Bar, Pool und Sauna, Av. do Pepê 630; Tel. 2483-5373, www.royaltyhotel.com.br.
Sol da Barra, 20 Zimmer mit Safe, Tel. und TV, Av. Sernambetiba 880, Tel. 2483-5950, www.soldabarra880.com.br.
Tryp Barra, 200 Zimmer, Restaurant, Bar, Sauna, Pool, 2002 eröffnet, Av. das Américas 7897, Tel. 2438-8800, Fax 2438-8801, www.tryphotels.com.
Praia Linda, weit außerhalb, aber in Strandnähe, gut für Wassersportler, Barra da Tijuca, Av. do Pepê 1430, Tel. 2494-2186, Fax 2494-2198, www.hotelpraialinda.com.br.

Mangaratiba (☎ 021)

$$$ **Hotel Portobello Resort & Safári**, großzügiges Resort, aus einer Großfarm hervorgegangen, 152 Apartments, Jachthafen, Landebahn, Drive-In-Safari-Park, 6 Tennis- u. 2 Fußballplätze, Ausrüstung für div. Wassersportarten. Rodovia Rio-Santos, km 434 (BR101), Mangaratiba, Tel. 2789-8000 u. 2175-1000, www.portotel.com.br.

Ilha Grande (☎ 024)

$$ **Sagu**, Mini-Resort, individuell gestalteten Bungalows direkt am Strand, eigener Bootssteg, Gourmetrestaurant, Prai Brava, Praia da Bica, Tel. 3361-5823, www.saguminiresort.com.

$ **Pousada Ancoradouro**, nette Pension mit acht Zimmern direkt am Strand, 2001 eröffnet, Vila do Abraão, Rua da Praia 121, Tel. 3361-5900, Res.: (021) 3842-0657, www.pousadaancoradouro.com.br.

Angra Dos Reis (☎ 024)

$$$ **Pestana Angra Beach Bungalows**, an abschüssigem Küstenabschnitt und damit quasi an einem Privatstrand. 27 Ferienhäuschen, Strandservice, Spa, Restaurant mit Meerblick. Estrada do Contourno 3700, km 12, Tel. 3364-2005, www.pestana.com.

$$ **Portogalo Suite Hotel**, Strandhotel mit 80 komfortablen Zi. in herrlicher Lage, Richtung Paratí, Praia de Hapinhoacanga, BR 101, Tel. 3361-4361, www.portogalosuite.com.br.

Paraty (☎ 024)

$$$ **Casa Turquesa**, die luxuriöse Pousada des Städtchens, Kinder unter 14 Jahre sind unerwünscht. 9 DZ mit Dusche. Mindestaufenthalt 2 Nächte. Rua Dr. Pereira 50, Ecke Rua da Praia, Tel. 3371-1037, www.casaturquesa.com.br.

$$ **Santa Clara**, Strandhotel mit 35 gut ausgestatteten Zimmern, Bootsanleger, herrlichem Blick, Internet und Pkw-Stellplätzen, BR 101, Km 563, Corumbê, Ponta da Navalha, Tel. 3371-8900.
Pousada do Ouro, 21 Zi., Pool, Sauna, gutes Restaurant; Bootsausflüge werden angeboten, Centro, Rua da Praia 145, Tel. 3371-4300, Res.: 011-3813-

3433, Fax 3371-1311, www.pousadadoouro.com.br.

Ⓢ **Hotel-Pousada Santa Rita**, 6 Zi. mit Dusche/WC und Kolonialstilmöbeln. Rua Santa Rita 335, Centro Histórico, Tel. 3371-1579, www.pousadasantarita.com.br.

Pousada Flor do Mar, liegt nahe am Bootsanleger, Kinder unter 8 nicht zugelassen, Frühstück u. Kaffee an einem von Sofas und Hängematten umgebenen Kiosk im herrlichen Garten. Rua Fresca 257, Centro Histórico, Fax/Tel. 3371-1674, www.pousadaflordomar.com.br.

Petrópolis (☎ 024)

ⓈⓈ **Pousada da Alcobaça**, Gebäude in nordischem Stil, exzellentes Ambiente, 11 Zimmer; Pool, Sauna, Tennis, Park, Correas, Rua Agostinho Goulão 298, Tel. 2221-1240, Fax 2221-3162, www.pousadadaalcobaca.com.br.

Teresópolis (☎ 021)

ⓈⓈⓈ **Rosa dos Ventos**, exklusiv, Pool, Sauna, viele Sportmöglichkeiten, gutes Restaurant, keine Kinder unter 16, Estrada RJ 130, Km 226, 26 km nördlich der Stadt, Tel. 2644-9900, www.hotelrosadosventos.com.br.

Armação dos Búzios (☎ 022)

ⓈⓈⓈ **Atlântico Búzios Convention Center & Resort**, mit Sauna, Pool, Thermalbad, Estrada da Usina Velha 294, Armação, Tel. 2620-8850, www.atlanticobuzios.com.br.

Ferradura Private, gut ausgestattete Apartments, Gäste können die Einrichtungen des Ferradura Resorts nutzen, Rua E, Lote 9, Praia da Ferradura, Tel. 2623-6228, www.ferraduraresort.com.br.

ⓈⓈ **Vila Boa Vida**, 2 km vom Ort, 500 m vom Strand entfernt, geräumige Bungalows mit Meerblick, zwei Pools, deutsche Leitung, Rua Q, Lote 12, Ferradura, Tel. 2623-6551, Fax 2623-3662.

Barrcuda Pousada Búzios, direkt am Meer, Bootsanleger, 41 Apartments mit Safe, TV, Klima; Pool, Ponta da Sapata 242, Praia de Manguinhos, www.barracudamotorinn.com/apousada.html.

Pousada Byblos, 36 Zimmer, 9 Chalets, Restaurant, Pool und Terrasse mit Blick auf die Bucht vor der Praia do Armação. Deutsche Leitung. Rua Alto da Humaíta 14, Armação, Tel. 2623-1162, www.byblos.com.br.

4 SÃO PAULO

São Paulo (☎ 011)

ⓈⓈⓈ **Porto Bay L'Hotel**, sehr exklusives Haus mit Spa, Pool und exzellentem Service, Mitglied der „Leading Small Hotels of the World", Bela Vista, Alameda Campinas 266, Tel. 2546-8000, www.lhotel.com.br.

Unique, setzt neue architektonische Akzente; glamouröses Luxushotel, entworfen von Ruy Ohtake: 95 Apartments, Pool, Bar und Restaurant „Skye", Av. Brig. Luís Antônio 4700, Jardim Paulista, Tel. 3055-4700, www.hotelunique.com.

Renaissance, Cerqueira César, Al. Santos 2233, Ecke Rua Haddock Lobo, Tel. 3069-2233, Fax 3064-3344, www.marriott.com.

Transamérica São Paulo, eigenes Theater, Messe- u. Konferenzzentrum, Santo Amaro, Av. das Nações Unidas 18591, Tel. 5693-4511, Fax 5693-4990, www.transamerica.com.br. **Fasano**, modern ausgestattet, 50 Apartments, Spitzenrestaurant, Bar mit Live-Musik, Rua Vitório Fasano 88, Cerqueiro César, Tel. 3896-4000, www.fasano.com.br.

ⓈⓈ **Meliá Jardim Europa**, 255 großzügig ausgestattete Apartments in zentraler Lage, Restaurant, Parkplätze, Pool und Fitnessraum. Deutsche Leitung. Einkaufszentren, Shops, Apotheken und Restaurants sind in unmittelbarer Umgebung. Rua João Cachoeira 107, Itaim Bibi, Tel. 3702-9600, www.melia.com

Excelsior, Sauna, Safes, Zentrum, Av. Ipiranga 770, Tel. 3331-0377, Fax 3331-6653, www.hotelexcelsiorsp.com.br.

Novotel São Paulo Morumbi, Rua Min. Nélson Hungaria 450, Morumbi, Tel. 3787-3400, www.novotel.com.

Ⓢ **Pousada Ziláh**, 14 einfache Zimmer in sehr guter Umgebung, angenehmes Bio-Restaurant. Alameda Franca 1621, Jardim Paulista, Tel. 3062-1444, www.zilah.com

Leques Brasil, 56 Zimmer mit TV und Safe, Restaurant, Internetzugang und Parkplätze. 2011 eröffnet. Rua São Joaquim 216, Liberdade, Tel. 3019-4300, www.lequesbrasil.com.br

Columbia, Sta. Ifigênia, Rua d. Timbiras 492, Tel. 3331-3411, http://buenashoteis.com.br

Ibis Paulista, neues Mittelklassehaus, Zimmersafes, Av. Paulista 2335, Cerqueria César, Tel. 3523-3000, www.ibis.com.br.

Augusta Park, 56 klim., sehr schlichte Zimmer, 1981 eröffnet, Rua Ausgusta 922, Cerqueira César, Tel. 3124-4400, www.augustapark.com.br.

L'Opera, 2004 eröffnet, 60 Zimmer, Bar und gute Aussicht, Avenida Pedroso de Morais 323, Pinheiros, Tel. 3035-1111, www.loperahotel.com.br.

Santos (☎ 013)

$$ **Parque Balneário**, strandnahes Stadthotel mit Pool und Zimmersafes, gutes Restaurant, 119 Apartments, Praia do Gonzaga, Av. Ana Costa 555, Tel. 3285-6900, Fax 3248-0475, www.parquebalneario.com.br.

Mendes Plaza, 240 Zimmer mit Safes, Pool, Sauna, Tennis- u. Sportplatz, Gonzaga, Av. Floriano Peixoto 42, Tel. 3208-6400, Fax 3284-8253, www.mendesplaza.com.br.

Embu (☎ 011)

$$ **Rancho Silvestre**, Parkanlage mit See, Pool, Tennis, Sauna, 1973 eröffnet, Estrada Votorantim 700, Tel. 4785-5000, Fax 4781-1500, www.ranchosilvestre.com.br.

$ **Embu Park**, 60 Apartments und Bungalows am See, Pool, Sauna, Kinderspielplatz, BR 116 Sul, Km 283, Tel. 4704-5123, Fax 4704-3886, www.embuparkhotel.com.br.

5 MINAS GERAIS

Belo Horizonte (☎ 031)

$$$ **Ouro Minas Palace**, bestes Hotel der Stadt, 1996 eröffnet, 343 Zimmer, Pool, Sauna, Theater, Fitnessraum, Zimmersafes, Av. Cristiano Machado 4001, Tel. 3429-4001, Fax 3429-4002, www.ourominas.com.br.

$$ **Royal Boutique Savassi**, 84 Zimmer, Sauna, Zimmersafes, Stadtteil Funcionarios, Rua Alagoas 699, Tel. 2138-0000, www.royalhoteis.com.br.

$ **Serrana Palace**, 116 Zimmer, Bar, Restaurant, beheizter Pool, Sauna, R. dos Goitacazes 450, Tel. 3271-0200, Fax 3274-6020.

Diamantina (☎ 038)

$ **Diamante Palace**, 48 komfortable Zimmer, Bella Vista, Av. Sílvio Felício dos Santos 1050, Bom Jesus, Tel./Fax 3531-1561, www.diamantepalace.com.br.

Pousada do Garimpo, einziges Hotel mit gehobenem Standard im Ort, 60 Zimmer, Sauna, Bar und Pool, 1989 eröffnet, Av. da Saudade 265, Tel./Fax 3532-1040, www.pousadadogarimpo.com.br.

Pouso da Chica, kleine, familiäre Herberge im historischen Zentrum, man hat die Wahl zwischen vier Gästezimmern im „alten" Stadthaus und sieben kleinen „neuen" Chalets im ehemaligen Garten, Rua Macau da Cima 115, Centro, Tel. 3531-6190 und 88825-0375. www.pousodachica.com.br.

Ouro Preto (☎ 031)

$$$ **Solar Nossa Senhora do Rosário**, zentral in der historischen Altstadt in einem Kolonialhaus gelegen, beste Adresse der Stadt, vis-a-vis der sehenswerten Barockkirche Nossa Senhora do Rosário, 24 geschmackvolle Zimmer (auch NR), Sauna, Rua Getúlio Vargas 270, Rosário, Tel. 3551-5200, www.hotelsolardorosario.com.

$$ **Pousada do Mondego**, zentral neben der Franziskaner-Kirche, 24 Zimmer mit Safe, freundlich, etwas laut, Largo de Coimbra 38, Tel. 3552-7000, www.mondego.com.br.

$ **Grande Hotel**, häßlicher Niemeyer-Kasten, R. Sen. Rocha Lagoa 164, Tel. 3551-1488, Fax 3551-5028, www.grandehotelouropreto.com.br.

Hotel Colonial, im Herzen der Stadt, mit Garage, Travessia Pe. Camilo Veloso 26, Tel. 3551-3133, Fax 3551-3361, www.hotelcolonial.com.br.

Pousada Clássica, Pension in einem historischen Gebäude, 25 Zimmer, freundlich, Rua Conde de Bobadela 96, Tel. 3551-3663, Fax 3551-3663, www.pousadaclassica.com.br.

São João del Rei (☎ 032)

$$ **Garden Hill Golf Club**, BR 383, Km 96, Colónia do Marçal, Tel. 3371-2551, www.gardenhillgolf.

com.br; 6 km vom Zentrum entfernt, vielfältige Sportmöglichkeiten, u. a. 9-Loch-Golfplatz; 2000 eröffnet.

$ **Ponte Real**, Pool, Zimmersafes, Av. Eduardo Magalhães 254, Tel./Fax 3371-7000, www.hotelpontereal.com.br.
Vereda Park, Pool, R. Presidente Machado 313, Tel./Fax 3371-4420, www.veredapark.com.br.

Tiradentes (☎ 032)

$$ **Solar da Ponte**, 18 geräumige Zimmer, Parkanlage, Pool, Sauna; alles im Kolonialstil, Praça das Mercês, Tel. 3355-1255, Fax 3355-1201, www.solardaponte.com.br.

$ **Pousada Villa Allegra**, 2001 mit 17 Zimmern, Spa und Fitnessraum, Bar Sauna und Pool eröffnet, Rua Serra de São José 31, Tel. 3355-1597, www.villaallegra.com.br.

Parque Nacional da Serra do Cipó (☎ 031)

$$ **Fazenda Monjolos Pousada**, breites Sportangebot, u.a. Reitpferde, Sauna, Restaurant u. Bar, in der zweiten Juni- und Dezemberhälfte geschlossen, Cardeal Mota, Zufahrt über die Landstraße MG-010, Km 95, Richtung Serro, Tel. 3718-7011, www.fazendamonjolos.com.br.

$ **Rancho Cipó Pousada Rural**, 2 Ferienhäuser (bis 6 Personen) und 14 Chalets, Reitpferde und Pool, Cardeal Mota, Zufahrt über MG-010, Km 99, Richtung Serro, Tel. 3718-7200, www.ranchocipo.com.br.

6 SÜDBRASILIEN

Porto Alegre (☎ 051)

$$$ **Sheraton Porto Alegre**, seit 2001 Flaggschiff der Hotellerie in Porto Alegre, 173 großzügig ausgestattete Zimmer, jede Menge Komfort, Sauna, Pool und Fitnesszentrum, Rua Olavo Barreto Viana 18, Moinhos de Vento, Tel. 2121-6000. www.sheraton-poa. com.br.

$$ **Plaza São Rafael**, 238 Zimmer (auch NR), mit Gratis-Internetzugang, zwei gute Restaurants, Heizung, Pool, Sauna, Zentrum, Av. Alberto Bins 514, Tel. 3220-7000, Fax 3220-7001, www. plazahoteis.com.br.
Plaza Porto Alegre, 1958 eröffnet, beliebtes Restaurant, Heizung, Zentrum, R. Sr. dos Passos 154, Tel. 3220-8000, Fax 3220-8001, www. plazahoteis.com.br.

$ **Porto Alegre Ritter**, alteingesessenes Hotel, zentral (Nähe Busbahnhof), 237 Zimmer, Largo Vespasiano Júlio Veppo 55, Tel. 3228-4044, www.ritterhoteis.com.br.

São Leopoldo (☎ 051)

$$ **Suarez**, gut geführtes Traditionshaus, 78 Zimmer mit Safe, Heizung, TV, Minibar und Telefon, R. São Caetano 273, Tel. 0800-648-2626 u. 3037-5000, www.hoteissuarez.com.br.

Canela (☎ 054)

$$ **Continental Canela**, 172 beheizte Zimmer, Park, beheizter Pool, Sauna, Tennis, Konferenzraum, Restaurant, R. José Pedro Piva 220, Tel. 3282-5600, Fax 3282-4455, www.hotelcontinentalcanela. com.br.
Laje de Pedra, 224 Zimmer, Park, herrlicher Ausblick, beheizter Pool, Sauna, Massagen, Theater, Heizung, gute Restaurants, Rua das Flores 222, Tel. 3278 9000, Fax 3278 9300, www.lajedepedra.com.br.

$ **Vila Verde**, 35 beheizte Bungalows, Pool, Spielplatz, Rua Boaventura Garcia 292, Centro, Tel. 3298-1161, http://hotelvilaverde.blogspot.de.

Florianópolis (☎ 048)

$$$ **Costão de Santinho Resort**, zwischen Strand und Bunen auf einem 750 000 m² großen Areal in Atlantischem Regenwald, 600 Zimmer, Spa, Strandservice, Jachthafen und Bootsverleih, 1989 eröffnet, Mindestaufenthalt 3 Tage, zählt zu den besten Resorts in Brasilien, Estrada Vereador Ovildo Lemos 2505, Praia do Santinho, Tel. 0800-645-0918 u. 3261-1000, www.costao.com.br.
$$ **Praia Mole Park**, herrliche Lage an der Lagune, 74 Zimmer, 18 Chalets, beheizter Pool, Schönheitsfarm, Minigolf, Zimmersafes, Praia Mole, Rod. Jorn. Manoel de Menezes 2001, Tel. 3239-7500, Fax

3232-5482, www.praiamole.com.br.
Costa Norte Ponta das Canas, Strandhotel, Bootsverleih, Windsurfing, Angeln, Zimmersafes, Praia de Ponta das Canas, Av. Dep. Fernando Viegas 560, Tel. 3261-0800, www.hoteiscostanorte.com.br.

$ **Pousada Sítio dos Tucanos**, ruhig, von Garten umgeben, dt. Leitung, Estrada Rosalia Paulina, Ferreira 2776, Costa do Dentro, Tel. 3237-5084, http://pousadasitiodostucanos.com

Blumenau (☎ 047)

$$ **Plaza Blumenau**, Restaurant, Pool, zentral, Rua Sete de Setembro 818, Tel. 3231-7000, Res.: 0800-707-5292, www.plazahoteis.com.br.
Glória, Restaurant, 97 Zimmer mit Heizung, W-LAN, zentral, Rua Sete de Setembro 954, Tel. 3326-1988, www.hotelgloria.com.br.

$ **Steinhausen**, 35 Zimmer mit, Klima, TV und Tel., Velha, Rua Minas Gerais 53, Tel. 3329-2437, www.hotelsteinhausen.com.br.

Pomerode (☎ 047)

$$ **Bergblick**, 8 Zimmer, schöner Blick, gutes Restaurant, Rua George Zepelin 120, Tel. 3387-0952, www.bergblick.com.br.
Schroeder, traditionelles Haus mit 30 Zi., Pool, Kinderspielplatz, Rua 15 de Novembro 514, Tel. 3387-0933, www.hotelschroeder.com.br.

Joinville (☎ 047)

$ **Tannenhof**, 100 Zimmer, gutes Restaurant, Schnapsbar, Fitnessraum, Pool, Kinderspielplatz, R. Visconde de Taunay 340, Tel. 3145-6700, www.tannenhof.com.br.
Vale das Hortências, in parkartiger Landschaft gelegen, abgeschieden, nur über eine unbefestigte Straße zu erreichen, 1998 eröffnet, Estr. Rio de Julio, Km 12,5, Tel. 3422-2242, www.hotelvaledashortencias.com.br.

Treze Tílias (☎ 049)

$ **Treze Tílias Park**, herrliche Lage, beheizter Pool, Sauna, Restaurant, Bar, Rua Videira 585, Tel. 3537-0277, www.ttph.com.br.
Tirol, 40 gepflegte Zimmer, beheizter Pool, Sauna, täglich Café Colonial, Rua São Vicente de Paulo 111, Tel. 3537-0125, www.hoteltirol.com.br.
Alpenrose, 20 Zi., beheizter Pool, Rua Min. João Cleophas 380, Tel. 3537-0273, www.hotelalpenrose.com.br.

Curitiba (☎ 041)

$$$ **Bourbon**, unweit der Kathedrale, 167 beheizte Zimmer, Pool, Sauna, Fitnessraum, R. Cândido Lopes 102, Tel. 3221-4600, www.bourbon.com.br.
Deville Rayon, 136 Zi., beheizter Pool, Sauna, Heizung, NR-Zimmer, R. Visconde de Nacar 1424, Tel. 2108-1100, www.deville.com.br.

$ **Promenade**, 1989 eröffnet, 82 beheizte Zimmer, Restaurant, Pool, R. Mariano Torres 976, Tel. 3014-4341, Fax 3014-1593, www.promenadehotel.com.br.
Elo Inn, 66 Zimmer, Pool, Sauna, Rua Augusto Stellfield 456, Centro, Tel. 3025-9400, www.hoteiselo.com.br.

Morretes (☎ 041)

$ **Pousada Trilha da Serra**, 7 Zimmer mit TV, Tel. und Minibar; Pool und kleine Bar, kein Restaurant, Rua Luís Bramilla 64, Tel. 3462-1071, www.trilhadaserra.com.br.

Paranaguá (☎ 041)

$$ **Camboa**, 134 Zi., beheizter Pool, Sauna, Tennis, gutes Restaurant, R. João Estevão, Tel. 3420-5200, www.hotelcamboa.com.br.
Dantas Palace, gutes Restaurant, 45 Zimmer, Restaurant u. Bar, R. Visconde de Nacar 740, Tel. 3423-1454.

Foz do Iguaçu (☎ 045)

$$$ **Belmond Hotel Das Cataratas**, das Haus wurde in ein Fünf-Sterne-Luxus-Resort umgebaut, einziges Hotel direkt im Nationalpark, die Wasserfälle sind vor der Tür, großer Park, Pool, Restaurant, Bar, Tennis, Zimmersafes, Rodovia Br 469 Km 32, Tel. 2102-7000, www.hoteldascataratas.com.br.
Mabu Thermas Grand Resort, 1997 eröffnet, 208 Zimmer, 3 Thermalbecken, Park, Sauna, Zimmer-

safes, ideal zum Relaxen, Av. das Cataratas 3175, Tel. 3521-2000, www.hoteismabu. com.br.

\$\$ **San Martin**, unter argentin. Leitung, günstige Lage zwischen Flughafen und Nationalpark, Rodovia das Cataratas Km 17, Tel. 3521-8062, www. hotelsanmartin.com.br.
Turrance Green, günstige Lage, 96 Zimmer, Pool, R. Manêncio Martins 108, Tel. 3521-2124 u. 3026-4200, www.turrancehotel.com.br.
Bella Itália, Av. República Argentina 1732, Tel. 3521-5000, www.hotelbellaitalia.com.br.
Falls Hotel Galli, Pool, Zimmersafes, Zentrum von Foz, Nähe Busbahnhof, Av. Costa e Silva 1602, Tel. 3520-1002, Fax. 3520-1010, www.gallipalacehotel. com.br.

\$ **Pousada Evelina**, familiär, Pool, Fremdsprachen, Vila Yolanda, R. Irlan Kalichewski 171, Tel. 3029-9277, http://pousadaevelinafoz.com.br.
San Juan Eco, Pool, Rod. das Cataratas, Km 6, Tel. 3302-9600, www.sanjuanhoteis.com.br.

7 MITTELWESTEN

Brasília (☎ 061)

\$\$\$ **Royal Tulip Alvorada**, modernes Hotel direkt am See, gilt als bestes Haus der Hauptstadt, 395 Zimmer, Setor Hoteleiro Norte, 01, Conj. 1 B, Bloco C, Tel. 3424-7000, Fax. 3424-7001, www.royaltulipbrasiliaalvorada.com.
Kubitschek Plaza, 246 Zimmer mit Safes, Pool und Sauna, gutes Restaurant, Setor Hoteleiro Norte, Qd. 2, Bl. E, Tel. 3319-3543, www.kubitschek.com. br.

\$\$ **Nacional**. 347 Zimmer, Sauna, Pool, Setor Hoteleiro Sul, lt. 1, Tel. 3321-7575, Fax 3223-9213, www.hotelnacional.com.br.

\$ **Plaza Bittar**, Restaurant, 94 Zimmer, 1989 eröffnet, Setor Hoteleiro Norte, Qd. 2, bl. M, Tel. 3704-3000, Fax 3704-3003, www.hoteisbittar.com.br.

Pirenópolis (☎ 062)

\$\$ **Pousada dos Pireneus**, Anlage mit 145 Zimmern und Suiten, Park, Pool, Sauna und Reitpferden, Chácara Mata do Sobrado 80, Carmo, Tel. 3214-2070, www.pousadadospireneus.com. br.

Campo Grande (☎ 067)

\$ **Novotel**, 1998 eröffnetes Hotel mit 87 Apartments, Restaurant, Bar, Pool, Tennisfeldern und Kinderspielplatz, Jardim Copacabana, Av. Mato Grosso 5555, Tel. 2106-5900, www.novotel.com.
Internacional, stammt aus dem Jahr 1989 und verfügt über Zimmer mit Klimaanlage, TV und Telefon; alle Kreditkarten werden akzeptiert, Rua Alan Kardec 223, Amambaí, Tel. 3027-0200, www. hotelintermetro. com.br.

Pantanal-Sul (☎ 067)

\$\$\$ **Refúgio Ecológico Caiman**, 5000 ha große Farm, für max. 72 Gäste, Pool, Pferde, Boote u. Fotosafaris, Restaurant und Bar, Miranda, 236 km westl. von C. Gr., Transfer ab C. Gr., Tel. 3242-1450 o. (São Paulo) 011-3706-1800, www.caiman.com.br.

\$ **Fenix Plaza**, wurde 2001 eröffnet und verfügt über 48 Gästezimmer, Internetzugang, Bar und Pool; alle Kreditkarten, BR 262, Aquidanana, Tel. 3245-3030, www.fenixplaza.com.br.

Cuiabá (☎ 065)

\$\$ **Deville Cuiabá**, bestes Hotel der Stadt, gutes Restaurant, Pool, Zimmersafes, Av. Isaac Póvoas 1000, Tel. 0800-703-1866 u. 3319-3000, www. deville.com.br.
Global Garden, 71 Zimmer mit Safe, gutes Restaurant, Pool; alle Kreditkarten, Bosque da Sáude, Av. Miguel Sutil 5555, Tel. 3614-5000.

\$ **Fazenda Mato Grosso**, Farm, 50 Gästezimmer, Pool, Pferde, Bootstouren und Festsaal für 2500 Personen, Coxipó, R. Antônio Dorileo 1100, Tel. 3315-1200, www.hotelmt.com.br/fazenda.
Mangabeiras, 36 Zimmer, alle Kreditkarten, Várzea Grande, Av. da F.E.B. 1275, Tel. 3029-3100, www.hotelmangabeiras.com.br.

Pantanal Norte (☎ 065)

\$\$ **Pousada Araras Eco Lodge**, 19 Gästezimmer, Pool, Boote, Pferde, Transpantaneira Km 32,

Tel. 3682-2800 u. 9983-8633, www.araraslodge.com.br.

$$ **Sesc Porto Cercado**, 34 Zi., Pool, Boote; in einem 108 000 ha großen Privatgelände gelegen, am Rio Cuiabá, 43 km von Poconé, Tel. 3345-5100, www. sescpantanal.com.br.
Porto Jofre Pantanal. 26 Zi., Swimmingpool, Boote, Landepiste, am Ende der Transpantaneira, Tel. 3623-0236, www.portojofre.com.br.

8 NORDOSTEN

Salvador da Bahia (☎ 071)

$$$ **Pestana Convento do Carmo**, Luxusherberge in einem ehemaligen Kloster, nur 2 Gehminuten vom Pelourinho entfernt, Rua do Carmo 1, Santo Antônio Além do Carmo, Tel. 3327-8400, www.pestana.com.
Zank Boutique, todschickes Boutique-Hotel in lebhaftem, maritimen Stadtteil, wird von drei italienischstämmigen Schwestern geleitet, 16 Zimmer, Rua Almirante Barroso 161, Rio Vermelho, Tel. 3083-4000, www.zankhotel.com.
Villa Bahia, 17 Apartments, Largo do Cruzeiro de Sao Francisco 16/18, Pelourinho, Tel. 3322-4271. http://de.lavillabahia.com/pousada-bahia.
Vila Galé Salvador, schönes Strandhotel mit toller Sicht, Praia de Ondina, Rua Morro do Escravo Miguel 320, Tel. 3263-8888, Fax. 3263-8800, www.vilagale.com.br.

$$ **Deville Salvador** (vormals Sofitel), weitläufige Anlage mit Golfplatz, Rua Passárgada, Farol de Itapoã, 28 km außerhalb, Tel. 2106-8500, www.deville.com.
Catussaba, 1995 eröffnetes Strandhotel, herrliche Lage, großer Pool, Garten, 259 Zimmer mit Safe, Praia Stella Maris, Tel. 3374-8000, www.catussaba.com.br.
Pousada Solar dos Deuses, restauriertes Kolonialgebäude in Bestlage, das Pelourinho-Viertel grenzt an. Sieben geschmackvoll ausgestattete Gästezimmer, Largo do Cruzeito de São Francisco 12, Tel. 3322-1911, www.solardosdeuses.com.br.
Sol Victória Marina, mit Seilbahn zum Meer, Av. 7 de Setmbro 2068, Vitória, Tel. 3418-2000.
Pousada do Boqueirão, ein echtes Kleinod mit geräumigen Zimmern und toller Aussicht, Terrasse, 5 Gehminuten zum Pelourinho, Oberstadt, Rua Direita do Santo Antônio 48, Tel. 3241-2262, www.pousadaboqueirao.com. br.
Catharina Paraguaçu, 32 Zimmer, künstlerisch gestaltete Villa, Zimmersafes, Tiefgarage, ideal für Selbstfahrer, Rio Vermelho, Rua João Gomes 128, Tel. 3334-0089, www.hotelcatharinaparaguacu.com.br.

$ **Vilamar**, 84 Zi., an der Küstenstraße, Pool und Restaurant, Praia de Amaralina, Av. Amaralina 111, Tel. 3248-4244, www.hotelvilamarsalvador.com.br.

Praia do Forte (☎ 071)

$$$ **Iberostar Praia do Forte**, riesiges Strandresort mit sechs Pools und 18-Loch Golfplatz. 632 Zimmer, Anfahrt über die BA-099, Km 56; Tel. 3676-4200, www.iberostar.com.br.
Tivoli Eco-Resort, teures Strandhotel mit 287 Apartments, 4 Pools, Spa, Tennis, Windsurfen, auch umfangreiches Angebot für Familien mit Kleinkindern, Av. do Farol, Tel. 3676-4000, www.minorhotels.com.

$$ **Pousada Farol das Tartarugas**, Strandhotel mit 12 Gästezimmern und 1 Bungalow, Bar, Restaurant, Pool und Strandservice, 2000 eröffnet, alle gängigen Kreditkarten, Rua Martim Pescador, Lt. Aldeia dos Pescadores, Tel. 3676-1515, www.faroldastartarugas. com.br.

$ **Sobrado da Vila**, 27 Zimmer mit Küche, zentral gelegen, preiswert, 1990 eröffnet, Al. do Sol, Tel. 3676-1088, www.sobradodavila.com.br.

Itaparica (☎ 071)

$$$ **Club Méditerranée**, Strandhotel, Pool, Sauna, Fitnessraum, Tennis, Golf, Reitpferde, Sauna, Zimmersafes. Juni geschlossen, Mindestaufenthalt 7 Tage, Praia da Conceição, 1 Std. Bootsfahrt von Salvador entfernt, Tel. 3681-8800 u. 4002-2582, in Europa 01803-001904, www.clubmed.com.br.

Recôncavo (☎ 075)
Cachoeira / São Félix

$$ **Fazenda Villa Rial**, von Atlantischem Tropenwald umgebene Farm mit 38 Apartments und 7 Chalets für Gäste, Suiten mit Klima und TV, an d.

Landstraße nach Santo Amaro, Km 42, Tel. 3602-4600, www.villarial. com.br.

$ **Pousada do Convento**, 26 Zimmer im ehem. Karmeliterkloster, Pool, Kinderspielplatz u. Restaurant, Rua Inocêncio Boaventura, Praça da Aclamação, Tel. 3425-1716, www.pousadadoconvento.com.br.

Feira de Santana (☎ 075)

$$ **Feira Palace**, 62 Zi., Restaurant, Pool, Av. Maria Quitéria 1572, Tel. 3602-9300, www.feirapalace.com.br.

$ **Kalilândia**, 48 klimatisierte Zimmer; alle Kreditkarten, Kalilândia, Rua Leolinda Bacelar 406, Fax/Tel. 2101-3333, www.hotelkalilandia.com.br.

Lençóis (☎ 075)

$$$ **Portal Lençóis**, bestes Haus am Ort, mit Restaurant, Bar, Sauna, Pool, Fitnessraum, Altina Alves, Rua Chácara Grota, Fax/Tel. 3334-1233, www.portalhoteis.tur.br.

$$ **Hotel Canto das Águas**, 44 Zi., sehr schöne Lage am Fluss, Restaurant, Pool, Av. Sr. dos Passos, Tel./Fax 3334-1154, www.lencois.com.br.

Ilhéus (☎ 073)

$$$ **Cana Brava Resort**, Allinklusiv-Anlage mit breit gefächertem Sportangebot, 98 Gästezimmer und 78 Bungalows mit Klimaanlage, Tel., TV und Zimmersafe, 1990 eröffnet, alle Kreditkarten, an der Landstraße Ilhéus – Canavieiras, Km 24, Praia de Canabrava, Tel. 3269-8000, www.canabravaresort.com.br.

$$ **Praia do Sol**, 1986 eröffnet, 102 komfortable Gästezimmer, Bar, Restaurant und Kinderspielplatz, Av. Tancredo Neves (an der Landstraße Ilhéus – Canavieiras, Km 0), Praia do Sol, Tel. 3234-8000, www.aldeiapraia.com.br.
$ **Pousada Terras do Sem Fim**, 1997 eröffnet, 34 komfortable Zi., Bar, Restaurant, PKW-Stellplätze, Pool, an der Landstraße Ilhéus – Canavieiras, Km 11,5, Praia de Curarape, Tel. 3269-1210, www.terrasdosemfim.com.br.

Ilha de Comandatuba (☎ 073)

$$$ **Transamérica Ilha de Comandatuba**, traumhaftes Inselhotel, Windsurfen, Boote, Jet-Ski, Strandservice, Heliport, Pool, Sauna, Fahrräder, Tennis, Fitnessraum, Zimmersafes, gute Restaurants, Estrada para Canavieiras, Km 81, Tel. 3686-1122 u. 0800-12-6060, Fax 3686-1457, www.transamericagroup.com.br.

Porto Seguro (☎ 073)

$$ **Porto Seguro Praia**, 149 Zi., Park, Pool, Sauna, Fitnessraum, Zimmersafes, 1978 eröffnet, Praia de Curuípe Km 3,5, Tel. 3288-9393, www.psphresort.com.br.

Recife (☎ 081)

$$ **Grand Mercure Recife Atlante Plaza**, etwas in die Jahre gekommen, 241 Zimmer, teils mit Meerblick, Pool, zwei Restaurants, Boa Viagem, Av. Boa Viagem 5426, Tel. 3302-3333, Fax 3302-3344, www.grandmercureatlanteplaza.com.
Recife Monte, 171 Zimmer mit Safes, Pool, Boa Viagem, Rua dos Navegantes 363, Tel. 2121-0909, http://recife-monte-hotel.recife-hotels-br.com.

$ **Park**, in Strandnähe, 193 Zimmer mit Safe und Klimaanlage, Boa Viagem, Rua dos Navegantes 491, Tel. 2122-4666, www.park. com.br.
Arcada, Zimmersafes, Boa Viagem, Av. Cons. Aguiar 3500, Tel./Fax 3467-0162, www.arcadahotel.com.br.
Pousada Villa Boa Vista, 2002 eröffn., 17 klimatisierte Zi., PKW-Stellplätze; alle Kreditkarten, Rua Miguel Cento, Boa Vista, Tel. 3223-0666, www.pousadavillaboavista. com.br.

Olinda (☎ 081)

$$$ **Pousada do Amparo**, Pousada mit 11 Gästezimmern, in zwei Häusern aus dem 18. Jahrhundert, Rua do Amparo 199, Tel. 3429-6889, www.pousadadoamparo.com.br.
$$ **Pousada dos Quatro Cantos**, 13 nette Zimmer (mit Safes), Rua Prudente de Morais 441, Tel. 3429-0220, Fax 3429-1845, www.pousada4cantos.com.br.
Sete Colinas, 39 Gästezimmer, Restaurant, Bar, PKW-Stellflächen, Sauna und Pool; alle Kreditkar-

ten, Rua São Francisco 307, Tel. 3439-7766, www.hotel7colinas.com.br.

$ **Costeiro Olinda**, 41 Zi., Pool, Zimmersafes, Bairro Novo, Av. Min. Marcos Freire 681, Tel. 3429-4877, Fax 3429-3904, www.costeiro.com.br.

João Pessoa (☎ 083)

$$ **Tropical Tambaú**, Strandhotel mit 175 Zimmern, 1971 erbaut, Pool, Sauna, Zimmersafes, Tennis und Kajaks, alle Kreditkarten, Av. Alm. Tamandaré 229, Tel. 2107-1900, www.tambauhotel.com.br.

$ **Xênius**, Strandhotel mit 54 Zimmern, Pool und Bar, Cabo Branco, Av. Cabo Branco 1262, Tel. 3015-3535, www.xeniushotel.com.br.

Natal (☎ 084)

$$$ **Vila do Mar**, Strandhotel, 210 Zimmer, Restaurants, Pool, Sauna, Safes, Tennisplatz, Barreira d'Água, Via Costeira 4233, Km 8, Tel. 4009-4999, www.viladomar.com.br.

$ **Pestana Natal**, familienfreundliches Strandhotel mit allem Luxus, im Jahr 2002 eröffnet, 188 Zimmer, Barreira d'Água, Via Costeira 5525, Tel. 3220-8900, www.pestana.com.

Fortaleza (☎ 085)

$$$ **Gran Marquise**, bestes Hotel der Stadt, 1992 eröffnet, 230 Zimmer, sehr gute Restaurants, Pool, Sauna, Fitness-Center, Safes, Mucuripe, Av. Beira Mar 3980, Tel. 4006-5000, www.granmarquise.com.br/

$$ **Marina Park**, Strandservice, Pool, Tennis, Sauna, Jachthafen, Zimmersafes, an der Küstenstraße, Av. Pres. Castelo Branco 400, Tel. 4006-9595, www.marinapark.com.br.
Praia Centro, 192 Zimmer, Pool, Zimmersafes, zentrumsnah, Iracema, Av. Mons. Tabosa 740, Tel. 3083-1122, www.praiacentro. com.br.
Praiano Hotel, großes Strandhotel mit 189 Zimmern, schöne Aussicht, Pool, Meireles, Av. Beira Mar 2800, Tel. 4006-2200, www.praiano.com.br.

$ **Carmel Magna Praia**, 130 Zimmer, gute Lage, Pool, Zimmersafes, Icarema, Av. Historiador Raimundo Girão 1002, Tel./Fax 3266-6161, www.magna.com.br.
Ibis, schöner Ausblick, Pool, Icarema, Rua Atualpa Barbosa Lima 660, Tel. 3052-2450, www.ibis.com.br.
Pousada Fortaleza Park, 98 Zimmer, Pool, Sauna, Strandservice; 1999 eröffnet, Praia do Futuro, Rua Antônio Cavalcante 7201, Tel. 3244-1920, www.fortalezaparkhotel.com.br.

Beberibe (☎ 085)

$$ **Parque das Fontes**, Strandhotel, familienfreundlich, Poollandschaft mit Wasserrutschen, Fischteich, Fitnessraum, Zimmersafes, Av. Cel. Antônio Teixeira Filho, Tel. 3327-3400, www.hotelparquedasfontes.com.br.

$ **Das Falésias**, 28 Zi., Pool, Restaurant, Praia das Fontes, Av. Assis Moreira 314, Tel. 3327-3052.

São Luís (☎ 098)

$$$ **Luzeiros**, am Meer gelegen, 221 Zimmer, 2009 eröffnet, Rua João Pereira Damasceno 2, Ponta do Farol, Tel. 3311-4949, www.luzeirossaoluis.com.br.
Pestana São Luís, 124 Zimmer, Park, Pool, Sauna, breites Sportangebot, Zimmersafes, Kinderspielplatz, Praia do Calhau, Av. Avicênia, Tel. 2106-0505. www.pestanasaoluis.com.br.

$$ **Best Western Praia Mar**, gut geführtes, funktionales Strandhotel mit Restaurant, Bar, großem Pool und Fitnessraum. Alle Kreditkarten, Ponte d'Areia, Av, São Marcos, Quadra 4, Tel. 3217-5200, www.praiamar.com.br.

$ **Pousada Portas da Amazônia**, 28 Zimmer, mit Klimaanlage und Ventilator, unter italienischer Leitung in Kolonialgebäude, 2003 eröffnet, Rua do Giz 129, Centro Histórico, Tel. 3227-9937 u. 3182-8767, www.portasdaamazonia.com.br.

9 NORDEN

Belém (☎ 091)

$$$ **Grand Mercure Plaza Belém**, hat das Hilton als bestes Haus der Stadt abgelöst, zentral

und verkehrsgünstig gelegen, auf den drei Stockwerken für Geschäftsreisende sind Zeitungen gratis, Av. Nazaré 375, Nazaré, Tel. 3202-2000, www.accorhotels.com.
Princesa Louçã, zentral an der Praça da República gelegen, für Besichtigungen günstige Lage nahe der Altstadt und der Oper, 361 Apartments, großer Pool, Sauna, Fitnessraum, NR-Zimmer, mehrere Geschosse sind für Geschäftsreisende reserviert, gutes Restaurant, 1984 eröffnet und schon etwas in die Jahre gekommen, Av. Pres. Vargas 882, Tel. 4006-7000.

$$ **Beira-Rio**, 5 km außerhalb am Guamá-Fluss gelegen, veranstaltet Bootstouren auf dem Rio Guamá, 92 Zimmer, Pool, Sauna, Zimmersafes, Guamá, Av. Bernardo Sayão 4804, Tel. 4008-9000, www.beirariohotel. com.br.
Regente, 219 Zimmer, guter Standard, Pool, alle Kreditkarten, Nazaré, Av. Gov. José Malcher 485, Tel. 3181-5000, www.hotelregente.com.br.
Itaoca, 36 zweckmäßig eingerichtete Zimmer, Bar und Restaurant, zentral, alle Kreditkarten, Belém, Av. Presidente Vargas 132, Tel. 4009-2400, www.hotelitaoca.com.br.

$ **Le Massilia**, Budgethotel mit Pool, Rua Henrique Gurjão 236, Reduto, Tel. 3222-2834, www.massilia.com.br.

Salinópolis (☎ 091)

$$ **Privê do Atalaia**, Strandhotel mit 46 Zimmern, Praia Farol Velho, R. Caminho das Dunas 1, Tel. 3199-9972 u. 98107-0817, http://privedoatalaia.com.
Paraíso Bom Jesus, Strandhotel mit 123 komfortablen Gästezimmern sowie Jachthafen, Pool, Spielplatz, 2005 eröffnet, alle Kreditkarten, Rua 17, Quadra 123, Lote 15, Balneário do Atalaia, Tel. 99278-1071, www.paraisodoatlanticohotel.com.br

Ilha de Marajó (☎ 091)

$ **Ilha de Marajó**, Flussstrandhotel, Pool, Soure, Travessa 2,10 entre 7. e 8. Rua, Tel./Fax 3741-1315, www.iaraturismo.com.br.
Pousada dos Guarás, Strandhotel, Salvaterra, 6 km vor Souré in Salvaterra, Av. Beira-Mar, Tel. 4005-5656, Fax 3765-1221, www.pousadadosguaras.com.br.

FAZENDAS (Rinderfarmen):
$$$ **Marajó Park Resort**, Pferde- und Rinderfarm, Mindestaufenthalt 3 Tage, in der Regenzeit (Februar bis Mai) ersetzen Boote die Jeeps, Ilha Mexiana, Tel. 3244-4613 u. 3202-7043.

$$ **Fazenda Nossa Senhora do Carmo**, Reitpferde, Pool, Bootsverleih, Angelausrüstung, der Stromgenerator wird nachts abgeschaltet, von der Straße nach Cachoeira do Arari weitere 30 Minuten per Boot, Tel. 3015-1019 u. 99112-6875, www.carmocamara.com.br.

Macapá (☎ 096)

$ **Ceta Hotel**, 69 Zimmer, 10 km vom Zentrum entfernt, Rua do Matadouro 640, Fazendinha, Tel. 3227-3396, www.ecotel.com.br.
Macapá, 76 Zi., Pool, Sauna, Safes, Spielplatz, 1980 eröffnet, alle gängigen Kreditkarten, Av. Francisco Azarias Neto 17, Tel. 3217-1350, www.macapahotel.com.br.
San Marino, 28 Zi., Pool, Jesus de Nazaré, Av. Marcílio Dias 1395, Tel. 3223-1522.
Frota, 33 Zi., mit Klimaanlage, TV und Tel., Restaurant, Rua Tiradentes 1104, Tel. 3223-3999.

Santarém (☎ 093)

$ **Barrudada Tropical Hotel**, riesige Anlage aus den Zeiten der Militärdiktatur, 137 Zimmer, 1974 erbaut, Av. Mendonça Furtado 4120, Liberdade, Tel. 98100-2575 u. 99146-4996, www.barrudadatropicalhotel.com.br

Manaus (☎ 092)

$$$ **Tropical**, 594 Zimmer im Kolonialstil, 1976 erbaut, großer Park mit Zoo, 2 Pools, mehrere Restaurants, Flussstrand, Sauna, Tennis, Zimmersafes, Av. Cel. Teixeira 1320, Tel. 2123-5000, www.tropicalmamaus.com.br.

$$ **Plaza Hotel Express**, vormals Taj Mahal, 170 Zimmer, Pool, Sauna, Zimmersafes, 360°-Restaurant, im Zentrum der Stadt, Av. Getúlio Vargas 741, Tel. 3232-7766, www.grupotajmahal.com.br.
Novotel, nahe Industriegebiet, 166 Zimmer, Pool; 1978 eröffnet, Av. Mandii 4, Tel. 2123-1211, www.accorhotels.com.

$ **Lider**, zentral, laut, gut geführt, Av. Sete de Setembro 827, Tel. 3633-1326 u. 3633-1673, http://liderhotelmanaus.wixsite.com/lider.
Manaós, gutes, solides Stadthotel in der Nähe des Teatro Amazonas, 39 Zimmer, Av. Eduardo Ribeiro 881, Tel. 3633-5744, www.hotelmanaos.com.br.

URWALD-LODGES IN DER UMGEBUNG:
$$–$$$ **Amazon Village**, am Zitteraalsee gelegen, 45 schöne Bungalows für je 2 Personen, von Schweizern gegründete, gut geführte Anlage, beliebt bei Reisegruppen, nur Kaltwasserduschen, 60 km nordöstlich am Lago Puraquequara (2,5 Stunden per Boot), Gran Amazon, Tel. 3633-1444 u. 3239-0369, www.amazon-village.com.br.
Juma Lodge, 16 Doppelzimmer in schwimmender Anlage, empfehlenswert für Tierbeobachtungen, 80 km südöstlich am Lago do Juma (4 Stunden per Boot), Tel. 3232-2707 u. 99142-2708, www.jumalodge.com.br.